宗門血脈

——公案拈提《第四輯》

作者平實導師　著

ISBN 957-97840-5-1

血　脈

錄

宗門 目

＊－－錯悟之公案

宗門血脈 自序

余初無意評論名師，然卻走上評論諸方名師之路；因為諸方名師之法教錯誤極多，處處誤導佛子故。我本無意批判傳統，卻不得不走上批判傳統之路，因為今日的傳統佛教已因喪失宗門了義正法之修證實質、而沒落了；徒有只管奉獻、崇拜名師而不知證道為何物之廣大佛子，徒有金碧輝煌之寺院，徒有規模龐大之佛教財團法人資產，徒有遍佈而繁多之佛教弘法表相，徒有認妄為真之各大道場禪修活動，而無了義正法之本質，所以佛教表面興盛，其實是沒落了！

憶昔初出道時，於諸方大德，不論悟與未悟，悉皆讚歎之，未敢稍貶一詞。乃竟有諸錯悟凡夫，或處心積慮、或隨緣以破余法、顛覆余法，令余弘法以來橫生波折，一再至三，令宗門了義正法之唯一血脈幾如懸絲。距正法滅盡尚有九千年，而勢已如此；吾人若再一味退縮，不圖摧邪顯正，則宗門了義正法將於此界永滅，時在不久。有鑑於此，不得不起而奮鬥，拈說諸方邪見，以示正道；得罪諸方名師，俾益佛子。

此前三輯公案拈提，皆不舉示諸方名師姓名等，乃為避免影響彼等名聞利養故。今於此輯起，一改已往，一一舉示姓名書名及其開示出處，其故有四：

一者依著作權法規定，凡引用他人著作言句，必須註明其出處，否則即成違法；余既累世受持菩薩戒，違法之事不應故犯，故今依法一一舉示姓名及出處。

二者前三輯中雖已舉示名師邪見而辨正之，然佛子衆中，十有九人不知此諸邪見究係何人何書所說；雖知其見邪謬，而不知邪見乃是彼師所說；雖知應當遠離邪見，而仍受彼師誤導。而彼師以余書不指陳其姓名故，乃肆無忌憚，執意繼續弘傳常見外道等法，混淆佛法正理，不改邪見；故應舉示名號及出處，令諸志求正法佛子知之。若有佛子知已，仍願繼續受學彼師邪見邪法，余心亦無愧疚，所應為彼作者，余已作故。

三者坊間有謂余所舉示諸多邪見，泰半係屬自己杜撰者；今示出處以明事實，使知余語皆有根據，非空穴來風也。

四者摧邪顯正維護正法，乃證悟佛子無可推卸之責任，一切六迴向位以上菩薩，悉應肩負此責、救護衆生；佛云：「菩薩摩訶薩施聲聞緣覺種種乘時，發恭敬心、尊重心…發解脫一切魔繫縛心、摧滅一切魔軍衆心；不可稱量明淨智慧，善能分別一切諸法，令一切衆生皆成可信第一福田…令一切衆生滅諸惡法、聞佛正法，句身味身悉能受持…令一切衆生常樂如來正教之法，除滅一切九十六種外道邪見…令一切衆生善分別知諸佛正教，悉能守護持佛法者。」若不能爾，坐令衆生修學佛法而受誤導、入外道法，不名慈悲，乃是無慈無悲，即成空發四宏誓願，不名菩薩。

以此四緣，自本輯起，一改已往仁厚於名師之心，轉而仁厚於廣大學人；乃一一舉示引用他文之出處及與姓名，令諸有智學人願意依法不依人者，據以簡別。伏願一切志求證道佛子，悉蒙法益乃至悟入；以此功德迴向正法久住，一切有情法雨均霑同獲其利，宗門血脈源遠流長永無窮盡；今者此書完稿，遂題此書名為《宗門血脈》，因之造序。

時惟公元二〇〇〇年新春

大乘末法孤子**蕭平實**　敬序於喧囂居

第二六一則　瑞峰點茶

溫州溫嶺瑞峰院神祿禪師　福州福清人也。本邑天竺寺出家；得法於瑞巖，久為侍者。後開山創院，學侶依附。師有偈曰：

蕭然獨處意沉吟，誰信無絃發妙音？
終日法堂唯靜坐，更無人問本來心。

時有朋彥上座躡前偈而問曰：「如何是本來心？」師召曰：「朋彥！」彥應諾，師曰：「與老僧點茶來！」彥於是信入。師於太平興國元年示滅，壽百有五歲。

創古仁波切云：《當我們考察自心的真實情形，並看到它到底是什麼時，空性就清楚被顯現出來及覺受到。當我們無法找到任何可以指認為心的事物時，不僅是我們自己找不到心，別人也無法找到—第三世噶瑪巴讓炯多傑說：「你無法說心存在，因為連佛陀都看不見它。」他的意思就是如此。不僅是我們無法找到心，甚至連佛陀也找不到一件稱為「心」的具體事物。「無所起」及「間斷的」這兩個措辭，被用來顯示覺受的本性到底是什麼。在這兒，「間斷的」或「不連續的」，表示沒有任何「事物」將過去現在與未來連接起來。》

（摘自眾生出版社《月燈》頁四八）

平實云：尊貴的創古仁波切墮於斷滅論也。佛於《三摩地王經》所說之空性，非謂一切法空；若是一切法空，斷滅論外道早已曾說，不須世尊為此再來人間示現八十年，亦不須仁波切為此斷見來台弘法，台灣佛子皆非斷滅見之外道種性故。

仁波切此段開示宜用於開示南傳佛法時說，不應於開示《三摩地王經》時說；月燈三昧所說三摩地王三昧乃謂證得空性如來藏故，一切法空—緣起性空—乃說二乘所證之陰界入空故。空性如來藏連貫三世，是故成立三世因果，一切人修道行善功不唐捐；一切人造惡為非，罪業難逃。若如仁波切所說「沒有任何『事物』將過去現在未來連接起來」，則一切染淨因果悉不成立，則違佛說；佛說有第八識真如連接過去現在未來三世故。仁波切若是佛弟子，不應與佛故違，當速收回邪知謬見著作，改正後再版；若非佛弟子，不應說佛經，不應受佛弟子供養參禮。

仁波切若欲弘揚佛法，當先求悟；未悟凡夫而說悟後見地，難免大過。求悟之法，莫如參究公案最為迅速，一念相應，即入位不退，永離三惡道苦；今舉瑞峰點茶公案共仁波切商量：

溫州溫嶺瑞峰院神祿禪師示偈云：我瑞峰一人蕭然獨處，心中思索著：有誰肯相信沒有絃的琴能發出美妙的聲音？我瑞峰在法堂中待了一整天，只能獨自安靜地打坐，都沒有人來問我本來就在的心。

當時有一位朋彥上座，就依著這一首偈而問道：「如何是本來就在的心？」瑞峰禪師就召喚：「朋彥！」朋彥上座答應了一聲諾，瑞峰禪師便說道：「為我泡一杯茶來！」朋彥上座一聽，就在這一句話下悟道，信受不疑，入於佛法之中。

這個公案可殺奇怪！仁波切日日呼喚侍者倒茶取物，云何侍者迄今仍未見道？莫是侍者愚鹵麼？然而此事實非侍者之過，過在其師自眼未開。侍者不悟且置，只如仁波切自少至長，今已不惑之年，如許多年奉侍師長，不可道師長未曾令爾點茶，云何仁波切猶如侍者一無悟處？然而此事不可怪罪仁波切，當見責爾師，以爾師無眼故，所以令爾不如朋彥上座。

如今仁波切千里迢迢來到寶島，便與在下有緣，何妨賜見？見已若猶不會，平實吩咐與爾：

每晨為我點一盞茶來！

第二六二則　鹽官家人＊

杭州鹽官鎮國海昌院齊安禪師　有法空禪師到，請問經中諸義；師一一答了，卻云：「自禪師到來，貧道總未作得主人。」法空云：「請和尚更作主人。」師云：「今日夜也，且歸本位安置，明日卻來。」法空下去。

至明旦，師令沙彌屈法空禪師。法空至，師顧沙彌曰：「咄！這沙彌不了事，教屈法空禪師，卻屈得個守堂家人來。」法空無語。（摘自景德傳燈錄卷七）

創古仁波切云：《尋常的貪欲煩惱似乎具有無比的力量和支配力，但是，你一去考察它的本質時，貪欲就自然解脫了；你看清了貪欲的本質—貪欲的體性—是空性的，不具有任何實質。如同在此經典中所闡述的，當這個眞相被看清時，貪欲的缺乏眞實存在性就能如實地被瞭解。同樣的，當心的本性被視爲空性時，其他一切煩惱，即使是最強而有力、最難以抗拒的，也都被視爲不眞實、不存在。……此經解釋道：三摩地能掏空貪欲、完全平息瞋怒，並淨除驅散第三毒—愚鈍或愚痴。》（摘自衆生出版社《月燈》頁五四）

平實云：解脫貪欲或愚痴，非如仁波切所言：可由觀察貪欲愚痴之空幻不實而完成。何以故？一切凡夫皆知其虛幻無常而仍不得解脫故。解脫貪欲之根本方法，要在斷除我見，我見不斷而能解脫貪欲繫縛者，無有是處。

今者仁波切主張心是空性：「不僅是我們無法找到心，甚至連佛陀也找不到一件稱為『心』的具體事物。……沒有任何『事物』將過去現在未來連接起來。」則汝意謂心非實有——一切法空——非有一心往來三世、成就因果；如是卻成斷見外道法，與馬克思唯物論者是同路人，死已斷滅故。

既沒有任何事物能將三世連接起來，云何仁波切同一冊書中復言：「意識必定是在子宮受孕之前就已經存在了，因此，在此之前必定有生世。就以今天我們能覺知並具有意識的事實來說吧！……沒有任何現象可以阻斷這種意識的連續性。」既云沒有任何事物能連接三世，復云心是空，非有真實體性；今云有意識覺知心於受孕前已經存在，是由往世來至今生，所說自宗又自推翻，同於外道不死矯亂、混淆是非，故弄玄虛。

然而空明覺知之意識心，實非能貫通三世者，汝若堅持此心是不生滅、不斷滅者，則違佛說；此心十八界攝故，識蘊法故，佛說之為依他起心故，非本來自在心故，一切凡夫皆能於眠熟及悶絕位證實此心之斷滅性故。汝尚不解基本佛法之「陰界入」理，何況能知《三摩地王經》所說月燈三昧？以外道斷見及外道常見而矯亂佛經意旨，實非佛子本分，故汝所著《月燈》一書應予回收銷燬，書中處處混淆正義、誤導佛子故。

法空禪師雖不自知錯悟，然於經旨有不解者，尚且虛心請問鹽官齊安禪師，不敢自以為是；今者仁波切尚未能知基本佛法，焉敢輕解地上菩薩方知之月燈三昧？汝欲知曉月燈三昧麼？當隨法空晉謁鹽官，躡其踵後一窺，冀有入處！

一日，法空禪師參訪鹽官齊安禪師，請問經中諸義；鹽官禪師依其證量一一解答，答已卻云：「自從法空禪師您來到這裡，貧道總是沒機會作主人—好好招待您。」法空禪師云：「那就請和尚重新作主人，我接受招呼。」這法空禪師倒也不慢，尊稱鹽官為和尚；卻不知鹽官早已勘破他手腳，猶欲承接鹽官禪機往來；鹽官卻暫放過，留他過夜，便道：「今天已經很晚了，暫且回去掛單處安歇一晚，明天再來吧！」法空便回臥處休歇。

至明日天明，鹽官齊安禪師便令沙彌去屈請法空禪師。法空禪師隨著沙彌來到鹽官禪師方丈室，鹽官不與他招呼，卻望向沙彌，開口責備：「咄！你這沙彌真是不懂事，教你去屈請法空禪師，你卻屈請一個守堂家人來。」法空禪師無語對答，不知所措。

仁波切若欲真解月燈三昧者，當從此一公案中用心，若得通透，平實保汝五年後通達月燈三昧；只是有個前提—悟後須從余修學種智唯識性相法門。

一切禪師悟後皆有心為人，因什麼道理宗門正法往往中斷不繼？皆因學人心中有物，自以為是，效彼文人相輕陋習—崇古賤今，不信當代善知識語，是故宗門密意往往不得其人而傳，遂致中輟。鹽官禪師亦復如是欲傳法空，是故有此一番作略。

只如鹽官一一解答經中疑難，於宗門密意，是有為法空處？是無為法空處？仁波切試道看！若有為法空處，因什麼道理卻要明日重作主人招呼他？若無為法空處，因什麼道理明旦上來卻不理會他？若是個伶俐衲僧，聞道「明日卻來」，出得方丈門，卻好急忙回頭鼓他鹽官一掌。無奈法空不會，更勞鹽官與沙彌明旦演一場無生戲。

這法空錯過機鋒，一夜不覺，更勞鹽官支使沙彌來屈。若是平實，便於次晨向沙彌胸前印上一掌，便道：「勞煩回稟和尚：平實酒足飯飽，謝和尚作東。」拎起行囊，踢腳便行，更不回頭。

這法空不會，隨同沙彌得得來到丈室，猶冀鹽官為他；不料鹽官不理會他，卻顧沙彌，開口斥責：「咄！你這沙彌不懂事，教你屈請法空禪師，你卻把這個守堂家人屈請來。」法空若有少分磕著觸著、不敢承當者，便該向鹽官跟前禮拜：「法空守堂家人，代法空禮拜和尚。」禮已卻向西席上座，喚沙彌云：「點茶供養鹽官和尚來！」

沙彌離去點茶，正好向鹽官跟前重禮：「弟子法空頂禮和尚。」起身正好共話無生。無奈法空毛羽未具，空具沖天之志，卻無萬里之翼，留下此一殘局。

仁波切若欲曉了月燈三昧，當細尋思吾語，提起疑情，四威儀中掛在心頭，時時疑嘿著，有朝一日撞著磕著，方知此中曲折，正好播揚大教，一改從前謬說，令密宗除卻斷常二見，回歸大乘，大乘方是真正之金剛乘故，所說不離金剛法界故。仁波切若於三十年後依舊不會，垂顧平實者，平實預為汝說：

今日事繁，明旦卻來！

第二六三則　鹽官法界

杭州鹽官鎮國海昌院齊安禪師　有講僧來參，師問云：「座主蘊何事業？」對云：「講華嚴經。」師云：「有幾種法界？」對云：「廣說則重重無盡，略說有四種法界。」師豎起拂子云：「遮個是第幾種法界？」座主沈吟，徐思其對；師云：「思而知，慮而解，是鬼家活計。日下孤燈，果然失照。」（保福聞云：「若禮拜，即喫和尚棒。」禾山代云：「某甲不煩，和尚莫怪。」法眼代撫掌三下。）

創古仁波切云：《一般而言，雖然經典—佛陀親口宣說的法教記錄—應該更為重要，但西藏佛教傳統強調：研習大師們闡明佛陀言說的論註，甚於研習佛陀的言說本身。……在眾經典中，有些是解說方便的意義（不了義），有些則教授究竟的眞實意義（了義）。但是這種不同並未明確地標示出來—何部經典屬於何種類型並不是很明顯。就另一方面來說，歷代大師所撰寫的論註，清晰地界定「分別方便及眞實意義」，這就是為什麼西藏佛教傳統強調研習論典甚於經典。》（摘自眾生出版社《月燈》頁一九）

平實云：西藏佛教傳統，代代皆強調研習祖師所著密續，重於直接研習佛說諸經。彼等謂大乘經典有了義及不了義之別，唯有密教祖師能予簡別，密教弟子無力簡別。此說似有道理，而實非真。謂密教諸祖（龍樹非密教祖師）所著密續諸論，悉皆言不及義—所述不能言及第一義諦；復將中觀賴以成立之唯識種智妙義，判為不了義教法，高推中觀般若為最究極了義妙教。

然實中觀般若乃依真實唯識及虛妄唯識二門，方便建立；若如藏密諸祖唯解虛妄唯識，不解真實唯識，便將以虛妄唯識門之理，據緣起性空及無常空解釋般若中觀，謂一切法空為般若正理，便墮斷常二邊。是故藏密諸祖皆認唯識種智為不了義教，謂中觀般若為最究竟法。

然般若中觀若離真實唯識空性如來藏門，唯取虛妄唯識七轉識門，則墮斷滅見中，不能成就中觀真義。而彼藏密諸祖所著密續諸中觀論，悉以意識為真如，悉皆不離斷常二邊邪見，何有中觀可言？乃至西天月稱所著《入中論》，完全不解龍樹菩薩《中論》意旨，墮於斷常二見之中；等而下之，藏密諸祖所作論註，思過半矣！

藏密諸祖及今師徒，其所以否定三轉法輪諸唯識經典者，其故無他，乃因「所證」不符唯識諸經，懼有學人提出質問，不能如實作答，故歷代迄今皆依密續修行，排斥佛經。禪宗則不如是，須依三轉法輪之唯識經典印證，故以《楞伽經》傳法印證。惜乎六祖慧能不識文字，五祖乃改以二轉法輪之般若經印證，禪宗之修證因此趨於廣傳而淺薄。仁波切不知此理，猶自迷信藏密諸祖所著密續，繼續強調密續重於佛經，非是有智之人。有智之人必定探究：密續與佛經不符，何者為真？我當依密續或依佛經而修？是故仁波切不應於書中繼續傳播錯誤知見，因果可畏故。然仁波切迄未見道，盲無慧眼，更無法眼，如何能知余說虛實？是故於今之計，當以見道為要，何妨共探鹽官法界公案？

有講經僧來參訪鹽官齊安禪師；鹽官禪師問云：「座主蘊集何種事業？」鹽官有意為他，起這個問頭；彼講經法師對云：「我講大方廣佛華嚴經。」答得輕快，不知鹽官機關；鹽官復問：「華嚴經中說有幾種法界？」鹽官拋出圈套，法師猶是不覺，答云：「如果廣說，則法界重重無盡，不能盡說；如果簡略的說，只有卵胎溼化四種法界。」鹽官見他落入圈套，便收繩索，乃豎起拂子問云：「這個是第幾種法界？」圖窮匕現，法師應變不及，心中沈吟，口中不語，徐思如何應對。鹽官乃云：「情想而知，思慮而解者，這是死人家裡（鬼家）所幹的活兒，派不上用場的。你這種智慧，就像是大太陽底下的一盞孤燈，完全失去了照明的作用。」

保福禪師後來聽到此一公案，評彼法師云：「如果他當下禮拜的話，就必定會喫鹽官和尚痛棒。」禾山禪師聞保福恁道，卻代答云：「某甲我不煩，和尚您莫怪。」法眼禪師聞他二師恁說，卻不言語，只是撫掌三下。

法界重重無盡，略說為四：卵胎溼化。經師悉知此經，然初不論法界量之多寡，一切經師皆不知盥官舉拂是哪一種法界，假饒座主徐思沈吟，三大劫後依舊不知，今日更勞平實註破：「這個是金剛法界。」

密教中人每喜自詡為金剛乘，然實不知金剛境界，自月稱、寂天、蓮花生、阿底峽以來，悉無有人能知；唯有覺囊派中有金剛妙法，卻被達賴五世、宗喀巴等人，指使薩迦達布徒衆消滅之；自稱金剛乘行者，卻卑鄙地假藉蒙古可汗政治勢力為奥援，消滅真正之金剛乘妙法；自身正坐破法重罪，反誣他人為破法者；法義辨正節節失敗，便以刀兵節節進逼，沒收覺囊派所有寺院，強令改宗，驅逐覺囊派領袖，封毀覺囊派教義之書籍及印板，令藏密真正之金剛乘法失傳，藏人將離應成中觀邪見之一線曙光，又被烏雲遮覆，此殆藏人福薄障重及與少慧有以致之。

四生法界乃至華嚴重重無盡法界，悉皆不離金剛法界；胎藏界如是不離金剛法界，卵溼化生二十五有亦悉不離金剛法界；金剛法界即是一切有情所觸一切法中之如來藏，此心永不壞滅，性如金剛，故名金剛心；此心法界雖遍一切法、遍十二處中，然一切密宗古今四大派祖師悉無知之者，云何得自稱為金剛乘？尤其黃教乃竟公然以不離斷常之應成派中觀邪見，說為金剛妙法，愚痴無智若此。

只如鹽官禪師豎拂，動轉是風，有為有作之法，云何平實道是金剛法界？仁波切可還委悉？若不能於平實此語當下悟入，待等後時思惟者，悉是鬼家活計，云何當得起仁波切令名？正是日下孤燈，不能照了。

仁波切若猶不會，來拜平實，不免吃一頓痛棒；痛棒吃已，起身卻向平實應如是道：「我雖挨打，其實不煩，和尚您也莫責怪。」言畢撫掌便出得也！平實異日卻喚仁波切共喫趙州茶，不知得也無？

第二六四則　鳥窠布毛

杭州鳥窠道林禪師　師乃本郡富陽人也，俗姓潘。母朱氏夢日光入口，因而有娠，及誕師，異香滿室，遂名香光焉。九歲出家，二十一於荊州果願寺受戒。後適唐代宗詔徑山國一禪師至闕，師乃謁之，遂得正法。後見秦望山，有長松枝葉繁茂，盤屈如蓋，遂棲止其上，時人謂之鳥窠禪師。後有鵲，巢於其側，自然馴狎，人亦目之為鵲巢和尚。有侍者會通，忽一日欲辭去，師問曰：「汝今何往？」對曰：「會通為法出家，以和尚不垂慈誨，今往諸方學佛法去。」師曰：「若是佛法，吾此間亦有少許。」會通曰：「如何是和尚佛法？」師拈起身上布毛吹之，會通遂領悟玄旨。元和年中，白居易出守杭州郡，因入山禮謁，乃告師曰：「禪師住處甚危險。」師曰：「太守危險尤甚。」白曰：「弟子位鎮江山，何險之有？」師曰：「薪火相交，識性不停，得非險乎！」白又問：「如何是佛法大意？」師曰：「諸惡莫作，眾善奉行。」白曰：「三歲孩兒也解恁麼道。」師曰：「三歲孩兒雖道得，八十老翁行不得。」白遂作禮。師壽八十有四，臘六十三。

創古仁波切云：《然而，在將法教應用於我們個人的實修時，西藏佛教傳統強調口授——得自我們自己上師的心要教法，在藏文中稱為「淡阿格」，往往含於大成就者即興而作的證道歌中—甚於學術性的論註。換言之，論註被用以建立對佛陀法教的明確瞭解；藉由研讀及思惟論註，我們得獲了正確的知識。但是，我們付諸於實修的是心要教法及口傳指導。》

（摘自眾生出版社《月燈》頁二〇。）

平實云：密教中有位極有名氣之在家大德陳履安居士，曾來電訶責平實，謂余不應於《平實書箋》中評論密教，尤其不應評論密勒日巴，並謂密教所印行之書籍皆不正確，法尊法師所譯密教論著亦非正確，僅供太虛法師參考；真正正確之部份乃是口訣，師徒口耳相傳者方為真正之了義法。

若然，則陳大德應以其崇高身份，勸諸密宗道場回收一切密宗書籍，皆非正確故；若任其繼續誤導密宗學人而不收回銷燬，則是故意誤導，居心叵測，不可原諒；貽害密宗行人極深遠故。若不然，則是陳大德飾言遮掩，非誠實語；究竟大德所言然耶？不然耶？

今觀陳大德之出版社為創古仁波切所出版流通之《月燈》書中亦如是言，謂口授之語方是心要教法。然觀創古仁波切書中所言，處處違教悖理，不離斷常邪見；則彼口授心要之法，思過半矣！何以故？此謂有人若得大乘見道，所說一切開示必定悉皆遠離斷常邊見，處處契合中道，句句不違佛語；豈有見道之人著書開示佛法處處違教悖理、而口授之法能契佛意者？未之有也！

今勸大德莫墮藏密法王仁波切等人之籠罩中，當依佛經印證末學所言，亦當謹依佛經印證彼諸法王仁波切所言；萬勿因循苟且，得過且過；光陰不饒人故，因果極重故。萬勿效彼法王仁波切，將常見外道之法置於佛法中，佛說如此行徑必致捨壽入於地獄，經中具說分明，不可不慎。

今觀創古仁波切書中之開示嚴重錯謬，欲會了義佛法，大遠在！基本佛法中之十八界內容，尚且混淆不清，哪堪共論無生？且舉烏窠布毛公案，共陳大德打打葛藤，有朝一日會去，方知諸方法王仁波切之大妄語過：

烏窠禪師，俗名香光；於徑山禪師座下得法。以常居樹上，如窠而居，時人號為烏窠禪師，本有法號因之淹沒不名。一日，其侍者會通辭別，欲往諸方學佛法故，便演出此一公案。

會通法師宿具善根，形相端嚴，聰敏向佛；與唐德宗皇帝猶若昆仲，屢乞出家而不可得，以此漸漸憔悴，德宗憫之，詔王賓相之，奏曰：「此人當紹隆三寶。」德宗皇帝方允其辭官出家，乃於烏窠禪師座下任侍者，名為會通。烏窠禪師日常言語皆鄙俗之事，不言佛法。會通法師為法出家，然多年來不聞烏窠禪師說法，遂於一日堅辭欲去，烏窠留之不得，乃問曰：「汝今何往？」會通法師稟曰：「會通為法出家，今因和尚不肯垂慈教誨，所以告辭和尚，欲往諸方拜謁大德，學習佛法去。」烏窠禪師聞言便道：「如果是為佛法，我這裡也有一點兒。」會通法師聞言大喜，便問：「什麼是和尚的佛法？」烏窠禪師不答他言語，亦不開示，只將身上僧服粗布之布毛拈起，用力一吹，會通法師就因這一吹，便領悟了不傳之旨。

大德且觀：這會通法師因甚恁伶俐？只見烏窠禪師拈起布毛一吹，便得會去！只這一會，便通般若中觀，不墮月稱寂天斷常二見之應成中觀邪見，亦不墮密勒日巴之常見外道法中。若人如是證悟，依此中觀之般若，復能漸漸進入唯識行，證得道種智，成地上菩薩，超一大阿僧祇劫。

只如拈布毛吹卻，亦是平常事，有甚奇特？值得會通法師直下悟去？大德試思：自小至今，不覺花甲之年已至，其間吹過多少物事，因甚卻會不得？

多有參禪學人聰明伶俐，少人比得，卻因甚皆墮常見外道心中？其故無他，皆因邪師誤導，知見不正，故生錯悟妄語。大德若欲知余落處，且先立限三年，入我會中熟讀余諸著作，棄捨藏密邪見，停止傳布藏密邪法，遠離一切法王仁波切，悉依余之開示轉易知見。三年期滿，知見轉易完成後，且來觀余吹灰，直下悟去，不由思惟，豈不省便？ 頌曰：

萬歲吹灰是野狐，鳥窠吹毛示無生；

吹灰吹毛非一異，撲朔迷離見也無？

第二六五則　雲居運悲＊

天台山雲居智禪師　嘗有華嚴院僧繼宗問曰：「見性成佛，其義云何？」師曰：「清淨之性，本來湛然，無有動搖；不屬有無淨穢長短取捨，體自修然，如是明見，乃名見性。性即佛，佛即性，故云見性成佛。」問曰：「性既清淨，不屬有無，因何有見？」師曰：「見無所見。」問曰：「無所見，因何更有見？」師曰：「見處亦無。」問曰：「如是見時，是誰之見？」師曰：「無有能見者。」問曰：「究竟其理如何？」師曰：「汝知否？妄計爲有，即有能所，乃得名迷。隨見生解，便墮生死。明見之人即不然，終日見，未嘗見，求見處體相不可得，能所俱絕，名爲見性。」問曰：「此性遍一切處否？」師曰：「無處不遍。」問曰：「凡夫具否？」師曰：「上言無處不遍，豈凡夫而不具乎。」問曰：「因何諸佛菩薩不被生死所拘，而凡夫獨縈此苦，何曾得遍？」師曰：「凡夫於清淨性中計有能所，即墮生死；諸佛大士善知清淨性中不屬有無，即能所不立。」問曰：「若如是說，即有了不了人。」師曰：「了尚不可得，豈有能了人乎。」問曰：「至理如何？」師曰：「我以要言之，汝即應念：清淨性中無有凡聖，亦無了人不了人。凡之與聖，二俱是名，若隨名生解，即墮生死。若知假名不實，即無有當名者。」又曰：「此是極究竟處，若云我能了，彼不能了，即是大病。見有淨穢凡聖，亦是大病。作無凡聖解，又屬撥無因果。見有清淨性可棲止，亦大病；作不棲止解，亦大病。然清淨性中雖無動搖，具不壞方便應用及興慈運悲；如是興運之處，即全清淨之性，可謂見性成佛矣。」繼宗踴躍禮謝而退。（摘自景德傳燈錄卷四）

創古仁波切云：《大菩薩月光童子所請求的「三摩地王經」，含有大手印的要旨，是以經典爲背景及個人實修之輔佐的典型。當岡波巴大師在解說大手印系統時，他只使用這部經典。我們可以在他的生平故事及他的許多證道歌及開示中，發現這項事實的明確陳述。因此，對希望瞭解及修持大手印的人而言，研讀思惟及瞭解「三摩地王經」的意義，是至爲重要的。「三摩地王經」是佛陀應一位名爲月光童子的菩薩請求而給予的法教。月光童子……被認爲是岡波巴大師過去生一系列的轉世之一。》（摘自衆生出版社《月燈》頁二一）

平實云：月光菩薩請佛開示之《三摩地王經》所說法，係無生法忍增上慧學，迥異密宗之大手印，仁波切不應附會為密宗之大手印法；何以故？謂密宗大手印法以定為禪——令行者坐入一心不亂中，以無妄想之能知能觀照心為不生滅心，以此為證得根本無分別智。然實此境仍是粗想境，想即是知故，境中仍觸五塵故；設若能坐入不觸五塵境中，仍是二禪或未到地定之深境爾，仍是定境，未離想陰境界，無關無生忍及無生法忍。

《三摩地王經》所說月燈三昧，乃說空明覺知心外別有無始劫來不生滅心──離見聞覺知、一向不墮想陰境界、亦不墮定境、本無染淨、從不作主之心。岡波巴以定為禪，信受密勒日巴之大手印法，以不起妄想雜念之覺知心為不生滅心，與密勒日巴同墮常見外道法中；又於佛所說經一知半解，觸處凝滯不通，遂以為《三摩地王經》所說月燈三昧即是大手印法，卻成誤會。

仁波切亦不可隨人謠傳，將岡波巴攀緣為月光菩薩；何以故？月光菩薩於佛世時已經見道而成菩薩，然岡波巴尚在凡夫地，迄未見道，仍以同於常見外道之大手印法為究竟法，豈真月光菩薩世世修道轉生為岡波巴後竟退入常見外道法中？此說不通也。末學不敏──未離隔陰之迷，佛世唯得見道，而能轉生於覺囊派中弘揚正法，欲令藏密回歸正道；雖然功虧一簣，敗於達賴五世及宗喀巴之政治迫害；然今轉生台灣，不唯未曾退失正法，又復自參自悟，發起道種智，能摧伏諸方邪說、建立正法宗旨，而亦不敢妄攀為月光菩薩；岡波巴猶墮常見外道法中，未得真見道般若總相智，何況相見道般若別相智及道種智？

月光菩薩將於世尊末法最後五十二年中，領諸俱解脫阿羅漢共弘佛法，其修證二果（菩提果及解脫果）必須在七地滿心以上，方能荷此重任—解脫果修證至少須能念念入滅盡定，菩提果修證至少須有七地無生法忍道種智。今觀岡波巴經典傳承及大手印傳承境界，皆墮常見外道法中，尚在外道凡夫位，云何仁波切強攀彼為《三摩地王經》中之月光童子？令識者恥笑！

譬如般若波羅蜜多，岡波巴如此解釋：《…「智慧」或「了達自心」等言詞，皆是指妄念斷絕時，才能了悟自心之真相，才是智慧。實際上，那是語言所不能及者。》此即是大手印修行法—打坐入一心不亂境界，以妄念不起之空明覺知心為真如；以此境界之證得，說為了悟自心之真相，說為已證般若慧，卻同常見外道無二無別，此定中之心未離想陰故。

又如彼引寂天《入菩薩行論》：若無所知境，能知何由立？是故境若無，心亦不能有。彼解釋云：《以上破執內心為實體畢。若言：「誠如所言人我與法我二者皆無實體，但若承認有一無實體之心存在，則是否可以呢？」答曰：「無實體就是無法可言的意思。無實體的解釋是：人法二我或心，先前存在，後來不存在了，在這個意義來說是可以的。但如果人法二我或心根本就不存在，全無自體，則所謂的有實體無實體就毫無意義了。本來就不存在，則超乎有無實體之兩邊了。」》

既是先前存在，後來不存在，則是有滅之法，有滅則是有生之法，生滅具足，云何合佛旨意？而云「在這意義來說是可以的」？根本不通，則不知末；大乘無生忍尚不能知，未得真見道，云何能知相見道之無生法忍法無我？又恐他人識為斷滅見，故云：「但如果人法二我或心根本就不存在，全無自體，則所謂的有實體無實體就毫無意義了。」遂以空明覺知心不執著自己有實體無實體，以此為離二邊之中道，故云：「本來就不存在，則超乎有無實體之兩邊了。」是則以空明覺知心不墮有無，謂此為遠離人法二執；而其本質則是空明覺知心為中心，欲令此心離於二邊而住中道，卻墮常見外道法中，佛說此心即是常見外道所說常不壞滅之法故；既違二乘所說涅槃寂靜之理，復悖二轉法輪大乘般若中道空性理，更牴觸佛三轉法輪一切唯心之種智妙義。

涅槃寂靜者，人無我也；涅槃之中無見聞覺知，離想陰境界，故名無我；想陰者，謂一切外道證得四空定者，皆未離想陰境界，定中有知，即是想陰故；今者岡波巴以一念不生之空明覺知心為涅槃心，則猶未明二乘之基本佛法，墮於十八界之意識界故；此覺知心雖能一念不生，仍與五塵相觸，則非涅槃寂滅，五塵鬧故；饒汝證入非非想定中，不觸五塵，仍有微細之了知，觸定中幽閑法塵，仍非涅槃寂靜，未離十八界之意識界，尚未離想陰之知故。須滅此心方入涅槃，真名無我；此覺知心起意不執我，仍是有我；確認此心變異無常、終歸於滅，方是無我見，方能證涅槃，此心是我故，涅槃無我故。

遠離有無實體之兩邊，非以意識心離；乃是如來藏本來已離有無實體兩邊，離見聞覺知、不覺知六塵、亦不自覺我、本來寂靜故；非因熏習修學而離有無實體二邊，實體本來已離二邊故；悟者實證此理故，意識自然不墮二邊。今者岡波巴同於密勒日巴，皆以意識心為恒不生滅者，尚未能知二乘陰界入之粗淺無我知見，云何能知人無我？人無我猶自不曉，云何能解法無我？而奢言月光童子是其前身，何其顛倒？

如是顛倒知見，無獨有偶，禪宗門內錯悟之人亦復如是；譬如天台山雲居智禪師，言語辯給，說法無礙，乃至能以辯才降伏華嚴講座之繼宗法師，然其所說悉依意識思惟所得知見，尚不能言及第一義本體如來藏心，錯將意識之離染狀態誤認為即是真如藏識，故開示云：「然清淨性中雖無動搖，具不壞方便應用及與慈運悲；如是與運之處，即全清淨之性，可謂見性成佛矣。」亦墮意識之中，以能與慈運悲之無染覺知心為真如佛性，正是意識心也；與別境五心所法相應故，與善十一心所法相應故。

以錯悟故，雲居禪師於經中真如離見聞覺知之理便透不過，虛假矯亂，籠罩繼宗法師；如是之人卻與岡波巴相似，常見外道之知見，乃竟自以為悟，更令徒衆記錄其開示對話，流傳四方，以邀令名；一般佛子尚未開眼，普皆不辨，任其信口雌黃；更編入《景德傳燈錄》中，遺臭千古；何德可景？而曰景德？

仁波切書中所言亦復如是，以意識生滅心附會為佛經所說之真如體性，繼承四大派錯悟祖師法教口訣，而誇言上師證道歌之殊勝，奢言上師優於釋迦文佛；於諸古今錯悟法王祖師之謬悟，不知不見，將岡波巴一介凡夫外道知見，夤緣附會為月光菩薩，顛倒昏昧乃至於斯。

凡此皆因無慧眼故，復無法眼，魚目真珠朦朧不辨，故有無量不如理作意之意識思惟，用以誤導密宗學人。於今之計，當求大乘見道，方能遠離密勒日巴與岡波巴之常見外道邪見。如今台灣九二一地震災情嚴重，數日以來，各家電視台競相報導救難人員與慈運悲種種事業，仁波切何妨於中覓取離惡離害離慈離悲之中道藏識！

第二六六則　神秀佛心＊

北宗神秀禪師　開封尉氏人也，俗姓李。少親儒業，博綜多聞。俄捨愛出家，尋師訪道。至蘄州雙峰東山寺，遇五祖忍大師以坐禪爲務，乃歎伏曰：「此眞吾師也。」誓心苦節，以樵汲自役而求其道。忍默識之，深加器重，謂之曰：「吾度人多矣，至於悟解，無及汝者。」忍既示滅，秀遂住江陵當陽山。唐武后聞之，召至都下，於內道場供養，特加欽禮；命於舊山置度門寺，以旌其德。時王公士庶皆望塵拜伏。暨中宗即位，尤加禮重；大臣張說，嘗問法要，執弟子之禮。師有偈示眾曰：

一切佛法，自心本有，將心外求，捨父逃走。

神龍二年於東都天宮寺入滅，賜謚大通禪師，羽儀法物，送殯於龍門；帝送至橋，王公士庶皆至葬所；張説及徵士盧鴻一各爲碑誄。（摘自景德傳燈錄卷四）

創古仁波切云：《根據法教的一般系統，我們所謂的「心」或「認知」，具有六種層面，通常稱爲「六識」。有些典籍則將心分爲八種層面，稱爲「八識」。》（摘自眾生出版社《月燈》頁四六）

平實云：密宗之根本問題，不是「無上瑜伽」之男女雙身修法，而是基本知見之嚴重扭曲及與不足；「見」邪謬故，「修、行、果」隨之偏差；復因藏人之卑慢，歷代法王多以穿鑿附會之手段，編造上一代法王之神蹟，書之於密續中，令諸信徒生大恭敬，自身因之水漲船高；隨之以「專信密續、不須經典印證」之開示，以及「上師之重要性遠高於佛」之開示，而導致密教行人一味迷信上師及密續、偏離佛經旨意之局面。末因藏人之主觀性及排他性極強，不容外人在政治學問及宗教修持上有所超越，是故乃至非屬外來種族之覺囊派教法，亦因法義異於四大派之常見知見，而被四大派所滅。

密宗之佛法基本知見如何嚴重扭曲及不足？此謂黃教興起之前，知見嚴重不足；前後三轉法輪諸經，於雪域無人能證能修；各派法王歷代相傳，皆不知十八界之分際；迄今各派法王仍皆不知意根即是末那識，唯除已閱余之著作者。十八界不知不解，則不能知二乘之基本佛法，則不知世尊於四阿含中早已廣破意識，說彼空明覺知心——意識——是生滅變異無常之心；而蓮花生、阿底峽、密勒日巴、岡波巴、宗喀巴等人，竟同以意識為真如，墮於常見外道邪見之中；歷代師徒口耳相傳，直至如今，仍以意識為不生滅心。凡此皆因佛法基本知見不足所致，致令密宗行人無力熏習三轉法輪所說第八識如來藏法。

知見之被嚴重扭曲者，謂宗喀巴之黃教興起後，極力推崇及弘傳西天月稱「菩薩」之《入中論》。月稱所著《入中論》中，破斥第八識阿賴耶，謂無此識，主張意識是恒不生滅之心；謂意識經由修學練習，不於有無斷常邊見起諸作意，即是入於中道，以此為中觀。寂天「菩薩」亦如是說，宗喀巴更造《入中論善顯密意疏》，極力排斥阿賴耶識，謂三轉法輪所說諸經為不了義經，是佛方便說法，故阿賴耶識非實有。若有人主張「阿賴耶識真實有」，則視為異端，加以消滅，覺囊派教法即是因此緣故而被消滅。從此以後藏密知見嚴重扭曲，歷代法王皆否定阿賴耶，認意識為恒不生滅之常住心，師徒口耳相傳諸口訣中，皆以空明覺知之意識心為真如。

密宗法教傳承中，雖有部份教派承認有如來藏，而多不說如來藏即是阿賴耶；並以意識之體性解釋如來藏，以意識之知覺性解釋如來藏，使得法教傳承與大手印傳承及密續不生牴觸；是故三轉法輪諸唯識經所說如來藏之體性——離見聞覺知——藏人少有知之者。台灣學佛人中，若初始學佛即依密宗法門而隨學者，悉不能知藏識體性，執意識為常住不壞心，知見嚴重扭曲。

今時若欲導正密宗學人，首要之務在令彼等了知二乘基本佛法——十八界之無常性空及緣起性空——而後方能回歸正法。次須揚棄月稱之《入中論》及宗喀巴所造諸論，研習三轉法輪了義經典，熏習如來藏體性之知見，而後密宗學人方能有證悟之法王仁波切出現人間；是故仁波切若欲求證大乘見道功德者，首要之務在明十八界，其次應明意識與藏識之體性，末為參究自身之藏識何在。初及次要無難，但能詳閱余諸著作，信受思惟，反覆研究，知見即可導正；末則必須暫捨度衆著作，一心參究；參究過程中宜以余著公案拈提諸書為參考書，庶有入處。然參究之前，務須了知十八界中意根意識之異於金剛界藏識者，其理若何？若不能詳加了知，欲求破參者，必如神秀大師之一生言不及義也。

神秀大師逢遇禪宗五祖弘忍大師極早，復親依之修學，奉之為師，樵汲自役以奉師焉；苦節自勵，其信其誠不可謂之不篤，弘忍大師默識其誠，亦深器重，嘗面讚之：「吾度人多矣，至於悟解，無及汝者。」

雖然如是稱讚神秀，然終未能傳法與他；雖然六祖先受預記當來受法傳承衣缽，然法不必一定單傳，猶如四祖傍出一支—牛頭宗第四世法持禪師得法於弘忍大師。是故神秀不能得五祖傳法者，必有其因，非因六祖之已預受記故也。

今觀神秀皈依五祖典故，乃因先見五祖以坐禪為務，心歎服之，所以皈命；然諸學人若有好樂定境，以之為禪者，必墮定心意識，將來設或悟入藏識，必不信受，恐將謗法，是故五祖寧可傍傳牛頭宗第四世法持禪師，而不傳予神秀大師。余亦如是，若見未悟道者喜樂坐禪，未至二地滿心，便求禪定神通者，必定緩其見道，俟其正知正見確立以後，方才給予見道之方便。

神秀大師雖受則天皇帝召入都城，親加禮拜供養，諸王大臣一切士庶望塵拜伏，然實未曾得入七住見道功德；一生所說，未能及於第一義諦。然猶有德，能知推崇六祖慧能，不因身受武后皈依而生我慢；乃竟徒衆不體其心，於其歿後強爭六祖法位，導致荷澤神會禪師北上一番作為，正法方才不受混淆。

如今仁波切悟緣未具，而來寶島受諸供養，實非所宜，名聞利養是見道之羈絆故，且以神秀大師故偈奉贈：

身是菩提樹，心如明鏡台，

時時勤拂拭，勿使惹塵埃。

第二六七則　嵩嶽密用

嵩嶽慧安國師　荊州江枝人也，俗姓衛氏。於唐貞觀年中至黃梅，謁忍祖，遂得心要。麟德元年，遊終南山石壁，因止焉。高宗嘗召，師不奉詔。遍歷名跡，至嵩少云：「是吾終焉之地也。」自爾禪者輻湊。有坦然、懷讓二人來參，問曰：「如何是祖師西來意？」師曰：「何不問自己意？」復問曰：「如何是自己意？」師曰：「當觀密作用。」問曰：「如何是密作用？」師以目開合示之，坦然言下知歸，更不他適；懷讓機緣不逗，辭往曹溪。……師辭嵩嶽，是年三月三日囑門人曰：「吾死已，將屍向林中，待野火焚之。」俄爾，萬迴公來見師，猖狂握手言論，傍侍傾耳，都不體會。至八日，閉戶偃身而寂，春秋一百二十八。門人遵旨，舁置林間，果野火自然闍維，得舍利八十粒。

創古仁波切云：《……我們所謂的「心」或「認知」，具有六種層面，通常稱為六識，有些典籍則將心分為八種層面，稱為八識。……我們嚴密地審查身體內外及高廣的天空，並問自己：「這個『心』是什麼？這個意識是什麼？它在哪兒？它存在這兒或那兒？它是什麼形狀、什麼顏色？它可以被界定為一種具體的實物嗎？」依照這種方式去審查，我們將會瞭解，心不具有任何可覺知的形狀或形相，它不具任何實質。……當你著手去考察自

心—覺知者—並問「什麼是心」時，你卻找不到它，這是因為心的本性是空性。》（摘自眾生出版社《月燈》頁四六—四八）

平實云：愚頗懷疑仁波切曾否閱讀三轉法輪諸經；大乘佛子普遍知悉真如藏識離見聞覺知，不與六塵相到，無始以來未曾為六塵所轉。《三摩地王經》所說者更是顯示第八識如來藏之體性，說之為空性心。

今者仁波切意指意識—認知者、覺知者—無形無相，非是物質之法，以此而說意識是空性心，與佛所說空性心截然不同，南轅北轍，全無交集；豈唯不解唯識種智及般若空性，亦乃不解二乘法中十八界緣起性空之理，與常見外道常我真我殊無二致，云何可自稱為究竟佛法？云何自謂「金剛乘」超勝於大乘？汝於金剛法界—如來藏法—絲毫不知，而云能傳金剛乘法予密宗行人，無有是處；又復辜負陳大德向余推薦您為「大修行者」之令譽，亦當不起仁波切—人中寶—之名銜。如是知見，難免同於蜀郡鹽亭故袁煥仙夫子之墮處，同以見明見暗之覺知心為不壞空性心也。

仁波切所云之意識—覺知者或認知者—於眠熟悶絕二位中斷滅，是一切凡夫皆能證驗者，云何仁波切為人之師而反不知此理？余因陳大德之故，方能恭閱仁波切著作，亦是有緣，不免邀您共探嵩嶽密用公案，因緣若熟，或者能令仁波切見道：

嵩嶽禪師得法於黃梅五祖弘忍大師，不受君命，遊歷諸方；後止於嵩山少室峰，學人聞名，自四方來。一日，坦然、懷讓二人來參，問云：「如何是祖師由西方來此之意旨？」嵩嶽禪師答云：「你們何不問自己之意旨？」二人遂問：「如何是自己之意旨？」嵩嶽答云：「你們應當觀察祕密作用。」二人復問云：「如何是祕密作用？」嵩嶽禪師即以眼睛開合表示之，坦然一言之下即知歸趣，不再遊歷參訪，乃依止嵩嶽禪師。懷讓禪師之機緣不能相應，辭別嵩嶽禪師，往曹溪參禮六祖，方才得悟。

只如行者學經習禪多年，但見《楞嚴經》中或說見性不壞，或說聞性不壞，或說知覺性不壞，便將見聞覺知心性認作真實不壞心；可還知《楞嚴經》中又復多處破斥見聞覺知麼？可知經中七處徵心指陳眼識乃至意根虛妄麼？可知經中八還辨見指陳能見之性虛妄麼？可知經中處處指示見聞覺知皆是藏識所生麼？可知經中處處說見聞覺知十八界性非因緣生、非自然生，實由如來藏所生麼？既說十八界見性聞性是如來藏所生，焉得認彼六識或意識為佛所說「心」？故知仁波切不解金剛界也。

只如嵩嶽慧安禪師眨眨眼皮，亦是平常事，坦然禪師因甚直下會去？恁麼伶俐？仁波切可委悉麼？

仁波切若不恥下問，來顧平實問取西來意，平實仍舊勸您問取自己意；若不會者，且回印度難民營中看人貶眼皮去。忽爾會得，且再回顧平實，汝我二人猖狂握手，高聲言論，令陳大德於傍傾耳聆聽，都不體會，豈不甚好！

第二六八則　嵩嶽破灶

嵩嶽破灶墮和尚　師不稱名氏，言行叵測，隱居嵩嶽。山塢有廟甚靈，殿中唯安一灶；遠近祭祀不輟，烹殺物命甚多。師一日領侍僧入廟，以杖敲灶三下云：「咄！此灶只是泥瓦合成，聖從何來？靈從何起？恁麼烹殺物命！」又打三下，灶乃傾破墮落。須臾，有一人青衣峨冠，忽然設拜師前。師曰：「是什麼人？」對云：「我本此廟灶神，久受業報。今日蒙師説無生法，得脱此處，生在天中；特來致謝。」師曰：「是汝本有之性，非吾強言。」神再禮而沒。

少選，侍僧等問師云：「某等諸人久在和尚左右，未蒙師苦口直爲某等。灶神得什麼徑旨？便得生天。」師曰：「我只向伊道：是泥瓦合成。別無道理爲伊。」侍僧等立而無言，師曰：「會麼？」主事僧云：「不會。」師曰：「本有之性，爲什麼不會？禮拜著！」侍僧等乃禮拜，師曰：「破也！破也！墮也！墮也！」侍者忽然大悟。後有義豐禪師舉白安國師，國師歎曰：「此子會盡物我一如，可謂如朗月處空，無不見者；難遘伊語脈。」豐禪師乃低頭叉手而問云：「未審什麼人遘他語脈？」國師曰：「不知者。」（摘自碧岩錄及傳燈錄）

創古仁波切云：《心同時具有空性及智慧—本初之覺醒性（本覺）—的特質。佛陀在三

轉法輪時闡明此主要的義理。這個法教也記述於彌勒五論之一的「究竟一乘寶性論」中。在這些法教當中，空性之自性稱爲佛性。》（摘自衆生出版社《月燈》頁四九）

平實云：藏密四大派古今法王之所以不能通達三乘經典者，其故無他，皆因不明「本覺、始覺」真義所致；欲明「本覺、始覺」真義，則必須先實證如來藏阿賴耶識，若不證此空性心而作思惟開示及著作者，必墮戲論——言不及義，而以意識不動，離於中邊，謂為究竟佛法；反以此意識思惟之中觀破毀真正之中觀——如來藏法，月稱及宗喀巴是其代表。

如今創古仁波切亦復如是，不知不解意根及第八識如來藏，不知如來藏即是空性心，錯以前六識之非有物質、非有形相而謂之為佛說之空性，本質同於斷見外道——六識依他而起，緣起緣滅，死已斷滅故。斷見外道能如實觀見六識之虛妄性，今者創古仁波切及宗喀巴等人反不能如實觀見其虛妄性，錯以六識為恒不生滅之萬法所依心（詳見宗喀巴著《入中論善顯密意疏》），復墮常見外道論中，而以意識心離於中邊，入於定中不住中邊即是證得中觀，迂腐太甚；何以故？謂意識死已永斷，不能去至來世故，非一切法所依之本體故，十八界所攝故，是蘊處界無常敗壞法故。

一切佛子若欲真解佛旨，必須先證如來藏空性心，空性心如來藏即是唯識所說阿賴耶識，證得此一藏識方起根本無分別智，此時即名始覺位菩薩；始覺位菩薩所覺悟者，即是觸證藏識之空性及有性—觸證其「實有能生萬法」之體性，非如虛空漠然空洞；亦觸證其離見聞覺知、不作主、不執著六塵、非物質形相等空性—如是證入非空非有、非斷非常……等中道智中，由能領納驗證其體性故，起後得無分別智，而後能起種智，乃至十地滿心、等覺菩薩，皆名隨分覺菩薩；佛地即名究竟覺。若如宗喀巴、智軍、烏瑪巴，及烏瑪巴請來與宗喀巴相見之文殊菩薩（魔所化現）等，悉屬不覺位之凡夫，皆否定第八識如來藏，而執意識為實有法故。然此諸不覺位之凡夫，未悟入始覺位前，依舊有第八識於其五蘊中了知彼等心行，此即是本覺之性，此性本有，永不壞滅，非仁波切所說覺醒了知之性也；汝此覺醒性虛妄，名為妄覺，不名本覺。

今者勸請仁波切及一切密宗行者：若欲進入始覺位，必須先證金剛心；若否定金剛心第八識，則藏密必墮斷常二見外道法中，空言佛法名相中觀見等，何益佛道？今舉嵩嶽破灶墮公案，與仁波切及一切密宗大修證者共同商量，若有密宗行者證悟空性心如來藏，成始覺菩薩，方知藏密所說處處離經叛道，方知余之所言句句誠實：

嵩嶽和尚，言行難測，人皆不知其名號姓氏，隱居於嵩嶽，故名嵩嶽和尚。彼時嵩嶽山谷中有一廟，其神甚靈感，大殿中亦無神像，唯安置一煮食之灶；遠近居民聞其靈感，競持畜牲肉來祭祀，日日不輟，烹殺眾生物命甚多。

嵩嶽和尚風聞此事，遂於一日領諸侍僧同入廟中，以拄杖敲灶三下，斥云：「咄！你這個灶只是泥土瓦片混合作成，神聖是從何處來？靈性又從何處起？竟然如此烹殺有情生命！」斥完又以拄杖打三下，泥灶隨之傾破墮落。灶墮後，時過不久，有一人身著青衣、頭上高冠，忽然現身於嵩嶽和尚前，恭敬禮拜；嵩嶽問云：「汝是什麼人？」彼人答對云：「我本是此廟之灶神，長久以來受此業報；今日得蒙師父為我演說無生之法，方得脫離此處，轉生於天人之中；因此特地致此謝意。」嵩嶽和尚復開示云：「你所悟得者，乃是自己本有之心性，非我強說為有也。」彼灶神再次禮拜嵩嶽和尚後便消失了。以此典故，時人皆稱呼為破灶墮和尚，而不名其法號。

又過少時，侍者卻問嵩嶽禪師：「某等諸人久在和尚左右，未蒙師父苦口婆心助某等發機；這灶神究竟得到什麼直指之意？因此便得生天。」嵩嶽答曰：「我只是向他說道：灶是泥瓦合成。並無別的道理為他。」侍者等人杵在當場，不知所言。嵩嶽問云：「會了沒？」主事僧等咸言不會。嵩嶽便道：「人人本有之性，為什麼不會？禮拜著！」侍者與諸僧乃禮拜嵩嶽禪師，嵩嶽卻云：「破了！破了！墮了！墮了！」侍者言下忽然大悟。

只如嵩嶽以杖敲他泥灶，所說亦復平常，灶神因什麼道理便得脫離泥灶羈絆，諸人欲會麼？且觀趙州老人如是開示：「泥佛不渡水，金佛不渡爐，木佛不渡火。」以此三句將諸人轉了，末後卻道：「真佛內裡坐」。仁波切若會，許汝罷參，卻須從余修學眼見佛性之法，見性後復須隨余修學種智。

若復不會，且觀雪竇重顯大師頌來：木佛不渡火，常思破灶墮；杖子忽擊著，方知辜負我。

仁波切若猶不曉，仔細聽了：肉身不度生死海，意識不度無常火，意根不度生死爐，常須思索破灶墮；若猶不會，待余拄杖擊著汝身，方知色身識陰同彼瓦灶，是則辜負平實，已不堪為人天之師矣！

次如：灶神以泥瓦之灶為宅，受此業報，苦不得離，茲因嵩嶽和尚，卻得離苦受樂；仁波切以五蘊為宅，不知五蘊虛幻，猶執識蘊為實不壞滅者，與彼灶神貪著泥灶無異；如今灶神已然生天，仁波切可有求離五陰肉身及識陰之想麼？若有此意，覓著平實時，且禮拜著；平實說與汝知：破也！破也！倒也！倒也！

若實不會，平實復為仁波切扯葛藤云：義豐禪師欲藉此一公案，於嵩山慧安國師處求悟，便舉向慧安國師，國師聞已，歎云：「這嵩嶽禪師已經體會到色即是空之如如本心境界，他的智慧可説猶如無雲朗月處於虛空，無有不能照見者；當今之世，難得有人能接待他的語中理脈。」義豐禪師見安國師沒有別的開示，便低頭叉手恭敬地問道：「不知有什麼人能夠接待他的語意？」安國師曰：「不知者。」

如今仁波切讀我長篇大論，茫無所解，心煩氣躁，思欲解悶時，莫效凡夫還怒他家，且取一罐泰山仙草茶，邊喝邊覓汝那不知者；覓著時，方知冰透之仙草茶喝來一點兒都不清涼！此時方會本覺之性，名為始覺。

第二六九則　嵩嶽善槍

嵩嶽破灶墮和尚　有僧問：「物物無形時如何？」師曰：「禮即唯汝非我，不禮即唯我非汝。」其僧乃禮謝。師曰：「本有之物，物非物也。所以道：心能轉物，即同如來。」又僧問：「如何是修善行人？」師曰：「捻槍帶甲。」又問：「如何是做惡行人？」師曰：「修禪入定。」僧云：「某甲淺機，請師直指。」師曰：「汝問我惡，惡不從善；汝問我善，善不從惡。」良久又曰：「會麼？」僧云：「不會。」師曰：「惡人無善念，善人無惡心；所以道：善惡如浮雲，俱無起滅處。」其僧言下大悟。

卓千波格仁波切云：《…當我們論及任何有關空性的東西時，常常會有人誤解。「空性」不是指空間的空無或物質的沒有。「空性」這個字是用來表達一種無眞實或無具體實有存在的概念，它並不是對存在的否定。》（摘自衆生出版社《覺醒的心》頁六九）

平實云：仁波切此言，名為戲論；謂仁波切不解空性義，將空性誤認為空無空虛之概念。若是概念，悉是意識所生法；汝如是言，尚未能知大乘之基本概念，云何而可出世弘揚空性之義？如人觀察牛有角而思免無角，便出世弘揚免無角法，無真實義；仁波切亦復如是，觀察世間萬有無真實、無具體實有存在之空無性，而施設「空性」概念為究竟法義，與諸斷見外道執「兔無角」法為究竟實義者無別，此即同於顯教祖師所訶「大乘一分惡取空者」，不可救治。以如是知見而為人開示佛法者，猶如童稚牙牙學語，不知所云，宜乎汝也！如此知見云何能知《覺醒的心》？

仁波切若欲真解空性，當速閉門謝客，摒絕一切生徒，潛心研讀拙著諸書，方能建立正知正見，而猶不足以為人談心說性。今為十年後之仁波切預先拈提嵩嶽善槍公案：

有僧參問云：「一切有情物命悉皆無形無物時，究竟如何？」嵩嶽禪師答云：「正禮拜時，純粹是你，不是我；不禮拜時就正是我，不是你。」那僧聞了，言下悟入空性，乃向嵩嶽禮拜感謝。禮拜起來，嵩嶽禪師又開示道：「你本來就有的物事，這個物事卻不是物也。所以說：心如果能運轉物質之法時，這個心就與如來無別。」

又有一僧問云：「如何是修善行的人？」嵩嶽禪師答曰：「捻槍帶甲的人。」彼僧又問：「如何是作惡之修行人？」嵩嶽答曰：「修禪入定的人。」彼僧不會，老實答云：「某甲根機淺薄，請師父直接指示空性給我了知吧！」嵩嶽開示道：「你問我惡人，惡人都是追求有境界法，絕不肯隨從善人遠離見聞覺知、遠離有境界法。你問我善人，善人是絕不隨從惡人貪求禪定神通諸有為法的。」過了許久，彼僧仍然懵懂，無有任何意思表示；嵩嶽又問他：「會了沒有？」彼僧答曰：「不會！」嵩嶽慈悲心起，又開示曰：「惡人從來都沒有善念，善人從來都沒有惡心；所以如此說：善念與惡心，猶如浮雲，都不曾有起處滅處。」那僧人言下悟得空性心。

仁波切莫道自己是善人、他人是惡人；善人惡人俱在汝身中；如汝欲以明覺心發展空性與明性，即是惡人，與諸境界相到故。汝亦莫道屠夫是惡人，他身中自有從來不隨惡人之善人，仁波切欲會麼？且回西藏看宰羊人宰羊去！

第二七〇則　嵩嶽無人

嵩嶽破灶墮和尚　有僧從牛頭處來，師乃曰：「來自何人法會？」僧近前叉手，繞師一匝而出；師曰：「牛頭會下，不可有此人。」僧乃迴師上邊叉手而立，師曰：「果然！果然！」僧卻問云：「應物不由他時如何？」師曰：「爭得不由他？」僧曰：「恁麼即順正歸原去也！」師曰：「歸原何順？」僧云：「若非和尚，幾錯招愆。」師曰：「猶是未見四祖時道理也，見後通將來！」僧卻繞師一匝而出，師曰：「順正之道，今古如然。」僧作禮。

又僧侍立久，師乃曰：「祖祖佛佛，只說如人本性之心，別無道理。會取！會取！」僧禮謝，師乃以拂子打之曰：「一處如是，千處亦然。」僧乃叉手近前，應諾一聲；師曰：「更不信！更不信！」

卓千波格仁波切云：《……「根大手印」與中觀所談的究竟相對二眞理類似；「道大手印」言及每位衆生本具的心之明覺。了解「根大手印」後，我們藉著聆聽法教、思惟並將其付諸實修，就是「道大手印」，這樣我們會對整個明性和禪修次第的體悟愈來愈明晰清楚。再次，經由聽聞法教和禪修，我們的修行便漸趨穩固，直至終於進入觀的階段，這是學習如何將心自然安住。換言之，經過長期不斷的精進，我們心的明空兩性也便愈顯成熟圓滿。》

（摘衆生出版社《覺醒的心》頁七〇及七一）

平實云：中觀所述之理乃是空性第八識，非是應成中觀師所言之遮遣名相之概念，亦非「根大手印」所說究竟相對之理論，更非汝所言「道大手印」之明覺心。

密宗黃教之大病，在於否定藏識，不承認有意根末那識，亦不承認有第八識阿賴耶，是故執取常見外道所說之不生滅常我——覺知心——墮於意識境界，同諸常見外道，無二無別。今者仁波切亦復如是，開示徒衆應將覺知心精進修持，令其明性與空性更趨圓滿。

然則明覺心永遠是意識，既有明性，能知諸法，則是念念變易之無常心，死已斷滅，不能去至來世，修之何用？此心從來不空，不得名為空性；設使入於非非想定中，依舊有知有覺，能知非非想定幽閑法塵，永遠不空。唯有依佛所說滅除此心方得名空，然滅此心已，復不許有阿賴耶者，即成斷滅，仁波切是斷滅見者耶？抑常我見者耶？

佛子欲求修道者，應先見道；欲求見道者，應先解知二乘蘊處界空之真實義。今者仁波切以覺知心為不生滅心，如此知見，尚不能知聲聞向初果人之見解，云何能知大乘見道七住菩薩之見地？何況能知《覺醒的心》？竟敢雲遊世界為人解說心性？欲推廣密宗，而實更加暴露密宗之淺薄，顯示其為附佛法外道之本質爾。

君若自謂已曾悟道，且觀禪宗悟道公案，可有會處？有僧自牛頭道場來，嵩嶽禪師問云：「來自何人法會？」彼僧走近嵩嶽禪師前叉手，又右遶一匝而出；嵩嶽見此僧根性及作略不同於牛頭山諸僧，應非從牛頭山學來者，乃向彼僧身後丟下一句話：「牛頭法會之下，不可能有如此之人。」彼僧聞此一語，卻迴身再入方丈，於嵩嶽禪師右邊叉手而立。叉手者乃示恭敬之意，較合掌尤為懇切；嵩嶽見僧迴身再入叉手右立，便曰：「果然如此！果然如此！」此謂牛頭山法融一脈，彼時尚無證悟之人，故嵩嶽深知彼僧絕非由牛頭山學來者（牛頭山至第四世法持禪師於五祖弘忍座下悟後，方有宗門正法）。

彼僧卻問云：「隨緣應物而不緣由於他時究竟如何？」嵩嶽卻反問道：「怎可能不緣由於他？」彼僧聞言便道：「若是這般，我就順正歸原去吧！」嵩嶽卻道：「若歸向根原，何有可順者？」彼僧答云：「如果不是遇著和尚開示，幾乎錯會而招來過愆。」嵩嶽見彼僧根性不同於牛頭山諸僧，恐他錯會，欲重新確認，乃故意嫌他：「你這樣體會，仍舊是牛頭法融未見四祖時之道理而已；牛頭見四祖以後之道理，通呈上來！」牛頭法融未見四祖時，皆以意識住於空明之中，保持其不緣五塵而清楚明白地安住，與仁波切令人熏修覺知心之空性明性一般無二，名為凡夫外道常見，不入三乘見道；嵩嶽欲令彼僧確認所悟，亦欲重勘彼僧是否真悟，令他將真悟得底通呈上來，恐他錯將四威儀中之覺知心鹵莽承當，卻成錯會，故有此語。彼僧聞言，卻繞嵩嶽禪師一匝，又復邁足向方丈外；嵩嶽見此光景，知他所悟真實，來時所示及此時所示一般無二，乃為印證：「隨順正真之道，今時古時皆是像這樣啊！」彼僧聞此一語，便受印證，乃向嵩嶽禪師座前禮拜，成為受法弟子。

牛頭無人，法融未悟，非是末學強言，古時證悟之人多有拈唱之者；今者此一公案，亦見破灶墮和尚之評論牛頭法融，與末學無異，乃今無聞凡夫，不忍余之據實陳述而生煩惱，不亦愚哉！

又有一僧侍立於破灶墮和尚身旁甚久，等待開示，破灶墮和尚乃曰：「歷代祖師及十方諸佛，凡有所說，都只是說如人本性之心，並沒有別的道理。體會祂吧！體會祂吧！」彼僧聞道，似解非解，便向和尚禮拜道謝，破灶墮和尚乃以拂子打他：「本性之心在一處是這樣的體性，在其餘千處也是這樣的體性。」破灶墮和尚這回一反常態，漏逗不少；彼僧依稀彷彿，有樣學樣，便叉手走近破灶墮和尚座前，答應了一聲，破灶墮和尚察言觀色，已知彼僧知其然、而不知其所以然，乃曰：「我更不信汝已悟入！」如是連說二遍。

料想仁波切聞余上舉公案，必定依前一般茫無頭緒，不知余何所云；後僧之依稀彷彿、似解非解，君且不及，何能如彼前僧隨破灶墮和尚再三勘驗？汝心且未覺醒，云何能為人開示《覺醒的心》？何如早返印北，苦參三十年來！若到彼年，悟得真切，方有來台語話分。

只如仁波切返回印北後，當向何處參尋？在下指一條明路與汝：去菩提伽耶！繞正覺大塔去！

第二七一則　保唐無念＊

益州保唐寺無住禪師　師初得法於無相大師，乃居南陽白崖山，專務宴寂。經累歲，學者漸至，勤請不已，自此垂誨；雖廣演言教而唯以無念爲宗。唐相國杜鴻漸出撫坤維，聞師名，思一瞻禮；大歷元年九月，遣使到山延請。時節度使崔寧，亦命諸寺僧徒遠出迎引；十月一日至空慧寺，時杜公與戎帥，召三學碩德俱會寺中，致禮訖，公問曰：「頃聞師當駐錫於此，而後何往耶？」曰：「無住性好疏野，多泊山間；自賀蘭五台周遊勝境，聞先師居貴封大慈寺說最上乘，遂遠來摳衣，欲忝函丈。後棲遲白崖，已逾多載。今幸相公見召，敢不從命？」公曰：「弟子聞金和尚說『無憶、無念、莫妄』三句法門，是否？」曰然，公曰：「此三句是一？是三？」曰：「無憶名戒，無念名定，莫妄名慧；一心不生，具戒定慧，非一非三也。」公曰：「後句忘字，莫是從心之忘乎？」曰：「從女者是也。」公曰：「有據否？」曰：「法句經云：若起精進心，是妄非精進；若能心不妄，精進無有涯。」公聞，凝情盪焉。又問：「師還以三句示人否？」曰：「對初心學人，還令息念，澄停識浪；水清影現，悟無體念，寂滅現前，無念亦不立也。」于時庭樹鴉鳴，公問：「師聞否？」曰：「聞！」公曰：「鴉去無聲，云何言聞？」師乃普告大眾：「佛世難値，正法難聞，各各諦聽：聞無有聞，非關聞性；本來不生，何曾有滅？有聲之時是聲塵自生，無聲之時是聲塵自滅；而此聞性不隨聲生，不隨聲滅，悟此聞性，則免聲塵之所轉；當知聞無生滅，聞無去來。」公與僚屬大眾稽首。（摘自景德傳燈錄卷四）

創古仁波切云：《第三蘊「想蘊」則很簡單：在心識中陳述所覺受到的，例如在看到紅色時想道：「這是紅色的。」或者在看到藍色時想道：「這是藍色的。」或者在看到男人或女人時想道：「這是男人，這是女人。」我們在心識中陳述知覺經驗的內容。這非常重要，因爲人們把這當作爭論的基礎，而想說：「這是對的，那是錯的；這是好的，那是壞的。」並且因爲這些判斷而變得相當執著，這就是爲什麼「想蘊」是五蘊之一。》（摘自眾生出版社《月燈》頁二〇八）

平實云：據書中序文介紹，仁波切乃累世修持轉生，至為崇高之修行者，是非常傑出之佛法上師，具足了學問淵博等三種功德。然而仁波切此段開示想陰之義，卻是膚淺之極，序文之褒獎，顯然言過其實。所以者何？謂想陰非獨人類有之，傍生鬼類地獄天人悉皆有之。而今仁波切所說者唯是人類及欲界天人有之，斯則有過。

心中有語言文字打妄想，是一般人所說之想；然而人類仍有離語言之想：譬如密宗行者觀想空行母之想，亦如掛礙某人某事時，朝思暮想往往離卻語言文字而想。然而大多數之想，皆是先有想，而後方於心中起語言音聲，此亦是想，仁波切不可不知此想。

復次傍生有情心中並無語言，而亦有想，故彼等亦能有計劃地互相配合成事，不可謂彼傍生有情皆無想陰也。再者密宗行者打坐而入一心不亂境界安住，意識保持於空明覺醒狀態，美其名曰「覺醒的心」；然於此境中，仍有覺察返照作用，不離覺知故，亦名想陰。猶如此類欲界定粗糙境界不離想陰，乃至進入非非想定中，似有想，似無想，仍然是想陰境界，以其境界中似有知覺，似無知覺故。是故一切有覺有知、有明性（覺照）存在之境界，悉皆不離想陰；云何累世修持轉生而來、非常傑出之佛法上師的您，竟然無知若此，如何當得諸方讚歎？如是知見，卻與保唐寺無住禪師雷同，成一家人。

保唐無住禪師以覺知心不起語言妄想，觀察妄想無有實體，心住無念，處於寂照而不攀緣之狀態中，以此認為已證寂滅境界，復將無念境界之覺知心自行安住，不觀有無妄念，如是名為「無憶、無念、莫妄」，以之搭配戒定慧三門，謂為佛法；卻同仁波切之開示，與常見外道無異。

相國杜鴻漸讀過《楞嚴經》，便將所讀底、取來問保唐無住禪師，保唐便藉題發揮，更道聞性見性不生不滅。然而《楞嚴經》中卻說見性聞性之常存者，非因緣性，非自然性，乃是如來藏性；亦說眼識乃至意識意根皆非因緣性，非自然性，是如來藏性──精明本體、識精圓明之如來藏所生體性。五陰亦復如是，皆非因緣，非自然，是如來藏體性。此諸體性夜夜斷已，復能朝朝再起，皆依如來藏而現，非無因有；《楞嚴經》中具說分明，今者仁波切是「學問淵博」之大班智達，云何不知不解此理？此經中亦說十八界所現一切境界悉皆不離想陰，亦述三界九地乃至非想非非想定境界仍不離想陰，云何仁波切唯以語言妄想之想認作想陰？無怪乎密宗古今諸祖悉以覺知心一念不生時為真如境界，便因坐入此境而自謂已證真如、已經成佛；然實不離受想二陰，以有知故。今者密宗行者於此不知不見，知見之膚淺及與狂傲，令人悲憫。

如來藏雖與五陰同處，而無量劫來不墮五陰境界之中，不於六塵起於覺知，何況修而後得之定境法塵？保唐禪師不知此理，仁波切及諸徒衆亦不知此理，尚且不知二乘五蘊緣起性空之理，執識陰之意識覺知為恒不生滅者，如何能入大乘見道位？

於今之計，當於見性聞性想陰識陰所在之處，速覓聞性想陰之能生者──空性如來藏；覓得後，方能真解《楞嚴經》也，方知平實言之不虛也。

仁波切見到男人女人時，心中莫想「這是男人，這是女人」，讀到此則公案拈提時，心中莫想「這是對的，那是錯的。」但用直心，於彼男女身上觀察：彼諸人等悉有見性及與聞性，夜夜斷已，次朝又起，竟是何物能令彼人見性聞性朝朝再續前夜之緣？一朝忽然撞著，方知太近！如或十年之後猶覓不著，何妨來覓平實撞撞看！一撞便著。

第二七二則　保唐眞心＊

益州保唐寺無住禪師　相國杜鴻漸請問：「何名第一義？第一義者從何次第得入？」師曰：「第一義者無有次第，亦無出入；世諦一切有，第一義即無。諸法無性性，說名第一義。佛言：有法名俗諦，無性第一義。」相國杜公曰：「如師開示實不可思議：…。」又問：「云何不生？云何不滅？如何得解脫？」師曰：「見境心不起，名不生；不生即不滅，既無生滅，即不被前塵所縛，當處解脫。不生名無念，無念即無滅，無念即無縛，無念即無脫。舉要而言：識心即離念，見性即解脫。離識心見性外，更有法門證無上菩提者，無有是處。」（摘自景德傳燈錄卷四）

創古仁波切云：《…然而，要藉由回向功德而直接利益他人，表示我們必須能將某種善根轉移到他們先前不具有此種善狀的存在之流中—這是不可能的，這種情形是不會發生的，即使是圓滿證悟者釋迦牟尼佛也無法這麼做。以他無量的慈悲心及遍知一切—包括我們全部人的冀求—的大智慧及大能力，他似乎會願意、也應該能給予我們他的一切功德；但是我不得不告訴大眾：他似乎還沒有將他的證悟功德轉移到我們的存在之流中！（仁波切說完大笑）》（摘自眾生出版社《月燈》頁二二七）

平實云：仁波切尚未證得大乘見道功德，云何能知佛之功德回向？而鄙視佛之不能，言佛迄未將其證悟功德轉移與汝等受用；言已又復大笑，似乎尚有一些鄙視之現場開示被故意漏失，未列入此段記錄文字中；此即凡夫之狂慢也。

余於禪三中，唯自飲食回向，不開示佛法，亦能令同桌之共修者獲得證悟功德，何況佛地無盡功德而不能之？第因仁波切及諸徒衆，皆屬著有之人——執著覺知心有及定境有為境界法——悟緣未具，是故佛觀因緣，不應將其證悟功德回向與汝等徒衆，以免悟後不信，反致謗法成大惡業，是故迄今仍未將其證悟功德回向與汝等。仁波切以能證實佛未回向功德與汝等，而得意大笑，猶如井蛙觀天，謂天唯如此大，而生輕蔑，隱含密宗高於顯宗之意，其意昭然。

然余深感釋迦世尊之功德威神加持，非如汝謂全無；復由世尊神力所加，而漸漸知悉密宗無上瑜伽雙身修法之細節密意，以及其中祕密灌頂之祕意，汝何可言釋迦世尊不具此功德加持之力？復於同一書中指稱上師可以具有如此加持能力，令密宗信徒誤信上師修持勝於佛；余今觀汝書中所述，處處誤解《三摩地王經》，見道且無，何能知曉七住菩薩功德？而妄言究竟佛地之釋迦世尊無此功德，實非所宜。

仁波切知見不足，猶如唐朝保唐寺無住大師一般無二，悉墮覺知心有，執之不捨，不肯信受佛說「真實心離見聞覺知」之理，焉有悟緣？今拈保唐真心公案，令汝解知真心妄心差別，往後庶有悟緣：

保唐無住禪師開示云：「第一義者無有次第，亦無出入；」若無次第，則應般若中觀是第一義，唯識種智非第一義；或應唯識種智是第一義，般若中觀非第一義。然實二者俱是第一義—二轉法輪之般若中觀唯說真實心之空性、無執著性、離見聞覺知性等總相智別相智，三轉法輪則說真實心之別相智內所含種智；二者皆是第一義，而淺深有別，粗細有異，非可謂無次第也。

佛法學人有凡夫賢聖差別，以諸人有無見道修道功德而致不同；既凡夫未能入道，賢聖能入道，因何說無出入？若第一義諦無有出入，應一切凡夫不必修行，已成究竟佛，無出入故。若第一義諦無有次第，應一切七住菩薩得大乘真見道功德時已成究竟佛，云何尚非初地通達聖人？

然真見道者卻可以說：「第一義諦無有次第，亦無出入。」如實證知第一義諦唯是真心法性故，真心法性於一切時地皆無變異，悟前悟後並無不同—皆是空無形質性，皆是無執著之不作主性，皆是離見聞覺知之本來清淨性—性既不變，因何說有次第及與出入？復可主張有次第出入，如前所述智證修斷淺深有別故；否則即應一切凡夫如仁波切密宗所說即身成佛—一悟即至究竟佛地。

保唐禪師復言：「世諦一切有，第一義即無」，又墮有無二邊，成斷常見。佛說二乘空，為斷常見有；復說般若空，遮除斷見無；學人不悟心，撥無一切法，謂第一義無，悉墮無因論。若第一義是無，則自心藏識應無；若各有情皆無自心藏識，則應一切法皆悉無因自起，無因自滅；則應一切法同時頓起，亦應一切法同時頓滅，不應互起前後差別；然今現見諸法互起前後差別，故知必有根本之因——一切有情各自有其真心如來藏，各依所藏業種差別，是故禍福起滅互異。既有真實心之體性，即不可謂之無，是一切證悟之人可以觸證檢驗故，證驗領受之體性皆如一故，是故第一義諦非有非無，不可謂無。

「無性第一義」者，謂藏識雖生俗諦有法，然於俗諦有法中，本身不具俗諦有法諸性——離見聞覺知、不作主、不執著、無動作、無去來、無生滅；故名無性——無世俗性，非謂空無之無性也。

今保唐禪師以覺知心之我，於諸境界中「見境心不起，名不生；不生即不滅，即不被前塵所縛，當處解脫。」則同仁波切以覺知心不執著境界為涅槃解脫，欲以覺知心證入解脫境界，則同常見外道之知見；故又結言：「舉要而言：識心即離念，見性即解脫」，以覺知心離念狀態認作真如心，以覺知心住於空明境界，不滅此心之覺知，安住此境界中即謂解脱，未來死時欲以此心而入涅槃，此名外道涅槃邪見—常見外道知見也。佛云涅槃之中無有十八界五陰，今者保唐禪師所述無念之覺知心正是識陰，乃是意識；住於空明覺知之境，正是想陰；定境法塵相續而入，法入不斷，未離六入之法；云何陰界入不斷而謂為解脱？無有斯理也。乃仁波切書中處處説空明覺知心之體性恒不斷滅，同於保唐禪師邪見，而可謂為佛法乎？

然保唐禪師開示之末後一句實為正理：「離識心見性外，更有法門證無上菩提者，無有是處。」仁波切欲識自心、見自心性麼？且不離識心見性，來我正覺同修會，佛前懺悔前言好！

第二七三則　南嶽恁來

南嶽懷讓禪師　俗姓杜，金州人氏。年十五往荊州玉泉寺，依弘景律師出家。受具之後，習毘尼藏。一日嘆曰：「夫出家者，為無為法。」時同學坦然知師高邁，勸師謁嵩山安和尚（嵩嶽慧安國師），安啓發之，乃直詣曹溪參六祖。祖問：「什麼處來？」師曰：「嵩山來！」祖曰：「什麼物？恁麼來！」師曰：「說似一物即不中。」祖曰：「還可修證否？」師曰：「修證即不無，污染即不得。」祖曰：「只此不污染，諸佛之所護念。汝既如是，吾亦如是。西天般若多羅，讖汝足下出一馬駒，踢殺天下人；並在汝心，不須速說。」師豁然契會；執侍左右一十五載。

有學員問：《在佛法開示中，有一個例子常被用於解釋大圓鏡智；在其中，清淨的覺知被描述為只是清晰地反應對象物，但是沒有任何執著。我發現這個例子非常難瞭解……。》

創古仁波切答云：《大圓鏡智並不完全像你所描述的，我會試著加以澄清。……出現在鏡子中的種種映像—例如山的映像—並不具有任何具體的存在性；鏡子中並沒有一座真正的山。顯現的並不是那樣事物本身，不論那是一棟房屋、或……一跟柱子的映像；然而，映像並不存在於空性之外。同樣的，具有法界體性智的全然覺醒者，在了知萬法之空性時，也同時見到種種相對的顯相，如同映像出現在鏡子中一般。這就是爲什麼說全然覺醒的境界賦有大圓鏡智。》（摘自衆生出版社《月燈》頁二二八—二三〇）

平實云：仁波切及其學員所知之大圓鏡智，異佛所說大圓鏡智。仁波切所說「具有法界體性智的全然覺醒智，在了知萬法之空性時，也同時見到相對的顯相，如同映像出現在鏡子中一般」，其實是初地所證「猶如鏡像」之道種智無生法忍，非是佛地之大圓鏡智。拙著《楞伽經詳解》第三輯中已有略述，《真實如來藏》書中亦有略述，謂內相分之實證也，茲不贅文。

又：密宗古今法王仁波切每謂佛地四智合稱法界體性智，然此說非正；謂一切七住菩薩證得如來藏時，能親體驗領受法界真如之體性，發起般若慧，名為法界體性智。此是大乘菩薩最粗淺修證所得慧，云何強置於佛地四智之上？

密宗古今祖師多屬狂密，每好發明新法或另創新見，將之置於最究竟法之上；例如將「無上瑜伽—男女雙身淫樂修法」置於佛境之上；亦如將應成中觀邪說置於道種智及一切種智之上；三如別創第四皈依，將凡夫上師地位置於三寶之上；四如將定境粗淺正受說為已得根本智，將定境中粗淺之功能性領受，說為已得後得智。將法界體性智置於佛地究竟四智之上，及將初地所證「一切法自心現量」—猶如鏡像—高攀為大圓鏡智，亦復如是。

凡此諸過，皆因不通經教所致；若欲通達經教，必須先行通宗；欲通達宗門之旨，則以禪宗教外別傳之法最為迅速，且舉南嶽懷讓禪師恁麼來公案，共仁波切神會：

南嶽懷讓禪師早歲出俗。一日自嘆曰：「出家之目的，其實是為了無為法，何處可以求得？」彼時同學佛法之坦然法師，知悉懷讓法師志氣高超豪邁，不屑斤斤於教相之上，風聞嵩嶽慧安國師得法於五祖弘忍大師，乃與懷讓法師相約往詣；嵩嶽國師啟發之，坦然法師當時契會，遂住焉；懷讓法師因緣不在彼處，未能相應，乃依安國師指示，前往曹溪參禮六祖慧能大師。

六祖甫見便問：「你從什麼地方來？」懷讓法師答：「從嵩山來！」六祖曰：「什麼物事？恁麼來！」六祖滿腔熱血傾盆而下，漏逗不少；只為等他多年，望穿秋水，直至如今方才盼到，所以不辭泥水，和衣為他。懷讓法師聞言契會，篤信不疑，便道：「若要說祂像個什麼物事，其實都說不清楚，無法形容祂。」不枉他遠從嵩山千里迢迢來到嶺南，方知是別人幫他跋山涉水。六祖為要驗他是否虛實，便探問曰：「這個物事還能不能依靠修證得來？」老狐狸相探難舍，不懷好意，欲明懷讓是否已證法界體性智也。懷讓法師便答：「若說依修證而得，也不見得就不必修證。」若不修學思索，焉得證知祂？故曰修證即不無。又云：「污染即不得。」此心不論因地果地、悟前悟後，體性悉皆清淨無染，於六塵三界萬法從來不曾貪染，何處能有一法令祂起諸雜染心行？六祖聞已，知他已親領受藏識空性本體，遂為他印證：「只這不污染底心，正是諸佛之所護念心；你如今既已如是，我亦如是。西天般若多羅大師，已曾預記：在你座下將會出現一匹千里駒，蹋殺天下人；這件事，你且同時放在心中，不須太早說出去。」懷讓法師於此一席話下，成為千古聞名之法師。後來果然度得千里駒——馬祖道一禪師——令天下人喪身捨命，不認五陰十八界身，轉依藏識。懷讓禪師悟後，為增益差別智，又執侍者務，隨侍六祖十五年，方出而弘法。

平實於今已將六祖滿腔熱血傾盆倒向仁波切，仁波切若猶不會，欲回印北尼泊爾時，務必記得來辭平實，平實送汝上機場時，仁波切但大步而去便得，莫迴首轉腦禮拜平實。

第二七四則　青原鈯斧*

吉州青原山行思禪師　吉州安城人氏，俗姓劉。幼歲出家，後得法於六祖慧能大師。一日祖謂師曰：「從上衣法雙行，師資遞授；衣以表信，法乃印心；吾今得人，何患不信？吾受衣以來，遭此多難，況乎後代，爭競必多；衣即留鎮山門，汝當分化一方，無令斷絕。」師既得法，遵囑往住吉州青原山靜居寺。

六祖將入滅，沙彌希遷（後時之南嶽石頭禪師也）問曰：「和尚百年後，希遷未審當依附何人？」祖曰：「尋思去！」遂來依止。

一日師問希遷：「汝什麼處來？」遷曰：「曹溪。」師乃舉拂子曰：「曹溪還有這個麼？」遷曰：「非但曹溪，西天亦無。」師曰：「子莫曾到西天否？」遷曰：「若到即有也。」師曰：「未在！更道！」遷曰：「和尚也須道取一半，莫全靠學人。」師曰：「不辭向汝道，恐已後無人承當。」

一日師令希遷持書與南嶽讓和尚曰：「汝達書了，速回。吾有個鈯斧子，與汝住山。」遷至彼，未呈書，便問：「不慕諸聖，不重己靈時如何？」讓曰：「子問太高生，何不向下問？」遷曰：「寧可永劫沉淪，不慕諸聖解脫。」讓便休。遷迴至靜居，師問曰：「子去未久，送書達否？」遷曰：「信亦不通，書亦不達。」師曰：

「作麼生？」遷舉前話了，卻云：「發時蒙和尚許鈯斧子，便請取。」師垂一足，遷禮拜，尋辭往南嶽。（玄沙聞云：「大小石頭和尙，被讓師推倒，至今起不得。」（註：鈯音突，鈍也）

荷澤神會來參，師問曰：「什麼處來？」會曰：「曹溪。」師曰：「曹溪意旨如何？」會振身而已。師曰：「猶滯瓦礫在。」會曰：「和尚此間莫有眞金與人否？」師曰：「設有與汝，向什麼處著？」（玄沙聞云：「果然！」雲居錫云：「只如玄沙道果然，是眞金？是瓦礫？」）（摘自景德傳燈錄卷五）

創古仁波切云：《一般而言，當我們談到五種智慧時，最主要的是法界體性智。法界的意思是：一切事物的本性、空性自身、現象之缺乏眞實存在性。清楚地見到一切諸法的眞如本性表示「不見有法」，法界體性智指的就是不具任何實體的見地。這是否表示證悟的覺醒狀態見不到任何事物？不！不是這個意思！法界體性智表示清楚地見到事物的本性，見到究竟的眞相，也就是見到一切現象的空性；但是，我們所稱的大圓鏡智也同時具在。》（摘自衆生出版社《月燈》頁二二九）

平實云：仁波切乃密宗內學養最佳之大班智達，云何佛法知見嚴重偏差若此？法界體性者，謂三界六道有情及四聖等所觸所知一切境界法中之根本實相心之體性，非汝所謂無情事物之物性之清楚觀察，而得知其無常空性；乃至吾人蘊處界之無常空，仍非是法界體性也，謂二乘無學聖人了知蘊處界之緣起性空已，仍未能觸及法界之體性故。

仁波切之知見偏差，咎在誤解空性之義，錯認蘊處界及外物諸法無常敗壞、終歸於空，以此為空性；而不知佛於二轉法輪及三轉法輪所說空性乃是有情之藏識，此心能生一切法，於有情所觸一切法中存在，三界二十五有法界如是，三聖六凡法界亦如是，乃至究竟佛地法界亦如是，是故一切法界皆依第八識有，故言法界體性即是第八識體性，即是佛所說空性；證得此一法界體性心者，即得發起法界體性智慧，此名七住菩薩真見道之般若慧，非藏密四大派古今法王所能臆測也。

密宗諸法王悉以意識之空明性中安住，能住於妄想不生境中而清楚照了內外境界及自心，以此為證得真如，名為即身成佛，實則完全同於常見外道，無二無別，尚且未離識蘊想蘊行蘊，未離十八界之意根意識界，云何自謂成佛？云何而起佛慢欲伏平實？云何以此凡夫境界說為已證佛地大圓鏡智？愚不可及！何故作此訶責？謂二乘行人之未證果者，悉皆能知此是十八界內意識境界，乃竟四大派古今法王悉以如此凡夫境界而宣揚為無上成就境界？如是愚痴，二乘凡夫尚不能及，大乘學人何人能及？故云密宗法王愚不可及。

如此狂慢宗徒，古今中外皆有；石頭希遷禪師悟前亦復如是：一日，青原行思禪師欲助其徒希遷法師發悟，便故意問他：「汝從什麼處來？」希遷答曰：「從曹溪來。」青原禪師有心為他，便舉拂子問曰：「曹溪還有這個麼？」青原披肝瀝膽，直下為他，不料希遷仍以六祖之徒自居，尚未全認青原師兄為師，尚有餘慢，便自恃聰明道：「非但曹溪六祖處無此物，西天亦無。」青原禪師聞言，便道：「子莫非曾到西天否？」尚尊稱他為「子」。希遷自道已悟，便回云：「若曾到西天，我便有拂子了也。」青原禪師仍是有心為他：「你這樣說，仍舊未悟在！更說說看！」希遷曰：「和尚您也須說個一半，不要全靠我來說。」青原禪師便解釋道：「我不是推辭不說與汝知，恐怕明說了不信，已後沒有人敢承當這個物事。」

又一日，青原禪師思欲助益希遷，乃作一函，令希遷持呈南嶽懷讓禪師，交待他：「你送達書信之後，趕快回來。我有一隻鈍斧頭，交給你出去開山弘法。」希遷以為如此即是印證，邁足前往南嶽，見了南嶽和尚，未呈書信便問：「既不仰慕諸聖，也不看重自己的靈性時，究竟如何？」南嶽和尚曰：「你這個問題問得太高深了，為什麼不向下問？」

此事便似藏密諸多古今法王，不問本身如來藏何在？便求佛地真如大圓鏡智，更發明法界體性智冠於大圓鏡智之上。希遷彼時亦復如是，便誇口道：「我寧可整整一劫沉淪生死中，也要求般若智慧；我不羨慕諸阿羅漢所證解脫境界。」南嶽和尚聞此一說，知此人甚傲，心未降伏，未是見道時節，開示無用，又不可無為他處，乃下座離去。

希遷回至靜居寺，青原禪師問曰：「你才去不久便回，送書信到了沒有？」希遷回曰：「信也沒有通，書也沒有到。」青原禪師問曰：「究竟怎麼回事？」希遷便將彼與南嶽懷讓禪師對答情形一一舉說，說完卻云：「我出發時承蒙和尚許我一隻鈍斧頭，如今便請取來與我。」青原禪師聞道希遷索斧子，便於座上垂下一足；希遷見已便禮拜青原禪師，接著又告辭，前往依止南嶽禪師。

後來玄沙師備禪師聞此公案，便評論道：「什麼石頭和尚？被懷讓師父推倒了，到現在還爬不起來哩。」石頭和尚即是希遷禪師；大小二字是輕蔑之語，嘲笑石頭希遷禪師悟前之輕慢也。宗門之內，不賣人情；自古以來，風格如是。仁波切莫學石頭和尚悟前故事，未悟凡夫莫說佛地「全然覺悟」境界，免得貽笑方家，狐狸尾巴沒遮掩處。

且道：青原行思禪師鈯斧子何在？青原既許他希遷，須賴不得，云何卻不肯給？且道：青原曾與不曾與？若已與他，何處是與他處？若不曾與，何故不曾與？仁波切試道看！若道不得，盡是外道凡夫知見，未有見地，還歸尼泊爾去好！莫於台灣寶地玷污人家女男。

一日，荷澤神會禪師來參青原師兄，青原問曰：「什麼處來？」入門須辨主，必定有此一問；荷澤神會答云：「自曹溪六祖處來。」一言捧出，人天皆見。青原復又問云：「曹溪之意旨是什麼？」探竿遞出，欲知神會落處；不料荷澤神會唯是振動身軀而已，一言不發。青原此時已知他底細如己無二，只是怕他有樣學樣，誤予認同，便二遞探竿，欲弄蛇出，好見分明，便嫌道：「還是停留在瓦礫堆裡。」荷澤神會便反問道：「和尚這裡難道有真金給人嗎？」青原聞已，便確定荷澤悟處真實，乃曰：「就算有真金給你，你要往什麼處安放這真金？」

玄沙禪師聞此公案，便代答曰：「果然如此！」你給我的真金真是無處可安置啊！雲居山錫禪師聞玄沙恁麼道，便拈向天下問云：「只如玄沙禪師說果然如此，這句話是真金呢？還是瓦礫？」如今大江南北八大修行人說禪浩浩，濁水溪南北諸多密宗活佛盡道已成佛道，還有中央山脈東西二岸法師居士盡道明心見性，只如青原行思禪師道「設有真金與汝，向什麼處著？」此語是真金？是瓦礫？莫有道著者麼？試向平實道來！

希遷沙彌為慢所障，青原二度為他，卻不肯信，枉費青原全身披掛入泥入水為他；南嶽懷讓不奢反儉，希遷卻信得過，將青原與他之鈯斧子棄置，卻向南嶽再覓，覓得依舊是鈯斧子。若肯效他荷澤發大願心，北上中原定真宗，求正法千秋萬世無憂，何須如是二易其師方才信入？

未審仁波切於平實信不信得及？若信得及，平實且書一無字天函，託仁波切送與達賴法王；送訖速須返台，平實有一金斧送與仁波切！

第二七五則　馬祖坐禪

南嶽懷讓禪師　唐開元年中，有沙門道一住傳法院，常日坐禪。師知是法器，往問曰：「大德坐禪圖什麼？」一曰：「圖作佛。」師乃取一磚，於彼庵前石上磨。一曰：「師作什麼？」師曰：「磨作鏡。」一曰：「磨磚豈得成鏡耶？」師曰：「坐禪豈得成佛耶？」一曰：「如何即是？」師曰：「如人駕車不行，打車即是？打牛即是？」一無對。師又曰：「汝學坐禪？爲學坐佛？若學坐禪，禪非坐臥；若學坐佛，佛非定相。於無住法不應取捨，汝若坐佛，即是殺佛；若執坐相，非達其理。」一聞示誨，如飲醍醐，禮拜問曰：「如何用心即合無相三昧？」師曰：「汝學心地法門，如下種子；我說法要，譬彼天澤；汝緣合故，當見其道。」又問曰：「道非色相，云何能見？」師曰：「心地法眼，能見乎道；無相三昧亦復然矣！」一曰：「有成壞否？」師曰：「若以成壞聚散而見道者，非見道也；聽吾偈曰：

心地含諸種，遇澤悉皆萌；三昧華無相，何壞復何成？

一蒙開悟，心意超然；侍奉十秋，日益玄奧。……師又云：「一切法皆從心生，心無所生，法無能住；若達心地，所作無礙；非遇上根，宜愼辭哉！」

天噶仁波切云：《釋迦牟尼佛現金剛持身，說「大手印法」，傳予寶賢菩薩—藏名羅卓仁千，再傳薩惹哈、龍樹、薩瓦利巴、梅紀巴、瑪爾巴、密勒日巴、岡波巴、第一世噶瑪巴至第十六世噶瑪巴。將大手印法教帶回西藏的瑪爾巴，有四大弟子，其中之一是密勒日巴。…密勒日巴的弟子眾多，其中有兩位，如日月一般，最爲傑出。如日者是岡波巴，如月者是惹瓊巴。》（摘自眾生出版社《覺醒的心》頁七四）

平實云：仁波切所言密宗傳承，完全是後人編造而來，絕非真實。考證之事且不談它，留與佛教研究學者；單說第一世釋迦牟尼佛所現金剛持佛傳授之法，即可知為後人杜撰；若非杜撰，必是鬼神故示佛形，傳其外道法以滅佛法。

研究印度佛教後期發展之學者們，一致之觀點為：密教興而佛教亡。此乃一切研究印度晚期佛教學者共所不爭者，然諸學者考證出事實已，卻不知密教興盛後，因何會導致佛教之滅亡。今者平實依法教及宗門言之，則此因可解也：

「金剛持佛」若真是釋迦牟尼佛所現，則其所傳之大手印法，不應違背一至三轉法輪諸經宗旨，亦不應違背教外別傳之禪宗宗旨。今者禪宗真悟祖師乃至如今證悟之人所說，完全符合三轉法輪諸經，代代相傳直至如今，絲縷不絕；然觀密宗諸祖所說，不論東密藏密古今法王，所說悉同常見外道；甚至最高無上令人即生成佛之「無上瑜伽」男女雙身修法，則同印度教性力派思想無有差別；唯以佛法名相而作莊飾，有別於印度教爾。

至於龍樹菩薩，完全異於密宗諸祖，彼所說之《大智度論，中論》，完全符合佛旨，迥異密宗諸祖之常見外道法；豈有真悟之人能同意密教所傳常見外道法為佛法者？此理不通也。龍樹所證既完全異於其前之薩惹哈，復異於其後之薩瓦利巴、月稱、梅紀巴、……乃至異於如今之第十六世噶瑪巴，已成密宗內之異類，豈有可能以密宗祖師自居？豈有可能於明知密宗法義謬誤之下，而願弘傳其謬誤外道法？斷無斯理。故說龍樹菩薩非是密宗祖師，乃是密宗行者故攀，以之令人生信於密法。

是故，「金剛持佛」若真有者，應如宗喀巴所見之「文殊菩薩」，皆是鬼神所示現者，為遂行其毀滅佛法之目的而作，非是正法；一切佛教學人悉應以三轉法輪三乘經典為依歸，莫信密宗四大派諸法王等信口雌黃，以外道法說為佛法。

如今天噶仁波切既自稱所弘之法為佛之正法，則不應教人以打坐為務，乃更令諸徒衆打坐修習大手印法，謂有四種次第：專一、離戲、一味、離禪四種瑜伽；此非真實瑜伽行故。又汝所授四種瑜伽，悉以意識為中心，此乃常見外道法，云何名為佛法中之瑜伽師法？無有是處！

猶如馬祖道一禪師，乃是一代宗師；然其悟前唯以坐禪為務，日日不斷，以此邪見欲求成佛。嵩嶽懷讓禪師以古有西天般若多羅禪師預記故，前往度化，遂有南嶽磨磚公案之度馬祖道一禪師。

坐禪欲求成佛者，是外道邪見，與佛法永不相應，是故南嶽禪師取磚於道一法師庵前磨，欲求成鏡；以示坐禪不能成佛。今觀古今密宗大手印法之修持，悉以覺知心坐入空無妄念之境，而於境中保持靈明覺了，以此為悟；復大妄語，云此一悟即已成佛，與釋迦佛無異；上下相效，以此為佛法。若有他人證悟說法而異於己，便予打壓排擠，令其不得奥援弘傳，正法遂滅；唯餘密宗代表佛教。然密宗所說又復與諸常見外道無異，復又吸收印度無上瑜伽之法而師徒互相密授亂倫，終必為印度教所同化合併，世尊名號則被印度教徒收編為其護法神，佛教遂告正式滅亡。

如今台灣正是大乘佛教最後一片淨土，佛子若不奮發圖強、摧邪顯正，任令密宗之外道邪見繼續迅速發展，則密宗統一台灣佛教、掌控台灣佛教全部資源時，即是大乘佛教滅亡之日，唯餘二乘不了義法於南洋弘傳。大乘種智之法若滅，三百年後之二乘法，恐將不免斷見外道之破壞也。於今之計，必須及早將密宗內之外道法摘除，令密宗回歸佛經正法，悉依經中佛意修證，佛法方可安穩無憂，後世佛子方免又被引入歧途，導致法滅。

仁波切於吾所述若有異見異論，何妨邀約一切密宗法王仁波切同來開示？平實願洗耳恭聽。若汝所說有理，平實拜汝為師；若余所說無訛，汝等即當揚棄原有邪見，從余修學，速求見道；不應心慕佛法出家修道，卻墮外道邪見之中，捨壽尚須揹負重大破法因果，不知仁波切然吾言否？然諸法王欲覓余者，當先求見本性之心，若不入此見道位中，見得末學，亦無說話分，欲將與余如何言說？為汝諸人預為籌謀，當令見道發起見地，而後能與末學相見，受學種智妙法。只如速求見道一句，作麼生道？仁波切欲知麼？平實說與汝知：

磨磚去！

第二七六則　永嘉非動

溫州永嘉玄覺禪師　永嘉人氏，俗姓戴。早歲出家遍探三藏，精通天台止觀圓妙法門，於四威儀中常冥禪觀。後因左溪朗禪師激勵，與東陽玄策禪師同詣曹溪。初到曹溪，攜瓶振錫，繞六祖三匝。六祖曰：「夫沙門者，具三千威儀、八萬細行，大德自何方來？生大我慢！」師曰：「生死事大，無常迅速。」六祖曰：「何不體取無生？了無速乎？」師曰：「體即無生，了本無速。」祖曰：「如是！如是！」于時大眾無不愕然，師方具威儀參禮；須臾告辭，祖曰：「返太速乎！」師曰：「本自非動，豈有速耶？」祖曰：「誰知非動？」師曰：「仁者自生分別。」祖曰：「汝甚得無生之意。」師曰：「無生豈有意耶？」祖曰：「無意誰當分別？」師曰：「分別亦非意。」祖歎曰：「善哉！善哉！少留一宿。」時人謂之爲一宿覺矣；策公乃留。師翌日下山迴溫江，學者輻湊，號眞覺大師。

天噶仁波切云：《…直到第十六世噶瑪巴爲止，此大手印傳承共有三十五位上師。直到第十六世噶瑪巴，曾在錫金隆德寺，將大手印法教傳予噶瑪噶舉的四位法子：夏瑪仁波切、泰錫杜仁波切、蔣貢康楚仁波切、嘉察仁波切。我與多位喇嘛也同時接受了這個法教。關於釋迦牟尼佛所開示的大手印，註疏甚多，無法在三天之中一一提完。因此，我將從第三世噶瑪巴讓炯多傑所開示的簡短法本中，選出四行來講。這四行是：依淨化之基─即明、空合一之心；藉淨化之法─即大手印或大金剛瑜伽；淨化易生之過失煩惱；願淨化之果─即無瑕之法身終能證得。》（摘自衆生出版社《覺醒的心》頁七四、七五）

平實云：仁波切敘說傳承由來，表示系出正統，令人欽仰；然觀第一世噶瑪巴及曾為明朝帝師之噶瑪巴讓蔣多傑所著《甚深內義》，不唯宗門修證悉無，甚至教法亦是破綻百出，令人悲愍；何況代代口耳相傳，以彼常見外道邪見傳至泰錫杜、蔣貢康楚、嘉察、夏瑪以及您這一代，亦皆不能超越常見外道邪見，是則前舉大手印傳承即為無義，歷代傳承之大手印法皆是常見外道法故。

如汝所說四行之初：依淨化之基─即明、空合一之心，乃是意識，非是空性心；以此意識而修大手印法─入定遠離妄念等修法，皆是意識境界，無關空性般若。以初始之因已偏故，後諸修行則墮外道邪法之中。泰錫杜、蔣貢康楚、嘉察及汝著作所言，悉皆未脫凡夫蘊處界境界，而奢言為某人轉世再來，悉無實義，唯能誑惑迷信愚人爾。

仁波切等既說佛法、亦領徒衆修習佛法，何不速求見道？而竟以常見外道之邪見漫遊世界，處處奔波傳播外道我見，如是辛苦，無益自他；更何況將此邪見印入書中遺毒後世？此非有智之人所應為也。若欲速求見道，當依「大密宗」—中國禪宗之修法用功，一念相應便入見道位，勝過密宗大手印之長期辛苦修定打坐，而悉墮入常見外道法中，相差不可道里計也。且觀永嘉非動公案：

永嘉玄覺禪師以證道歌聞名於世，精通天台山止觀法門—擅於定學，卻與仁波切等五人所傳大手印法雷同，可謂同修道友也。後閱《維摩詰經》，發明心地。一日，玄策禪師來訪，往復劇談，出言皆合經旨，與前諸祖所悟冥合；玄策乃問云：「仁者得法師誰？」永嘉云：「我於維摩經悟佛心宗，未有證明者。」玄策乃為推崇六祖，二人遂同詣曹溪。

初至曹溪謁六祖時，永嘉玄覺唯振錫杖，繞行三匝而不禮拜；六祖訶云：「夫沙門者，具三千威儀、八萬細行，今者大德自何方來？生大我慢！」不知永嘉已有體悟，已然本來面目相見，已自機遲也。永嘉便云：「生死事大，無常迅速。」拋出個紙盆子來，欲看六祖如何舀水；六祖名震四方，得他五祖衣缽傳承，身手不凡，便下探竿：「何不體取無生之心？了卻無常迅速乎？」這一句正中永嘉下懷，便呈見地：「若能體會到自心本體，那就無生了；了卻這個根本，也就沒有無常迅速之苦。」六祖聞言，知他已悟得根本，便為他印證道：「如是！如是！」向來只有因六祖開示而悟者，不曾有過自己悟了來者，彼時大衆出于意表，咸皆愕然；方知菩薩再來，非必因師而悟。

永嘉既受印證，乃具威儀重新參禮六祖；須臾告辭欲歸，六祖欲留他共話無生，乃曰：「汝返鄉太迅速了！」永嘉卻云：「藏識真心本自非動，無來無往，豈有迅速可言耶？」句句不離本杭，正是行家本色；然六祖欲提示他修道之理不可滅卻妄心覺知，乃問曰：「是誰知道祂不動不轉？」永嘉一聞即知是妄心—分別心，乃曰：「六祖您自己心生分別。」意謂我所悟得者乃是無分別心也。六祖便讚云：「你很清楚地證得無生之意了。」永嘉依舊以真心空性之觀點而答：「無生之空性豈會起無生之意耶？」六祖索性再次勘驗一次：「若無無生之意者，是誰能分別無生之意？」永嘉仍舊執定無分別之真心而答曰：「能分別之心亦非無生之意。」六祖乃歎曰：「善哉！善哉！稍留一夜吧！」於是時人乃謂永嘉玄覺禪師為「一宿覺」。

仁波切且觀永嘉玄覺初見大善知識時，猶如猛虎出柙，一無所懼；出言吐氣不同凡表，智慧深妙，發言凌厲，豈是汝等五人所能臆想？其故無他，皆以所悟真實，契合佛說經意，復依佛所說反覆思惟整理，方能得致，豈以大手印修定之法所能成就？若不信吾言，莫說大手印法修六千座，假饒六萬座勤修專一瑜伽等四次第，至終依舊不能離於定境及戲論，凡有所證皆非實義，不能契合佛經，唯能符合密續，不脫常見外道窠臼。

仁波切欲會佛說無生之義麼？不須修大手印六百座，且每日抱取《維摩詰經》，邊繞佛邊唱誦去；不出六百誦，便得會去，頓超藏密四大派古今一切法王，從此自能檢點彼諸法王之「常見我」邪見。且繞佛誦經去吧！

第二七七則　大通知見＊

信州智常禪師　本州貴谿人氏。髫年出家，志求見性。一日參六祖，祖問曰：「汝從何來？欲求何事？」師曰：「學人近往洪州建昌縣白峰山，禮大通和尚，蒙示見性成佛之義，未決狐疑，遠來投禮；至吉州，遇人指迷，令投謁和尚。伏望和尚慈悲指示。」祖曰：「彼有何言句？汝試舉似於吾，與汝證明。」師曰：「智常到彼，凡經三月，未蒙示誨。爲法切故，一夕獨入丈室，請問如何是智常本心本性。大通乃曰：『汝見虛空否？』對曰：『見。』彼曰：『汝見虛空有相貌否？』對曰：『虛空無形，有何相貌？』彼曰：『汝之本性，猶如虛空；返觀自性了無一物可見，是名正見；了無一物可知，是名眞知。無有青黃長短，但見本源清淨覺觀圓明，即名見性成佛，亦名極樂世界，亦名如來知見。』學人雖聞此說，猶未決了，乞和尚開示。」祖曰：「彼師所說，猶存見知，故令汝未了；吾今示汝一偈：

不見一法存無見，大似浮雲遮日面，
不知一法守空知，還如太虛生閃電；
此之知見瞥然興，錯認何曾解方便？
汝當一念自知非，自己靈光常顯現。

常聞偈已，心意豁然，乃述偈曰：

無端起知見　著相求菩提　情存一念悟　寧越昔時迷
自性覺源體　隨照枉遷流　不入祖師室　茫然趣兩頭

（摘自《六祖壇經》曹溪原本）

天噶仁波切云：《金剛乘有善巧方便，可協助我們一開始就直觀心性。外相起於內心，因此，了知心性即了知外相之性。西藏佛教的四派皆用此法。我們如何能藉觀心性而證取正覺呢？佛曾三轉法輪，第三次轉法輪時，佛講到「空」與「明」的一面。》

又云：《如果你適切而精進地修行金剛乘，你就能在今生成正覺，或在中陰身階段—亦即死後成正覺；即使不能如此，你也會因修行金剛乘的深法，而在三生或七生內成正覺。》

（摘自眾生出版社《覺醒的心》頁七六、八五）

平實云：佛於三轉法輪諸經中，從未說過真心唯是空，並且處處說明真心之空性及有性，又復不墮空無及蘊處界有；佛亦未曾說真心有明性—覺知六塵及照了定境，是故仁波切不應誣佛曾作此說。

真心阿賴耶識能生一切法，云何可說為空？不應說之為無；真心離見聞覺知故，云何可說之為明？汝所謂明者謂能覺觀六塵了然分明故。然此謬誤，過不在汝，實在藏密四大派諸祖；彼等自第一世以來口耳相傳，直至泰錫杜仁波切及汝耳中，悉以意識之空無形色及明性（能了別六塵）為真實心性，與常見外道所說真我常我無異。

佛於初轉法輪時，即已廣破意識覺知了別心，說為蘊處界之無常敗壞法，乃今現見藏密四大派古今法王仁波切等，悉以意識之空及明性錯認為不生滅者，猶未能知初轉法輪阿含諸經，何能稍知二轉法輪般若心性諸經？更莫言汝能有絲毫觸證三轉法輪諸經；如人學算，未聞有人不知不解小學加減乘除之法，而能知能解中學代數及大學微積分者；而今汝等當代法王仁波切，及古來諸法王仁波切猶未見道，尚未入門，竟敢誇言即身成佛乃至七世內成佛，猶如井蛙觀天，亦如管窺之見，以凡夫身妄言證聖成佛，豈皆不畏大妄語果報乎！

密宗之大護法陳履安先生，來電云：「密宗有許多大修行者在台灣弘法，他們極為謙虛，不曾自稱已悟，亦不曾說已經成佛，他們也不曾說過一生可以成佛的話，你誤會他們了，請你以後別再這樣評論他們。」

然今陳君衆生出版社印行密宗諸大修行者之開示，處處皆說「全然開悟、全然覺悟」之佛地境界，今此仁波切復狂言金剛密乘能令人一生至七生成究竟佛，與陳君來電所言完全不符，已見陳君非誠實語。而衆生出版社印行密宗諸大修行者之修證，皆墮常見外道法中，以常見外道之常我真我，冠以佛法名相，說為無我之修證，以此為成佛，混淆佛法知見。

如此密宗大修行者，自稱「金剛乘有善巧方便，可協助我們一開始就直觀心性」，而今現見彼等所直觀者皆是妄心意識之心性，以意識妄心之覺知性為佛性，而言見性成佛，與諸狂禪殊無二致。如此密宗混淆佛之正法，若不及早辨正遏止，則天竺佛教滅於密宗手中之故事，必將在台灣乃至全世界重新上演，將來全球唯餘喇嘛教，佛教名存實亡。何以故？以密宗諸師所說易修易證、果位修行之名目，極易與現代人「速食麵」心態相應故；而學人普遍不具慧眼法眼，不能檢察密教種種似是而非之邪謬見故。

今者天噶仁波切及泰錫杜仁波切等人所說知見，同於六祖時之大通和尚無二；大通和尚以無形無色之意識覺觀心為自性心，墮於自性見中；以意識覺觀心無形無色猶如虛空，認作空性；以此覺觀心返觀自己此心無物，不能以物見，名為正見；以此心無物可以覺知，名為真知；執著此心覺觀圓滿分明，以此見聞覺知性之了知，名為見性成佛；仁波切等亦坐此一邪謬知見之中，云何而言有諸善巧方便能令人直觀心性？云何狂言此名成佛？是故六祖開示云：

「不見一法—執一切法空者，乃是心中存著無之邪見；這就像是浮雲遮住了太陽的臉—覺知性之浮雲遮住了真心日輪。以覺知心不觸外塵，守持空無一法之定中覺知心，卻好似無雲虛空中所生之閃電一樣，非是真實。這種能知之邪見不除，以此知此見為真實者，其實是錯認了空性心，因為能知能見之心往往瞥然而起，又復日日斷滅，大通禪師何曾瞭解般若之修行方便？你應當一念返觀，照見此心自己之非實，覓得自己之真實心，則靈光便可以常常顯現不斷了。」

如今六祖慧能大師偈中明言：此覺知心住於內境，不知一法，尚且是錯認；云何仁波切等人仍堅執具有明性之覺知心為空性心？此心日日斷滅，易起易斷，死已永滅不起，不能去至來世，非是金剛心也；於今之計，當速求覓金剛心，覓得金剛心已，密宗方可名為金剛乘，方可名為密宗也，凡夫眾生之所不知故。仁波切欲覓金剛心麼？快來！快來！

第二七八則　志道滅生

廣州志道禪師　南海人氏。謁六祖請益曰：「學人自出家，覽涅槃經十載有餘，未明大意。願和尚垂誨。」祖曰：「汝何處未明？」師曰：「諸行無常，是生滅法；生滅滅已，寂滅爲樂。於此疑惑。」祖曰：「汝作麼生疑？」師曰：「一切眾生皆有二身，謂色身法身也。色身無常，有生有滅；法身有常，無知無覺。經云『生滅滅已，寂滅爲樂』者，不審何身寂滅？何身受樂？若色身者，色身滅時四大分散，全然是苦，苦不可言樂。若法身寂滅，即同草木瓦石，誰當受樂？又法性是生滅之體，五蘊是生滅之用；一體五用，生滅是常：生則從體起用，滅則攝用歸體；若聽更生，即有情之類不斷不滅；若不聽更生，則永歸寂滅，同於無情之物。如是，則一切諸法被涅槃之所禁伏，尚不得生，何樂之有？」祖曰：「汝是釋子，何習外道斷常邪見而議最上乘法？據汝所說，即色身外別有法身，離生滅求於寂滅。又推涅槃常樂言有身受用，斯乃執吝生死，耽於世樂。汝今當知：佛爲一切迷人認五蘊和合爲自體相，分別一切法爲外塵相，好生惡死，念念遷流，不知夢幻虛假，枉受輪迴，以常樂涅槃翻爲苦相，終日馳求；佛愍此故，乃示涅槃眞樂：剎那無有生相，剎那無有滅相，更無生滅可滅，是則寂滅現前；當現前時亦無現前之量，乃謂常樂。此樂無有受者，亦無不受者，豈有一體五用之名？何況更言涅槃禁伏諸法、令永不生？斯乃謗佛毀法。聽吾偈曰：

無上大涅槃，圓明常寂照，凡愚謂之死，外道執爲斷。
諸求二乘人，目以爲無作，盡屬情所計，六十二見本。
妄立虛假名，何爲眞實義？惟有過量人，通達無取捨。
以知五蘊法，及以蘊中我，外現眾色像，一一音聲相，
平等如夢幻，不起凡聖見，不作涅槃解，二邊三際斷；
常應諸根用，而不起用想；分別一切法，不起分別想。
劫火燒海底，風鼓山相擊，眞常寂滅樂，涅槃相如是。
吾今強言說，令汝捨邪見，汝勿隨言解，許汝知少分。

師聞偈悟道，踴躍作禮而退。

天噶仁波切云：《人身上有兩個菩提明點：得自母親的紅明點和來自父親的白明點。當人在死亡時，這兩個明點就在中脈的心輪處結合在一起，此時，人即失去知覺約三日之久。過此昏迷時間後，人又恢復知覺，得見心性（即法身）。如能認識法身，與之合一，則可在中陰身階段成覺。我想重申此意：當兩明點合在一起時，臨終之人通常會有三天失去知

覺，然後他的知覺從根大手印之境生起。如此，人在此時能見心性，那就是道大手印。接下來，根大手印與道大手印合在一起，所有煩惱皆得淨除而成正覺，此即果大手印。》（摘自衆生出版社《覺醒的心》頁八六）

平實云：密宗各派皆喜修學有漏有為之法，冠以佛法名相，說為菩提覺體，高推為佛教中至高無上之佛法，說為顯教各宗皆所不及者。更以外道有漏有為之法，說為佛門中之果位修行妙法，愚不可及，而諸無聞凡夫信之修之，捨報後自墮鬼神道中，與之相應故。

紅白明點之觀想亦復如是，與印度教思想合流——將印度教義置於佛法中，說為佛法中之果位修行，貶抑顯教行門為因位修行。然實顯教行門若能遇真善知識，一世之中即能成賢入聖；密教諸多行門，設能盡得各派法王一切精華，修證之結果仍是外道凡夫，尚不能入於六住位，亦不能入證二住初禪定境，何況能知七住菩薩所悟空性實相？

紅明點者意取吾人色身由母血所成，母血色紅，故所觀明點色紅；白明點者意取色身依父精所成，父精色白，故觀明點色白。此二者皆四大和合所成，無常敗壞之法，不應名為菩提心，若人信此二者為菩提心者，名為愚人。

又密宗行者觀想所成中脈內之紅白明點，皆非父精母血所成，乃自身意識觀想所成，二者本不相干，不應混為一譚。

三者明點之觀想乃由意識所觀成就，意識於正死位、眠熟位、悶絕位中悉皆斷滅，明點隨之亦滅，無常斷滅之法，觀之何用？

四者中陰身現起後復起意識覺知，復能觀想明點；然受生後，意識隨滅，永斷無餘；所觀明點亦永斷滅，觀之何用？來世之意識覺知，須俟胎身之五勝義根（大腦）生長完成後方能依彼來世五根為緣而生，生已方能有所覺知，而此意識已非受生前之意識，乃是另一意識，與前世意識所修明點完全無關；如是，觀想明點乃是有漏有為無常敗壞之法，非是一切時處恒住不壞之法，密宗行者觀之何益於道？而高推為果大手印，妄說修此能證果地覺悟智慧，是名狂密。

密宗四大派法王悉皆誤解涅槃，誤認一念不生時之空明覺知境界為涅槃境界，尚未曉了志道禪師悟前思惟涅槃之境界，何況能知真實涅槃？

禪宗破參所證大涅槃者，名為四種圓寂之本來自性清淨涅槃，亦有兼得有餘涅槃者；然性淨涅槃本已存在，非由修得，但須一念相應，立即證知。而此涅槃非由明點觀想變化所成，是故紅白明點之觀想，與解脫道完全無關。而淨除煩惱須依般若智慧方能斷除，非由觀想之功夫或四禪八定所能斷惑；故仁波切令人作明點觀想欲求斷除煩惱者，無有是處。

仁波切若欲見道入七住位，當求禪宗之證悟明心，否則永遠不離外道凡夫見解；且觀禪宗六祖大師如何開示，志道禪師如何悟入：

志道禪師悟前閱覽《大般涅槃經》十年餘，未明涅槃之意，猶如仁波切現今之迷惑不解，乃謁六祖問道：「一切衆生皆有二身，謂色身法身也。色身無常，有生有滅；法身有常，無知無覺……」

志道禪師已經具備基本知見，知法身離見聞覺知，豈似密宗四大派古今諸法王等迷惑無知，妄計意識覺知為不生滅者？又問云：「經云『生滅滅已，寂滅為樂』者，不審何身寂滅？何身受樂？若色身受樂者，色身滅時四大分散，全然是苦，苦不可言樂。若法身寂滅，即同草木瓦石，誰當受樂？……」

紅白明點依意識而有，意識須以五根為緣方能現起，是生滅法；欲求不生滅之無餘涅槃，須滅卻一切生滅法—紅白明點及觀想之意識心，捨棄色身，而後能得。然而此諸生滅法滅已，無有見聞覺知之我，亦無紅白明點，復無色身，如是寂滅，無人無我，豈非斷滅？斯有何樂？無人受樂故，法身不受諸受故。志道禪師悟前恒有此疑，仁波切尚無此疑，去道仍遠，宜速參研此中道理。

志道禪師又續問曰：「又法性是生滅之體，五蘊是生滅之用；一體五用，生滅是常：生則從體起用，滅則攝用歸體；若聽更生，即有情之類不斷不滅；若不能更生，則永歸寂滅，同於無情之物。如是，則一切諸法被涅槃之所禁伏，尚不得生，何樂之有？」此乃一切未見道人同有之疑；然而涅槃自無始來恒在衆生身中，不曾禁伏諸法。謂涅槃者依心立名──自性法身如來藏心不生不滅、不逐六塵、不墮見聞覺知，故名涅槃；如是涅槃，無論衆生悟與未悟，悉皆本有，非因修道而得；大乘菩薩以證知如是本來已有之自性清淨涅槃，名為見道。依此涅槃修除我執，成就有餘涅槃，捨壽後不起中陰身受生，見聞覺知心永滅不生，名為無餘涅槃。然而無餘涅槃仍是本來自性清淨涅槃，只是修除我執煩惱，令自性心不因我執煩惱而現後世五蘊爾。是故涅槃自性不曾禁伏諸法，一向與前七識之我執煩惱並存，志道禪師悟前不曉此中真義，故將煩惱與涅槃二分；悟者觀之，二者非一非異，無諸困惑。六祖大師愍其求道至誠，便為開示：

不應離於色身而覓法身，不得離於生滅而求寂滅；色身與法身同在，一向寂滅涅槃之自心恒與生滅之色身及觀想明點之覺知心同在，二者猶如唇齒相依，恒不捨離，死已方捨，是故不應離於色身、向身外求覓法身；不應離於生滅法之見聞覺知心而覓恒自寂滅之法性心。

涅槃寂滅，離一切六塵覺知諸受，不受苦樂故無煩惱，斯名真樂。若具見聞覺知，受諸樂者，亦必受於生老病死諸苦，無常變異，斯有何樂？若不解此理，以諸世樂錯為涅槃寂滅之樂，則求五蘊身之常存受樂，墮於生滅有為生死法中；翻認涅槃無見聞覺知、不受諸受，以之為苦。藏密古今諸師正坐此病，不肯滅卻覺知心，欲求覺知心依無上瑜伽法常保淫觸樂受，如是邪見令其永墮欲界生死，違遠涅槃，而狂言解脫成佛，成就大妄語業，真正可愍。

涅槃本自存在，不須吾人生彼滅彼；若欲實證有餘涅槃，但將自我執著滅除，即可證得；極精進者，可於一生乃至四生取辦；極懈怠之見道者，可於七次人天往返後取辦。成就有餘涅槃之修證已，捨壽後不現中陰身，亦不受生，名為無餘涅槃。是故涅槃不須吾人為彼增益，本來已在，吾人唯須修除覺知心對覺知自性之執著，捨壽後滅卻覺知心之自己，令涅槃本際之第八識不復受生，則永離五受，是名無餘涅槃。然見聞覺知之我滅已不生，非是斷滅，涅槃境中有第八識恒存——離見聞覺知，不自知有我，不審察一切法，無有煩惱——是故無餘涅槃非是斷滅。

無餘涅槃之理明已，則知佛説『生滅滅已，寂滅現前』之理，則知無餘涅槃非因修得，非不修得；則知涅槃本已有之，無始劫來恒以寂滅體性而與生滅諸法並存，何嘗禁伏諸法、令永不生？六祖如是開示已，復以偈頌説明之：

「無上大涅槃，圓滿光明恒常寂滅照明；凡夫愚人不知其理，説涅槃即是死亡；外道不知此理，執著邪見，堅持涅槃是一切法斷滅，不知其中有無為本心。那些求證二乘法之未見道者，誤計涅槃為一切法空之無作體性，不知涅槃空性亦能生一切法，全部屬於妄情誤計，以外道六十二種邪見為根本。

涅槃實乃依心立名，是故涅槃之名離心非有，何處有真實正義？唯有超過凡夫二乘現量之大乘見道者，方能通達此理而不取不捨涅槃法性。

大乘見道者證得第八識本心後，由於了知五蘊法虛妄生滅；以及了知五蘊中之不生滅、不自知我之常我，能以其有性而顯現外境各種色像及一切音聲相，雙觀無我之藏識真心及有我之五蘊覺知心已，方能平等觀待而現觀世間及五蘊猶如夢幻，遠離凡聖二邊邪見，亦不作涅槃法實有實無之誤解，斷除常斷二邊邪見，亦斷除過去未來現今三世生死之邪見；現前照見涅槃本心常於六根隨緣作用，而此涅槃本心不起『自己能隨緣應用』之想；於一切法中分別了知覺知心之一切分別，而不起『我能分別此等諸法』之想。

設使劫火燒乾了海底，旋嵐大風吹移大山互相撞擊，而此真如常住不壞，恒處寂滅境界，永遠安樂，涅槃法相如是所說。我今於此涅槃離言境界，強作言說解釋，令汝捨離邪見；汝勿隨我言辭生解，於此涅槃之義若能親證離言辭境，我便承認你已經知曉一些涅槃之正理。」

如今末學將六祖大師之意，為仁波切細解，其意無他，皆因愍念仁波切於第一義之知見嚴重欠缺，不得不暫時放下叢林宗風，平鋪直敘，冀能益汝。

只如志道禪師因六祖語，言下悟入，仁波切閱畢平實無比老婆之解說已，可有入處？若猶不解，便是辜負平實，且待三十年後知恩去！

第二七九則　大耳野狐＊

西京光宅寺慧忠國師　越州諸暨人，俗姓冉。自受心印，居南陽白崖山黨子谷。唐肅宗上元二年敕中使孫朝進，齎詔徵赴京，待以師禮，居千福寺西禪院。及代宗臨御，復迎止光宅精藍十有六載，隨機說法。時有西天大耳三藏到京，云得他心慧眼；帝敕令與國師試驗，大耳三藏才見師，便禮拜，立于右邊；師問曰：「汝得他心通耶？」對曰：「不敢！」師曰：「汝道老僧即今在什麼處？」對曰：「和尚是一國之師，何得却去西川看競渡？」師再問：「汝道老僧即今在什麼處？」對曰：「和尚是一國之師，何得卻在天津橋上看弄猢猻？」師第三問語亦同前，三藏良久，罔知去處。師叱曰：「遮野狐精！他心通在什麼處？」三藏無對。

後有僧問仰山曰：「大耳三藏第三度爲什麼不見國師？」仰山曰：「前兩度是涉境心；後入自受用三昧，所以不見。」又有僧舉前語問玄沙，玄沙曰：「汝道前兩度還見麼？」玄覺聞云：「前兩度若見，後來爲什麼不見？且道利害在什麼處？」僧問趙州曰：「大耳三藏第三度不見國師，未審國師在什麼處？」趙州云：「在三藏鼻孔上。」僧聞舉似玄沙，問云：「既在鼻孔上，爲什麼不見？」玄沙云：「只爲太近。」

圖騰耶喜（圖殿耶希）喇嘛云：《「空」是什麼？簡單地說，空就是我們自身存在，以及我們生活周遭一切現象本身的實相。佛教認為「尋求實相」跟「尋求解脫」是同一回事。一個人如果不曾尋求實相，他就不曾真正尋求解脫……這一切都是你自己的向外投射，你的心靈自由地塑造了這一切；如果你不瞭解這一層，你很難了解空義。這個觀點不但是佛教的，也是西方物理學家和哲學家所共有的經驗。他們也曾接觸到實相的問題，物理學家反覆研究，發現他們根本找不出一樣東西，能以一種永恒而穩定的方式自己存在──這便是西方人對空的一種體驗。》（摘自衆生出版社《覺醒的心》頁九九、一〇〇）

平實云：圖騰耶喜喇嘛誤解空性之義，又復自語相違。空性並非無常空，亦非緣起性空，空性乃謂一切有情各自皆有之常住心；以此自心能生有情之蘊處界，說之為心。佛愍世人著於有法，說之為空性，對治世人執有；但為對治斷見外道著於一切法空，亦於初轉法輪《阿含經》中及三轉法輪中說為有性──能生一切法。無常空及緣起性空皆在說明此空性心所生之蘊處界，非謂能生蘊處界之自心也。

又圖騰耶喜喇嘛既云「一切都是你自己的向外投射，你的心靈自由地塑造了這一切；如果你不瞭解這一層，你很難了解空義」，則不應於後復言無常空及緣起性空是空之真義；一段簡短開示，即已顯示未悟凡夫之本質，云何可以膚淺之佛學理解而高推為證悟聖者？

復次，尋求實相未必等同尋求解脱；如二乘無學聖人滿證解脱果，而於實相懵然無知；如七住菩薩明心——親證實相——而未滿證解脱果，然亦有已得四禪八定之六住菩薩於明心證得實相時，同時滿證解脱果者；如初地菩薩能於一世中取證慧解脱果而不取證涅槃，於實相之通達方面努力修持；如三地滿心菩薩能取證俱解脱果而不取涅槃，於增上慧學——實相——繼續修進；如六地菩薩已證俱解脱果而不取涅槃，乃至佛地增上慧學圓明究竟而亦不取無餘涅槃，不住生死不住涅槃；在在顯示「尋求實相與尋求解脱」非必同義，而圖騰耶喜喇嘛說二者「是同一回事」，於大乘佛法無知若此，云何而言其心已經覺醒？此理不通也。

圖騰耶喜喇嘛是轉世再來之人，此點可以確認。然而一切人亦皆是轉世再來者，與彼無異。所異者唯是後人高推其已證悟，以聖人目之，唯此為異。然今觀其開示，二乘見道尚無，大乘見道更無論矣！乃竟將其錯誤之開示印行天下，貽誤當代佛子，遺害後代佛子，所為何事？是故佛子為修福德資糧而印佛書時，務必小心在意，莫將常見斷見外道法之開示當作真正佛法而予廣泛流通，否則不唯無功，抑且有過；並將遺害自己捨壽後再來之無量世，被自己助印之邪見著作所誤，來世仍將誤信彼書故。

然而實相智慧之修證極難，微妙難知，神鬼之所不測，是故密宗四大派古今法王仁波切中，無有一人證悟而留下證悟之文字記錄，現有文獻所見皆是錯悟；亦未見有已證解脫之人；皆以覺知心及返照之心為真如，墮於意識境界之中，設使修得非非想定，假饒神通廣大，依舊不離生死輪迴。禪宗大耳野狐公案即是古例：

唐時有大耳三藏法師自西天來，到得京城云有他心通及慧眼；代宗皇帝令與慧忠國師試驗。大耳三藏甫見國師，便禮拜，于國師右邊立；國師欲試其心通及慧眼，乃先以意識心觀想二境，大耳三藏二度觀察，知國師境，正答無誤；國師復於第三次將意識止住，依於真如，大耳三藏尋覓國師良久，依然不知，顯然無有慧眼，國師遂叱云：「這野狐精！他心通在什麼處？」大耳三藏不知其理，欲以意識心行而覓國師，遍尋不得，受國師責罵，無言以對。

後有僧問仰山禪師：「大耳三藏第三次為什麼不見國師？」仰山答曰：「前兩次是涉境心—以意識涉入境界中，有境界相，所以大耳三藏他心通能見國師在西川及天津；第三次則入自受用三昧—意識依止真如而住，不起心動念攀緣境界，住於無境界法中；此須慧眼方能知之，所以大耳三藏尋覓不見。」

又有僧人將此公案及仰山師徒對答言語舉告玄沙師備禪師，玄沙禪師卻問云：「你說說看：第一二次中，大耳三藏是看見了國師？還是未見？」只如大耳明明看見國師去西川看競渡，又去天津橋上看耍猴，玄沙因什麼道大耳不見國師？天下老宿可有知者麼？試道看！

玄覺聞道玄沙有如是語，便舉向天下老宿：「前兩次若已看見國師，第三次為什麼看不見？且說說看：這裡面利害在什麼處？」平實說與仁波切知，看官讀者一併聽了：

大耳三藏實有他心通，國師前二度以意識心涉入境界相中，是故大耳能見；第三度不涉入境界法中，然猶有定境法塵，大耳便已不知。然玄沙禪師責大耳者，謂大耳唯見國師意識心，不見國師本心，不知前二度國師本心亦分明顯現，大耳不具慧眼，故云「汝道前兩度還見麼？」玄覺禪師亦欲顯示此義，故向諸方老宿問道：「前兩度若見，後來為什麼不見？且道利害在什麼處？」

有僧欲知此理，便問趙州禪師云：「大耳三藏第三度不見國師，不曉得國師在什麼處？」趙州答云：「在三藏鼻孔上。」藏密現今一切法王仁波切悉皆猶如圖騰耶喜喇嘛，不見平實墮處，不具慧眼，遑論法眼？

復有僧聞趙州恁說，將趙州語舉似玄沙，問云：「既在鼻孔上，為什麼看不見？」玄沙答云：「只因為太近，所以不見。」如今密宗大小法王仁波切等，欲覓平實麼？

莫向自家鼻孔上覓，太近不見故，且來下顧平實；見得平實，恰好向平實鼻孔上覓去！

第二八〇則　國師三喚

西京光宅寺慧忠國師　一日，師喚侍者，侍者應諾；如是三召，皆應諾。師曰：「將謂吾孤負汝，卻是汝孤負吾。」

有僧聞，舉問玄沙：「國師喚侍者，意作麼生？」玄沙云：「卻是侍者會。」

雲居禪師聞玄沙語，卻拈云：「且道侍者會不會？若道會，國師又道孤負吾；若道不會，玄沙又道卻是侍者會。且作麼生商量？」

玄覺禪師便藉此一公案徵問座下僧：「什麼處是侍者會處？」僧答云：「若不會，爭解恁麼應？」玄覺云：「汝少會在。」又云：「若於這裡商量得去，便見玄沙。」

有僧問法眼：「國師喚侍者，意作麼生？」法眼云：「且去！別時來！」

雲居禪師聞法眼語，便又舉似天下：「法眼恁麼道，爲復明國師意？不明國師意？」

復有僧問趙州：「國師喚侍者，意作麼生？」趙州云：「如人暗裡書字，字雖不成，文彩已彰。」

金剛法界太陽報有一則報導云：《空丘巴準是岩藏大師丘舉林巴的女兒兼法嗣，被公認是綠度母的化身。她同時也是一位偉大的上師，幾個兒子都是轉世的祖古。空丘巴準由許多偉大的上師接受無數法教，包括兩位文殊怙主—第一世的蔣揚欽哲與蔣貢康楚。不過，是扎巴楚仁波切的口傳精髓法要喚醒了她本具的佛心。她後來也將巴楚仁波切的大圓滿精要傳給了很多行者。有一天，巴楚仁波切以偈文方式告訴她：

不要延長過去（不執過去）
不要招引未來（不盼未來）
不要改變內在的覺醒（保持內在的覺醒）
不要害怕一切的外相（不懼萬法之顯現）
除此無它了！

聽到這些話，空丘巴準當下就頓悟了。巴楚是用游牧民族粗樸的土話說的，最後一句聽起來像是：「離此，則啥鬼東西也沒有了！」後來這個便變成有名的「啥鬼東西也沒有法教」，而從那時起，師徒相傳至今不曾間斷。》（括弧內之註解是原註。摘自衆生出版社《覺醒的心》頁九七、九八）

平實云：空丘巴準傳承於扎巴楚仁波切的大圓滿法，乃是意識心；如是而可名為頓悟者，一切常見外道亦皆是頓悟者，所悟是同一心故。

不延長過去、不執著過去，乃是意識覺知心不回憶往昔諸事；不招引未來、不盼望未來，乃是意識不對未來起憧憬心，不因未來事而起妄想。保持內在的覺醒，只是意識不墮於昏沈之中；不害怕一切外相，不懼萬法顯現，只是意識獨立於五塵諸法，於欲界定中安住；「除此無他了！」表示扎巴楚仁波切尚未能知末那識之運作，二乘初果所觀十八界空相尚未能知，何況能證自心阿賴耶識？以意識為常住不壞之心，具足常見外道我見，如是外道法，密宗行者云何奉為聖者？說為頓悟？如是外道常我之見，云何狂言修證優越於顯宗？莫道空丘巴準，假饒其師扎巴楚邀同蓮花生來至寶島台灣，亦不能測知平實九年前所悟般若，何況能知今時種智？君若不信，且舉國師三喚公案，共諸密宗法王仁波切打葛藤，此是平實九年前所悟般若——真如總相智：

光宅慧忠國師，一日喚侍者，侍者應諾，如是三召，皆應諾；國師云：「我還以為是我辜負你，原來卻是你辜負我。」

有僧聞此事，舉向玄沙師備禪師，問云：「國師喚侍者，究竟有什麼用意？」如今平實即以此問舉向天下密宗一切法王仁波切，還有道得者麼？究竟國師意在何處？玄沙禪師不答他所問，卻道：「卻是侍者會得國師意。」

雲居錫禪師聞玄沙恁道，卻拈向天下大師云：「且說看看：國師之侍者會不會國師之意？若說侍者會，國師偏又說道：侍者辜負我。若說侍者不會，玄沙禪師卻又說侍者會。諸方且要如何商量這件公案？」諸方大師悉皆噤口。

玄沙無比老婆，欲引彼僧悟入，故意道侍者會得國師意；此個公案衆說紛紜，有說玄沙作弄彼僧者，有說玄沙故說反話者，有說玄沙只是隨意答他語話者；有什麼交涉！雲居禪師眼見野狐漫山遍野，遂將玄沙語舉示天下，設問數語，令諸野狐收斂野干鳴。

玄覺禪師卻藉此一公案徵問座下僧人：「玄沙道：卻是侍者會。什麼處是侍者會處？」彼僧不知玄覺之意，卻將思惟所得答他：「侍者若不會，怎懂得恁麼答應？」玄覺云：「你還是沒體會到這公案密意。」隨後又開示道：「如果在侍者與不會之淆訛處，能說出個道理，便可以看見玄沙之本來面目。」不唯見玄沙，亦同時見得平實與十方諸佛之本來面目。

復有僧問清涼大法眼：「國師喚侍者，意旨如何？」法眼禪師答云：「暫且下去！另外找個時辰再來！」雲居禪師聞法眼此語，復又舉向天下：「清涼法眼恁麼答彼僧，究竟明白國師之意？抑或不明國師之意？」若明國師之意，彼時應當答彼僧問，不合令他別時來；若不明國師意，云何卻與國師等人同一鼻孔出氣？

復有僧問趙州從稔禪師：「國師喚侍者，意思如何？」趙州答云：「如人在暗地裡（以毛筆）寫字，字雖寫不好，字的意思卻已顯示出來了。」大小趙州，作這個語話，未免隔鞋搔癢，更增學人迷悶，轉復難會。

此個公案，國師三喚，侍者三應，惹得諸方七嘴八舌，競拈不已，今日不覺便宜了平實，只管復述一遍便了，不須髮白筆禿。只如當代密宗法王仁波切等，個個盡道金剛乘可令人一生成佛、全然覺醒，可還解得此一公案淆訛麼？若能解得，令平實頷首，命座奉上無生茶，許汝破初參，入七住賢位；如或未然，猶是未見道凡夫，於佛法中尚無語話分，宜再閉關苦參，通達宗教二門之後，方可出世弘法，方知密宗大圓滿法之不圓滿。若不欲長期閉關苦參者，且請偕同侍者來覓平實，平實三喚，汝侍者三應便了；仁波切及法王等，宜帶眼來，向侍者邊一眼瞥見，立即超凡越聖——不在凡夫亦不入聖，豈不快哉！

第二八一則　國師背後

西京光宅寺慧忠國師　南泉到參，師問：「什麼處來？」對曰：「江西來！」師曰：「還將得馬師眞來否？」曰：「只遮是。」師曰：「背後底呢？」南泉便休。

長慶慧稜禪師聞云：「大似不知。」保福從展禪師聞云：「幾不到和尚此間。」

雲居山錫禪師云：「此二尊者盡扶背後。只如南泉休去，爲當扶面前？扶背後？」

圖殿耶喜喇嘛開示空性云：《關於清淨本性，我要向各位進一步說明：我們的意識或是精神，本來清淨無染，它不會眞正地被幻想所污染。……我要向你指正的是：你的意識、你的眞理、你的精神的本質，不會被絕對地否定，它沒有那種本質上可以被否定的特性。心靈正如天空，而自我貪婪與自我憐憫的煩惱猶如雲霾。你千萬不要相信：「我就是我的自我，我就是我的煩惱；我解決不了我的煩惱。」錯！錯！錯！你知道，有的時候我們是如此清明在躬，幾乎是可以放光照明一切。我們現在就可以體會到這種經驗—現在！當下！……所以要常住禪定，盡可能保持在那種清明在躬的境界裏。我們每一個人都有這種清明在躬的心靈，人人具足，不必他求！》（摘自衆生出版社《覺醒的心》頁一〇八、一〇九）

平實云：喇嘛不解清淨本性也。汝主張意識即是清淨本性，是，則佛說十八界生滅無常為不如法說，意識乃十八界及識陰所攝故；非，則喇嘛所說名為常見外道虛妄語。如是佛法中之基本道理，喇嘛猶尚不解，云何能知佛説清淨本性之微妙正義？

靈知心意識與定相應，故能入住定中——清明在躬；然此意識覺知心日日斷滅，依他而起，非恒不滅之常住心；清淨本性心恒不斷滅，於喇嘛眠熟悶絶正死之時亦恒常住；自無始劫來不起煩惱、不生妄想、不與言語相應，故名本性清淨、言語道斷；此清淨性心，法爾如是，非將意識污染修除轉變而來。

「大密宗」禪師諸證悟者，唯是證知此一事實，由本來自在之清淨性心返觀意識覺知心之自我非實，依他而起，由是斷除我見，名為別教菩薩七住賢人，預入聖流，證得通教初果。今者圖殿耶希喇嘛我見猶存，執意識為不生滅者，令其門徒日日修定坐禪，欲保持「清明在躬」之定境，以此為修道，此非佛教之修行法門，名為常見外道修定行門，衆生出版社不應將其凡夫我見法門編入《覺醒的心》，彼於清淨自性心猶未覺醒故，仍在凡夫我見黑暗長夜中迷寐故。

欲除我見，禪宗——大密宗——最為迅速，不必每日盤腿打坐，若遇明師，復具知見，而有福德莊嚴者，一念相應，刹那便悟，不必盤腿六百座一千座而猶墮於我見之中。

南泉普願禪師於馬大師座下悟已，行脚諸方分辨緇素，來到西京光宅寺晉謁慧忠國師；國師問曰：「汝從何處來？」南泉答對曰：「從江西來！」國師復問曰：「你還帶得馬大師的寫真來沒有？」南泉答云：「只這個就是。」慧忠國師卻問云：「你背後底呢？」南泉聞言，當時便離去。

忠國師問南泉何處來，弦外有音，一石二鳥；南泉早有防備，答他從江西來，正好合轍；忠國師聞道從江西來，知是馬祖道一禪師之徒，欲驗南泉是否外緇內白，便問南泉要見馬大師本來面目—馬大師之寫真。南泉亦非省油燈，便道：「只這個便是馬大師之寫真！」忠國師恐他是聽來解會底，便又拈出個紙盆子，再度驗他，便問：「你背後的呢？」南泉聞言，轉身便去，更不與他二話，正是一搭一唱，恰到好處。

眾生出版社陳履安大德曾告訴我言：「密宗有許多大修行者在台弘法，你應該一一參訪去。」如今平實即以此一公案請益全台密宗大修行者：忠國師與南泉演出這一齣無生戲，震古鑠今，千餘年後之今天，猶自光明照耀，且道：他二人之祖師意何在？可有識者麼？何妨相見？

若道不得，莫在此大乘寶地，以外道常見邪見玷汙人家女男，還請速回藏地潛修苦參為宜，莫待平實閒時一一上門請益，無迴避處！美名敗壞！

長慶慧稜禪師聞此公案，便代諸方說此一句：「似乎是什麼都不知道哩！」只如忠國師接見南泉時，一再勘驗，皆落三寸上，云何長慶禪師說個「大似不知」？若說南泉不知祖師西來意，忠國師豈得任南泉休去、不置一詞？全島密宗法王仁波切活佛等人，可還識得長慶之語脈麼？若有識得者，許汝見道，入第七住！

保福從展禪師聞此公案，卻代南泉云：「幾乎沒到和尚這裡。」南泉既到，不合言不到；若真不到，不合言幾不到；且道：這到與不到，恁麼重要？值得保福禪師下此一語？圖殿耶希喇嘛既已入滅，不必問他，只如台灣寶島衆多密宗大修行者，可還有保福之知音麼？

雲居山錫禪師聞道此一公案，又拈向天下老宿問云：「長慶與保福二位尊者，全都看重背後底；只如南泉背向慧忠國師離去，究竟是扶出面前底？或是扶出背後底？」雲居禪師此語，難倒天下野狐法王，摸不清楚他究竟是扶面前底？是扶背後底？

諸方法王活佛若見平實，莫將背後示我；甫相見已，且倒退著走回去，平實卻愛見汝面前底！

第二八二則　國師身蟲

西京光宅寺慧忠國師　一日，麻谷到參，繞禪床三匝，於師前振錫而立，師曰：「既如是，何用更見貧道？」麻谷又振錫，師叱曰：「遮野狐精！出去！」

師每示眾云：「禪宗學者，應遵佛語一乘了義，契自心源。不了義者互不相許，如獅子身蟲。夫為人師者，若涉名利、別開異端，則自他何益？如世大匠，斤斧不傷其手；香象所負，非驢能堪。」

有僧問：「阿哪個是佛？」師曰：「即心是佛。」復問：「心有煩惱否？」師曰：「煩惱性自離。」僧曰：「豈不斷耶？」師曰：「斷煩惱者即名二乘；煩惱不生，名大涅槃。」復問：「坐禪看靜，此復若為？」師曰：「不垢不淨，寧用起心而看淨相？」

圖殿耶喜喇嘛云：《我再給你一個例子：你注意到沒？每當我們一覺醒來的時候，我們的心靈極其清明。為什麼？因為這個時候我們還沒有被思想中那些人為的、知性的、污染的因素所影響；這也正是我們建議大家要在清晨靜坐的道理。……根據西藏佛教密宗的修持，你在死亡之際，也會經驗到此一實相。那是完全的快樂，是你一生之中最好的經驗，也是對於實相的最高體驗。你們聽說過「清淨之光」嗎？那是對於實相的最高經驗。》（摘自

眾生出版社《覺醒的心》頁一〇九、一一〇）

平實云：天竺大乘佛法之所以滅亡者，皆是壞於耶喜喇嘛此類我見所致；昔時大乘佛法之教內資源悉已流向密教寺院手中，真見道者反無資源可用，勢力漸衰，老成凋零，遂致滅沒，唯餘喇嘛教；而喇嘛教之教義又因吸納過多印度神教內容，轉被同化；彼等所說應成中觀及自續中觀義理，復墮於意識覺知心境界，不能觸及實相，無有超勝於印度教處，因此不能招引優異之學人投入佛教，後繼無力，終於滅亡。

如今名聞西方之耶喜喇嘛亦復如是，以意識心安住於清明境界之中，謂之為實相境界。又復狂言「死亡之際也會經驗到此一實相」，然實此非實相，唯是定境法塵。平實此世未破參前，以無相念佛及看話頭功夫，於四威儀中常住大清明境界，而未敢狂言已證實相。此乃定境定力所得，依意識心及五勝義根而有，意識心及五根若壞，此境隨滅，云何可是實相？無常生滅故。

迨至破參，親證第八識阿賴耶，方名實相。而死亡之際意識漸滅：滅時漸漸昏寐，滅已覺知心斷，何有清明境界可得？待中陰身起，方又能憑中陰身意識而起定力相應之清明境，此時雖有清淨定光，依舊是定境，同於外道，未觸實相；如是，清明境若是實相者，則有能所：能住清明境之覺知心及所住清明定境；然實相心離見聞覺知，不住一切六塵境中，何況住於清明境中？

若清明境界之安住不動即是實相之最高境界，則余破參見道前已日日時時安住其中，彼時即得名為成佛，耶喜喇嘛說此是實相之最高境界故。亦應一切外道已得未到地定、初禪、二禪者皆名為究竟佛，二禪之中不觸五塵，最清明故；而實不然。

如是所舉，顯示密宗上師狂妄自大，將粗淺凡夫清明無念定境，以佛法名相套用，高推聖境，誑言成佛，迷惑初機學佛者，古今中外如出一轍，竊取傳統佛教資源，而傳常見外道邪法，自稱為至高無上之佛法；而淺學之人不知不覺，供養身財，共於佛教之中破壞佛教，成就長劫地獄重罪，而猶法喜充滿。如是等人，即是佛所開示之獅子身蟲，終必害死佛法雄獅，而諸佛子不知不覺，共成惡業，大可憐愍。

忠國師云：「禪宗學者應遵佛語一乘了義，契自心源；不了義者互不相許，如獅子身蟲。」禪門之內若有錯悟之人誤導眾生者，尚且互不相許，視同獅子身中蟲，何況密宗以常見外道法，以悖於二乘基本佛法之邪見，侵入佛教中蠶食鯨吞者，而不應予以糾舉？

「為人師者若涉名利而別開異端，不遵佛經旨意者，於自於他悉無利益。」若欲出世為人師者，應須如世大匠，利斧銳鑿揮砍自如而不犯鋒傷手，句句契合佛心，處處通流無礙，方能大益有情——能摧伏邪說、顯示正義故。然此重責唯香象所能荷負，非驢所堪能也。

一日，痲谷寶徹禪師來參慧忠國師，於國師禪床前繞行三匝示敬已，於前振動錫杖而立，不肯禮拜；國師閱人多矣，恐痲谷亦是野狐學人模樣，不予印證，便曰：「你既如是自以為悟，何須更來參見貧道？」忠國師不肯放手為他，亦無意勘驗他；痲谷不解國師之意，再度振動錫杖出聲，既無慧解，又復為慢所遮，不能受教，國師乃大聲叱云：「這野狐精！出去！」

痲谷寶徹悟前之此段公案，恰似藏密古今法王活佛等，與耶喜喇嘛無異；然痲谷有一長處：能知自我檢點，不敢便以「究竟實相」自印，後來方能於馬祖座下悟入。

有僧問：「阿哪個是佛？」國師曰：「這個心就是佛。」僧復問：「心有煩惱沒有？」國師答：「煩惱性自然遠離。」僧復問：「煩惱豈不是應斷除耶？」國師曰：「斷煩惱的修法就是二乘法；煩惱本來不生，名為大涅槃。」自古以來如神秀大師以坐禪降伏煩惱之徒，比比皆是，禪宗祖師歷代破斥不絕；藏密宗徒封閉自守，不肯嘗試探究禪宗旨意；復以緣之低劣，遇見摩訶衍錯悟禪師，及蓮花戒之常見外道法，與禪宗無緣，不知古今禪宗真悟之師所立所破，墮於二乘法中，口口聲聲欲斷煩惱，卻誤執「無上瑜伽」男女淫樂粗重煩惱為至高無上之佛法，自言已成究竟佛道。而皆不知藏識自心本來離煩惱性—所生七識妄心攀緣善染諸法、處處作主之時，能生之藏識則離見聞覺知、隨緣任運而不作主，不生煩惱，與七識妄心並行。此僧不知此理，欲斷煩惱，違遠實相。

復問：「坐禪看住清淨安靜境界，這究竟是要作什麼？」又墮神秀大師所修定心法門，錯認意識可以取證涅槃也。國師答云：「真心藏識不墮垢淨二邊，何必你起心來看淨相？」如今耶喜喇嘛所開示者，盡在垢淨二邊著眼，誤計意識生滅心為恒不滅者，而諸密宗學人竟高推其為聖者；今又於洋人中覓一小童，認定為耶喜喇嘛轉生者，以此手段能令洋人信受，亦非惡事；所惡者唯彼等常見外道邪見，而妄貶顯教之修證，妄謂彼等常見外道法能證悟無上正等正覺爾。

只如麻谷寶徹參見國師，二度振錫而立，正是明暗雙雙、真妄二心並行，麻谷只知其然，不知其所以然，故墮野狐之數；國師大聲叱罵：「這野狐精！出去！」究竟是有為他處？是無為他處？

平實如今以此舉問密宗一切「證道聖者」：還有會者麼？

諸方密宗聖者欲證大乘見道般若麼？且下顧平實。平實甫見尊顏，當即為汝大喝：

出去！

第二八三則　國師釘雲

西京光宅寺慧忠國師　唐朝肅宗皇帝問云：「師得何法？」國師曰：「陛下見空中一片雲麼？」帝曰見，國師曰：「釘釘著！懸掛著！」帝又問：「如何是十身調御？」師乃起立曰：「還會麼？」帝曰不會，國師曰：「與老僧過淨瓶來！」帝又問曰：「如何得無諍三昧？」國師曰：「檀越踏毘盧頂上行。」帝曰：「此意如何？」國師曰：「莫認自己清淨法身。」帝又問師，師都不視之，帝曰：「朕是大唐天子，師何以殊不顧視？」國師曰：「還見虛空麼？」帝曰見，國師曰：「他還眨目視陛下否？」

圖殿耶喜喇嘛云：《……為什麼說死亡是最高（實相）經驗，而活著的時候都不是？這是因為我們活著的時候，心靈中充滿了思辨、思想、玄想與幻想，但在死亡之際，我們的幻想自然地停止了——粗俗的「我」自然地停止了。我們的耳鼻口等六識也自然地停止了，這些意識和忙碌的幻想材料全部都被包裹起來，然後將之投入靈魂、投入清淨之光的意識，而這一切變成像我們自己的核能，它把其餘所有的東西都融化進去了。這是人類本身自自然然的一種詮釋。》（摘自眾生出版社《覺醒的心》頁一一〇）

平實云：死亡時是定性聲聞羅漢之最高境界，然無關實相，亦非解脫之最高經驗：一者定性聲聞羅漢於捨壽前已證解脫果而不知實相，實相即是第八識境界故，聲聞阿羅漢未證得此心故；捨壽後七識俱滅，意根意識悉皆不存，無有能知之心及被知之境，故說阿羅漢入無餘涅槃時不知不觸實相境界，若欲證知實相境界，當於死亡前修證之。二者死亡非是解脫之最高經驗，此謂死亡後阿羅漢之藏識不復出生中陰身，亦不復出生七轉識，顯出無餘涅槃解脫境界，死亡後既無七識能知之我，云何可謂死亡後有解脫境界可供經驗？是故耶喜喇嘛說「死亡是最高經驗，活著時不是」，乃是凡夫之虛妄想像，非是證悟者語，云何可將其妄語收入《覺醒的心》書中誤導衆生？其心未覺醒故。如是之人當效唐肅宗請法於慧忠國師：

一日，唐肅宗問云：「師父究竟悟得什麼法？」唐肅宗欲知國師悟處，故作此問；國師答曰：「陛下看見空中那一片雲麼？」無端牽累他家，干那一片雲什麼事？肅宗皇帝曰見，懵懂之間不覺入彀也，國師活人劍隨之祭出，便道：「拿釘子把它釘著！釘好了往牆上掛著！」肅宗皇帝不會，國師活人劍落空，成千古之恨；可中若有伶俐侍臣聞言，望虛空釘一釘，拿來往肅宗皇帝跟前掛，掛妥卻向國師胸前印上一掌，且喝茶涼快去，還留下來聽聒噪作麼？

肅宗皇帝不會，又問十身調御—佛身；國師乃立起身子問曰：「還會不會？」一眨眼間光芒萬丈，無奈肅宗皇帝眼見如盲，耳聞如聾，只能道個不會。國師有心為他，期望將來成大護法，不惜入泥入水，乃吩咐道：「與老僧取淨瓶過來。」肅宗皇帝仍是眼盲不見。

又問：「如何證得無諍三昧？」無諍三昧者謂真如自無始來一向無諍，無有一絲一毫瞋怨，國師聞言便道：「施主您正踏在毘盧遮那佛頭頂上走哩。」諸方法王仁波切欲會麼？但向毘盧遮那佛頭頂踏踏看！只如汝等喚阿哪個作毘盧遮那佛？肅宗皇帝不會，又問：「此意如何？」國師只好放過云：「可別認覺知心自己是清淨法身。」

肅宗皇帝又問國師法要，國師都不拿眼看他；肅宗皇帝微有不悅，便道：「朕是大唐天子，師父何以不肯稍微看我一下？」不知國師正為他敘說真如體性，猶自發問；國師不得已，只好藉事顯喻道：「還看見虛空麼？」肅宗皇帝說已見，國師便道：「虛空還眨眼睛看陛下嗎？」肅宗皇帝不知空性心之體性─離見聞覺知；去道遠矣！國師欲為他建立知見故，有此一番作略，老婆已極，無奈肅宗皇帝依舊錯過。

今觀耶喜喇嘛誤計意識為恒不生滅之實相，教人於死後將一切「投入靈魂、投入清淨之光的意識」，知見完全顛倒，執意識為不滅者，則執靈知心我不捨，則致我執不斷，則必於死後復起中陰身。於中陰身時欲令覺知心意識不滅，只得重又受生，永遠不證涅槃，是名外道不涅槃種性。今時全球諸法王喇嘛等人欲證解脫者，當先斷我見；我見斷已方能斷我執，是故應當先求禪宗證悟——破參明心。

諸方法王仁波切等，欲破參見道者，且附耳過來，平實悄悄說與汝知：向空中取一片雲來，釘釘著！懸掛著！

第二八四則　國師立義

西京光宅寺慧忠國師　師與紫璘供奉論議；既陞座，供奉曰：「請師立義，某甲破。」師曰：「立義竟。」供奉曰：「是什麼義？」師曰：「果然不見，非公境界。」便下座。

一日，師問紫璘供奉：「佛是什麼義？」曰：「是覺義。」師曰：「佛曾迷否？」曰：「不曾迷。」師曰：「用覺作麼？」無對。紫璘供奉又問：「如何是實相？」師曰：「把將虛底來！」曰：「虛底不可得。」師曰：「虛底尚不可得，問實相作麼？」

時有僧問：「如何是佛法大意？」師曰：「文殊堂裏萬菩薩。」僧曰：「學人不會。」師曰：「大乘千手眼。」

圖殿耶喜喇嘛開示空性實相云：《任運自然，念念分明，實際上，現在該是打坐的時刻了，我覺得現在打坐最好；請閉上你的眼睛，不要想著「我正在打坐」，只要閉上你的眼睛，不管你眼睛還看到什麼，不管你心裏還想些什麼，你只要「醒著」就好。不要去解釋善或惡，只是像一道光—你的意識猶如一道光；這一道光不必想：「我喜歡這個，我喜歡那個。」它只是一道光。不管你意識中還有什麼，不管你經驗到什麼，你只要「醒著」就好，別無餘事。……保持醒著，不管什麼事發生。什麼解釋都不要！特別是如果沒有任何事情

「來」的時候，要確信這就是眞理；或是沒有事情「去」的時候，也同樣要確信，這是零；這就是眞理、實相。》（摘自衆生出版社《覺醒的心》頁一一二）

平實云：耶喜喇嘛以定為禪，又復不解初禪之修證，而言聖人再來，難免大妄語之責也。

任運分明，念念自然，保持覺醒者，乃是意識覺知心之心行，如是境界不離欲界五塵，墮在欲界定中；設使能住一心覺醒之境，而猶與欲界色聲香味觸相到，未超欲界，云何自謂此境即是真理實相？

欲界定乃至非想非非想定等境界，悉是意識境界；如是之人若不見道而修得五通，威神巍巍，令諸凡夫畏懼崇仰，能得世人恭敬供養，然捨壽後必墮鬼神道，造諸衆惡，後際淪墮三塗，有何可羨！

今者耶喜喇嘛以粗淺欲界定境謂為已證實相，以此窺測佛地菩提果及解脫果境界，正是常見外道古來已犯之過；如是過失，佛於初轉法輪時已處處廣破，然今密宗聲稱超勝於大乘二轉三轉法輪之金剛乘無上境界，竟與初轉法輪所破之常見外道法完全相同，所傳者唯意識法界諸法，尚不能證驗意根末那何在，奢言能入金剛法界，何其愚痴！

月稱、寂天、阿底峽、宗喀巴、土觀……等人否定大乘所傳金剛心阿賴耶識已，復言能度衆生入於金剛心法界，自稱彼教為金剛乘；復貶抑大乘為因地修行，高推金剛乘為果地修行，而其所知所證所修所傳之法，皆是未入見道位之凡夫地修法，非如大乘法之能令佛子於一生中超第一無量數劫而入初地，二者高下勝劣，不可以道里計；乃竟諸法王喇嘛仁波切等，尚未能知聲聞未見道者蘊處界粗法之凡夫境界，奢言能令衆生一世成究竟佛，狂言果地修證勝法，寧不畏懼識者恥笑！此非狂密宗徒者，何處更覓狂密宗徒？如是凡夫知見，欲知禪宗證悟見道者之心行，大遠在！

一日，紫璘供奉邀請慧忠國師陞坐論義；國師陞座已，供奉欲示自身佛法淵博、能立能破，欲破國師，乃曰：「請國師建立宗旨正義，由我破斥。」猶如井蛙狂言一口能吸盡西江水，國師見他如是狂妄，便由金剛心境建立宗旨曰：「我建立宗門正義完畢。」四兩撥千斤，明暗雙雙立義已竟，紫璘供奉盲無慧眼，猶自問曰：「是什麼宗義？」老老大大漢子，眼睛何在？國師便曰：「果然看不見，這不是你的境界。」

耶喜喇嘛已然入滅，如今且要徵詢全球法王仁波切活佛等：國師究竟立個什麼義？便道立義已竟？若有道得者，且請相見，當共浮三大白。

平實何故因此願破酒戒？以因此事必將引發密教內之法義大革命故，將使密教回歸顯教故，密宗行者從此將漸漸免受誤導故，云何不能隨順世俗浮三大白以慶讚之？密教中若無有道得者，悉是野狐外道凡夫之輩，何能真解金剛法界？而言能傳金剛乘法？

復有一日，國師問紫璘供奉：「佛是什麼義理？」紫璘供奉答曰：「是覺悟之義。」國師復問：「佛曾迷寐否？」紫璘供奉曰：「佛不曾迷。」國師責問曰：「既不迷寐，還要覺悟作什麼？」紫璘供奉便不知所對。如今密宗溯自月稱、寂天、蓮花生、密勒日巴、宗喀巴等，口耳相傳以至於今之應成中觀自續中觀「究竟正法」傳承者，頗有能答國師問句者麼？

紫璘供奉這時才肯收拾慢心，向國師請問：「如何是實相？」國師觀緣未熟，不肯立時為他，便道：「把虛相拿來我看！」供奉曰：「虛相根本就是無有。」國師便鈍置他：「虛相尚不能見得，你問實相作什麼？」如今現見密宗古今法王，於識陰虛妄相尚不能見得，於十八界之意根界意識界虛妄相尚不能見得，云何有資格向平實問取實相？而狂言能傳實相之法？

彼時有僧見供奉所問太高生，遭國師鈍置，便老實請問本心：「如何是佛法大意？」國師此時不可無為人處，便開示道：「文殊堂裡萬菩薩。」此僧知見不足，未能相應，便老實答道：「學人不會。」國師只好為他撒土撒沙：「大悲千手眼。」

諸方法王活佛仁波切們欲會此意麼？莫於意識虛妄相上著眼，且向顯教諸寺院中參加大悲懺去；去時莫將耳去，但將眼去，瞄向大悲堂上諸菩薩衆，眼聽諸菩薩衆千手示現慧眼，莫向密宗諸祖言句中覓，皆是常見外道故。

第二八五則　國師示塔

西京光宅寺慧忠國師　師以化緣將畢，涅槃時至，乃辭唐代宗，代宗曰：「師滅度後，弟子將何所記？」師曰：「告檀樾：造取一所無縫塔。」代宗曰：「就師請取塔樣。」師良久曰：「會麼？」代宗曰：「不會。」師曰：「貧道去後，有侍者應眞，卻知此事。」大歷十年十二月九日，師右脅長往；弟子奉靈儀於黨子谷建塔，敕諡大證禪師。代宗後詔應眞入內，舉問前語；應眞良久曰：「聖上會麼？」代宗曰：「不會。」應眞述偈曰：

湘之南，潭之北，中有黃金充一國；
無影樹下合同船，琉璃殿上無知識。

圖殿耶喜喇嘛開示實相之最高境界云：《……不要想抓住什麼，也不要想抗拒什麼，只要保持念念分明就好。此刻你的一切正如空間不可分割，這個不可分割性正是你的特性。你的能量流入不可分割的空間，宇宙能量進入你的整個身體之中，你身體的能量也流向宇宙能量之中。所有一切自我主義、個人主義的觀點，到此一掃而光，所有相互依存的也將頓時消失。試著自己去體驗一下這個境界吧！……體驗一下這種完全的和諧與和平吧！人於此一境界，無復苦樂可言，任何事情都純粹只是心靈的投射。》（摘自眾生出版社《覺醒的心》頁

（一一二）

平實云：念念分明尚未是欲界定境界，如是而可謂為實相之最高境界者，一切已證未到地定之外道悉已成就佛道，實相之最高境界即是究竟佛地境界故；如是，則平實今世未破參前之見山非山境界，已是究竟佛也；然實非是；當年破參及見性時，猶只是十住位而已；若破參已即生滿足想，不復進修者，唯得慧眼，豈有今日之法眼耶？然而今時仰望佛地功德，尚在遙遠，恒生謙卑之想，不敢自大，未曾刹那起念作成佛想；乃耶喜喇嘛未見道凡夫而敢開示實相之最高境界，令人誤信彼已成佛，謂之狂妄，不亦宜乎！至於宇宙能量之流入自身，乃是妄想，無關佛法；今時諸方法王活佛等，欲入大乘見道七住位者，且參國師示塔公案，或有入處：

慧忠國師以化緣將畢，涅槃時至，乃向代宗皇帝辭別；代宗皇帝問云：「師父滅度後，弟子將須記住何事？」國師云：「告訴施主一件事：造取一座無縫塔。」代宗曰：「那我就向師父請取塔的樣式。」國師默然良久，曰：「會麼？」代宗曰：「不會。」國師曰：「貧道捨壽後，有侍者應真卻知此事，施主可以問他。」

國師捨壽，奉靈事畢，代宗便詔應真入宮內，復舉前語問應真；應真良久，然後問曰：「聖上會麼？」代宗依舊答道不會，應真以偈述曰：湘之南，潭之北，中有黃金充一國；無影樹下合同船，琉璃殿上無知識。

只如代宗皇帝問國師父子二代請取塔樣，國師父子云何皆只是良久？代宗皇帝自小愛參禪，雖猶未悟，亦非省油燈，國師既向他索取無縫塔，他便順勢問取塔樣，這一撈，倒也不賴。

國師是隻老狐狸，豈不知代宗向他求悟？只因代宗是富貴中人，不得輕易與他，遂一反常態，以免悟後生輕賤想，乃不教代宗取物喫茶，來個良久默然。這一著下，代宗卻沒了手腳，不知如何是好。及至問著他徒弟應真，不料卻同一個模樣；這個無縫塔可真難瞄摸，難倒多少野狐。

五祖山法演禪師拈云：「爾是一國之師，為個什麼不道？卻推與弟子？」國師三寸甚密，不輕易鬆手與人，卻捧出涅槃相來，整座金山奉送，只是難會；代宗又非極利根性，更難悟入，直得口似扁擔──道不得。只如今時顯密大師多有自謂見性成佛者，若有個禪和子持此公案向諸法王活佛禪師開口問取無縫塔樣，料將個個口似扁擔，沒了手腳。

應真侍者面聖，亦只是良久，後問代宗會麼？這個無縫塔真是古怪，千百年來諸方老宿不奈何；應真侍者卻是國師家裡人，見代宗不會，只好與他一頌。後來雪竇重顯禪師頌古時，便將這無縫塔偈又作了個頌，先師克勤又於雪竇句下一一拈提，平實今日舉似天下賢聖，可有道得者麼：

無縫塔這一縫，大小大？道什麼？見還難非眼可見。瞎！澄潭不許蒼龍蟠見麼？洪波浩渺，蒼龍向什麼處蟠？這裡直得摸索不著。層落落莫眼花。眼花作什麼？影團團通身是眼，落七落八。兩兩三三舊路行，左轉右轉隨後來。千古萬古與人看見麼？瞎漢作麼生看？闍黎覷得見麼？

先師克勤又提示云：「雪竇當頭道：『無縫塔，見還難』，雖然獨露無私，則是要見時還難。雪竇特殺慈悲，更向爾道：『澄潭不許蒼龍蟠』，五祖先師道：『雪竇頌古一册，我只愛他澄潭不許蒼龍蟠一句。』猶較些子。多少人去他國師良久處作活計，若恁麼會，一時錯了也。不見道：臥龍不鑒止水，無處有月波澄，有處無風浪起。又道：臥龍常怖碧潭清。若是個漢子，直饒洪波浩渺，白浪滔天，亦不在裏許蟠。雪竇到此頌了，後頭著些子眼目，琢出一個無縫塔。隨後說道：『層落落，影團團，千古萬古與人看。』爾作麼生看？即今在什麼處？

如今便借先師克勤和尚語，且問諸方法王活佛仁波切們：雪竇明明道，留下個無縫塔——層落落，影團團——不但留與千古之今時人看，尚要留與九千年後人看；汝等作麼生看？即今無縫塔在什麼處？還有會得者麼？

克勤先師這一句，盡大地人不奈何；如今諸方老宿亦皆口掛壁上，不奈先師何。

千年後之今時，平實重指克勤先師意，令我同參道友看。諸方開悟賢聖，可有見得無縫塔者麼？且描個塔樣來，看看似不似？

雪竇道：「澄潭不許蒼龍蟠」，克勤先師道：臥龍常怖碧潭清，先祖法演禪師又道只愛雪竇這一句，卻與國師默然良久相反，究竟是許國師？不許國師？若道許，為什麼卻相反？若道不許，卻又許他雪竇語，又拈向天下說，竟是個什麼道理？如今平實老婆，欲示無縫塔與天下人看，卻不教汝蟠於澄潭之中，但向湖南覓去；覓不著時且向湖北尋去，何處不是無縫塔？若真不會，何妨躍身太湖游泳去，黃金國不在湘南潭北，卻在太湖中。

湖中覓著時，方知無影樹下合同船一句，洵非虛語，卻好將這載著無縫塔之湖船開上岸來，直開進代宗琉璃殿上，不知代宗識也無？

第二八六則　荷澤般若

西京荷澤神會禪師　襄陽人，俗姓高，年十四爲沙彌；謁六祖，祖曰：「知識遠來大艱辛，將本來否？若有本，則合識主，試說看。」師曰：「以無住爲本，見即是主。」祖曰：「遮沙彌！爭合取次語！」便以杖打。師於杖下思惟曰：「大善知識歷劫難逢，今既得遇，豈惜身命？」自此給侍。

他日，祖告眾曰：「吾有一物無頭無尾，無名無字，無背無面，諸人還識否？」師乃出曰：「是諸佛之本原，神會之佛性。」祖曰：「向汝道無名無字，汝便喚本原佛性。」師禮拜而退。

尋往西京受具足戒。唐景龍年間卻歸曹谿。祖滅後二十年間，曹谿頓旨沉廢於荊吳，嵩嶽漸門盛行於秦洛，乃入京，爲南宗定宗旨，天寶四年方定兩宗（南能頓宗，北秀漸教），乃著顯宗記盛行於世。

一日鄉信至，報二親俱亡，師入堂白槌曰：「父母俱喪，請大眾念摩訶般若。」眾才集，師便打槌曰：「勞煩大眾。」便休去。

蔣貢康楚仁波切云：《……明覺應用在我們身口意的一切作爲行動中；明覺爲我，亦爲一切我所做。很多人以爲禪修是個很特別的東西，不能與日常生活混爲一談，這是不正確的。我們必須了解禪修的含義和目的，如果我們在當下直觀自心時，只能瞬間捕捉到一絲它的眞如實性，但經由正確的禪修產生的明覺則可滲入我們的生活，主導我們的一切行爲活動，乃至最後的開悟。》（摘自衆生出版社《覺醒的心》頁一二〇）

平實云：仁波切是常見外道，以明覺心為常住心故。明覺心既具明了性與覺知性，則是意識心；明了性者謂能分別是法非法、是境非境，即是種智所說別境心所法之慧及勝解心所，佛說與此相應之心即是意識。覺知性者謂常欲覺知六塵，於覺知六塵時，隨即與前曾經歷之境印證，立即了知彼六塵境曾否經歷，與別境之念心所相應。如是，明覺心與「欲、勝解、念、慧」四心所法相應，則是意識心。仁波切復教示徒衆應當禪坐，保持明了性及覺醒性，以求定力現前，恒常清明，則知此心與定相應，則與別境五心所法具足相應，正是意識心也；以意識心為常住心者正是常見外道，非是佛法。仁波切自稱為佛教法師弘傳佛法，云何卻以常見外道法冒充佛法？

仁波切開示云：「明覺應用在我們身口意的一切作為行動中，明覺為我，亦為一切我所做。」如是則又具足我見，不離能作與所作，凡夫外道我見，云何可稱為佛法？

又云：「如果我們在當下直觀自心時，只能瞬間捕捉到一絲它的真如實性」，然而一切真悟之人，悟後皆能隨時隨地證驗領納真如實性，不須禪修所得之清明性作為助力，可見仁波切之錯悟也。復次，我會同修皆具無相念佛定力，行住坐臥時時住於清明覺醒性中，非如仁波切之坐禪修定而「只能瞬間捕捉到一絲它的真如實性（明覺性）」，亦可知見仁波切之定力粗淺。

以上僅依仁波切之一段開示，已可知見仁波切不知不解佛法，粗淺基本之知見尚且欠缺，云何奢言證悟？敢勸仁波切捨棄密宗邪見，入於大密宗──禪宗──內修學；異日證悟之時，方能真知何謂《覺醒的心》，方知顯宗才是真正之密宗也。平實說爾過已，當有為汝處，便舉荷澤般若公案共爾商量，冀爾異日真入佛法修內密行。

荷澤神會禪師，時年十四，尚是沙彌，初謁六祖參禮；六祖曰：「你從遠處來此，路途大是艱辛；帶得本心來了沒？若有帶來本心，則應當認識真正之主人翁，試著說說看。」六祖乃是大修行人，因甚見了荷澤卻婆婆媽媽，還道遠來艱辛？仁波切知六祖意否？正是：婆心捧出無上寶，恐爾昧卻復叮嚀。荷澤彼時因緣未具，墮於明覺心中，便以所知答云：「以明覺心不執著一切法為根本，能見之心即是主人翁。」正同仁波切一般無二。

六祖聞他如是說，知猶無主，墮於意識境界，便責云：「這沙彌！怎麼說這第二句（不能直接敘述眞如）！」便以手杖打去。荷澤挨杖已，雖然痛楚，卻懂得思惟：「大善知識極少，往往經歷多劫仍難遇；今既得遇，豈可貪惜色身性命？」從此便於六祖座下任侍者，供給奉侍日常所須。

後有一日，六祖告訴大衆曰：「吾有一物，無頭無尾，無名無字，無背無面，你們衆人還識得這物否？」無風起浪，忽然扮起神頭鬼臉，欲覓個不受人瞞底人。荷澤聞言乃出衆云：「是諸佛之本原，我神會成佛之性也。」出得頭來，說這一句，好卻是好，無奈已落言詮。六祖斥云：「方才向汝道：無名無字。你如今卻道佛之本原、成佛之性。」悲心大發，推彼荷澤向言前住；荷澤當時領解，便向六祖前禮拜，拜已便退，卻較些子。

六祖滅後二十年間，北宗神秀一脈以得皇帝扶持故，大為興盛，南宗曹谿相形失色，漸有以北宗為正統之勢；荷澤神會遂入京，為禪宗定宗旨，多年苦辛，方使禪宗回歸宗門正旨，乃著《顯宗記》盛行於世。

一日，故鄉有口信至，報言雙親俱亡，荷澤禪師難得逢遇這個大好因緣，便入法堂擊槌，告白曰：「父母俱喪，勞請大衆同念摩訶般若。」大衆方才集定，荷澤禪師便又擊槌，向大衆白曰：「勞煩大衆。」便自個兒下去。

只如大衆方才集定，未曾開得口，荷澤因什麼道理卻謝大衆？便又休去？諸方禪師法王活佛們！大衆究竟已念摩訶般若？未念摩訶般若？若道已念，何處是已念？若道未念，卻又謝衆，荷澤機關在什麼處？

諸方法王禪師若來相問，平實且教：禮拜著！

大德莫問平實是什麼意，平實不知不見，大德拜已，只管休去！

第二八七則　徑山有鯉＊

杭州徑山道欽禪師　蘇州崑山人，俗姓朱。初服膺儒教；年二十八，遇鶴林玄素禪師，素謂師曰：「觀子神氣溫粹，眞法寶也。」師感悟，因求爲弟子；素躬與落髮，乃戒之曰：「汝乘流而行，逢徑則止。」師遂南行抵臨安，見東北一山，因訪於樵子，曰此徑山也，乃駐錫焉。

有僧問：「如何是道？」師云：「山上有鯉魚，水底有蓬塵。」馬祖令人送書到，書中作一圓相；師發緘，於圓相中作一畫，卻封迴。（忠國師聞云：「欽師猶被馬師惑。」）

僧問：「如何是祖師西來意？」師曰：「汝問不當。」僧問：「如何得當？」師曰：「待吾滅後卻向汝說。」

馬祖令門人智藏來問：「十二時中以何爲境？」師曰：「待汝迴去時有信。」藏曰：「如今便迴去。」師曰：「傳語卻須問取曹谿。」

唐大歷三年，代宗詔至闕下親加瞻禮。一日，師在內庭，見帝，起立；曰：「師何以起？」師曰：「檀越何得向四威儀中見貧道？」帝悅，謂忠國師曰：「欲錫欽師一名。」忠欣然奉詔，乃賜號國一焉。後辭歸本山，於貞元八年十二月示　，說法而逝，壽七十有九，敕謚曰大覺禪師。

有人請問：「可否請教欽哲系統的轉世傳承？」

宗薩欽哲仁波切云：「蔣揚欽哲汪波曾在他的自傳裡預言，當他圓寂時，他要融入大圓滿祖師貝瑪拉密札（蓮花無垢友）的心中。貝瑪拉密札在中國文殊菩薩的五台山。從那裡，他要化出五個應化身，即身、口、意、功德、事業。後來果然如其所說，其中之一是貝魯欽哲仁波切。有些雖被確認，但無坐床。我不知誰是功德的化身，但我確信他一定在某個地方轉世。不能說因未被指認，就代表蔣揚欽哲汪波的轉世停止了。頂果欽哲仁波切是「意」的化身。」

復問：「請問您是哪一個的化身？

宗薩欽哲仁波切答云：「事業。我由薩迦法王與達賴喇嘛認出，後由頂果欽哲仁波切舉行坐床典禮。……第十六世大寶法王亦支持此認證。只有一個化身是直接由蔣揚欽哲汪波來的，那就是頂果欽哲仁波切。其他如貝魯欽哲仁波切，以及我自己都是化身的化身。……除我外，還有別的蔣揚欽哲丘吉羅卓的轉世，貝瑪汪嘉仁波切的兄弟欽哲吉美就是。還有堪楚仁波切廟裏的欽哲耶喜也是；我們都屬第三代。頂果欽哲仁波切之所以如此寶貴，原因在於他是第二代；他與蔣揚欽哲汪波之間沒有其他人了。」（摘自眾生出版社《覺醒的心》頁

一二五—一二七）

平實云：密教中人最愛說轉世及分身，然而轉世可有其實，分身悉皆無稽。轉世者一切有情有份，分身者一切密宗祖師無份。

一切有情未證無餘涅槃前，悉皆不離轉世輪迴，故轉世有份，皆是往昔世世遞轉而來——前世或為國王總統、或為苦力妓女、或為傍生有情——無有不因往昔業因轉世而來者。是故，轉世之可貴者，端在曾經證悟般若而起悲願，願世世受生自度度他，乃至成佛而不捨此願。若言轉世而無般若慧及大悲願，則其轉世及認定即成空言，無益自他。今觀宗薩仁波切所說及流通諸書開示，無有見地，尚在凡夫，而空言由何大德轉世，有何意義？

復次，頂果仁波切之未悟則且置，其第一世蔣揚欽哲旺波本身，尚無見地可言，仍墮我見之中，不離常見外道邪見，大乘見道且無，而奢言化出五個化身欲度眾生，豈非狂妄？而密宗行者信之不疑，寧非奇譚？若人不信余言，請閱第一世蔣揚欽哲旺波所著《龍欽心髓導引》即知，無庸諍論（詳全佛出版社《殊勝的成佛之道—龍欽心髓導引》一九九二年初版）。

復次分身，必須往生色究竟天之初地以上菩薩方能為之；若在人間，必須三地滿心方能為之；若是此世方入初地二地之菩薩猶未能之，故非蔣揚欽哲之所能也。其故有五：一者蔣揚欽哲捨壽前，猶未證入大乘真見道位之七住開悟般若，何況能得初地通達位功德？是故無有往生色究竟天之可能；色究竟天是人間初地菩薩方能往生者故。既未能往生色究竟天，則無分身能力。二者依其所述，知其未具足四禪八定，粗淺之初禪境界猶未能知，云何誇言能化現分身乃至有五？三者蔣揚欽哲在世時仍無能力化現分身，未至三地滿心故；七住菩薩般若智慧尚不能證，遑論三地？是故所謂分身者，非真實語，乃妄語也。四者彼言死後融入蓮花無垢友之心中；此是虛妄想像。下自凡夫，上至成佛，一切有情之真如，皆不能互相融合，不能合二為一；是故彼言融入蓮花無垢友心中而化身五身，名為虛妄想像；後人懵懂，信以為真，便覓其五個化身；其實唯一是彼轉世而來，餘四皆是他人冒名頂替，何有真實？五者蔣揚欽哲汪波第一世並未見道，彼以意識覺知心為常住心；然此心於重新受生時即告斷滅，來世之覺知心意識則別依來世之五根身及末那真如而起，不同前世之覺知心。既其第一世之覺知心於死後受生時斷滅，既其第二世之覺知心不具第一世所修功德，云何能化現五身？第一世覺知心已滅不現，不能來至第二世故；第一世覺知心尚無此能力故；融入蓮花無垢友心中之預言，乃是虛妄想像故。

綜觀蔣揚欽哲第一世知見，未離我見常見，具足凡夫邪見，縱饒覓得其轉世真身，復何所益？而宗薩仁波切以身為其第三個化身為榮，豈非愚痴？今勸仁波切：莫再巡迴世界誤導衆生，當速求證大乘見道功德，此方是真密故。便舉徑山有鯉公案，建立仁波切之正知正見：

有僧問：「如何是道？」無眼盲漢胡亂摸索，徑山道欽禪師答云：「山上有鯉魚，水底有蓬塵。」正是瞎漢觸著個假裝明眼人，籠罩去也。平實則不然，便道：「山上網鯉魚，水底踩蓬塵。」仁波切會麼？若猶不會，平實老婆為君說：「儘管網去！水底踩來！」山上有鯉魚，干徑山什麼事？水底有蓬塵，干道欽什麼事？要他胡謅一場？

馬祖聞道徑山有人住山，當起開山祖師來，便遣人來一探虛實；乃取箋畫一圓圈，封函了，令人送與徑山道欽。徑山撕開封緘，取出函箋一看，只見畫個圓圈，乃取筆於圓圈中畫一畫，又封緘迴送馬祖。後來慧忠國師聞道此事，便唱云：「道欽禪師仍舊被馬祖禪師所迷惑了。」平實即不然，發緘若見只是個圓相，便好取拄杖，打趁送函人，邊打邊吩咐：「舉似馬祖！舉似馬祖！」省得慧忠國師多舌。

僧問：「如何是祖師西來意？」又一個盲人問路，徑山曰：「你問得不恰當。」

恰似家裡無錢還債，卻道債權人來得不是時候。僧復問：「如何才是問得恰當？」徑山卻云：「等我死後再向你說吧！」正是野狐手眼，欲效禪師獅子吼，卻成野干鳴。平實代答云：「待汝往徑山去來，卻向汝道。」仁波切何妨大陸杭州徑山走一趟，辛苦一趟回來若猶不會，堪作什麼？

馬祖前回遣人送函來，見他徑山於圓相中作一畫，且未辨得他，欲再重驗、辨他緇素，又令門人智藏來問：「十二時中，以何為境？」徑山曰：「待汝迴去時有信。」智藏雖是個悟者，於此一句且不好辨他，遂曰：「如今便迴去，給個回信吧！」徑山答曰：「傳語給馬祖：須向曹溪請問。」狐狸尾巴撩向天際，正是無主白衣，枉現沙門表相；平實即不然，但向道：「曹溪真旨意，問取來時路。」仁波切若欲會者，莫問平實，問取回藏之路。

代宗皇帝見慧忠國師三寸甚密，不露墮處，求覓不得；後見徑山道欽有名，以為是個悟者，便召來宮闕之下，親加瞻仰禮拜，冀有悟處。一日，徑山禪師正在內庭，見代宗來，不覺起立示敬；代宗曰：「師父為什麼立起身來？」瞎貓恰撞著死老鼠—歪撈正著；徑山道欽聞言，方悔適才起身示敬，隨即飾言：「施主何得向四威儀中見貧道？」以示自己不墮四威儀中；平實即不然，起立已，但問：「會麼？」代宗若不會者，便送他一偈：「天上天下無如佛，行住坐臥鎮相隨；若人會得平實意，樹倒藤枯相隨去。」

這徑山道欽是隻野狐，起立只為懼他代宗皇威；若至慧忠國師手裏，起立卻是大用。代宗不知此中機關，見他徑山道欽崇敬於己，龍心大悅，謂國師曰：「欲封賜道欽禪師一名號。」忠國師不擋人好處，欣然奉詔，擬國一之名以賜徑山道欽禪師，此後遂名徑山國一禪師。

仁波切欲求大乘見道者，於此公案當細思審，莫效徑山野狐顢頇；瞞得了一時人，瞞不了一世人；罩得住密宗學人，罩不住顯教賢聖，虛名浮利有何可戀？不須汲汲營求、全球奔波；何妨休歇法務、摒棄坐禪，依平實語起個疑情，朝思暮參，且疑嘿著！

十年後若猶不會，來覓平實；方才相見，平實捧起經本卻往正覺講堂講經去。仁波切若隨後趕到講堂，平實卻暫罷講，只向爾道：「相隨來也！」

第二八八則　即心即佛

江西馬祖道一禪師　俗姓馬，得法於南嶽懷讓禪師，時人尊稱為馬祖。大歷年中，隸名於開元精舍；時連帥路嗣恭，聆風景慕，親受宗旨，由是四方學者雲集座下。

師一日謂大眾曰：「汝等諸人各信自心是佛，此心即是佛心。達磨大師從南天竺國來，躬至中華，傳上乘一心之法，令汝等開悟。又引楞伽經文，以印眾生心地，恐汝顛倒不自信。此心之法各各有之，故楞伽經云：『佛語心為宗，無門為法門。』」

又云：「夫求法者應無所求；心外無別佛，佛外無別心；不取善，不捨惡，淨穢兩邊俱不依怙；達罪性空，念念不可得，無自性故。故三界唯心，森羅萬象，一法之所印；凡所見色，皆是見心。心不自心，因色故有；汝但隨時言說，即事即理，都無所得，菩提道果亦復如是。於心所生即名為色，知色空故，生即不生。若了此心，乃可隨時著衣喫飯，長養聖胎，任運過時，更有何事？汝受吾教，聽吾偈曰：

心地隨時說，菩提亦只寧；事理俱無礙，當生即不生。」

宗薩欽哲仁波切云：《佛教是很好的，但我們不應教導「西藏主義」式的佛教，這點很重要。……有時有一些人並不是因想修行而學佛法，他們只把這當成一種嗜好，或為寫論文出書。他們並不完全了解佛法，因爲除了自己修證以外，別無他法。不能只看看書便想了解佛陀絕對實相的法教，你只有藉著實修才能眞正了解。》（摘自衆生出版社《覺醒的心》頁一二九、一三一）

平實云：仁波切能不諱言藏密之短處，著實令人欽佩。台灣有些藏密學人，一味模仿西藏式之佛教，偏好財神修法；卻不見藏人雖會財神法而貧窮如故，唯有來到寶島傳財神法時受諸供養，方才富裕。

復次，西藏式佛教行者，多在世間有為法上用心：諸如拙火氣功、寶瓶氣、世俗神通、世間禪定等，皆是三界有為無常之法；復如勝樂金剛、黑嚕嘎、大樂光明、時輪金剛祕密灌頂、無上瑜伽等，乃是欲界粗重淫觸，而美其名為究竟佛道──謂能以其淫樂遍身常住不失，即名成就究竟佛道；無怪乎十餘年前有某洋人學者指稱：「釋迦牟尼佛在座上微笑，乃是因他正在手淫之故。」此乃洋人自從藏人逃亡世界各國，廣傳藏式佛教後，入藏密中學法，由無上瑜伽雙身修法所得結論。殊不知拙火氣功、寶瓶氣、無上瑜伽等皆非佛法，而藏人將彼外道所修世間有為法納入佛教，並高推為至高無上之佛法，冠於顯教之上；洋人不知，以為藏密即是佛教，而不知藏密其實是附佛法外道，披佛法外衣，吸取佛教資源，藉佛法名相而傳印度教法，致生誤會，故謗佛陀；其罪雖重，其情可愍。仁波切既然於西藏式佛教有所體認，何妨速求大乘見道，深入三乘宗義如實證驗領納，而後扭轉此種邪法邪見？

復次，中國人有大病焉，謂好為人師及好立名——立當世名及後世名，藏人則為此中之甚。漢人之學佛者，稍涉佛法才二、三年，便自以為悉皆了知，或為人師，或廣著作；更有出家法師不事參禪，專以研究佛法為務，以未悟之凡夫斷常邪見而著作《成佛之道》；開悟聖者於悟後三五年間猶不敢作之事，而彼為之，謂彼道能令人成佛，實際上則是外門修二乘法，猶未能入二乘見道，何況授人《成佛之道》？極為荒唐。然藏密祖師及今法王仁波切活佛等更有甚之，或謂自身已經成佛，或謂已成八地、初地聖人，乃著作各類密續，雜揉外道邪法邪見於佛法中，排斥貶抑世尊修證及了義經典，特尊密續優於佛經，特尊上師勝於世尊；貶抑大乘佛法為非究竟、為不能令人成佛之因位修行法，高推藏密外道法為能令人即身修成究竟佛果之果位修行法。然今睽諸藏密古今法王祖師之密續及口訣等，悉皆不離斷常邪見，而奢言即身成佛及果位修行，真乃狂密宗徒也。

今者平實認同仁波切之言：「不能只看看書便想了解佛陀絕對實相的法教，你只有藉著實修才能真正了解。」茲借君言，勸君參禪，務必實修真參，證得真如而後方能遠離斷常邪見；便舉馬祖大師即心即佛公案共爾商量：

馬祖大師一日對諸大衆開示：「你們每一個人，各應相信自心是佛；你自己的心即是佛心。達磨大師從南天竺國來，親自來到中華，傳授最上乘唯一真心之法，使汝等諸人開悟。又援引《楞伽經》之經文，用以印證衆生本有之心地，恐怕你們知見顛倒，不肯自信人人皆有佛心。此佛心法門，一切衆生各各皆有，所以《楞伽經》說：『佛所開示之言語，以有情自心為宗旨；以無門之門為修證之法門。』」

藏密之中觀法門有二大病，一為應成中觀之否定空性心，二為自續中觀之悟錯空性心；前者如月稱、寂天、黃教宗喀巴、古今達賴喇嘛之否定第八識阿賴耶，不許自宗法教承認有第八識；後者如蓮花生、密勒日巴、岡波巴、古今噶瑪巴之錯以意識為空性心——認意識覺知心即是第八識如來藏；前者墮於斷常二見，後者墮於常見，而自命為大中觀；悉皆不離凡夫邊見，而自命為至高無上之究竟佛法，以之冠於顯教之上，斯名狂密。

禪宗之內，自古以來即有多人錯會佛法，誤解證悟祖師之開示，自命證聖，狂狷剛愎，輕他初地十地聖人，臨濟義玄初出道時即是其例；復有不少祖師聞馬祖道即心即佛，便道現前覺知靈性即是佛心，便以證悟聖者自居，生大我慢，不敬賢聖，自誤道業，令人憐愍。

馬祖恐人錯會，又開示云：「求法的人應該心無所求；真心之外找不到別的佛，佛身之外找不到別的心；這個真心既不執取善法，也不捨棄惡法，淨穢兩邊都不依靠；通達罪性空相之人，現前觀見覺知心念念不可得，沒有真實不壞之自體性故。所以說三界唯是佛心，森羅萬象無量諸法，皆是佛心一法之所證成；舉凡一切衆生所見之色法，皆是見到這個自心。這個佛心自心，因色法而顯現出來；你只須於真心上隨時言說，既是事相也是理體，都沒有什麼阻礙，菩提道之果報也是像這樣底。於吾人自心所生之色身及色相就稱為色，了知色法空幻不實的緣故，能生所生即不再現行。佛子若能了達這個心，以後才可以隨時穿衣吃飯，長養聖胎，於一切時地任運真心過度時日，除此以外還有什麼事？你們接受我的教誨，聽我說偈：

心地是隨時隨地都可以說得出來的，

菩提也只是這樣歸依安住；

當事相與理體之真義已經通達而無阻礙時，

原本應當再出生的未來世名色也就不再出生了。」

馬祖為欲弘傳宗門了義正法令不斷絕，如此婆婆媽媽，說之不已，也不怕人嫌他嘮叨；如今平實觀仁波切是可度之人，恐汝錯會古人意旨，復加白話解釋，未審仁波切會得也無？

若猶不會，且收拾仁波切尊貴身份，低下心，來覓平實；平實指汝一條明路：

江西騎馬去！

第二八九則　非心非佛

江西馬祖道一禪師　有僧問：「和尚為什麼說即心即佛？」師云：「為止小兒啼。」僧復問：「啼止時如何？」師云：「非心非佛。」僧云：「除此二種人來，如何指示？」師云：「向伊道：不是物。」僧云：「忽遇其中人來時如何？」師云：「且教伊體會大道。」僧問：「如何是祖師西來意？」師云：「即今是什麼意？」

有人問：「您能指導我們如何把其餘的二十三個小時都融入修行嗎？」宗薩欽哲仁波切答云：「覺性！做什麼事，每分每秒都要有覺性！這樣你就不必非得坐在佛堂裏修行才可。有板有眼的修行固然是好的，這樣你才會記得你是個修行者——一個蒲團、一間佛堂、一尊佛像或一幀上師的法照教導你，讓你記得修行；但更重要的是你的覺性和專注。你應該到達一個可以克服障礙的境界，而非障礙來征服你。」（摘自衆生出版社《覺醒的心》頁一三二）

平實云：意識之覺醒性與警覺性，不論如何保持，都是意識之體性，如此覺性名為無常敗壞之法，念念不離變異生滅，持之何用？如是覺性名為妄覺，背涅槃果，違菩提智，名為凡夫隨順覺性，如是凡夫覺性專注，何須用心專注保持？

涅槃果乃是無境界法，唯是假藉見道所得無我見，將此凡夫覺性之自我執著消除，捨壽不復再生此妄覺之心，無我無境，唯餘如來藏離見聞覺知，不垢不淨，不取不捨，亦不自覺有我，永離三界輪迴，是名涅槃果。今者仁波切令人隨順此凡夫覺性，執持不捨，自他俱墮我見，永遠不離輪迴，縱有蔣揚欽哲傳承，有何可取？

菩提智者乃謂般若慧——增上慧學——之總相智別相智及種智；函蓋般若中觀及唯識種智。此菩提智之般若中觀，以如來藏之體性智——亦名法界體性智——為主要宗旨；此中專就藏識之中道體性而為衆生開演；般若中觀明言：離見聞覺知——無五蘊、無六根六塵六識、無四諦八正、無無明乃至無無明盡，寂靜極寂靜，無我無人，云何仁波切令汝徒衆執著凡夫覺性？欲令恒不壞滅？此說悖菩提智，安得名為佛法？

菩提智之種智有二門：虛妄唯識及真實唯識；真實唯識函蓋虛妄唯識及般若中觀。真實唯識者謂般若中觀所說藏識中道體性智慧，及其能生萬法體性與涅槃體性，演示其本來無我之涅槃性。虛妄唯識者謂藏識所生名色——六根六塵六識——之虛妄，亦依此十八界所生諸法，演示其依他起及遍計執性，實證諸法無我，是即虛妄唯識之宗旨。今者仁波切令人保持覺知心之覺性，則墮我見之中，悖離菩提智之種智般若，焉可名為佛法？今勸仁波切共探禪宗見道妙法，若得見道，縱無四禪八定，亦可分證解脱果與菩提果；乃至悟後精進斷除我執，能於一生中成慧解脱者。即今便以非心非佛公案，立正知見：

有僧問：「和尚為什麼說即心即佛？」斜裡切入，好有一問；馬祖答云：「只是為了騙小孩子停止啼哭罷了！」老實招供，不怕爾知：皆為恐汝諸人畏懼參禪事難，故意騙汝諸人入彀，令生易想，故道即心即佛。僧復問：「小兒不再啼哭時，又怎麼說呢？」入彀了也，馬祖便道：「小兒啼止時，我便向他道：不是心也不是佛。」

衆生聞道即心即佛，便於佛法宗門生於易想；入得禪門，便以覺知性心作為佛法宗旨，墮我見中；馬祖復為開示：真如不是心，也不是佛。錯悟之師悉皆墮於此病：以為真如體性猶如覺知性心；殊不知真如不像心──離見聞覺知而不住昏沉暗昧，從來不作主而非如無情無有心用；故云非心──非似見聞覺知心。祂又不會六入，不觀察六塵及諸有情，故云非佛。仁波切且作麼生會？

彼僧不會，便以雙遣之法問云：「除卻即心即佛與非心非佛這二種人，若有餘人來時，和尚如何指示？」這一問不妨有些技巧，若是冬瓜阿師便不奈何；馬祖此時出道已久，已是個老狐狸，豈可輕易上鉤？便向彼僧道：「我便向伊說：也不是個東西。」讀者看官！真個不似心、不似佛、不似物哩！彼僧咬住不放，又拶：「忽然遇到個『非心非佛又不是物』的人來時，和尚又將如何開示？」倒有一說；馬祖道：

「我且教他體會大道。」仁波切有朝一日若會，成個非心非佛亦不是物之人，來到寶島下顧平實時，平實卻教爾往士林洲美阡陌之上體會大道去！

彼僧不料馬祖有此一答，依舊覓不著馬祖三寸，索性打破砂鍋問到底，直下正面明取：「如何是祖師西來所示之真實意？」冀望馬祖提示，馬祖亦不負他問，答道：「即今問我者是什麼意？」此答太高生，彼僧卻難會取；料想仁波切亦必如是。

讀者看官！您若會不得，且共彼僧及仁波切，來我會中參與共修，先求明解非心非佛非物之理，而後方能有緣悟得佛心；若不能明解非心非佛之理，欲求明心，便如無主孤魂東飄西蕩——四處逛道場去也！

然而平實老婆說與汝知：全球顯密道場雖無宗門正法，上座四處參訪時，卻莫說諸道場皆無宗門正法，宗門正法於各道場乃至一切邪教道場俱有故。上座若會得此理，方知各道場皆無宗門正法，唯我正覺同修會有此正法，便好下顧平實，平實卻讓上座去阡陌上體會大道去！

第二九〇則　心佛藥病

伊闕伏牛山自在禪師　吳興人氏，俗姓李。初依徑山國一禪師（見二八七則）受具，後於南康見大寂，發明心地。因為大寂送書與忠國師，國師問曰：「馬大師以何示徒？」師對曰：「即心即佛。」國師曰：「是什麼語話？」良久又問曰：「此外更有什麼言教？」師曰：「非心非佛。又云：不是心，不是佛，不是物。」國師曰：「猶較些子。」

師住伏牛山後，一日謂眾曰：「即心即佛，是無病求病句。非心非佛，是藥病對治句。」

宗薩欽哲仁波切云：《……或者有時候我們去落髮，衣服的顏色也改了，然後到山上把門關起來，但問題是沒有人能真正花時間去看看什麼是實相。有人想真正追尋真理時，卻往往走錯路，甚至離真理愈來愈遠，為什麼呢？因為我們是受很多人影響的結果。別人給我們答案，我們就接受，如同嬰兒一般讓別人用湯匙餵食我們。是嬰兒還好，只怕我們往往因此變成了二手人—如同二手車一樣。我們體會的往往是第二手的一些現象，這些現象是別人創造出來的。》（摘自眾生出版社《覺醒的心》頁二九〇）

平實云：仁波切所言誠然不虛。每見佛弟子崇拜閉關者，幾至迷信閉關之法；若聞某師某祖曾閉關幾年幾月，便認定彼人為大修行者，捧為聖人，崇拜宣揚。殊不知閉關之人形形色色，多偽少真；有者只於關期中閱讀經藏，甚至只是閱讀時人佛法著作而已；有者以定為禪，如密宗大手印法追求清明無念境界，或於無念後追求神通有為法，乃至關期之中始終妄想紛飛，不能得住一心境界者；有者閉關專修喜金剛無上瑜伽淫樂之法，謂為究竟成佛之無上大法者；有者閉關專事打坐，證得一心不亂之欲界定或未到地定之粗住細住境界，便以為證悟成聖者；有者閉關專修五停心觀等二乘法，以之為般若禪之正修者……林林總總不一而足，真能不違佛說宗旨於關期中如實修正行者，百中無一，何以故？以未見道故。

未見道之人自稱能於關期中修道者，一無是處，不曉道之內容及修學次第故，焉能修道？今觀全球密宗仁波切法王──所謂大修證者──之所說所為所著諸書，尚無一人見道，則彼諸人往昔閉關所修何法？所為何事？而言證聖乃至成佛？尚不知自身之金剛心何在，云何誇言能授能傳金剛乘法？及與果位修行即身成佛？如是之人，無非禪宗所訶之掠虛漢，唯能以諸有境界法、有所得法誑惑不學經教之人爾，有何可取？

密宗學人不知此理，迷信崇拜，親近隨學，多數成為宗薩仁波切所說之「二手人」──將他人所說之錯誤知見及修法照單全收；欲求知見大乘妙義金剛之心，恰似緣木求魚、刻舟求劍，驢年得悟。

此諸人等悉皆不離斷常邊見，不入第一義心，若聞證悟之禪宗祖師說法，必生錯會；猶如大梅法常一類未悟之人，聞馬祖道即心即佛，便將覺知心認作金剛心，自以為證悟成聖，便敢住山，當起開山祖師來；如今中台山惟覺法師亦復如是，以清清楚楚明明白白之覺知心（意識）為真心，又加上處處作主之我執識末那，合意識與末那為第一義心，不出十八界有為虛妄之法，具足凡夫邪見，正是常見外道宗徒；而廣聚佛教資源，於佛教中弘揚常見外道法，大事印證開悟證果，師徒同墮大妄語業，誠可憐憫；藏密諸多法王活佛仁波切等，不唯不外於此，更有甚之，狂言即身成佛，殊不足取。

馬祖自從開示即心即佛之後，多有徒衆因此錯會，更成生徒常譚，不肯真參實修，後來遂改此一開示為「非心非佛非物」，無非欲對生徒之錯解而作對治。諸方證悟祖師對於馬祖即心即佛之語，亦多有不認同者，易招致誤會故。

譬如伏牛山自在禪師，於馬大師座下發明心地後，因馬大師遣其通書於忠國師時，國師問云：「馬大師以何法開示徒衆？」自在禪師答云：「即心即佛。」國師便不以為然，當場嫌道：「這算是什麼開示？」自在禪師不敢作聲，明知此語易生誤會，故爾默然良久；國師等候良久，見他不語，乃又問曰：「除了即心即佛以外，還有什麼言語教示？」自在禪師對曰：「後來又說非心非佛，或者說：不是心，不是佛，不是物。」國師聞已乃曰：「這麼開示倒是比前面的即心即佛好一些。」

密宗諸方法王仁波切，及顯宗諸方法師居士們且觀此一公案，馬大師名震四方，又是西天般若多羅三藏預先讖記之證悟聖者，只為老婆心切，欲令人人悟入，說得一句即心即佛，便招得諸方證悟之人嫌他；慧忠國師更於其徒自在禪師前表示異見，何況汝等未悟言悟？未證謂證？乃至密宗更以外道知見解釋佛法，而心存貶抑大乘之心？云何衆生出版社之陳履安大德欲令平實視而不見、知而不言？云何眼見密宗諸法王仁波切之誤導衆生同墮大妄語業中，而阻止平實之拯救作為及與言說？寧非鄉愿之人掩耳盜鈴之舉？

後來自在禪師往伏牛山開山弘法，便曾針對此事向大衆開示云：「即心即佛，是無病求病句。」此謂參禪人已於四加行位證知見聞覺知心之緣起性空，非有真實不壞自性，本來無病，只待一個時節因緣，忽然觸著磕著便得悟去；如今增此即心即佛一句，卻又返執見聞覺知心為真，反增其病，故云此句是無病求病句。

伏牛自在禪師又云：「非心非佛是藥病對治句。」馬大師見諸門徒墮於常見——執覺知心為金剛心，便以非心非佛，亦不是物，對治即心即佛禪病，正是良藥。此謂衆生顛倒知見，每以為金剛心必如意識有見聞覺知性，以覺知性心離諸語言妄想即是金剛心；不曉金剛心自無始劫來已離語言妄想，不曉金剛心自無始劫來恒不作主，迥異覺性心；馬祖開示此心即是佛心，本無過失，然因衆生知見顛倒，每將覺知心之體性—凡夫之知性及覺性—執而不捨，致令馬祖即心即佛一句，成為無病求病句；今為對治故，便道非心非佛非物，金剛心不似衆生所知心故，金剛心不似衆生所知佛故，金剛心不於五塵境中起心動念故；佛子若能知此，即能消除即心即佛之語病，故說非心非佛是藥病對治句。

後來幽州盤山寶積禪師開示云：「如果說這個心就是佛，你到如今仍然尚未悟入難見微妙之理；如果說非心非佛，則這一句還只是指示真如蹤跡之最究竟語—仍然不能證明你已經證得真如；這向上一路—開悟明心之法，自古以來，千聖出世，都不明說傳授，只令人自行體究；所以學禪之人勞動形軀四處奔波，猶如猿猴把捉水中月影，難以悟入。」

池洲南泉普願禪師聞馬祖道即心即佛，亦不肯他，有時說云：「江西馬祖說即心即佛，王老師（南泉姓王）不恁麼道。不是心，不是佛，不是物；恁麼道，還有過麼？」

趙州從諗禪師聞已禮拜而出，正是盤山寶積之意—饒汝說祂「不是心，不是佛，不是物」，亦只是指蹤之極則，猶未真道著真如金剛心，何況是即心即佛無病求病句？是故趙州禮拜而出。不料趙州卻有個不肖子孫—今日河北省柏林禪寺淨慧法師—猶自盲目讚嘆即心即佛，不解趙州意。

如今平實和盤托出，仁波切會麼？若不會者，來覓平實，平實向汝道：「非心非佛，亦不是物。」仁波切聞已，但效趙州禪師禮拜而出便得，莫向平實討第二勺惡水。

第二九一則　石頭路滑

江西馬祖道一禪師　一日，鄧隱峰辭師，師云：「什麼處去？」隱峰對云：「石頭去！」師云：「石頭路滑。」隱峰對云：「竿木隨身，逢場作戲。」便辭師去。才到石頭，即繞禪床一匝，振錫一聲，問：「是何宗旨？」石頭希遷禪師答云：「蒼天！蒼天！」隱峰無語。卻迴江西，舉似於師，師云：「汝更去，見他道蒼天，汝便：噓！噓！」隱峰又去石頭，一依前問：「是何宗旨？」石頭希遷禪師乃噓！噓！隱峰又無語。歸來江西，師云：「向汝道：石頭路滑。」

宗薩欽哲仁波切云：《在這個時代裡，世界各個角落修金剛乘的人，看起來都沒有什麼出離心；沒有出離心的人學佛法是一點用處也沒有的。好比一個犯人了解監獄是一個不好的地方，他唯一的希望便是離開它；我們如果知道輪迴的痛苦，自然會想要離開輪迴的監獄，而且一點執著也不會有。但非常可悲的是：現代人學佛卻是爲了這輩子要過得很好，如受增益灌頂，祈求今生富裕；受長壽灌頂，祈求今生活得長久；求文殊灌頂，希望變得聰明，考試考得好。這些都在顯示你對今生的強烈執著。》（摘自衆生出版社《覺醒的心》頁一四六）

平實云：在下欽佩仁波切之仁心與勇氣，敢在密宗信徒普遍追求三界有之心態中，當頭棒喝，唯有直心不求世名俗利之人方敢為之，平實於此表示敬意。

然而三界諸有之執著，非唯仁波切之言語開示可得消除，必須如實了知三界有法之根本虛幻，方能頓斷或者漸斷，此則必須斷除我見—錯執覺知心為恒不生滅之法。

衆生不解覺知心我之虛幻，執覺知心為恒不生滅之法，正墮我見，十八界我之所攝故；亦有執取覺知心之直接反應（所謂覺性）為恒不生滅心者；亦有執取覺知心之能返觀性，以寂照心為恒不生滅心者；凡此悉墮我見，同諸常見外道。如是，以覺知心之種種體性為恒不生滅心者，我見不斷，此心乃至入住非非想定中，依然是我，悖無我見，必與定境幽閑法塵相應故，何況定外與諸五塵相應相入？而可謂為涅槃寂滅實相之金剛妙心？

禪宗祖師悟後，雖然多有起而摧邪顯正如平實者，然非因慢而為，乃因衆生廣被錯悟邪師邪見誤導，心生悲憐，是故出世作獅子吼，非因慢心，我見已斷故。然證悟之人亦有少數心高氣傲如臨濟義玄禪師者，皆因往昔慢習不除所致；往世雖曾證悟，時劫猶短故。

隱峰禪師初悟時亦復如是，甫生幼獅乳臭未乾，便敢自大，欲捋石頭希遷壯年雄獅之鬚，留下禪門一件公案；何況宜蘭自在居士錯悟未悟之人竟敢派人滲入我會，欲破我法—強謂我法為非，月溪之法為是；則似乳豬欲滅雄獅，自取其咎。

隱峰禪師於馬祖座下初悟不久，聞道石頭山之門庭高竣，偏不信邪，竊思自身已經證悟，有啥禪機不能應對？便欲行腳石頭山，一驗傳言虛實，乃向馬祖辭行；馬大師問：「什麼處去？」隱峰對云：「要去石頭山。」馬大師云：「石頭山的路很滑溜，不好去。」隱峰禪師猶如初生幼獅，自信滿滿，便道：「我有竿木隨身撐拄，可以與石頭大師逢場作戲—不怕石頭路滑。」便辭別馬大師而去。

隱峰禪師才到石頭山，甫見希遷禪師，即於希遷禪師所坐禪床前繞行一匝，振動錫杖一聲，亦不禮拜，欲考問石頭希遷禪師，便問：「是什麼宗旨？」石頭希遷不與他套交情，便向上答：「蒼天！蒼天！」隱峰禪師初悟，差別智未得熏習，死於此一句蒼天之下，作不得手腳。無奈之下，只得迴轉江西，不敢行遍天下；回至江西，便將此一現成公案舉似馬祖；馬祖亦不勸他休去，知非一次可以死卻慢心，便慫恿他：「你再去一遍，這回看見他說蒼天，你便將食指豎在嘴前，向他道：『噓！噓！』」隱峰禪師受教，信心大增，又去石頭山，見了石頭禪師，依前如法炮製，然後復問：「是什麼宗旨？」滿心以為他會再道蒼天，不料石頭禪師奇峰突出，卻向他道：「噓！噓！」隱峰見他恁道，先機已失；自身又復只知其一，不知其二其三，再次杵在當場，手腳無處放去，方知禪門差別智中機鋒無限，不得因悟便起我慢。只得歸來江西，不敢四處行腳。馬祖聞他道已，便向他道：「我不是早就與你說過了嗎？石頭山的路很滑溜。」

如今密宗數千位轉世而來之祖古法王活佛仁波切等，欲會蒼天及噓聲意旨者，猶須多劫建立正見，少受供養勤修福德，庶有相應分；初悟之人尚不能知此解此故，汝等未悟之人何能相應？當求隱峰見道悟境，後復熏習禪門差別智，方能知之。

即今隱峰見道悟境，欲何契入？且覓平實來著！平實甫見，便問會麼？汝等莫道平實初見未曾開示，云何便問會麼？初見時已塞向汝手裏也。若猶不會，平實老婆再送汝等摩尼寶珠：

買支手杖，去大陸石頭山路走走看；若遇天雨路滑，且將手杖拄一拄！

第二九二則　馬祖獅子

江西馬祖道一禪師　有一講僧來問云：「未審禪宗傳持何法？」師卻問云：「座主傳持何法？」僧云：「忝講得經論二十餘本。」師云：「莫是獅子兒否？」僧云：「不敢！」師作噓噓聲，僧云：「此是法。」師云：「是什麼法？」僧云：「獅子出窟法。」師乃默然，僧云：「此亦是法。」師云：「是什麼法？」僧云：「獅子在窟法。」師云：「不出不入，是什麼法？」僧無對，遂辭出門；師於後召云：「座主！」僧迴首，師云：「是什麼？」僧亦無對，師云：「遮鈍根阿師。」

宗薩欽哲仁波切云：《不知幸運或不幸，金剛乘來了，他們給了各種各樣的廣告說：「持咒很有效！只要上師一吹法器，什麼事都沒問題了；那些多頭多臉的本尊也都很有力量！」受了廣告的吸引，只要有方法能令今生過得好，任何人都希望去做這種事；所以現代人參加了成千上百的灌頂，換了成千上百的本尊和上師。他們這樣做了三十年，還是回到原來的地方，一點效果也沒有。他們認爲佛教徒在說假話，因爲做了這麼久還沒有效果；他們會說：修了三十年的財神，還是像三十年前一樣窮。爲什麼？因爲他們離開智慧越來越遠，從來沒有人想要作一個眞正的自己。》（摘自眾生出版社《覺醒的心》頁一四七）

平實云：如果修財神法可以使人富裕，則菩薩不必為集福德資糧而修布施萬行，則此世之布施因與來世之福德果即無關連，則佛說布施因果即成妄語。今閱仁波切上來開示，頗愜余意。此謂有情之福報，悉皆須以往世之三種布施為因，方得此世有為福報，非可藉鬼神之力憑空而有。

仁波切歸結云：「因為他們離開智慧越來越遠，從來沒有人想要作一個真正的自己。」前句是正說，後句是邪見；謂佛子若具大乘智慧者，來世必將大有福德，能作第一義法施者，未來福德無量無邊故。

至於「從來沒有人想要作一個真正的自己」一句，以之責人，則成邪見；密宗古今法王之所以墮入常見外道法中，自言證聖成佛，成就大妄語業者，正坐此病——企圖作一個真正的自己。空明覺知之心正是自己——我；清明返照之心正是自己——我；應成中觀師住於定中不觀不照之心正是自己——我；喜金剛、無上瑜伽法中受欲界淫樂之心，正是自己——我；保持覺醒，令不昏沉之心，正是自己——我；密宗古今一切法王、歷代達賴喇嘛，皆因「真正想要作一個真正的自己」，所以錯執空明覺知之心，欲令此心恒不斷滅，故墮我見之中，成就了一個真正的自己，卻悖離聖教量之無我見，此正是仁波切不能通達法教之盲點，亦是各派歷代法王及古今達賴喇嘛不入大乘見道之根本因由。

六住菩薩現觀自己非真，現觀覺知心及處處作主之心乃十八界生滅法，皆不離五蘊範疇，斷除我見，因而不認自己是真，成初果向菩薩—六住滿地心；而猶不明實相—如來藏。六住滿心菩薩尚且不作自己—不認自己恒住不壞，云何仁波切鼓勵大家「作真正的自己」？非真佛法也。

宗門之中不賣人情，唯依正法互相往來；假饒來人是大座主，講得經論二三十座，名聞天下，證悟禪師接見時依然本其宗門作略，不假顏色；乃至皇帝以死相要，亦不放人情，何況平實無求於人，焉能令諸常見外道混淆正法？是故每年一輯公案拈提，簡異辨邪，直至常見外道法銷聲匿跡於佛門之中，方有止時。

一日，某講經僧來見馬祖，問云：「不曉得禪宗究竟是傳授修持什麼法？」馬大師不答他此問，卻反問云：「座主您又傳持何法？」彼法師云：「我已勉強講了二十餘本經論。」真厲害！平實只是一部《成唯識論》共講了三年九個月，此公顯然未老，竟已講完二十餘本經論。馬祖甫聞，便知是依文解義之輩，方能如是迅速說完；此人既如是說，必有慢心，馬祖便問：「座主莫非是獅子？」問他是否已經證悟、能獅子吼否？彼僧自以為悟，遂謙稱云：「不敢！」馬祖見他自認已悟，為探測他，便作噓噓聲，彼僧便斷云：「這個就是法。」馬祖問云：「是什麼法？」彼僧自以為知，便道：「這是獅子出窟法。」馬祖見他自以為是，便鈍置他，默然不應；不料彼僧卻云：「此亦是法。」馬祖復問：「是什麼法？」彼僧答云：「是獅子在窟法。」馬祖見他不可救藥，欲塞卻他嘴，便反問道：「不出不入底，是什麼法？」彼法師至此不知馬祖所云，口不能言，自覺顏面無光，遂告辭出門；馬祖念他是個講得二十餘座之大法師，有心為他，乃於彼僧身後召喚云：「座主！」彼僧迴首，猶自茫然，馬祖便點他：「是什麼？」這僧知見不具，懵然無對，馬祖見他是塊朽木，只好放過云：「這個鈍根阿師。」

平實即不然，見彼法師以獅子自居，謙稱不敢時，卻向他問：「如何是獅子吼？」彼僧若欲開口，便好拈過拄杖劈脊打去！彼僧若奪門而逃，平實卻喚云：「上座！」彼僧回首轉腦時，卻問他：「是什麼？」若猶茫然無對，便將拄杖丟與他接，接訖卻向他道：「送與汝日後打獅子去。」

第二九三則　大珠木石

越州大珠慧海禪師　有法師數人來謁曰：「擬伸一問，師還對否？」師曰：「深潭月影，任意撮摩。」法師問：「如何是佛？」師曰：「清潭對面，非佛而誰？」眾皆茫然。良久，其僧又問：「師說何法度人？」師曰：「貧道未曾有一法度人。」法師曰：「禪師家，渾如此！」師卻問曰：「大德說何法度人？」法師曰：「講金剛般若經。」師曰：「講幾座來？」法師曰：「二十餘座。」師曰：「此經是阿誰說？」法師抗聲曰：「禪師相弄！豈不知是佛說耶？」師曰：「『若言如來有所說法，則為謗佛，是人不解我所說義』，若言此經不是佛說，則是謗經，請大德說看！」法師無對。師少頃又問：「經云：『若以色見我，以音聲求我，是人行邪道，不能見如來』，大德且道：阿哪個是如來？」法師曰：「某甲到此卻迷去。」師曰：「從來未悟，說什麼卻迷？」法師曰：「請禪師為說。」師曰：「大德講經二十餘座，卻未識如來。」法師再禮拜：「願垂開示。」師曰：「如來者是諸法如義，何得妄卻？」法師曰：「是！是諸法如義。」師曰：「大德是亦未是？」法師曰：「經文分明，哪得未是？」師曰：「大德如否？」曰如，師曰：「木石如否？」曰如，師曰：「大德如同木石如否？」法師曰：「無二。」師曰：「大德與木石何別？」法師無對，良久卻問：「如何得大涅槃？」師曰：「不造生死業對。」法師曰：「如何是生死業？」師曰：「求大涅槃，是生死業；捨垢取淨，是生死業；有得有證，是生死業；不脫對治門，是生死業。」法師曰：「如何即得解脫？」師曰：「本自無縛，不用求解；直用直行，是無等等。」法師曰：「如禪師和尚者，實謂希有。」禮謝而去。

泰錫度仁波切云：《有了菩提心及慈悲心還是不夠，進一步更須正信因果、了解緣起性空的道理；這也是我們的基本信仰，也是一切佛法的依賴。佛教所指的「空」並非空無一物的空，而是指萬事萬物都是互爲因緣、互爲因果的。能夠了解這個無自性的空理，則可以了解菩提心及慈悲互爲輔助的道理……》（摘自衆生出版社《覺醒的心》頁二一一、二一二）

平實云：仁波切未解佛法也！何以故？謂「正信因果、了解緣起性空的道理」只是佛法中最粗淺的道理，並非佛法之基本信仰。佛法之基本信仰乃是自性三寶—真如與佛性；若無真如與佛性，則一切世間出世間因果及緣起性空之現象悉皆不能成立，二乘法亦將因之墮於斷滅見，故說自性三寶之真如佛性方是佛教之基本信仰。

藏密應成派中觀見之所以淪為斷滅見之常見法者，咎在否定真如—如來藏阿賴耶，是故墮此窘境，不免平實訶責；今者仁波切亦不知此證此，而遠來台灣，妄說「正信因果、了解緣起性空的道理是佛法的基本信仰」，實屬不當；勸汝速求證悟，而後為人宣說，方能遠離妄說。

佛出人間之目的唯一——為向有緣衆生指示真如與佛性，非為二乘法之蘊處界空而來，亦非為指示「萬事萬物皆互為因緣、互為因果」而來；若如仁波切所見，永劫不能實證第一義諦，便道一切法緣起緣滅即是佛法，便成心外求法之徒——於空性自心之外求法之徒——於空性自心之外覓求空無之概念，以「一切法緣起緣滅故空」之概念為實有不壞之法；此即《楞伽經》中佛斥「兔無角」法之執著者，執「兔無角」法為真實正理，離空性心而說「兔無角之空」為真實正理，凡有所言皆不能到第一義諦，名為戲論；藏密中觀應成派諸師及台灣印順導師等徒衆為此代表，不離凡夫斷常邪見；仁波切莫墮此中助虎為倀，破壞佛法。

若不見道，必隨他人言語墮有墮無，猶如大珠木石公案中之法師一般，誤解證悟者語：

有法師數人來謁大珠慧海禪師：「如何是佛？」大珠禪師答曰：「面對清潭照影者，若不是佛又是誰人？」大衆聞言，知非意指覺知心，然而空性心何在？悉皆茫然不曉。許久之後，彼法師復問：「禪師平日說何法度人？」大珠答曰：「貧道不曾有一法度人——皆是學人自悟自度。」法師說道：「你們當禪師的人，怎麼都是這樣？」

大珠禪師卻問對方：「大德往常都說何法度人？」法師一聞此語，卻有精神：「我講金剛般若經度人。」不知大珠心懷鬼胎故意問他；大珠又問：「講過幾遍了來？」法師答曰：「二十幾遍了。」大珠便直問：「這金剛般若經是誰說的？」將圈套往法師頭上套也；法師猶不自知，誤以為大珠笑他無知，便高聲答曰：「禪師相戲弄！誰不知道此經是佛所說耶？」套個正著，大珠便問：「金剛經中說『若言如來有所說法，則為謗佛，是人不解我所說義』──不許說是佛說；可是你如果說這部經不是佛說，卻又是謗經；請大德說說看：究竟是不是佛所說？」法師至此，瞠目結舌，無言以對。

大珠禪師過了一會兒又依《金剛經》問他：「經中有說：『如果有人以所見之佛陀色身而說他看見了佛，如果有人以語言音聲而求覓真實之佛，這人其實是行邪道，不能看見佛真法身』，大德且說說看：究竟哪個才是真正的如來？」法師自承云：「我到此處卻迷惑了。」一般法師讀過幾年金剛經，便道已悟已解，將緣起性空及無常空來解說此經，墮於二乘法中，言不及義；若遇有人問著不解之處，便道於此方才有迷，其餘皆悟，正如此師一般自以為悟，大珠乃訶云：「你從來就不曾悟過，說什麼到此卻迷的話？」法師不得已，乃曰：「請禪師為我說明。」大珠禪師云：「大德講金剛經二十餘遍，卻還是不認識如來。」法師只好再次禮拜大珠慧海禪師：「唯願禪師垂憐開示。」

大珠乃開示云：「所謂如來，就是於諸法中一向皆如的道理，你怎麼可以忘記了呢？」如來法身即有情之自性身—如來藏第八識；此心於六根六塵六識中遍有，於五蘊色受想行識中遍有，遍於一切法中示現及運轉，而無遮障，亦不於其中起諸執著憎惡，故說於諸法中如；此義遍於大乘了義經中開示，佛子多有知之者，及至求悟之時卻又忘卻此義；法師聞言猛省：「是！是諸法如義。」大珠再次確定：「大德您認為是或不是？」法師答曰：「經文說得很清楚，怎麼會不是？」

大珠便問：「請問大德您是如呢？還是未如？」法師說如，大珠便又問：「木頭石塊如還是不如？」法師仍答是如，大珠又問：「然則大德之如，與木石之如，是否一般？」法師答曰：「沒有差別。」大珠遂問：「如是，則大德您與木石有何差別？」法師至此便又不能作答。

錯悟之人每以為覺知心不執著六塵境界，便道是如；不知別有一心從來是如，非因修道而後是如，便欲將覺知心藉由禪坐入於如如不動之境，以此為悟，藏密四大派諸古今法王悉皆如是，墮於常見外道法中。復有一類人則以佛經之研讀解會，揣摩身中有一無覺知無諸作用、猶如木石如如不動之空性心，墮於兔角法中，於諸經言語觸處凝滯，不能通流，與此公案中之法師無二。

法師良久，不解其理，乃又問云：「如何方能證得大涅槃？」大涅槃者不入涅槃亦不住生死也；大珠禪師答曰：「不造生死業相對之各種業行。」法師便問：「如何是生死業？」大珠禪師答曰：「你起心欲求大涅槃，這就是生死業──覺知心不能死卻故；你捨除垢業而取淨行，就是生死業──覺知心不肯死卻故；專在有所得法及有所證法上面用心，就是生死業──覺知心即是有得有證之主體心故；不能脫離對治法門，就是生死業──對治法門都是覺知心所修之法故。」凡與覺知心相應之法，皆是生死業；覺知心不死不滅，永遠不與涅槃相應。覺知心滅已，永不復現──識陰永不復起──即是涅槃；然證此者斷盡覺知心之自我執著，捨壽後能得無餘涅槃，而猶未能知曉大涅槃也；無餘涅槃是解脫道，大涅槃是菩提道，二者同中有異，異中有同故。法師不解；便又問云：「如何即得解脫？」大涅槃既不能證，無餘涅槃亦不妨求之。大珠慧海答云：「本來就沒有束縛，不須別求解脫；須用祂時直下便用，欲作何事直下便作，這是沒有任何法門可以與祂相提並論的。」法師依舊不解，只得讚歎道：「像禪師和上這樣的人，實在可以說是很希有的人。」禮拜道謝而去。

眾生顛倒，每欲以覺知心取證涅槃，是故不脫對治法門及妄想情見，墮於我見我執之中，覺知之心即是我故；尤其狂密行者普缺知見，初聞平實破斥彼等所悟覺知心之虛妄，往往心生不忍，憤恨難平；及至閱之再三，思惟再四，方肯承認覺知心乃是「自我」，方解「我見」為何物，然已蹉跎四五年光陰；尤有甚者，牢執覺知心之返觀體性，不肯棄捨，永墮常見外道法中，皆因深信其師所說無誤，自身迄無能力辨邪簡異所致；如是之人迷信崇拜狂密之師，不可救藥，千佛出世已，亦不奈何！

只如仁波切既有噶瑪巴大寶法王之親身傳承，可還知曉大珠慧海禪師之語意否？若不知者，切莫自稱為法王仁波切；名實不符故。法王者必須於法自在、成十地心；仁波切者應須見道，否則云何名為仁波切？云何修進十地而成法王？今勸仁波切速求見道，而後方可來台弘法，台灣是大乘佛法之最後一片淨土故，莫來玷污！只如仁波切返印北時當如何用功？方合正道？平實說與汝知：「不須用功，不須辦道。」何以故？真如自心本來無縛，不須你去解祂；你只須將自己死卻便得——千萬莫作真正的自己。

第二九四則　大珠變易

越州大珠慧海禪師　有三藏法師問：「眞如有變易否？」師曰：「有變易。」三藏曰：「禪師錯也！」師卻問三藏：「有眞如否？」三藏曰有，師曰：「若無變易，決定是凡僧也。豈不聞：善知識者能迴三毒爲三聚淨戒，迴六識爲六神通，迴煩惱作菩提，迴無明爲大智眞如。若無變易，三藏眞是自然外道也。」三藏曰：「若爾者，眞如即有變易。」師曰：「若執眞如有變易，亦是外道。」三藏曰：「禪師適來說眞如有變易，如今又道不變易，如何即是的當？」師曰：「若了了見性者，如摩尼珠現色，說變亦得，說不變亦得；若不見性人，聞說眞如變，便作變解；聞說不變，便作不變解。」三藏曰：「故知南宗實不可測。」

蔣貢康楚仁波切云：《……**事實上，任何修行，不管小乘、大乘、金剛乘，也許方法有異，但其本質是一樣的。**》（摘自衆生出版社《覺醒的心》頁二二一）

平實云：事實上，任何修行，不管是小乘、大乘、金剛乘、外道，都是方法有異，但其本質是不一樣的；異中有同故，同中有異故。此非仁波切所能少分知之也，何以故？一者：小乘只在現觀蘊處界空幻不實上用功，不到第一義諦，而仁波切不知。二者：小乘聖者現**觀覺**知心（含返照之心）變易生滅，證知自己是識蘊，故**斷**我見乃至我執；而仁波切猶以識蘊—覺知者—為不生滅心，墮我見中，不入二乘見道，云何能知小乘？三者：大乘說般若，般若慧乃是證知恒不生滅之自性心；此心離見聞覺知，恒不作主，無我無人，無佛無眾生，而仁波切以緣起性空解釋般若空性，顯見不解大乘般若也。四者：大乘般若慧中復有種智—唯識一切種智—究極了義之法，十方諸佛於初地起以二大無數劫修此得成佛道，仁波切更不知也。五者：金剛乘乃常見外道法，名實不符；金剛者不可壞，謂般若經所說一切有情皆有之金剛心—本來自性清淨涅槃之第八識如來藏，修證此心之宗乘方得名為金剛乘；今觀藏密四大派古今法王悉以覺知心自體（含覺知心之變相）為金剛心，以此日日斷滅之無常心為金剛心，未證真正之金剛心，云何可名金剛乘？而仁波切於此不知不覺，不得名為知大乘者。六者：金剛乘四大派皆有「喜金剛、大樂光明、黑嚕嘎、……」等男女淫欲樂觸之修法，追求淫觸樂之遍身持久，謂為俱生大樂，並對諸久學密宗之徒眾云：「若能令淫樂遍身皆滿，即是正遍知覺；若能恒不散失，持至永遠，乃至捨壽亦不散失遍身樂觸者，即名成就究竟佛道。故名無上瑜伽，名為已成究竟佛。」此即《楞嚴經》所斥：「阿難當知：是十種魔於末世時，在我法中出家修道，或附人體，或自現形，皆言已成正遍知覺；讚歎淫欲，破佛律儀；先惡魔師與魔弟子，淫淫相傳，如是邪精魅其心腑，近則九生，多踰百世；令真修行總為魔眷，命終之後必為魔民，失正遍知，墮無間獄。」如是，金剛乘之久學師徒，以此纏綣愛戀，關係深密，由此生至來世，恒執此一欲界粗重煩惱不捨，世世行之以為佛法，尚不能證入初禪天境界，云何能超無色界成解脱果？而妄言成就佛地大菩提果，名為愚痴無智；而此修行法門之本質云何可言大小乘與金剛乘「一樣」？七者：小乘聖人不知金剛心於一切法中之運作，密宗行者更不能知；然大乘七住賢者及初地聖者於一切法中，乃至於密宗無上瑜伽密灌及修法淫樂中，亦能現觀金剛心之運轉，金剛心遍一切法中故，而仁波切不能知此，云何可言三乘與密乘之本質一樣？

以上所舉諸過，皆因仁波切未能見道所致，今勸仁波切速求見道，莫再執著噶瑪巴之傳承，莫以噶瑪巴之外道邪見誤導衆生，當速建立正知正見，而後方能具見道緣，於今且舉大珠變易公案，供養仁波切：

有法師精通三藏，欲與南宗一較短長，來覓大珠慧海禪師，問云：「真如有沒有變易？」大珠禪師答云：「有變易。」三藏法師便責道：「禪師！你錯了！」大珠禪師卻問：「有沒有真如？」三藏説有，大珠便云：「如果説真如沒有變易，這個人決定是凡夫僧。難道沒有聽過：真正的善知識能轉易三毒為三聚淨戒，能轉六識生六神通，能轉變煩惱生起菩提智，能轉易無明為大智真如。如果說真如心是不可變易的，那麼三藏法師您真是自然外道也。」

《華嚴經》云：「譬如真如，無有變易。」此乃說佛境界—唯帶純淨無漏法種，不受新熏—猶如金礦淘鍊成金已，不復變為金礦。然此第八識金剛心，於因地時俱含無漏有漏法種，非唯無漏，故在因地必須可變易，方能藉見道後之修道而轉易有漏種為無漏種，方能漸至佛地，所以彼經隨後又云：「譬如真如，非是可修，非不可修。」此理已於拙著《正法眼藏》中詳述，此處從略。

三藏法師不知此理，便道大珠禪師錯會；猶如古今錯悟之師誤解佛意，執因地真如為永不變易者，便謗《大乘起信論》為偽論，復因未有真悟之人悟後修證道種智，故無如實能摧邪說之人據理破斥，令《起信論》沉冤莫白，亦令正法難以顯揚。

三藏法師聞大珠禪師恁道，知自己錯會，遂修正真如不變易之念，卻又墮於有變易之中，便向大珠云：「如果是這樣的話，真如即是有變易。」大珠便云：「如果執著真如有變易，也是外道見解。」三藏法師不解真如非有變易非無變易之理，恒墮有無二邊，便反問道：「禪師方才說真如有變易，如今又說是不變易，如何才是正確的呢？」

大珠開示云：「若是了了分明看見真如之體性者，猶如摩尼寶珠遇緣現色──忽現紅色，忽現黃色，而珠體本身之色不變；如實觀見的人，說此寶珠變色亦可，說不變亦可；若未親見真如本性之人，聞說真如有變，便作真如有變之體解；聞說真如不變，便作真如不變之體解。」三藏法師聞言，自知理窮，乃讚歎曰：「由此可知六祖所傳南宗之法，實在無法測量。」

今者平實請問尊貴的蔣貢康楚仁波切：「三乘法中有一相同之本質──因地真如，仁波切知否？」若欲了知，來看平實，平實為汝說無上大法，便執金剛鈴於仁波切面前搖，仁波切聞我無上妙法否？

第二九五則　大珠用功

越州大珠慧海禪師　有源律師來問：「和尚修道還用功否？」師曰：「用功。」問曰：「如何用功？」師曰：「饑來喫飯，困來即眠。」又問：「一切人總如是同師用功否？」師曰：「不同。」有源律師復問：「何故不同？」師曰：「他喫飯時不肯喫飯，百種須索；睡時不肯睡，千般計較，所以不同也。」律師杜口。

蔣貢康楚仁波切云：《……因此，次第觀想完畢後，還須再觀想化光融入，這部份最主要的是空性智慧的轉化；因此修法做任何觀想時，都要把一切觀成透明、似彩虹般，無實質存在的；這是圓滿次第的部份，二者合一，即是任何修法的重點關鍵所在。》（摘自眾生出版社《覺醒的心》頁二二二）

平實云：觀想之法不論是明點種字或本尊佛母，皆是愚夫所行禪，假饒觀想之像化為明光，自心融入其中，仍非空性智慧，亦不能轉化產生空性智慧；皆是於意識心性上用功故；如是圓滿次第，修至三大無數劫後，依然是凡夫外道，不入佛法門中。今勸仁波切轉投大密宗——禪宗——法門修行，速易成就佛道，莫依密宗觀想外道邪見用功，否則永劫難脫外道邪見邪法，證道無期。

有源律師來問：「請問大珠和尚：您修道有沒有很用功？」大珠禪師答曰：「很

用功。」律師問：「如何用功？」大珠禪師曰：「肚饑便去吃飯，倦了便來睡眠。」律師又問：「一切人都像這樣與師父一起用功嗎？」大珠曰：「不一樣。」有源律師便問：「什麼道理說不一樣用功？」大珠禪師答曰：「他與我不同，我吃飯時只管吃飯，不管它好不好吃，不管它菜色多寡；他卻老是在品嚐飯菜，又想吃這個，又想吃那個。我睡時只管睡覺，什麼都不管；他卻嫌床板太硬、棉被太重、鋪蓋不夠精緻、……千般計較，所以他和我一般吃睡，不一樣用功。」

仁波切且觀：大珠禪師如是用功，何等輕鬆愉悅，不須盤腿直背七支坐法辛苦觀想，豈不省便？何不效法大珠禪師輕快之修法？

只如大珠禪師說他說我，究竟阿哪個是他？阿哪個是我？仁波切欲知麼？平實說與汝知：

他—即是仁波切於觀想境中之能觀心，此心無形無色，能明了一切境界，能覺知自己及諸法，藏密一切法王仁波切執為不生滅之空明覺知心也，此乃十八界中之意識心，虛幻無常，易起易滅，不能去至來世，恒自以為常不壞滅，處處作主，乃至欲求解脫，皆是此心也。此心之自我執著若不滅除，則將常常現起；死後之意識心種復依此一我執而依中陰身現起。為欲維持此心之現起不滅，乃受生處胎，依五根之漸漸圓具而令前世覺知心種又復現起，如是輪轉不絕，不得解脫。

我即是真如，常住世間故名為我，貫通三世故名為我，恒具涅槃清淨自性故名為我，體無生滅故名為我，眠寤如一故名為我，定散一如故名為我，遍十八界故名為我，有情必有故名為我，是因果根本故名為我，是蘊處界法及一切法之根源故名為我，於一切法自在故名為我，是一切外道法及二乘緣起性空法之根源故名為我，是覺觀心之根源故名為我，是所觀本尊佛母明點明光諸像之根源故名為我，不覺知自我、不返觀自我、不執著自我故名為我，恒不起苦樂憂喜想、恒不受苦樂憂喜受故名為我——假名為我。

仁波切吃飯時百般須索，這個我——他不須索，只管吃飯；仁波切睡眠時千般計較，這個我——他不計較，只管令汝睡眠；仁波切若能如是證知這個「我」，依其體性而住，每日裡只管「饑來吃飯睏來眠」，便知此我真實無我，便是大修行者，一切法王仁波切皆須拜汝為師；否則盡是常見外道。

仁波切若會，便解主客易位，盡此一生成慧解脫聖者；若會不得，不離斷常二見，具足凡夫。仁波切欲會麼？明日來，天氣正寒，平實請爾吃熱粥。

第二九六則　大珠法身

越州大珠慧海禪師　韞光大德來問：「禪師自知生處否？」師曰：「未曾死，何用論生？知生即是無生之法，無離生法說有無生；祖師云：『當生即不生』。」韞光大德曰：「不見性人亦得如此否？」師曰：「自不見性，不是無性；何以故？見即是性，無性不能見；識即是性，故名識性；了即是性，喚作了性；能生萬法，喚作法性，亦名法身。馬鳴祖師云：『所言法者，謂眾生心；若心生故，一切法生；若心無生，法無從生，亦無名字。』迷人不知法身無象，應物現形，遂喚青青翠竹總是法身、鬱鬱黃花無非般若；黃花若是般若，般若即同無情；翠竹若是法身，法身即同草木，如人吃筍，應總吃法身也；如此之言，豈堪齒錄？對面迷佛，長劫希求；全體法中，迷而外覓。是以解道者行住坐臥無非是道，悟法者縱橫自在無非是法。」

大德又問：「太虛能生靈智否？眞心緣於善惡否？貪欲人是道否？執是執非人向後心通否？觸境生心人有定否？住寂寞人有慧否？懷才傲物人有我否？執空執有人有智否？尋文取證人、苦行求佛人、離心求佛人、執心是佛人，此智稱道否？請禪師一一爲說。」師曰：「太虛不生靈智，眞心不緣善惡，嗜欲深者機淺，是非交爭者未通，觸境生心者少定，寂寞忘機者慧沉，傲物高心者我壯，執空執有者皆愚，尋文取證者益滯，苦行求佛者俱迷，離心求佛者外道，執心是佛者為魔。」大德曰：「若如是，應畢竟無所有。」師曰：「畢竟是大德，不是畢竟無所有。」大德踴躍禮謝而去。

蔣貢康楚仁波切云：《一般來說，顯教較重空性與慈悲，而密宗則重空性與智慧之結合；由於空性，慈悲之化現是自然無限的；但就實際上論，只有方法（慈悲）而無智慧，則無有實質幫助；或只有智慧而無善巧方法，也是很危險的事，易落入錯誤的見解。……因此為了圓滿一切，一定要在善巧慈悲的基礎上，發展應用智慧，這是金剛乘法門的基礎。》（摘自眾生出版社《覺醒的心》頁二二三）

平實云：仁波切沒有智慧，故有如是開示：「只有智慧而無善巧方法，……易落入錯誤的見解。」若有智慧，不須善巧，必不「落入錯誤的見解」中，智慧即是般若正智故；若如仁波切以世俗之聰明為智慧者，則於佛法上必墮入我見邪見中。

智慧非依慈悲及善巧為基礎而發展圓滿，乃依大乘見道之證得空性為基礎，悟後漸修種智而漸圓滿；此智慧者非世俗慧而通世俗慧，乃於蘊處界中了知一切種智，名為般若，非如密宗之以世俗才智為智慧也。至於密宗無上瑜伽之明妃空行母「智慧」，更無論矣！是邪法及邪教導故。今舉大珠慧海禪師答問，仁波切應宜細讀，覽之再三，方得稍立正見，不必能悟般若：

韞光大德來問：「禪師自知來世之生處否？」大珠禪師答曰：「如今尚未曾死，何必議論出生之事？修行者證知『生即是無生』之法時，就不會離於已生之現在而說別有無生之法；祖師亦曾開示云：『在當今已生之時就是無生』。」密宗行者每求死已得證無生，而又不肯捨棄覺知心意識，則有二過：一者無生之法即今生時已有，非因滅卻覺知心已方有無生，謂於意識覺知心所在之處，別有本來無生無滅之因地真如阿賴耶心並存；欲證此無生之心，不應於死後覓之，死後意識已滅，無覺知心可覓此金剛心故。二者密宗行者不肯死卻意識覺知心之我見我執——執自己覺知是不生滅法——則不能認同此心並存之金剛心阿賴耶，欲如何參禪覓此真心？是則永無悟期，永淪生死。今勸仁波切速速捨棄意識心之我見我執，覓取金剛心阿賴耶識。

韞光大德又問：「不曾親見金剛心體性之人也能如此嗎？」大珠禪師云：「自己不能看見金剛心體性的人，並非沒有金剛心性；何以故？能見之性即是金剛心之體性，金剛心若無能見之性，如何能生眼識而見色塵？必定有性方能有見。識別即是金剛心性，故名識性；若無識別之性，如何能生耳鼻舌身識而識別聲香味觸？了知之性即是金剛心性，喚作了性；若無了別性，云何能生意識覺知了別之性？金剛心能生萬法，所以喚作法性，又名法身，是諸法之根源故；金剛心若無能生萬法之性，則不能生意識覺知了別之性；若無金剛心能生，覺知心於今夜眠熟滅已即成無法，無法不能無因生法—不能於無法中忽然自生故；是諸法根源，故名法性之身。馬鳴祖師云：『所説法之本際本源者，即是説衆生之金剛心—真如阿賴耶；由於金剛心之生心現行故，有一切法出生；若金剛心不生心現行，一切法便無從出生，也不會有諸法之名相。』迷惑之人不知法身無有形相、卻能應物現形，便説青青翠竹都是法身、鬱鬱黃花無非般若。黃花如果就是般若，那麼般若就與無情一般，不是有情方能有之；翠竹如果就是法身，那麼法身就與草木一般無二，如人吃筍時，便都應該是在吃法身了。像這樣的言語，怎能教人口齒傳説及錄成文獻？明明眼前與佛面對，卻迷惑不知，長劫希望見佛，向外求覓；見聞覺知之自己，其實全體都在法身中，卻迷惑不知，向外面之翠竹黃花尋覓。所以，證解佛道之人，行住坐臥無非是道；悟明法性之人，縱横自在，無非是法。」

韞光大德又問：「十方無盡之太虛空，能出生靈覺智性否？真心與善惡相應否？貪五欲者是修道人耶？執著是非之人以後可以明心否？觸境生心之人有定力否？常住寂寞境界之人有智慧否？懷才傲物者有我見否？執空執有之人有智慧否？尋文取證之人、苦行求佛之人、離心求佛之人、執心是佛之人，他們的智慧與佛道相稱否？請禪師一一為我說明。」大珠禪師答曰：「太虛空不可能出生靈覺智性，真心不與善惡性相應，喜樂五欲很深者根機便淺，是非交爭之人第一義諦未通，觸境生心之人定力很少，寂寞忘機好住定境之人其慧難現，傲物高心之人我見雄壯，執空執有者皆是愚人，尋文取證之人轉更滯礙難通，苦行求佛之人皆是迷人，離自性而求覓真佛之人乃是外道，執著意識覺知心是佛者皆是魔民魔女。」韞光大德聞大珠慧海禪師開示已，說道：「如果是這樣，應該是畢竟無所有的了。」大珠禪師答云：「應該說：畢竟是大德您的自性心，不是畢竟無所有。」韞光大德聞罷，心中極為踴躍，禮拜道謝而去。

今者平實藉大珠語示仁波切：「執心是佛者為魔。」仁波切莫再效法藏密古今法王以意識覺知心為佛法身，不論意識覺知心禪修至如何細微境界，乃至如佛世外道修至非想非非想定，猶是意識，永遠不能轉變意識為真如；而此真如恒與意識並行運轉，悟此真心者方生佛智，否則盡是心外求法之外道。

仁波切欲覓法身麼？來覓平實！見平實已，只管禮拜，拜已踴躍汝身逕去便得。

第二九七則　杉山本末

池州杉山智堅禪師　師初與歸宗南泉行腳時，路逢一虎；各從虎邊過了，南泉問歸宗云：「適來見虎似個什麼？」宗云：「似個貓兒。」宗卻問師，師云：「似個狗子。」宗又問南泉，泉云：「我見是個大蟲。」

一日，師喫飯次，南泉收生飯云：「生！」師云：「無生。」南泉云：「無生猶是末。」南泉行數步已，師召云：「長老！長老！」南泉迴頭云：「怎麼？」師云：「莫道是末。」

一日普請擇蕨菜，南泉拈起一莖云：「遮個大好供養。」師云：「非但遮個，百味珍饈他亦不顧。」南泉云：「雖然如此，個個須嚐他始得。」（後時玄覺禪師聞此公案，便拈問天下老宿：「是相見語？不是相見語？」）

蔣貢康楚仁波切云：《……另外，以止觀為例，止是技巧方法，觀是智慧，兩者合一，同等重要。所有的修法都必須這樣，才能克服有或無之邊見。不執有或無，即是中觀，也是空性與明性之結合。》（摘自眾生出版社《覺醒的心》頁二二三）

平實云：共產黨之理論與方式，或許不完全適合當代人類，太過理想化故；但中國共產黨於佛法上卻有極大貢獻──將藏密中自古以來不斷破壞佛教正法之根深柢固常見外道法剷除，驅出中原神州；此舉可是藏地佛教革命之初步——破壞常見邪見，猶須進以革命之第二步——宣佈正義普令知解。

中國共產黨於佛教之第二貢獻為：藏密「佛法」由於逃亡，向世界各地散佈，二乘法之基本法義便隨藏密之常見外道法傳播世界各處，令洋人因聞熏二乘四諦十二因緣法之故，信受佛法，為未來大乘了義正法之遍傳全球預造風氣，為大乘宗門正法之弘傳打好基礎，吾人只須踵其後塵，觀察因緣悠閑往傳，即可水到渠成。

密教行者若有不然余言者，請觀上舉蔣貢康楚仁波切之開示，不唯不解般若，亦且不解禪定意識境界，二俱未解未證，云何得以尊為仁波切？

學人當知：止觀之法乃是意識修定法門，無關般若，非是智慧；今者仁波切將止觀修定之法說為般若慧之修行法門，謂意識覺知心住於定中不昏沉，名為明性；謂覺知心住於定中不執有無，名為中觀；謂覺知心於定境中安住，即是空性與明性之結合，而不知此等皆是常見外道之邪知邪見，乃竟據之大言不慚，謂為超勝於大乘之金剛妙法。學人若未起擇法眼，往往信受，漸入邪道；此乃天竺往昔密教興而佛教亡之緣故——以常見外道法冠以佛法名相，暗地轉易佛教本質趨向外道法，最終同於印度教常見知見，遂由印度教收編密教而同化——如今釋迦牟尼佛於印度地區，已降格成為印度教之護法神（印度教徒如是認爲）。印度佛教史之研究學者，悉皆確認「密教興而佛教亡」之事實，而不知其所以然，以不能真知法義之異同所在故。

今以法義檢驗，其因明顯；是故佛子有遠見者，當速奮力扭轉密宗諸師普遍存在之邪見，以免「密教興而佛教亡」之故事重演於台灣乃至全世界；吾人此世若不能令密宗一切法王仁波切改易邪見、返歸大乘正法者，大乘正法人才及資源終將不免密教之蠶食鯨吞而無立足之地，漸趨滅亡；吾人受佛深恩，寧忍旁觀而無作為？是故今後一切密宗法王仁波切若有虛偽誇大、開示邪知邪見者，皆應稱名直說其謬，令諸佛子能知正義，大乘正法方能獲安，而後徐圖弘傳；乃至廣令有緣得入大乘見道修道，受佛法樂無上安穩。

復次，余謂仁波切不解禪定者，其意有二：一者一切禪定三昧境界皆是意識心所修所證，不離三界有為有漏之法，唯除證道佛子依般若為本而修禪定三昧者；止觀修定諸法本質非即般若智慧，最終所得即為非想非非想定，尚不證二乘解脫果，何況能證中觀實相？二者：止之一法，非是技巧與方法，唯是意識心降伏攀緣習氣，心得安定，故名為止；觀之一法方是技巧方法，而非般若智慧，因於觀察之世間慧（別境慧），能於定境等至等持抉擇取捨，然此無關般若智慧。今觀仁波切於此二者不知不解，便知仁波切於禪定三三昧之修證尚無初步成果，云何能為他人傳授禪定修證之法？雖有十六世噶瑪巴之傳承，而不知般若與禪定之分際，所知所見所開示者悉同外道凡夫，未有見地，乃竟得得來至寶島受人供養，能消信施耶？

於今奉勸仁波切速求見道，否則在世所受供養，一一皆須於地獄中還，大不容易受。便舉杉山本末公案共汝商量，若能悟入，莫道受供，日食萬兩黃金亦不為過：

池州杉山智堅禪師，初與歸宗智常禪師及南泉普願禪師一起行腳時，路逢一虎；三人各從老虎身邊經過後，南泉問歸宗云：「方才見虎，你看牠像個什麼？」歸宗答云：「我看像個貓兒。」答已卻轉頭問杉山智堅禪師像個什麼？杉山禪師答云：「我看像隻狗。」歸宗卻又回頭問南泉，南泉云：「我見牠是個大蟲（老虎）。」

每有錯悟之人譚禪，道他三人只是閒聊；也有人說為見山是山轉入見山非山，最後復由南泉回到見山是山；如是類，種種臆測，有什麼會處！且道：歸宗看是貓兒，杉山看是狗子，南泉看是老虎，這三樣物事與他三人似不似？禪子當於此處著眼，莫管諸方老宿七嘴八舌閑言語。仁波切若能於此著得一隻眼，古今十六世噶瑪巴皆須禮汝為師，彼等不離常見外道法故。

一日，杉山禪師與南泉禪師同吃飯時，南泉撿起一些生飯，收完欲離去時道：

「生！」杉山答云：「無生！」南泉云：「無生猶是枝末！」說已起身離去，方行數步，杉山卻於南泉身後召喚：「長老！長老！」南泉聞召，回頭問云：「什麼事？」杉山卻云：「莫說是枝末。」

教中道：「第一義諦言語道斷，心行處滅。」宗門向不許人於言語中作諸知解，亦不許人於見聞覺知上頭攀緣，凡有覺知，心行即現，鬼神覓汝有處故；乃至以諸言語說生與無生，俱不許可，欲令悟者常依真如體性安住—言語道斷、心行處滅。此是對諸已悟弟子而言：必須念茲在茲，方能使不具四禪八定之已悟弟子於一世中成辦慧解脫果；南泉與杉山亦復如是互勵。

南泉飯罷，收起生飯道生，正是無風起浪，杉山何嘗不知？便故意道無生；南泉逮著機會，便責云：「你說無生時，已經墮在枝末上了。」杉山早知他會有此語，卻暫放過，待他起身離去數步，卻向他身後召喚；南泉一時不察，墮在覺知心上，回頭問杉山，看有何事？正是責人容易律己難；杉山便云：「莫說這是枝末。」南泉此回損兵折將，卻也只能認了，就此作罷。

只如杉山見南泉收生飯，不道生，卻道無生，還有過麼？南泉責他此語是末時，杉山卻在南泉道生之前著眼，機迅南泉；南泉不覺，卻道杉山此語是末；仁波切且道：杉山著眼在什麼處？若能於此會得，許汝具一隻眼，達賴法王亦須禮汝為師。

南泉道杉山是末，杉山卻不與他分辨，俟他收起生飯離去，便向他身後召喚，南泉回頭，不覺落得杉山便宜，猶問什麼事？黑漆裡相似！待杉山責他：「莫道是末！」方知已經落人便宜。仁波切既是大修行人，且道：本在何處？南泉因甚落人便宜？若不能一瞥便見此中蹊蹺，即是無本之人；既然無本可據，還請潛修尋道，俟見道後再來寶島弘法，平實成褫於汝；如或不然，不免平實檢點！

又一日，闔寺普請野外擇蕨菜，南泉見機又掀風浪，拈起一莖蕨菜云：「這個大好供養。」杉山卻答云：「非但這個蕨菜，就算是百味珍饈供養，他瞧也不瞧一眼。」正是抓蛇行家，一出手便揑三寸處。這語石破天驚，震得魔宮七垛八裂；凡夫俗子悉皆不知不覺，唯有真悟之人知他杉山落處。怎奈南泉非省油燈，不慍不火地旁裡答他杉山：「雖然是這樣，個個都得要嚐他幾口才行。」

只如蕨菜乃是山村郊野尋常物事，南泉云何道此物大好供養？仁波切若道此物是蕨菜，平實舉杖便打；若道不是蕨菜，平實亦打；若道非蕨菜、非非蕨菜，平實亦打；且道喚作什麼即得？仁波切若來問，平實卻遞一莖蕨菜與汝，此物且不是蕨菜。

杉山禪師云：「非但遮個，百味珍饈他亦不顧。」莫道百味珍饈，乃至他化自在天錦衣玉食，他亦不顧；無量絶妙天女圍繞，他亦不顧；仁波切且道：緣何道理令他如是不屑一顧？仁波切若會，管取超凡越聖，不在凡聖中；如或不會，來世不免異生淪墮；且道是阿哪個他？

南泉聞杉山恁道，卻從旁裡說入來：「雖然百味供養他都不顧，你們個個卻都得嚐幾口才行。」玄覺禪師聞此公案，便又拈向天下諸方大修行者問云：「南泉與杉山二人之對話，究竟是以真心相見之語？或者不是真心相見之語？」今以此一公案舉問天下一切東密西密「大修行者」：究竟他二人三句對話是相見語？不是相見語？若是相見語，因什麼道理說是相見語？若不是相見語，因何不是？

平實今藉玄覺禪師之問，難倒東密西密一切法王仁波切；汝等若來問平實：「他二人三語是相見語？不是相見語？」平實說與汝等知：擇蕨菜去！

第二九八則 石鞏捉空

撫州石鞏慧藏禪師 本以弋獵爲務，惡見沙門。因逐鹿，從馬祖庵前過，馬祖逆之，說法度入。師住山後，常以弓箭接機（詳第一輯第七十四則）。一日，師問西堂：「汝還解捉得虛空麼？」西堂云：「捉得。」師云：「作麼生捉？」西堂以手撮虛空，師云：「作麼生？恁麼捉虛空？」西堂卻問：「師兄作麼生捉？」師把西堂鼻孔猛拽，西堂忍痛作聲云：「大殺拽人鼻孔，直得脫去。」師云：「直須恁麼捉虛空始得。」

有僧問：「如何免得生死？」師云：「用免作什麼？」僧云：「如何免得？」師云：「遮底不生死。」

吉噶康楚仁波切云：《首先我們應以菩提心（醒覺的心）來聽聞開示，並將心集中於法上，不爲煩惱（貪瞋痴三毒）所轉，這點非常重要。如果心念不集中，就好比把水倒入密閉的容器，一滴水也無法注入的。》（摘自衆生出版社《覺醒的心》頁二二五）

平實云： 醒覺的心絕非菩提心；否則，應言一切人眠夢醒來之後皆已證得菩提心、已住於菩提心中；如是，世間應無迷悟凡聖之別，而現見有迷悟凡聖、人人殊異，故知仁波切之開示邪謬，非是見道者語。由此一句即能判知仁波切以意識覺知心為菩提心，若然，則菩提心成生滅變異依他而起之法，夜夜斷滅不現故，次晨方又依他而現故；不然，則仁波切自語成妄，不應以之示人，乃竟錄成文字，載於書中遺害後人。不免敬勸仁波切速返原住地，閉關參究真菩提心，悟後再來寶島，平實必定隨喜；如或不然，為欲建立佛子正知正見故，不免檢點仁波切之邪知謬見，顏面無光，恐爾難堪，何如早唱返鄉曲好？然而仁波切返鄉之後，欲待如何參究真心？不可不立正知正見，不可不知入手方便，便舉石鞏捉空公案，共爾扯閑淡：

一日，石鞏慧藏禪師問其師弟西堂智藏禪師：「你懂不懂捉住虛空？」西堂答云：「我能捉住虛空。」石鞏欲待驗他，便問：「你怎麼捉虛空？」西堂便以手向虛空中撮；石鞏不滿意，向他道：「你作什麼？像這般捉虛空？」弄個陷阱放在西堂面前，明知西堂眼昏不明，必定墮入；西堂果然一腳踏入，問道：「師兄怎麼樣捉虛空？」正墮石鞏機境中；石鞏便把西堂智藏鼻孔猛拽，西堂不解石鞏意在何處，忍痛作聲云：「怎麼這樣用力拽人家鼻孔，簡直就要掉下來了。」正是眼見如盲，耳聞如聾，猶自痛在；石鞏卻云：「就是要這麼捉虛空，才能捉得到。」

今者請問仁波切：虛空是什麼物事？云何捉得住？西堂以手撮虛空，云何石鞏不肯他？卻捏西堂鼻子猛拽？更道虛空須得恁麼捉，且看是個什麼道理？仁波切若道得，平實許汝具一隻眼，另一隻眼請來問平實索討。

有僧問：「如何可以免去生死輪迴？」這僧大似仁波切，欲以醒覺的心來除煩惱、了生死。石鞏慧藏禪師卻不教他了生死：「你想要免生死作什麼？」當知真如藏識本來無生死，都因為我們自己不肯滅卻自己，害怕這覺知辨物之心斷滅不現，所以害他真如藏識於身死之後又去投胎住胎，所以有生死；此僧與仁波切同一知見，欲免生死，復問：「如何才能免生死？」石鞏禪師便向他道：「這個從來都不生死。」

石鞏向此僧道：「這底不生死。」卻較雲門「花藥欄」老婆些許，只是難會；怪不得此僧愚鹵，亦不能怪仁波切不會；如今天下一切法王活佛仁波切以及大小禪師，迄無一人會得石鞏意。

只如石鞏道：「這個不生死。」卻是阿哪個？若道他未說，汝是未悟凡夫；若道他已說，且道說在何處？

仁波切若問平實覓取石鞏意，平實卻與汝道：向後舉似作家。

第二九九則　紫玉莫求

唐州紫玉山道通禪師　廬江人氏，俗姓何。幼隨父守官泉州南安縣，因而出家。唐天寶初，馬祖闡化建陽，居佛跡岩，師往謁之得法。尋遷於南康龔公山，師亦隨之。馬祖將歸寂，謂師曰：「夫玉石潤山秀麗，益汝道業，遇可居之。」遂至唐州紫玉山，剪茆構舍，其後學徒四集。于頔相公問：「如何是『黑風吹其船舫，漂墮羅剎鬼國』？」師責曰：「于頔客作漢！問恁麼事作麼？」于公失色，師乃指云：「遮個是漂墮羅剎鬼國。」于又問：「如何是佛？」師喚于頔，于頔應諾，師云：「更莫別求。」

有僧舉似藥山，藥山云：「縛殺遮漢也。」僧云：「和尚如何？」藥山便喚僧名，僧應諾，藥山云：「是什麼？」

吉噶康楚仁波切云：《王子…開始清楚地思慮聖者開示的慈悲喜捨以後……回到王宮對他的叔叔說：由於叔叔的誤導而致墮落，他再也不聽從叔叔的指示，將叔叔趕出宮外…。王子改修善行，他的王國慢慢地又興盛起來了。以上是一個架構，讓我們了解修行所做的是什麼。王子是我們的心—我們心的連續性或心流。我們的心流偏離了自身的軌道後，就像王子失了雙親。心離開了自身的道途後，它就不知要如何運作繼續行走，所以我執出現；我執就是王子的叔父。我執開始教心如何運轉、生活、思惟。我執取代了心流，並教導它如何產生貪欲，做出種種壞事；因這些貪執與惡行而受苦，我們成了犧牲者。聖者即是佛陀的教法、或任何一位老師，他介紹我們認識我執，以及它如何誤導我們造惡和經歷種種痛苦。》（摘自衆生出版社《覺醒的心》頁二二八、二二九）

平實云：仁波切以能知能覺的意識心錯認為常住之無我心，故有如上之開示，此名「見始非分」——知見一開始就已經錯了，是故所說非是佛子本分。

能受教導之心即是具有見聞覺知之意識心及意識共俱時之我執心末那識。知我覺我者必墮我見，背無我法，云何名為佛法？佛於三乘法中悉說無我法，云何汝等金剛乘人自稱為佛法之最高乘法，而反執我？不如二乘人之斷我見。

汝等密教宗徒自言能斷惑去執、出離生死、即身成佛；法王活佛不計其數，自言證聖，乘願轉世再來，云何悉皆以我見之意識心及我執之末那心為金剛心？悉墮我見我執中。如今仁波切更開示云：金剛心可以思惟及接受教導、可以有貪欲、也可以有我執；令人將金剛心之貪欲我執去除，以此欲求智慧及解脫。

然我世尊處處經中皆說金剛心自無始來一向離見聞覺知，一向不起貪欲，一向不起我執，一向不作思惟，一向皆不作主；卻與仁波切開示相違。我佛於二乘法中，復處處闡釋汝所說心為意識意根，攝屬識蘊無常生滅之法，令諸弟子咸應遠離；阿羅漢以斷除對此自心之自我執著，捨壽時自我滅已永不復現，名為無餘涅槃，不受生死苦；唯餘金剛心寂滅性，空無形色，不復受生，名為斷分段生死。

今者仁波切開示之金剛心與佛相違，與常見外道無二，實非佛法；聚集佛教資源，受佛弟子供養，而以佛教表相弘傳常見外道法者，名為盜賊，竊取佔用佛教資源故，破壞佛教正法故。

仁波切若自認是佛之弟子，當速揚棄密宗常見外道法，回歸大乘；當速棄捨密續邪見，改依佛經真實正理。莫再標榜密宗為金剛乘，密宗之內無有金剛心法故，錯將生滅無常之意識妄心認做金剛心故，唯有大乘法中方能證得金剛心故。

只如仁波切受平實勸，欲覓金剛心時，莫從藏密諸祖口訣中覓；乃至蓮花生、阿底峽、密勒日巴、宗喀巴等大祖師之口訣所說金剛心者，悉同常見外道邪法，非真佛法，皆是意識覺知心故，佛於四阿含中已曾處處廣破之故。且舉紫玉莫求公案示汝入處：

紫玉道通禪師弘法於唐州；一日于頔相公來問：「經中有說：『黑風吹其船舫，漂墮羅刹鬼國』，這是什麼境界？」紫玉禪師不答他所問，卻責云：「于頔這個門外漢！問這種事情作什麼？」于頔乃是當官掌權、受人阿諛之人，何嘗如是遭人奚落？聞言色變；紫玉禪師乃指著他道：「這個就是漂墮羅刹鬼國。」于頔聞言，方知老命一向在禪師手裡，乃問法云：「如何是佛？」這回卻也有些子樣兒；紫玉禪師見他問法，便突出奇峰，喚他于頔，就他身上打劫；于頔聞喚，不覺應諾，正是明暗雙雙底時節；可惜于頔機遲，早已箭過唐山；紫玉禪師卻不管他會抑不會，但吩咐道：「更莫另外覓佛。」

仁波切當知：佛者無別心，金剛心即是佛心；是故馬祖大師云「即心即佛」；無奈時人不會，猶如仁波切錯認意識心為金剛心，遂教即心即佛一句翻成「無病求病句」，馬大師只好改口說：「不是心，不是佛，不是物。」以此藥病對治句，對治諸方禪病。只如紫玉召喚，于頔應諾，俱是明暗雙雙—有主有從；且道：主在何處？仁波切若會，許汝具眼，可來我會中聞受種智；若猶不會，再觀藥山惟儼禪師如何開示：

有僧聞此公案，舉向藥山禪師跟前說似，藥山聞云：「綁死這個漢子也。」果然縛住于頔，動彈不得。這僧便問云：「和尚！您認為這個公案意在何處？」這僧送人一把米，便要索人一隻雞；藥山聞言便喚彼僧，彼僧亦是不覺應諾，仍舊機遲，不堪雕琢；藥山卻是老婆，問云：「是什麼？」不但縛殺于頔，復縛殺此僧；不但縛殺此僧，更縛殺如今全球密宗一切法王活佛等，悉皆不出紫玉藥山窠窟，死於召喚聲後。

仁波切欲會麼？且來正覺講堂，甫見已，平實召喚，仁波切答應；相見已了，各自返家便得，莫要聒噪。

只是下回再見時，待問仁波切：何處是汝我二人相見處？

第三百則　南源相看＊

袁州南源道明禪師　上堂云：「快馬一鞭，快人一言；有事何不出頭來？無事各自珍重。」便下堂。

有僧問：「一言作麼生？」師乃吐吞云：「待我有廣長舌相，即向汝道。」

洞山來參，方上法堂，師云：「已相看了也。」洞山便下去。至明日，卻上問云：「昨日已蒙和尚慈悲，不知什麼處是與某甲相看處？」師云：「心心無間斷，流入於性海。」洞山云：「幾放過。」

洞山辭去，師云：「多學佛法，廣作利益。」洞山云：「多學佛法即不問，如何是廣作利益？」師云：「一物莫違即是。」

僧問：「如何是佛？」師云：「不可道爾是也。」

吉噶康楚仁波切云：《自他交換法的修習是將我執與「我們的自性」隔開，使我執與「心流」完全分離，並加派警衛看守；警衛就是覺性。「我執」常常會衝進來，並試圖干擾我們的心流。整個「自他交換」法就是要了解我們的「心流」與「我執」其實完全是兩碼事。「我執」誤導我們，並在我們的心流上築了一方堅強陣地，難以拆除它。除非我們想逐出它，並且消除它，否則我們的行爲老會出錯，苦難也由此而來。所以此法的主旨就是讓

「我執」與我們的心流完全分離。》（摘自衆生出版社《覺醒的心》頁二三〇）

平實云：仁波切之知見同於南源道明禪師，將常見外道凡夫之法作為佛法，與第一義了無相關。仁波切欲將我執與我的自性隔開，乃是痴人說夢，不斷我見故。心流者即是見聞覺知心及作主心——七轉識之現行也；仁波切以此心為恒不生滅、恒不斷滅之金剛心，則墮我見；此心具見聞覺知性，具有返觀之自知我性，正是識蘊我，世尊已於四阿含二乘法中廣破；不意仁波切竟欲令此心恒常現行而與我執分開，斯名痴人說夢也；我見不斷者，不能斷我執故。

不捨「此心恒不斷滅」之邪見，更欲以意識之覺知性提防我執現行，則是夢中說夢而誤以為是真實境之愚痴人；此謂汝所說之覺性乃是意識之覺知性，非是佛性也。以意識之覺知性，欲除滅我執者，名為外道無聞凡夫，不解佛法，墮自性見中；意識之覺性即是我執之主體故，是分別我執之根源故，我見我執依此而起故。二乘人以現觀意識覺知性之幻有幻滅，故斷我見而成有學聖人；以現前斷除意識知覺性之自認為不斷滅者，及現前斷除作主心（意根末那識）之自我執著，捨壽時能滅除此二種我，無有絲毫欲令此二種「心流」再現之欲，故斷我執，名為無學聖人阿羅漢——世所應供。

菩薩由親證空性心——無我如來藏——故斷我見，現觀如來藏之無我空性；復依如來藏之無我空性而觀照覺知性及作主心（意識及末那）之心流虛幻不實，其性顛倒，違背解脱涅槃；由是真妄二性之現觀，及悟後依此見地漸修而斷我執，成慧解脱之無學聖；捨壽時，有力能出三界，斷除心流，而依大悲不捨衆生，及上求大菩提之欲樂，故留一分潤生惑，起受生願，願受人間後有——不斷心流知覺性；此名菩薩留惑潤生。雖然來世出生人間，未離胎昧故，忘卻前世之無學修證及第一義諦，狀若凡夫，然於緣熟之際復能修學佛法，自參自悟，第一義諦現前；悟後漸修，多年之後復成慧脱無學；佛門中一切凡夫及外道一切修行者，多不能信是菩薩增上慧學及解脱境界，故名菩薩不可思議。

二乘無學成就解脱果已，厭惡覺性及心流現前，欲令滅除而取無餘涅槃；未取涅槃前，時時覺照，欲令常入滅盡定中，滅除心流覺性。捨壽時至，畏懼發願重新受生後，來世隔陰之迷所障而誤造生死業、以致輪轉生死，故不願留惑潤生，必取無餘涅槃。菩薩以大心及悲心故，斷除心流覺性之自我執著已，返身復入人間，無妨心流覺性與我執分隔無礙——已斷我見我執故；生生世世以已斷我見我執之心流覺性，上求大菩提，下度諸有情。如是大心菩薩，方能將心流覺性與我執隔開；今者仁波切我見未斷——錯認心流覺性為金剛心性——云何能斷我執？我執不斷而空言「自他交換」，執著覺性心流具有不滅體性，正墮常見外道我見之中，而云已於金剛心性有所體悟，名為大妄語也。如是則同南源道明禪師，一般無二，俱是野狐見解：

南源道明禪師上法堂云：「快馬一鞭，快人一言；有事欲問者，何不出頭來問？如果無事，大家各自珍重。」便下堂而去。學人言語作略，倒也有模有樣。

有僧問：「快人一言之事，究竟怎麼回事？」南源禪師吞吐舌頭云：「待我日後有廣長舌相時，就向你說。」這野狐，學人作略倒有七分像，只是後面一句露狐尾，今日教平實抓個正著。南源若投胎再來，不服平實之評，覓得平實理論時，平實卻向伊吞吐舌頭云：「待汝來到台北，吃完雲吞一碗，卻向汝道。」

洞山良价禪師悟後行腳參訪諸方老宿，來謁南源道明禪師，曾聞人說南源是悟者故；洞山方上法堂相睹，南源卻道：「已經相看完畢了。」洞山甫聞此語，中規中矩，輪轍合符，不疑有他，便下去。然於事後檢點，終究認為不能僅依此一句語，便肯南源為證悟之人；待得天明，乃又上謁南源道明禪師，問云：「昨日已蒙和尚慈悲相看，但不知什麼處是和尚與我良价相看處？」欲再次確認南源道明知不知相看真如之處也，南源是隻野狐，豈知洞山獅子家作略？仍依意識之離妄想境而開示云：「心心無間斷，流入於性海。」洞山甫聞他一句語，便知他落處，斷定是隻野狐，不客氣云：「差點兒就放你過關了！」

仁波切亦復如是，錯認覺知心性為真如，不肯死卻覺性執著，正是我執；以我執而求離我執，其可得乎？當知真如無始劫來不曾有我執，何須汝為祂去我執？欲去我執者，應死卻覺性自我之心流，無有一毫欲令現行之意，方名除我執；我執除盡，真如所藏覺性心流種子不復現前，覺性心流永滅不現，方得出離三界生死，此方真正除我執者；豈同仁波切之念念欲令覺知性之心流恒不間斷，猶如南源禪師之欲令覺知性「心心無間斷」，以為如是可以「流入於性海」，皆是野狐外道見解；今者仁波切無異於南源禪師，乃更以藏密常見祖師發明之「自他交換」名相，迷惑芸芸學人，導入常見外道法中。

有僧問：「如何才是佛之真實法身？」南源道明答云：「不可道爾是也。」真是野狐現行，遺臭千古，今日不免平實檢點。

只如仁波切欲覓佛真法身，來看平實時，平實亦向爾道：「不可道爾是也。」仁波切莫以耳聞，耳聞不得；須帶眼來，眼能得聞。

且道：平實答語無異南源，一字不易，因什麼道理不肯南源已，卻又用他答語示汝？平實與南源究竟是同是異？仁波切於此若透得過：

五湖四海任爾遊，足下明珠斗難量；
諸方法王為弟子，西密從此定江山。

第三〇一則 中邑三昧

朗州中邑洪恩禪師 仰山初領新戒僧到謝戒，師見來，於禪床上拍手云：「和和！」仰山即東邊立，又西邊立，又於中心立；然後謝戒了，卻退後立。師云：「什麼處得此三昧？」仰云：「於曹谿脫印子學來。」師云：「汝道曹谿用此三昧接什麼人？」仰云：「接一宿覺，用此三昧。」仰云：「和尚什麼處得此三昧來？」師云：「我於馬大師處學此三昧。」

仰山復問：「如何得見性？」師云：「譬如有屋，屋有六窗，內有一獼猴；東邊喚山山！山山即應，如是六窗俱喚俱應。」仰山禮謝起云：「所蒙和尚譬喻，無不了知；更有一事：只如內獼猴睏睡，外獼猴欲與相見時如何？」師下繩床，執仰山手，作舞云：「山山！與汝相見了。譬如蟭螟蟲，在蚊子眼睫上做巢，向十字街頭叫喚云：土曠人稀，相逢者少。」

雲居錫禪師聞云：「中邑當時若不得仰山遮一句語，何處有中邑也？」崇壽稠禪師聞云：「還有人定得此道理麼？若定不得，只是個弄精魂腳手，佛性義在什麼處？」玄覺禪師聞云：「若不是仰山，爭得見中邑？且道：什麼處是仰山得見中邑處？」

吉噶康楚仁波切云：《心有表相及裏相兩種形式，當各位在學習一種語言時，首先你會用自己的語言來思考。……舉例來說：當我人在美國，我以英文思考；回到尼泊爾後，會以藏文來思考；而當我又回來這兒時，思路又轉回了英文。就像這樣，無論你作什麼，隨著時間的改變，心的表相會變成另外一種型式。但具足了裏相，就好像眞實的看到了你的心在作用、運作；就算你完全不了解它是如何作用的，它仍如實的在你裏面。它永遠不會離開，除非你捨掉它。……所以藉由了解自心，和禪修菩提心，裏相的烙印將永隨你們，它永遠不會捨棄或被迫離開你們。……正因你與心不可分離，當你觀照心時，便會發現一直是持續跟著你的。我並不是因自己是佛教徒，或出於一種對佛教理論的盲信下而如是說，那是由於我自己的體悟與經驗，而說各位應觀照自心。》（摘自衆生出版社《覺醒的心》頁二三一、二三二）

平實云：仁波切所說裏相，只是意識之種子，並非金剛心，非世尊特來人間所說之真如阿賴耶識。意識之種子由金剛心阿賴耶識所持，隨緣而現。汝學各國語言，熏習成種，亦由金剛心阿賴耶識所持，無緣不現，有緣則現，此即汝所說「心之裏相」。

藏密黃教諸祖之大病，主要為信受月稱、寂天、宗喀巴之邪教導—否定阿賴耶金剛心及認同應成派中觀思想。以否定世尊所說金剛心已，必墮斷滅邪見，故將意識一分為三：粗意識、細意識、極細意識；隨即指稱粗意識每日間斷，細及極細意識永不間斷，即是仁波切所說之「心之裏相」也。然而「心之裏相」實乃金剛心所持之意識種子爾，徒有意識種及金剛心，眠熟斷滅已，次晨不能自己現行—醒覺；尚須有意根末那識，方能令意識種子現行—醒覺；乃至汝所熏習各國語言法種，亦須末那意根作意後方能現行。今者仁波切於自身之金剛心及意根猶未能知證，云何而可為人開示佛法所說真實心？汝所傳承於密宗之知見及口訣等，悉是西藏地區之「文化傳統」，乃是誤解之佛法，仁波切將佛法與西藏文化傳統混淆之後，卻來勸人「勿將佛法與文化傳統混淆」，如同賊人大喊捉賊，混淆視聽，平實知已見已，如何能不告知佛子大衆？

仁波切自稱「由於我自己的體悟與經驗，而說各位應觀照自心」；然，則仁波切應已體悟到金剛心，則應說法合世尊意，云何處處乖張、違遠佛意？不然，則仁波切自稱體悟，成大妄語，得地獄罪；究竟然抑不然？仁波切試說看！

大乘佛法無上了義，究竟真實，無有能出其上者；藏密四大派古今法王活佛，迄今未見有人能入大乘義者；乃竟不知不證大乘真義，而效佛之建立大乘成就二乘法於不敗之地故事，於大乘名相之上復加金剛乘，謂金剛乘為超勝於大乘之法教，實則頭上安頭—以木造假頭置於真頭之上，謂彼假頭超勝於真頭；於真頭之真實體性不知不見，謂彼假頭為超勝於真頭之實法。

譬如有人從尼泊爾攀登喜瑪拉雅山之聖母峰，至頂已，宣稱自己登峰造極，此喻大乘；復有衆人繞道避過聖母峰而抵西藏，自謂其境更高於聖母峰，多方嘲謔貶抑已登聖母峰安住者為非最高之境；此喻藏密古今諸祖，將應成派中觀之斷常見思想，及從印度教吸取之性力派思想（男女合修淫樂之無上瑜伽），由最低之層次高推，安置於一切種智唯識諸經之上，謂為究竟成佛之法；而將大乘究竟了義令人真能成佛之法，貶抑為因位之修行。凡此皆因未能親證金剛心阿賴耶識所致，以未能證得，便否定之；否定之故，便永無心參禪尋覓，永無悟入大乘見地之時。

又恐他宗輕視密宗，遂創造金剛持佛所傳密續，種種穿鑿附會，而彼所說第一義諦諸法悉墮斷常二見，皆違大乘般若及唯識經中佛旨；不知不證金剛之心，而自稱為金剛之乘，末法無聞愚痴佛子輕易信之，有智佛子必予檢點。仁波切既能出世弘法，應非愚痴；然說法乖謬者，過在無聞，過在密宗祖師誤導；今且為汝拈提中邑三昧公案，若有機緣，或能因此體悟金剛心，成為名符其實之證悟者，滅除大妄語罪：

仰山慧寂禪師率領新受具足戒之衆僧，來謁中邑洪恩禪師，感謝中邑禪師傳戒之恩。中邑禪師見仰山等衆來到，於禪床上便拍手云：「和！和！」（和：讀作去聲，同喝）仰山見中邑之作略，知他欲以作家相見，就走到中邑東邊立，立已又到西邊立，後於中邑面前立；然後方才謝戒禮拜。三禮起來卻又退後站立。

中邑眼見仰山作略，已知他虛實，便問：「你從何處證得這個三昧？」這個喚作空無相無願三昧。仰山答云：「我於曹溪那個模印子上脫胎學來。」中邑卻問：「你說說看：曹溪門下用這個三昧接引什麼人？」仰山答云：「用來接引一宿覺（永嘉玄覺）那一類人，才用這個三昧。」卻問中邑禪師：「和尚既識得這個三昧，請問從什麼處學得？」中邑答云：「我在馬大師處學得這個三昧。」仁波切且觀：他二人於眾僧前，弄此手腳，怡然自得；眾僧悉皆眼見如盲，耳聞如聾，不解他二人意在何處，只得作壁上觀。且道：中邑拍手和和，仰山東立西立中立，又謝戒退後立，俱是動轉風大，無常變易之法，云何他二人卻道是三昧？竟是個什麼道理？仁波切還透得過麼？若透得過，於平實眼前便有語話分；若透不過，便辜負平實上來拈提活句，於仁波切邊盡成死句，有什麼體悟處？

仰山為報中邑傳戒之恩，欲令中邑徹悟，復問中邑：「如何得見佛性？」此謂佛心之更微細體性，非謂眼見佛性之性也。中邑不知仰山已徹悟，猶道仰山是請益，便托大云：「我與你說個譬喻：譬如有間房屋，屋有六窗，內住一隻獼猴；東邊窗外有人叫喚：「山山！山山！　猴子便答應；就像是這樣，六窗之外有人喚時，六窗都會回應。」仰山聞已，便向中邑禮謝，起身卻云：「承蒙和尚所作譬喻，我無有不知者；更有一事請示和尚：只如屋內獼猴正當睏睡不覺，屋外獼猴欲與牠相見時，卻又如何？」如是一語驚動中邑禪師，方知人外有人，天外有天，觸動前所未知之般若慧。

中邑著實不凡，一聞之下立即體悟，拋卻長輩身份，便下禪床親執仰山之手，作舞云：「山山！山山！與你相見了！這就好像身量極細的螟蟲，在蚊子眼睫上作巢，不知這是煩鬧之處，還大聲叫喚說：這麼廣闊的大地上沒有多少人，能夠遇見的人實在太少了。」莫道仰山之輩難遇，如今全球六七十億人口，於我正覺同修會外，欲覓個破初參者亦不可能，正是土曠人稀，相逢者少。藏密古今一切法王活佛仁波切等，尚不能知前舉三昧，何況能知仰山中邑相見道理？

雲居禪師聞此公案，便云：「中邑洪恩禪師當時若不是仰山慧寂禪師這一句話，何處能有今天中邑禪師之名震一方呢？」全球看官且共思惟：仰山這一段語，因什麼道理能教中邑洪恩之悟境透徹？崇壽禪師聞此公案，便拈向天下大師：「還有人能斷定出這裡面的道理麼？如果斷定不得，那他只有裝神弄鬼的手腳，根本不知如來性，如來性的真實義理在什麼處？」玄覺禪師聞此公案亦云：「如果不是仰山，哪裏看得見中邑洪恩？大衆且說說看：究竟什麼處是仰山得見中邑處？」仁波切欲會麼？後時來台弘法，找一天清晨來喚平實起床！

第三〇二則　百丈捲席

洪州百丈山懷海禪師　師侍馬祖行次，見一群野鴨飛過，祖曰：「是什麼？」師曰：「野鴨子。」祖曰：「甚處去也？」師曰：「飛過去也。」祖遂回頭將師鼻一搊，師負痛失聲；祖曰：「又道飛過去也！」師於言下有省，卻歸侍者寮，哀哀大哭。同事問曰：「汝憶父母耶？」師曰：「無。」又問：「被人罵耶？」師曰：「無。」問曰：「哭作什麼？」師曰：「我鼻孔被大師搊得痛不徹。」同事曰：「有甚麼因緣不契？」師曰：「汝問取和尚去！」同事問祖曰：「海侍者有甚因緣不契？在寮中哭，告和尚為某甲說。」馬大師曰：「是伊會也，汝自問取他。」同事歸寮曰：「和尚道汝會也，令我自問汝。」師乃呵呵大笑；同事曰：「適來哭，如今為甚卻笑？」師曰：「適來哭，如今笑。」同事罔然。（以上詳第二輯一九三則拈提）

次日，馬祖陞堂，眾才集，師出卷卻席，祖便下座。師隨至方丈，祖曰：「我適來未曾說話，汝為甚便卷卻席？」師曰：「昨日被和尚搊得鼻頭痛。」祖曰：「汝昨日向甚處留心？」師曰：「鼻頭今日又不痛也。」祖曰：「汝深明昨日事。」師作禮而退。

師一日再參；侍立次，祖目視繩床角拂子，師曰：「即此用，離此用。」祖曰：

「汝向後開兩片皮，將何為人？」師取拂子豎起，祖曰：「即此用，離此用。」師掛拂子於舊處，祖振威一喝，師直得三日耳聾。

蔣貢康楚仁波切云：《……假如我們從來都不作禪修，我們的心便無法獨立自主，常受妄念以及各種習氣煩惱影響，導致心神散亂，所以我們要把心帶離這些煩惱業障，並讓它熟悉習慣於專一。……禪修的目的要發展這種熟悉或習慣的意識，因此最後便不再需要任何專注的目的物，而只要繼續發展心的專一性。……在訓練的過程中，我們的心便慢慢習慣定於一點，而後繼續進步，直到心性完全圓熟時，便達到一個「無修」的境界－即無一可住而又從心所欲住於一。……慢慢悟境高了，我們便會學到並了解這些障礙的正面作用；換句話說：轉煩惱成菩提，轉不淨成清淨。》（摘自眾生出版社《覺醒的心》頁二四三、二四四）

平實云：仁波切以定為禪也。一切佛子修學佛法，必須了知般若與禪定之分際；若不知此分際，必被假名善知識誤導，墮於邪知邪解，隨假名善知識誤入歧途。

禪宗之禪即是般若慧，般若慧乃增上慧學－如來藏之總相智、別相智、種智。禪定乃增上心學－菩薩悟後鍛鍊意識及意根末那識，令其執我習氣消除；通凡夫及外道者名為禪定，不通凡夫及外道者名為增上心學。

今觀仁波切不知此二法分際，開示學人鍛鍊心一境性，欲令禪定之專一專注訓練，到達「無修」的境界—即無一可住而又從心所欲住於一。如是開示，其過有二：一者無修境界非因修得，乃是自心藏識本來無修而自清淨，證得藏識自心，證驗祂的本來自性清淨涅槃體性，方是到達無修境界；而此境界非因修得，本來已有，故名無修，此是慧學。今者仁波切以意識之覺知心性，欲從攀緣諸法狀態，修入專一狀態，乃至欲令自然安住而不外緣，然此修法悉名凡夫外道修禪定法，與悟無關，非是菩提。

二者，設使真能無所住而又從心所欲住於一，其最高境界無能超越非想非非想定，依然無力轉煩惱成菩提，不能轉不淨成清淨，唯能伏惑，不能斷惑故。以禪定之修法，欲達無修之悟境者，無有是處。

觀察仁波切對於證悟菩提之陳述，墮於「以定為禪」邪見之中，可知仁波切於般若及禪定二法，俱無所證，而奢言悟境與菩提，寧非痴人說夢？今勸仁波切速歇攀緣之心，一心參禪，以大乘見道為期；悟後方可出世說法，以免以盲引盲之重罪也。茲舉百丈捲席公案示汝，庶有入處：

百丈懷海禪師於馬祖大師座下，因野鴨子公案初悟，留下一則千古軼事（詳第二輯一九三則拈提）。次日馬大師陞法堂，擬欲開示；大眾方才集定，馬大師猶未開口，百丈便出列，當衆捲起坐蓆；馬大師見狀，隨即下座回方丈室。

有云百丈捲蓆目的，是求馬大師勘驗；有云百丈捲蓆是為度衆生，有云百丈捲蓆是因悟了而起傲慢心態，有云百丈捲蓆乃是示現禪的風格，有什麼巴鼻！恁麼說禪，直似鋸解秤錘，有什麼會處？不如回家洗衣好。

百丈悟已，馬大師並未立即勘驗，未即印證；百丈心中仍有微疑，難信之故，遂於大衆之前弄出此一手腳；馬大師見狀，知他悟得真，然未入室口說手呈之前，難保沒有野狐學樣之慮，乃下座回方丈室。

百丈隨至方丈室，馬祖便問：「我方才未曾說話，你為什麼便把坐蓆捲起來？」百丈答曰：「昨日被你揑得鼻頭痛死了。」大小百丈，恁麼語話，不怕方家笑汝？平實即不然，但向馬大師道：「野鴨子飛在和尚眼前，趁不去也。」

馬祖聞百丈恁道，不能十分確定他虛實，便勘驗道：「你昨天向什麼地方留心呢？」百丈道：「我鼻頭今天卻又不痛哩。」豈僅如是；昨日鼻頭正痛時，他亦不痛，何嘗痛過！如是語話，卻似小兒初學語，詞不達意。雖然如是，已非昨日吳下阿蒙也。非如中台山惟覺法師云：「清清楚楚明明白白處處作主之心即是菩提心、即是真如。」直似啞羊學人言語，具足常見外道邪見，欲學悟者語話，大遠在！

馬大師聞百丈懷海恁道，知他落處，只是不善表達真如體性；猶如幼獅甫生，步履蹣跚，斯乃常情；遂讚云：「你很清楚的知道昨日公案內情。」百丈聞此一語，心中石頭落地，知已所悟無訛，更不打擾和尚，作禮而退；一石二鳥，恰到好處。

百丈一日又入方丈室小參，侍立於馬祖身旁時，馬祖目視繩床角上所掛拂子，百丈便知馬祖意，乃曰：「就在這拂子上用，然而真正之用卻不在拂子上。」馬大師不是嫌他囉唆，只怕爾後說理太白，便似平實早年明說、害人不信，反致謗法，便問：「你以後打開兩片嘴皮，用什麼方法為禪子開示？」百丈聞言，領解馬大師意，知曉應以機鋒接人，不可說理太白；乃取拂子豎起。馬大師見狀，知他已然領解，便予認同：「正是這樣即此用，離此用。」百丈既得認可，便將拂子回掛於繩床角上；不料馬大師卻突然振威一喝，百丈直得三日耳聾。

看官且道：禪師為衆說法，豈真非拂子不可麼？馬大師這一大喝，又是什麼意？

普天匝地一切法王活佛禪師居士悉皆不解，看官若欲會者，揀個吉日良辰，來覓平實；平實附耳偷偷說與汝知：「即此用，離此用。」

第三〇三則　百丈喪兒

洪州百丈山懷海禪師　師於馬祖座下得法已，洪州新吳界檀信請住大雄山，以居處岩巒峻極故，號之百丈山。處之未期月，參玄之賓四方麏至，溈山、黃蘗當其首。

一日，師謂眾曰：「佛法不是小事，老僧昔蒙馬大師一喝，直得三日耳聾。」黃蘗聞舉，不覺吐舌。師云：「子已後莫承嗣馬祖去麼？」蘗云：「不然！今日因師舉，得見馬祖大機之用，然且不識馬祖。若嗣馬祖，已後喪我兒孫。」師曰：「如是！如是！見與師齊，減師半德；見過於師，方堪傳授。子甚有超師之見。」（摘自萬續藏一一九冊八一八頁《懷海語錄》）

一日，師上堂云：「併卻咽喉唇吻，速道將來！」溈山云：「某甲不道，請和尚道。」師云：「不辭與汝道。久後喪我兒孫。」五峰云：「和尚亦須併卻。」師云：「無人處，斫額望汝。」雲岩云：「某甲有道處，請和尚舉。」師便舉：「併卻咽喉唇吻，速道將來！」雲岩曰：「師今有也。」師曰：「喪我兒孫！」（摘自《景德傳燈錄》卷六）

蔣貢康楚仁波切云：《…在中陰或中有狀態時，心與身是分開的。心與身是不同的；身是具體實有的，它有一個外相；心是就智慧覺性方面而言的。在佛教，心的同義字是神識，它不是物質，沒有實體，也沒有表相，但它有很大的「能量」。心的本質是明性與空性，它沒有一個你可指出的實體，它是無始亦無終，不生亦不滅的。……但死亡時心並沒有死，它與身體分開，並進入另一階段—所謂的中陰，因是介於死亡與來生之間故名之。在中陰時，心識浮沈不定；再出世時，同樣的心，只是換了另一個色身。》（摘自眾生出版社《覺醒的心》頁二四七、二四八）

平實云：仁波切所說之心具有明性與覺知性；明性謂別境慧，能分別六塵境界而不錯亂，仁波切謂此為智慧；仁波切所謂覺性即是覺知性，覺知六塵萬法；謂具此二性心即是佛所說心。然我世尊說心離明性、亦離覺性—離見聞覺知，不對六塵起諸分別，大異汝趣。

汝所謂之明性心、覺性心，乃是佛所開示之意識心；雖無形色，亦不可謂之為空性心，能分別六塵及具覺知性故；佛說空性心離見聞覺知，亦不分別六塵故。

復次，中陰身之見聞覺知心乃是意識，不能與中陰身分離，彼見聞覺知心須依真如及中陰身之微細五根而有故；若離中陰身，凡夫真如不能獨現覺知心於中陰界，是故仁波切不應主張中陰狀態時之覺知心與身分開。

三者，去至來世再出生時之覺知心，並非此世「同樣的心」，佛說覺知心乃是意識，須由真如配合色身五根方有故。今世之覺知心乃由真如配合今世之色身五根而現，往世之覺知心則由真如配合往世之五根而現，既然須依各別五根而現，可證往世覺知心異於此世覺知心，非同一心也。若是同一覺知心由往昔世來至此世，則仁波切應能不修宿命通即可具知往世宿命，而現見不能，故知此世覺知心非同往世覺知心。同理，此世覺知心不能往至來世，唯能去至中陰，中陰身乃由真如藉此世色身攝取微細物質而現故；入胎已，中陰身五根隨滅，此世覺知心隨之不存。須至胎身五根漸生漸長漸熟，來世之覺知心方能漸生漸起漸漸圓滿，既依來世五根而現，絲毫不憶此世諸業，則知非由此世覺知心往生至來世，乃由離見聞覺知之真如往生至來世，是故仁波切不應言「再出世時，同樣的心，只是換了另一個色身」，此是我見故；審如仁波切所言者，亦應仁波切於處胎全期悉能保持覺知心之明性與警覺性故，而現見不能。

仁波切須早棄噶瑪巴之傳承，歷代噶瑪巴口耳相傳者無異蓮花生及阿底峽之口耳相傳者，亦無異於密勒日巴及岡波巴之口耳相傳者，皆是常見外道法之邪見；尚不能通過二乘蘊處界空之檢驗，何況能通過大乘般若空性及唯識一切種智之檢驗？為仁波切計，當速求證二轉法輪之般若空性──大乘見道，而後方可出世弘法；若未見道，難消滴水信施，何況巨資供養？豈待來世「披毛戴角還」時自怨自艾乎？遂舉百丈喪兒公案，共仁波切商量：

一日，百丈懷海禪師對衆開示曰：「佛法不是小事，老僧昔日承蒙馬大師一喝，整整三天耳聾。」黃蘗希運禪師彼時未悟，在百丈座下受學；聞百丈此一開示，不覺驚訝吐舌。百丈問云：「你以後莫非想直接繼承馬祖法脈麼？」黃蘗云：「我沒有這樣的意思！今天因師父舉示這件公案，方才看見馬大師遇到大根器時之大用，但是仍然不認得馬祖落處。如果我不能尊師重道，而直接承嗣馬大師，以後我的徒弟也會效法我，直接承嗣師父，我便沒有兒孫了。」百丈聞已開示道：「如是！如是！弟子悟後見地若與師父齊平的話，功德只有師父的一半；弟子悟後的見地能超過師父，方才堪予傳授。你倒頗有超過師父之見解。」

曾有學人於我座下，因余明示真如之總相，非因參究自得；復知佛性名義，未能眼見；是故未能深入整理證驗種智，無諸功德受用。而竟起慢，私謂我法唯有如是，遂起輕心慢心，不告而別，轉投宜蘭自在居士（今已出家名爲法禪法師）修學月溪法師邪法，謂彼自在居士、月溪法師邪法為更高之究竟法；並聯合其座下連老師，於我會衆之中否定我法，令我會中當時重要成員三人退轉，復入常見外道法中；彼時會中流長蜚短，人心惶惶，共修團體幾欲瓦解。情勢所逼，遂有《護法集》之開示辨正及書出版。

學人若因其師開示正見，而後悟入者，其功德正受減師一半，何況聞余明說之人，焉有分毫功德？余以前車之鑒，是故戒諸親教師：「上課時唯許傳授知見及看話頭功夫，不許明說，不許引導，不許施用機鋒。」學人設或得悟真實，亦不勘驗，悉皆留待禪三精進共修時，令其深入整理通透，而後方予印證為悟。余亦是如是，嚴守此一規矩；自此而後，退轉於法者乃漸減少。

然而百丈所言「見與師齊，減師半德」之言，猶有不信之人，遂有近年之元覽居士諸人不退於我明心之法，而於我身生輕慢想，不唯謗余及謗眼見佛性之法，甚至謗佛；復因崇尚藏密應成中觀邪法之故，不信唯識種智妙法，二度來函化名相逼，遂有《平實書箋》之出版問世。

我同修會中此二事件，可證百丈懷海禪師所言真實，洵非虛語；如是，此二事件中退出我會之二批人，見地不及其師，焉堪傳授？宜其背離也。今觀仁波切之「見地」，遠不能及我會退轉諸人，焉堪傳授？唯有隨緣為汝多述正法知見而已：

一日，百丈上堂云：「你們這些人，摒卻咽喉唇吻——不許用著語言文字，將你所悟見地，趕快說給我聽！」彼時溈山靈祐、五峰常觀、雲岩曇成等三人皆猶未悟，在百丈座下為弟子；聞百丈如是道，潙山便云：「弟子不道，請和尚道。」百丈云：「不是我推辭，故意不與汝說。只怕明說以後，個個不信，退轉離去，以後我這百丈門下便沒兒孫了。」

五峰常觀聞百丈恁道，卻向百丈云：「和尚亦須摒卻咽喉唇吻而說。」百丈云：「四下無人之處，我在那兒手遮額前陽光，盼望你來。」仁波切且道：百丈答不答他五峰所問？若道答他，明明不離咽喉唇吻；若道不答，卻言「無人處，斫額望汝」，就此放過，竟是個什麼道理？

雲岩曇成見他五峰常觀應答，不覺膽壯，向百丈大師云：「弟子有個說法處，請和尚舉問弟子。」百丈聞言，便重舉問：「不用語言文字，速將所悟說來！」雲岩答曰：「師父現在也有真如也。」百丈聞言，不許雲岩，罵道：「喪我兒孫！」

仁波切若覓平實來者，平實亦不敢明言道破，恐以前故事重演，久後喪佛兒孫；又不可無為汝處，且教與汝一著子：回至藏地，每日裏只管陽光下斫額望余，日久必見也。

第三〇四則　百丈家活

洪州百丈山懷海禪師　師一日謂眾云：「有一人長不喫飯，不道饑；有一人終日喫飯，不道飽。」眾皆無對。

雲岩問：「和尚每日驅驅為阿誰？」師云：「有一人要。」岩云：「因什麼不教伊自作？」師云：「他無家活。」

師有時說法竟，大眾下堂，師乃召之，大眾迴首，師云：「是什麼？」（藥山目之為百丈下堂句）

有人請問蔣貢康楚仁波切云：《我們認為西藏佛教徒對死亡方面了解很多，我們應如何準備死亡之事？如何照顧將死以及死亡後的人？》

蔣貢康楚仁波切答云：《最好的方法是叫「大手印」的教法。這是一種可讓我們悟到眞如本性的修法，藉此修法所得的智慧可消除死亡的恐懼；在死亡時，我們只當是身體與心識的分開，並藉著當下心性的認知，使精神提升到更高的境界……上述建議對中陰時尤其受用，就是當下剎那的了悟眞如本性，則此時任何法都可摒棄。眞如心性本來具足，中陰時它會顯現出來，如果你此世修行得法，此時便會認知了悟而得解脫。否則請人唸「中陰救度法」也有幫助。記住：死亡只是身體與心識的分開，而心識或神識仍繼續作用。它的五蘊還在，仍可聽聞，因此依我們習慣，每天念讀這本書連續一個禮拜，幫亡者認知中陰的每個階段將有很大助益。》（摘自眾生出版社《覺醒的心》頁二四八、二四九）

平實云：密宗之大手印法教，悉墮常見外道法中，一無是處，以覺知心之了別性及覺知性為真如性故；不論此心住於定中定外如何觀行寂照，皆是意識境界，與外道常見無二無別，云何可以自稱已經了悟真如？

密宗四大派古今一切法王仁波切，悉皆錯會，將常見外道所說之意識心，認為即是佛所說之空性心，不離斷常二邊邪見故。

復次，此覺知心永遠不能與色身分離，仁波切不應誤導眾生；覺知心依色身之未壞五根方能有故，五根俱壞時（譬如死亡）覺知心即斷滅故。

三者，死已五蘊漸漸散壞，尤以真如捨離五勝義根（大腦）時，覺知心即告完全斷滅，是故仁波切不應言死人「五蘊還在，仍可聽聞」。如是，若有生者為其亡靈唸經超薦，非是唸與亡者之覺知心聽聞，乃是唸與亡者中陰身之靈知心聽聞。如是粗淺之理，仁波切尚不能知，云何能知亡者中陰身現行之種種差異？不知此中種種差異，如何判斷何時為亡靈說法彼能聽聞？何以故？此謂有人捨壽已，色身息脈俱斷後六小時內、五小時內乃至一小時內仍具覺知，有人乃至二十或三十分鐘內即喪失覺知，云何判斷？須依道種智方能判斷。今者仁波切深淺之法悉皆不知，而對衆生作錯誤開示，非屬應當。莫道仁波切不知，乃至《西藏度亡經》之「作者」蓮花生大師亦不知此，以自己之虛妄想像而編造度亡經，誑謼愚人，悉皆違背世尊所說一切種智真實正理，乃竟狂言「西藏佛教徒對死亡方面了解很多」，自言密宗最能超薦亡靈，皆是妄語也。

當知汝等密宗信徒以度亡經之內容為亡靈開示引導時，諸亡靈之中陰身聞之，悉皆哂笑！笑諸生者悉皆被汝等所誑，亦笑汝等不知自己正在誑人、誑自、誑中陰有情，度亡經所說不符中陰法界之實況故，違佛三轉法輪開示種智正理故。

若欲了知死亡後八小時內之捨報過程種種差異，欲了知中陰身現形復起覺知心之因人人異者，必須得證道種智；欲證道種智者，必須如實證驗八識心王百法；欲證驗八識心王百法者，必須先觸證領納第八識如來藏；欲觸證領納如來藏者，必須參禪覓心，或藉教悟宗；開悟明心已，修學一切種智而證道種智——得初地無生法忍，而後方能如實了知；非如蓮花生常見外道之憑空想像臆測所能知也。

然而未悟之人說悟後事、未悟之人說悟後語，如同仁波切之開示者，比比皆是，無獨有偶，且舉百丈家活公案為證：

百丈大師一日謂大衆曰：「有一人長年不吃飯，從不喊餓；有一人長年每天吃三頓飯，從來不曾說飽。」大衆皆不能答。若人觸證真如，能自體驗，便知百丈大師說此二人，實乃同一人—有情皆具之自性如來也。自性如來云何長不吃飯又復終日吃飯？云何長不吃飯不道饑？云何終日吃飯不道飽？究竟祂吃不吃飯？爾試道看！爾若於此著得一隻眼，雖然只是獨眼龍，五湖四海任爾行！

雲岩問：「和尚每日奔忙辛勞，究竟為了誰？」百丈答云：「有一個人要。」又扯上他老人家；雲岩不解，又問道：「因什麼緣故不教他自己作？」卻似小兒不解父母閨中語，恁麼問；百丈便拈出個紙盆子來：「他沒有傢伙。」（家活：傢伙也）原來如此！因為他沒有傢伙，所以百丈才要那麼辛苦奔忙幹活兒！呵呵！大家幹活去吧！幹完了活兒，可別向平實說是他要的，他從來不曾向汝要，不曾向平實要；反是汝與平實向他要。汝莫道平實說話顛倒，平實說者句句皆是如實語。且道：平實此語肯不肯百丈？若道肯，什麼處是肯他？若道不肯，什麼處是不肯他？難倒天下一切法王活佛大小禪師也！汝等試道看！

北投聖嚴法師解釋云：「這並不表示開悟的人無事可做，而是說心中無事可煩。例如當雲岩禪師問百丈大師說：你終日為誰忙碌？百丈答道：因為我自己已無事可做，所以專為需要他的人而忙碌。」平實曾勸大法師換個公案，因為大法師誤解此公案，是故錯引。然大法師終究未聽平實勸，不肯換公案。於此且問大法師：「和尚每年奔波台灣與美國，長年驅驅為阿誰？」究竟他曾不曾向大法師要索個什麼？大法師若能答得，許您獨具一隻眼—成個獨眼龍；若不能答得，卻成個雙眼盲人；有請大師一道。

百丈大師有時於說法完畢時，賴在法座上，看他大衆下堂；及至大衆陸續欲出法堂時，他卻向諸人背後召喚；大衆聞召迴首，百丈卻問：「是什麼？」藥山惟儼禪師聞道此事，便說此是百丈下堂句。

這百丈老兒剜心剖腹，金盤裝了送與大衆，可惜許，無有一個伶俐漢。百丈老兒恁麼老婆，圖個什麼？仁波切莫問平實，且請百丈山走一遭來，便向爾道。

第三〇五則　汾州覺性＊

汾州無業禪師　師參禮馬祖，跪而問曰：「三乘文學粗窮其旨。常聞禪門即心是佛，實未能了。」馬祖曰：「只未了底心即是，更無別物。」師又問：「如何是祖師西來密傳心印？」祖曰：「大德正鬧在，且去！別時來。」師才出，祖召曰：「大德！」師迴首，祖云：「是什麼？」師便領悟禮拜，祖云：「這鈍漢！禮拜作什麼？」自得旨，尋詣曹溪禮祖塔……復南下，至于西河，刺史董叔纏請住開元精舍，雨大法雨垂二十載，汾州緇白無不嚮化。凡學者致問，師多答之云：「莫妄想！」

唐憲宗履遣使徵召，師皆辭疾不赴。穆宗即位，思一瞻禮，命僧錄靈阜等，齎詔迎請，至彼作禮曰：「皇上此度恩旨，不同常時，願和尚且順天心，不可言疾也。」師微笑曰：「貧道何德？累煩世主。且請前行，吾從別道去矣。」乃沐身剃髮，至中夜，告弟子惠愔等人曰：「汝等見聞覺知之性，與太虛同壽，不生不滅；一切境界本自空寂，無一法可得；迷者不了，即為境惑；一為境惑，流轉不窮。汝等當知：心性本自有之，非因造作，猶如金剛不可破壞。一切諸法如影如響，無有實者……。」言訖，跏趺而逝。

黎靜云問：「您能以廣泛的意義解釋禪修嗎？」

阿貢仁波切云：《禪修，廣泛來說，即是對我們周遭每事有一種完全專注的覺性，也就是一種定力，每分每秒的持續專一不動性。不過我覺得禪修並不是那麼重要，重要的是發展菩提心，對自己、對眾生的慈悲心；如果能做好，禪定的力量就會自然跟著產生。》（摘自眾生出版社《覺醒的心》頁二五七、二五八）

黎靜云又問：「你認為了悟空性可以助我們除三毒嗎？」

阿貢仁波切答：「如果你是空性之『創造者』，則三毒不能除；如果你是住於空性，則三毒可除。」（出處同前）

平實云：仁波切是常見外道也。汝以意識之覺知性，持續專注不動，此乃意識之覺知性—墮於凡夫隨順覺性之中，此是外道與佛門中未悟者法，如是「證量」而以大修行者身份出現於人間，非所宜也。

復次，菩提心—真如—乃亙古以來本自有之，非因禪修而有，不因禪修而增減及發展，亦不因長養慈悲心後之禪定增長而發展；此乃未悟佛子已具之知見，云何仁波切大修行人而不知此基本知見？不可思議也！

三者，空性即是真如：佛地之無垢識，因地之阿賴耶識。此空性心亙古亙今，無始本有，非因神造人修而有；以無始本有故名不生，以從來不壞故名不滅；不生不滅之空性，云何仁波切可以創造之？云何汝主張空性可以有創造者？斯乃一神教外道見解，云何可是佛法中之大修行者？

四者，住於空性者名無所住；欲住於空性者，須先證悟空性心如來藏；不知不解空性心之無所住境界，而云能住於空性之中，無有是處。今觀仁波切開示，令人長養慈悲心而產生禪定力量，以此發展菩提心空性，是則錯認「覺知性安住於一念不生境界」為菩提心，斯名常見外道見解，具足凡夫邊見，云何可以受人推崇為大修行者？

佛法不是密宗古今法王仁波切之意識思惟所能知之；以不知不解之知見而為人說法，以錯悟之邪見而說悟後境界，來世果報極重，仁波切務須謹慎；莫待死時後悔，求救無門。

然而錯悟之人無獨有偶，古今皆然，非唯仁波切一人，古今密宗法王悉同仁波切故，禪宗古德汾州無業禪師亦同仁波切故。且舉汾州覺性公案，令仁波切及汝徒眾了知凡夫隨順覺性之凡夫性，了知汝等所言覺性悉墮淨解，障菩提道，俱不能證三乘見道，墮凡夫數：

汾州無業禪師於馬祖處得「悟」，未留侍馬祖勘驗參承，隨即到處行腳；後因至西河，刺史董叔纏禮請住持開元精舍，雨「大法雨」將近二十年，因有馬大師之傳承故，汾州緇素無不嚮化。凡有學人來請法者，汾州禪師皆令學人「莫妄想」，以己修卻妄想之覺知心為真如也。

平實昔年拈提汾州（詳第一輯第三十則），歎他悟德；原以為所悟無二。過在以己之悟測度彼亦當如是悟，又是因馬大師而悟入者，豈有謬哉！不疑有他。

去年重閱其一生開示，方知彼之「悟處」不同馬祖及與末學，迺作此重拈，用供仁波切建立知見，彼是仁波切之同流故。

汾州禪師之誤導眾生者，咎在馬大師未於其「悟」後令入參堂口說手呈，以為汾州所悟與自己無異，由彼自去行腳度眾。後來因董刺史之請，住持開元精舍弘法度眾，一向令人去除妄想，以此為悟。董刺史只知他有馬大師傳承，何嘗知他錯悟？更不知馬大師勘驗疏漏，不疑有他，是故一生隨彼汾州禪師墮於常見外道法中，擁護贊助，猶自慶幸。卻似黎靜云行者之隨同阿貢仁波切修學護持，同墮常見外道法中，猶自欣慶得人。

慧忠國師三寸甚密，不輕易示人；雖唐憲宗貴為皇帝，生殺與奪大權在握，忠國師亦不肯放人情與他，不為他引導悟入。後來憲宗皇帝聞汾州禪師有大名氣，復有馬大師傳承，乃屢次遣使徵召，汾州禪師雖然錯悟，然本性無貪，屢以疾辭，不肯入宮。

後來穆宗即位，亦思瞻禮汾州禪師，好在汾州捨壽時至，穆宗未被誤導，實乃幸事；然平實逆料穆宗必以無緣逢見汾州，引為憾事也。

汾州捨壽時，刳心剖腹開示弟子，令人承當見聞覺知之性，謂此心性即是真實不生不滅之實相，墮於凡夫隨順覺性之中。執著見聞覺知六識法界性本清淨，由此淨解障礙菩提，遂於空性圓覺不得自在，般若見地永遠不生。仁波切知見與汾州無業禪師無二，悉墮此中；無獨有偶，今者台灣埔里中台山之惟覺法師，亦是仁波切之同參，悉墮凡夫隨順覺性，無有出期。

若有菩薩見性而不明心者，雖離心性本淨之淨解，作不垢不淨之見，而猶不能遠離「見聞覺知之性常恒不壞」之見解所障，以能見此性為已證道，不解不證空性真如之涅槃寂滅、離見聞覺知、離一切見；墮於見覺，不離覺礙；如是佛子永不能入菩薩初地。

若有菩薩真實明心，又復眼見佛性，則能了知覺知之心及其體性悉皆虛妄，覺觀之性及返照之性，悉能障礙解脫果之圓證；以其覺性常觀真如心性寂滅涅槃，不被覺性所引攀緣萬法，唯以自然覺性自然安住，不觀不照，常依真如涅槃寂滅體性安住，發起聖性，此名初地菩薩隨順覺性。今者仁波切誤導衆生同墮凡夫覺性之中，云何可名為轉世再來之大修行者？與古時汾州無業禪師無少差異。

只如平實與一切悟者觀汾州之見馬祖，悉以彼為悟；及至後來見其開示學人「莫妄想」時，又悉斷彼錯悟；此中關節何在？若不打通此一關節，永遠不入初地菩薩隨順覺性境界，永為外道凡夫之輩；仁波切欲會此中關節麼？來！覓平實！

第三〇六則　盤山寫眞

幽州盤山寶積禪師　師於市肆行，因見一客人買豬肉，語屠家曰：「精底割一斤來。」屠家放下刀曰：「長史！哪個不是精底？」師傍聞見，於此有省。

又一日出門，見人舉喪，歌郎振鈴云：「紅輪決定沉西去，未委魂靈往哪方？」幕下孝子哭曰：「哀！哀！」師忽身心踴躍，歸舉似馬祖，祖印可之。

師住山後，有僧問：「如何是道？」師便咄！僧曰：「學人未領旨。」師曰：「去！」

師將順世，告眾曰：「有人邈得吾眞否？」眾將寫眞呈，皆不契師意。普化出曰：「某甲邈得。」師曰：「何不呈似老僧？」化乃打筋斗而出，師曰：「這漢向後風狂接人去在！」師乃奄然而化，敕謚凝寂大師眞際之塔。

第二世阿貢仁波切云：《⋯卡謝康楚說第一世的阿貢仁波切是藥師佛的化現，此因有一次他病得幾乎死過去，後來由第一世的阿貢給他藥師佛與長壽佛的灌頂才痊癒；之後他向外宣說第一世阿貢仁波切與他有同等的智慧與證量。⋯》

採訪者黎靜云問：《⋯第一世的蔣貢康楚與宗薩欽哲圓寂後，有很多化身出現，並都成為世界級的大師。能與這些大師活在同一時代，並經常受其法教，實在是我們

莫大的榮幸與福報。但為什麼會有這麼多化身轉世呢？》

第二世阿貢仁波切答云：《**第一世的蔣貢康楚羅卓泰耶是一位偉大的上師，很多寺廟都請求他的轉世，他答允了，於是化身多位來世間，繼續佛行事業。**》

黎靜云居士補充云：《卡盧仁波切曾說過，當修行至某種境界時，化身其實是很簡單的事，可隨願力而為。而這不也證明了經典上所說，菩薩化身千百億，尋聲濟苦的絕對可能性嗎？採訪仁波切已近尾聲，……最後謹以他的英國弟子為他所寫的簡傳做為結尾—英文「仁波切 *rinpoche* 」意指「多角面的鑽石」，對於認識阿貢仁波切的人來說，他恰如其義。他以開悟的智慧與慈悲心廣利衆生，就像一顆鑽石，毫不矯飾地向四方射出耀眼的光芒。》（摘自衆生出版社《覺醒的心》頁二六五—二六七）

平實云：第一世阿貢仁波切既是藥師佛化身，第二世復由第一世轉生而來，則第二世亦應是藥師佛化身；然今現見第二世是常見外道，尚未得證大乘見道，小乘見道亦復非分；試問阿貢仁波切及黎靜云居士：藥師佛化身來此娑婆度衆，會成為常見外道否？

蔣貢康楚說自己與阿貢仁波切「有同等的智慧與證量」，則應是究竟佛或佛之化身，與佛化身同等智慧及證量故；然今現見二世蔣貢康楚是常見外道，錯執常見外道之常我意識覺知心為不生滅心；請問：蔣貢康楚之智慧與證量何在？

第一世蔣貢康楚與宗薩欽哲，據黎靜云言：「有很多化身出現，並都成為世界級的大師。」請問：此諸大師化身之世界級大師，云何悉墮常見外道法中？云何迄今未見有一人得入三乘見道之一種者？

卡盧仁波切自言「化身其實是很簡單的事，可隨願力而為。」然而實非容易；平實今時雖證道種智而起法眼，尚不能於人間示現化身，猶須捨壽後往生色究竟天，依世尊之加持方能現行；一切戒慧直往菩薩，若續受生於人間而化身多人者，須至三地將滿之際方有此能。今觀卡盧仁波切等一切古今密宗祖師，除覺囊派篤補巴、多羅那他……等少數人外，迄未曾見有證慧眼之人，何況法眼？既無慧眼，則非見道之人，云何未見道之人能超三地入心菩薩而於來世現多化身？平實與汝說如實語：彼諸人等因大妄語故、將外道法置於佛法中故，來世尚且不能復生為人，何況能「有很多化身出現」於人間？此乃痴人說夢也；此種穿鑿附會之不實言論，汝等密宗行者云何不加簡擇思辨而盡信之？而反不信老實修行、真實證道、說如實語者？如是假藉佛法名相修證、誇大虛浮之常見外道輩，云何當得「仁波切」之尊貴稱呼？

真悟之人必通禪宗教外別傳之一般公案，唯除重關見性及牢關之公案，不論彼證悟者是否出身於禪宗之內。例如玄沙師備藉教悟宗，悟後即通公案，以求雪峰禪師印證故，成禪門中人。亦如永嘉玄覺本非禪宗中人，因閱《維摩經》而發明心地，出言皆合禪宗諸祖，於禪宗祖師證道公案無礙；以求六祖慧能印證故，方入禪宗。唯有玄奘菩薩藉教悟宗而不入禪宗，一切禪宗祖師初悟之時唯階七住，尚不能知玄奘大師三地入心之無生法忍道種智，乃至六祖溯至初祖菩提達摩，皆須拜於玄奘門下受學故，是故玄奘不入禪宗。

今觀東密西密法王活佛漫山遍野，來往全球，著書無數，迄未見有見道之人，慧眼且無，何況悟後起修而生法眼得道種智者？玄奘菩薩三地入心之無生法忍不可思議智慧修證，尚不能於人間分身入胎，云何密宗祖師未入七住般若、未有初禪二禪定力，而能分身入胎、現有多身？皆大妄語也！唯有無智之人迷之信之！

莫道全球密宗法王仁波切，不能測量平實道種智，彼等乃至無力測量我會中之初悟七住菩薩般若慧，如是凡夫外道之輩，而以十地之法王名銜自封；世尊於法自在，平實不能測量，如今汝等「法王」尚不能知七住菩薩粗淺般若，乃竟互推為法王，狂妄乃爾，寧不畏懼智者責難？

汝等法王若有世智，當思余言；覓經尋論，熟讀律典，再三詳審，方知余言誠實不虛、慈悲太過，便於平實嚴責之語釋懷，方能棄捨邪見之密宗，回歸大乘—真正之金剛乘—勤求大乘見道之無生般若智忍。若有密宗法王仁波切然吾言者，且與平實共探盤山寫真公案：（註：圖寫人面尊容，名爲寫眞；猶今人物攝影之半身相片。）

幽州盤山寶積禪師悟前於市肆行走時，正過豬肉攤前，見有一客人欲買豬肉，向屠家賣肉人道：「精底肉（瘦肉）割一斤給我。」屠家聞言，放下刀子說：「長史！有哪個不是精底肉？」盤山寶積禪師聞言，遂有省悟。

又一日出門，見人辦理喪事，葬儀人唱歌振鈴云：「紅輪（太陽）決定西沉去，未委（尚未委悉）魂靈往哪方？」白幕下衆孝子哭答：「哀！哀！」盤山禪師至此身心踴躍，確認無疑，乃歸寺院說與馬大師聞，馬大師乃為之印證。

平實悟後度衆之早期，因尚未閱讀祖師公案，未閱諸經，不知祖佛皆不允許明說；見諸人參究不得、愁眉苦臉，乃至啼泣者，心生不忍，遂為明說；其後三年之間，後遺症紛紛出現，此諸早期明言之人，今已退失殆盡，唯餘少數調柔有智之人隨余修學種智，今已成長，能獅子吼，於諸方大師之悟與未悟，已能無疑。

為恐徒衆於真如體性體驗不足導致退失不信，一切祖師十方諸佛皆不明說，祖祖相傳遞相告誡；平實今世未有師承，不知此理，故有早期之濫發慈悲明說密意過失，今亦對衆發露，後不復犯，名為懺悔。

馬祖自見「即心即佛」之過，改云「非心非佛非物」，自爾收歛機鋒，多令學人自參自悟，是故盤山參來辛苦，只得入他紅塵道場，方才得悟；而猶未肯於初悟之時自我承當，直待多方體驗，復於後來見人舉喪之分明顯現後，方敢承當；如是悟入者，必不退轉，得大受用。

只如盤山禪師側見屠家置刀云：「哪個不是精底？」因何便悟？仁波切欲會麼？取刀來！平實剁一斤精肉與汝。

次如盤山見人舉喪，殯儀歌郎振鈴云為，白幕下孝子哭和「哀！哀！」，盤山究竟見個什麼？便爾自肯？仁波切欲會麼？來覓平實，重舉此一公案聞於平實，平實聞已卻喚：「阿貢！」仁波切應諾，正好禮平實！若復不會，平實卻取白巾包頭，哭云：「蒼天！蒼天！」若猶不會，度得作什麼？

盤山之悟，各個關節皆由自己獨力打通，辛苦倍人；然亦深知：此一參究之艱苦過程，能令禪子見地透徹，永不退轉，得大受用；是故，於幽州盤山住山以後，皆令學人自參自悟，少施機鋒。偶施機鋒亦極高峻平淡，不似平實於禪三期間之機鋒極為老婆苦切；雖然盤山因此得悟弟子較少，然而一旦悟入，智慧受用皆極宏偉。乃至一代大師臨濟義玄初出道時之野狐顳頏，少人知之，而盤山之入室弟子普化禪師早已洞燭，訶責臨濟當時之過，此皆自參自悟之功也。

盤山禪師年老，即將順世，告大衆曰：「有人能畫得出我的真容否？」大衆退下，競相描摩圖寫盤山面容，一一呈上寫真，皆不契合盤山之意。弟子普化卻不描摩，最後出衆白言：「弟子普化能畫得出師尊形容。」盤山便索討：「何不呈給老僧瞧瞧！」普化卻翻跟斗而出方丈室，盤山乃云：「這個漢子！以後將會以如風似狂的方式接引人去嘍！」說完即奄然坐化，以知佛法傳承無慮故。

仁波切且道：大衆精心圖寫師容，將呈和尚，云何盤山於一一寫真皆不許可，恁麼挑剔？

普化禪師自道能寫得師真，及至盤山相索，他卻不畫不呈，只顧自己翻跟斗而出，卻是何意？究竟普化可不可盤山意？若道可，他明明未呈寫真；若道不可，盤山卻又印可他「向後風狂接人去在」？且道盤山可他？不可？平實即不然，但取紙筆於盤山前畫個圈兒，但道「寫真已訖」；盤山若要，卻持向他眼前撕卻，揉團投與師兄，茶房喫茶去！仁波切若欲會取，隨平實喫茶來！

第三〇七則　丹霞天然

蒲州麻谷山寶徹禪師　師與丹霞遊山次，見水中魚，以手指之；丹霞云：「天然！天然！」師至來日又問丹霞：「昨日意，作麼生？」丹霞乃放身作臥勢，師云：「蒼天！」

一日與丹霞行至麻谷山，師云：「某甲向遮裏住也。」丹霞云：「住即且從，還有那箇（個）也無？」師云：「珍重！」

師使扇次，僧問：「風性常住，無處不周，和尚為什麼卻搖扇？」師曰：「你只知風性常住，且不知無處不周。」僧曰：「作麼生是無處不周底道理？」師卻搖扇，僧作禮，師曰：「無用處師僧，著得一千個，有什麼益？」

採訪者小薑問云：《大乘佛法的修行雖也分派別，但不外念佛號、打坐禪修、讀經書等，例如金剛經或空性與唯識等經典。而在台灣的密宗弟子，多數一開始即進入密宗，毫無經教之基礎；不知仁波切對此有何看法？經教在密宗的地位如何？……》

堪布卡塔仁波切答云：《基本上，顯教經典是很重要的。目前在台灣的顯密關係可用一個例子來作比喻：顯教好似一片已挖掘耕耘好的土地，正準備栽種植物，但還未灑（撒）種子，因此也長不出東西來；而密宗則似乎地還未整好，因此灑（撒）了許多優良種子，也仍未有結果。爲了學密，顯教的經典是非常基本而重要的，而由小乘、大乘、金剛乘次第上來，密續的修法才算完整。這中間只有互輔相成並無矛盾。我認爲台灣再多給些時間，當顯教準備接受種子，而密宗的田地也整得蠻好時，就會進入情況了。》（摘自衆生出版社《覺醒的心》頁二八〇）

平實云：仁波切對於小乘及大乘法完全不解，對於自家密宗之本質亦完全不解，故有此類開示。密宗尚不及小乘：小乘向初果人已破我見，初果人已斷我見，而今現觀密續所載「金剛持佛」及蓮花生、阿底峽、寂天、月稱、密勒日巴、岡波巴、宗喀巴、噶瑪巴……諸人所「悟」所「證」，悉以覺知心意識為恒為常、為不生滅者，墮於意識境界，未離十八界及識蘊，此名為我；如是我見不破不斷，尚不能及小乘向初果人，云何奢言超勝於大乘？小乘阿羅漢尚不能知七住菩薩明心境界故。

余依密宗諸祖口訣及岩藏密續，判汝密宗乃是附佛法外道，唯除昔世覺囊達瑪篤補巴等諸大德，及除現今改依顯教大乘經典修學之密宗行者。仁波切在台任堪布，覓余甚易；若於余言不服不受，何妨提示密宗古今諸師之證悟言論證據？何妨垂顧平實辨正？若不能者，爾後莫言金剛乘法階於大乘之上，不如小乘未入流之向初果人故，汝密宗內無有真實金剛心法故。

密宗曾於西藏大放異彩者，唯余往昔世投生於覺囊壤塘，彼世自參自悟，遂多世住藏弘傳了義正法，欲將正法授與藏人；然以藏人薄福故，由達賴五世援引蒙古可汗及清朝之政治勢力消滅覺囊達瑪，復假藉薩迦達布之手打殺覺囊派信衆，誣陷余等為破壞正法者，最後逐余出藏；藏地雪域之正法因緣又復斷滅。除此而外，密宗自月稱、寂天、蓮花生、阿底峽以來，未曾見有證悟之人，悉是常見外道之我見我執邪法，尚不能與小乘向初果人齊肩，何況超勝於大乘？而言密宗「有許多優良種子」？

返觀顯教大乘之法，已於台灣開花結果，汝云何言大乘法於台灣「未灑（撒）種子，也長不出東西來」？仁波切若不棄捨密續邪見，任憑整地百年、撒種洒水千年，永遠只長野草毒樹，於佛道之證悟上，永無開花結果之日。依顯教經典及禪宗教外別傳之法修行，方能證悟故；依密宗之法「證悟」者，必墮我見及斷常二見故。今勸仁波切速捨密宗邪見，回歸大乘，便舉丹霞天然公案，共爾話無生，仁波切若能悟入，便有相見之緣：

蒲州麻谷山寶徹禪師，一日與丹霞山天然禪師遊山之時，見水中游魚（洪波浩渺，境界風吹），麻谷寶徹禪師乃以手指魚示之（多嘴婆，豈唯汝見？）丹霞天然禪師見狀便云：「是我天然！是我天然！」（是一？是二？是魚？是天然？）

麻谷寶徹禪師次日又問丹霞天然：「昨天遊山見魚，你如何體會祖師意？」（更要第二勺惡水作什麼？）丹霞聞言，乃作放身臥倒之勢（相隨來也）。麻谷見狀，已知他意，乃云：「蒼天！」（的是蒼天？抑或是魚？是麻谷？是天然？）

麻谷寶徹與丹霞天然結契莫逆，一日結伴遊山，路見水中游魚，正是境界風吹，洪波鼓浪，麻谷心中無生類智法塵現起，乃伸手指魚以示丹霞天然；此是初悟法智不久之人常現之無生類智法塵，已得類智忍故，遇一切境皆起類智法塵。丹霞天然見已，何嘗不知？便道：「正是我天然！正是我天然！」丹霞答語可殺奇怪，分明是魚，云何道是天然自己？究竟是魚？抑或天然？天然與魚是一？是二？料想仁波切於此公案必定不會，以汝未得見道者所必得之法智忍與法智故；平實老婆，且說與汝知：天然非魚亦非非魚，魚非天然非不天然，天然與魚非一非二，仁波切作麼生說個天然與魚非一非二之理？若說不得，盡是外道凡夫，不知不見金剛心也。

麻谷與天然交情莫逆，別後各覓悟緣，非於同一禪師座下證悟；今於悟後初見，必須勘定二人所悟同異，若有異者，必有一人錯悟；此事非同小可，法身慧命所繫，若有差池，便致天壤之別，不可不慎，所以次日又問丹霞天然：「昨日遊山見魚，你如何體會祖師意？」雖不要第二勺惡水，然而小心不蝕本，確認一下何妨？丹霞聞言，乃作放身臥倒之勢，卿卿儂儂、樹倒藤枯，相隨來也；痲谷見狀，知他丹霞落處與己無別，乃云蒼天。

仁波切既言密宗有許多優良種子，能令學人證悟成佛，平實今以此一公案徵詢全球法王仁波切等：痲谷道是蒼天，究竟是不是蒼天？蒼天是魚耶？非魚耶？是丹霞天然耶？非丹霞天然耶？汝等法王活佛數千人衆，頗有道得者否？何妨蘊處界外相見平實？

痲谷寶徹一日與丹霞天然行至痲谷山，向丹霞云：「我準備在這裏住山弘法。」丹霞云：「住山弘法的事就由著你，還有那個沒有？」痲谷寶徹答云：「珍重！」且道：那個是阿哪個？痲谷珍重復是何意？道這一句珍重，是有那個？是無那個？諸方法王還有道得者否？

一日天熱，痲谷使扇，有僧便問：「風性常住，無處不周（楞嚴經語），和尚為何卻要搖扇？」恁麼愚鹵，吃卻痲谷一缸酒，猶道未沾唇，又向痲谷伸手討；痲谷答云：「你只知道風性常住，仍舊不知無處不周之理。」拈出個紙盆子，引他入甕；僧便問：「如何是無處不周底道理？」果然隨著痲谷語脈來也！痲谷聞言，不答他語，卻自搖扇乘涼—又送一缸酒與他；這僧似解未解，便禮痲谷；不知早已雁過新羅，猶向中土虛空放箭；痲谷早個瞧在眼裏，便向他道：「沒有用處的法師僧人，留下一千個人，有什麼利益？」於今請問全球法王仁波切：第一缸酒在什麼處？第二缸酒在什麼處？痲谷使扇搧風乘涼，干他無處不周什麼事？偏要搖扇示他？若能道得，便可不離住處與平實三界外見；若道不得，盡是凡夫外道，有什麼悟處？還有道得者麼？

第三〇八則　東寺背後

湖南東寺如會禪師　曲江人氏；初謁徑山，後參大寂。學徒既眾，僧堂床榻爲之陷折，時稱折床會也。自大寂去世，師常患門徒以即心即佛之譚誦憶不已，且謂：「佛於何住？而曰即心？心如畫師，而云即佛？」遂示眾曰：「心不是佛，智不是道；劍去遠矣，爾方刻舟。」時號東寺爲禪窟焉。

南泉來參，師問南泉：「近離什麼處來？」云：「江西。」師云：「將得馬師眞來否？」泉云：「只遮是。」師云：「背後底聻？」南泉休去。後長慶聞云：「大似不知。」保福聞云：「幾不到和尚此間。」雲居聞云：「此二尊者盡扶背後，只如南泉休去，爲當扶面前？扶背後？」（聻：音泥。今之呢字也）

堪布卡塔仁波切云：《顯密本就是圓融的，我們不必刻意分開再合一起。但基本上，發慈悲心、修空觀，是較近顯宗，除此外，很多是金剛乘的。例如修五智，結合空性與智慧，轉五煩惱障成空性，是顯教方法；轉五煩惱障成五智，則是金剛乘方法。空性似虛空無限的空間，智慧則似清明、明亮之陽光，兩者不同；但它們的關係其實很簡單，沒了悟空性（經教）就不能證得智慧（密教）……。》（摘自眾生出版社《覺醒的心》頁二八二、二八三）

平實云：所謂密，依佛子自證聖智而言，此乃諸佛特為示現於人間之祕密——真如法身一切種智；非汝等密宗四大派所謂之密法也。密宗非真金剛乘，無有金剛不壞之法故，四大派皆以變異常斷之意識覺知心為金剛心故；唯有大乘方得名為金剛乘，溯自世尊及迦葉尊者，近至台灣之土城老人，乃至我會之中，有衆同修悉已證得金剛心—第八識阿賴耶，汝等密宗古今諸祖法王所不知不證故，是故唯有大乘得名金剛乘，非汝密宗可以名之。

復次，密宗祖師擅長創造名相，冠於佛所開示法相之上，以為超勝於大乘諸宗；衆所皆知者，例如於佛地四智加冠法界體性智，三皈依再加上師皈依；四住地煩惱障復加一障成五煩惱障，而後轉為五智。悉是隨於自意，任意創造法相，而後自謂所證第五智為大乘佛所未能證，標榜密宗超勝於大乘。

今觀仁波切對於空性與智慧之開示，尚未能入大乘見道七住，不知大乘見道位智慧，亦不知密教本質，何有能力評比顯密之法？而言顯密圓融？云何平實作如是言？此謂仁波切以意識之別境慧為智慧故，謂仁波切不知不解不證空性，說「空性似虛空無限的空間」故。

三者，仁波切心生顛倒，起虛妄想，妄作開示：「沒了悟空性（經教）就不能證得智慧（密教）」，當知經教非即空性，譬如宣說人天乘法之經教；亦如宣說二乘法之經教，偏說蘊處界之空相，不說空性如來藏；是故經教非即空性。三如大乘般若系諸經及三轉法輪唯識諸經雖皆專說空性如來藏，而此諸多經教仍非即是空性，此諸經教所示如來藏方是空性，是故經教不即是空性。復應當知密教非即是智慧，何以故？謂密教中無有般若慧可證故，一切密續皆以意識心性（密宗所謂空明覺知心之覺性）為空性故，此是初轉法輪四阿含中處處廣破之常見外道法故，全與空性無關故，是故不應言密教即是智慧。所謂般若智慧者，謂以意識覺知心尋覓空性心，因於觸證空性心故，能真實驗證空性心之體性而發起般若慧，方名智慧；今觀密宗四大派古今法王活佛等，無人親證空性心，無有般若慧之證量現量，云何可言密教即是智慧？

仁波切所說，貽笑方家者，咎在誤以定中之別境慧及無上瑜伽淫觸中之別境慧為智慧；然此慧非是智慧，乃是六塵中了別境界之意識世間慧，非是世尊所說般若慧也。如是淺薄知見，尚無見地，而可於密宗道場受任為堪布、住持佛法，可證密宗之內真無智慧也。

仁波切欲求大乘根本無分別智麼？當速捨密宗虛浮誇大惡習，改入大乘禪宗修學禪法；一朝得悟，方知密宗之大謬也。便舉東寺背後公案，共仁波切商量：

湖南東寺如會禪師名聞遐邇，學徒甚眾，僧堂床榻為之陷折，時人稱之為折床會。

一日南泉來參（悟後不久，行腳諸方），東寺如會禪師問南泉：「最近離了何處而來至此？」（禪師家，渾如此？見面總問離什麼處來）南泉老實答道：「離江西馬大師處來。」（須有此答，不妨作個引子）東寺聞道南泉從自家和尚處來，便問：「持得馬大師之寫真來否？」（雖是自家師弟，也要勘過）南泉便道：「只眼前這個便是。」（恁麼老實，何似後日南泉？）此是正答，然而淆訛，龍蛇難辨；東寺禪師只得復勘：「這是眼前底，背後的呢？」南泉無語離去。

後來長慶禪師聞道此一公案，便云：「大略而言，好像是不知道。」保福禪師聞此公案，代南泉答云：「幾乎不曾到和尚您這兒。」且道南泉知不知祖師西來意？若道知，長慶因何道他「大似不知」？長慶是肯南泉？不肯南泉？仁波切若問平實，平實卻道：「不知，不知。」

保福代南泉答云：「幾不到和尚此間。」且道南泉曾到不曾到東寺？若曾到，如何是到處？若不曾到，又云「幾不到」。仁波切若來垂問：「南泉到不到？」平實卻向汝胸前印一掌，推出門外去；且道仁波切到不到此間？仁波切若猶不會，返身再來垂問，平實卻向爾道：「咄！這漢子！汝喚什麼作此間？」

雲居禪師聞云：「長慶與保福二位尊者，盡扶背後底；可是這南泉無語離去，他究竟是扶面前底？抑是扶背後底？」若道扶面前底，長慶保福卻又盡扶背後底；若道南泉亦扶背後底，阿哪個是背後底？雲居這一問，難倒天下大師，作聲不得。只有家裏人，方知家裏事，仁波切欲會麼？且聽平實頌來：

行來是面前，休去是背後；
背後與面前，原來無二趣。
面前是馬師，背後是南泉；
欲寫馬師真，卻向背後覷。
面前即背後，背後非面前；
面前與背後，不是能知意。
全球諸法王，欲識此偈理，
應當勤參禪，尋覓祖佛意。

第三〇九則　東寺相見

湖南東寺如會禪師　仰山來參，師問：「汝是甚麼處人？」仰曰：「廣南人。」師曰：「我聞廣南有鎮海明珠，是否？」仰曰：「是。」師曰：「此珠如何？」仰曰：「黑月即隱，白月即現。」師曰：「還將得來也無？」仰曰：「將得來。」師曰：「何不呈似老僧？」仰叉手近前曰：「昨到溈山，亦被索此珠，直得無言可對，無理可伸。」師曰：「眞獅子兒，善能哮吼。」仰禮拜了，卻入客位，具威儀，再上人事。師才見，便曰：「已相見了也！」仰曰：「恁麼相見，莫不當否？」師歸方丈閉卻門。仰歸，舉似溈山。溈曰：「寂子是什麼心行？」仰曰：「若不恁麼，爭識得他？」

堪布卡塔仁波切云：《爲何稱爲種子字？乃因它像是本尊的種子，就譬如植物的種子一樣，你播灑（撒）種子，努力耕耘，就會開花結果；本尊的種子字，如適當的利用，就會證到本尊身，就像由種子至開花結果一樣。……觀想化爲本尊的種子字，在化爲本尊後便不必再觀；而咒語的種子字便要一直專注於上。由於專注的關係，便會得精神上的體悟。》（摘自眾生出版社《覺醒的心》頁二八四、二八五）

平實云：觀想本尊影像及種字，皆是愚夫所行禪；猶如《大乘本生心地觀經》所說觀想月輪為菩提心，同經佛說此乃凡夫觀菩提心法，非是見道賢聖觀菩提心。密宗諸祖迷信崇拜上師及密續，不讀大乘經典，不解佛意，遞相傳習直至如今，仍以有相之法觀菩提心──不捨本尊影像、不捨種字影像、不捨月輪影像。不捨諸相故不捨能觀之心，悉墮意識境界，以意識起念不執我，名為斷我執；便欲以意識之專注一境不起妄想，進入清明境界安住，以此為體悟證悟菩提，如是名為即身成佛。仁波切之此段開示亦復如是，開示徒衆云：「由於專注的關係，便會得精神上的體悟」，悉名凡夫外道之虛妄想。

於此懇勸密宗一切出家在家行者，轉易修行法門，回歸大乘教外別傳之禪宗修法，速易進入見道位故；開悟見道後改依顯教經典佛示金言進修，可以速超第一阿僧劫而入初地通達位故。莫依密宗諸祖岩藏密續及口訣而修，悉墮外道斷常邪見故。如是修法，尚不能入二乘見道，何況能入大乘見道？有智之人，當思余言，冷靜思惟。思惟已，便知簡擇；若諸密宗行者普皆回歸大乘，則密宗與大乘兩利；若密宗以其邪見繼續坐大，將重演昔年印度「密教興而佛教亡」之故事，密宗諸師皆成破法罪人，密宗行者悉皆成就破法共業。以一世學佛之善因，而得來世多劫之尤重苦報，寧非人間最大冤苦？故勸密宗一切法王仁波切活佛及一切學人：當速遠離密宗邪見，改依菩薩戒及大乘經律進求見道。然大乘見道匪易，法甚深故，二乘無學之所不知，當依禪宗教外別傳之法求悟，一念相應便入見道位；便舉東寺相見公案，共仁波切等人合計一番：

仰山慧寂禪師悟後行腳，參訪湖南東寺如會禪師（黃鼠狼給雞拜年）；東寺如會問云：「你是什麼地方人？」（禪門例問）仰山慧寂何嘗不知，順勢答云：「廣南人。」（遞出一條線索）東寺云：「我曾聞說廣南有鎮海明珠，是不是真有此物？」（果然就線拉索）仰山答是；東寺又問：「這鎮海明珠究竟是怎麼回事？」（東寺也扮起黃鼠狼，當他仰山是雞，拜年來也。）仰山答：「沒有月亮的晚上，它就隱而不現；有月亮的晚上，它就分明現前。」（一切人總如是，何用爾多舌）東寺問云：「你有沒有將得它來？」（猶自以爲仰山落他圈套，扯繩套緊）仰山答云：「帶得來了。」（將計就計，投懷送抱）東寺便道：「為什麼不呈給老僧？」（果然雙手抱來。圖窮匕現）仰山聞言，便叉手走近東寺面前說：「昨天我到溈山參訪靈祐禪師，也被索討此珠，簡直無言可對，無理可伸。」（面前捧出，明珠燦爛。不知眠時還燦爛否？）東寺聞見仰山恁說，便讚歎云：「你真是一隻獅子，善於咆哮怒吼。」（不知如此一句，底子已被摸清五六分去，猶自以爲驗人去在）仰山禮拜了（猶自裝模作樣，不敎東寺知），卻入西邊客座位上（也須有個舞台），重新整理衣服齊整以後（當場表演起來也），再到東寺禪師面前問訊禮拜（伸出狼爪，直撲母雞）。東寺甫見仰山來到面前，便道：「已經方外相見了，不須如此再見。」（母雞已曾卻狼無數，早知狼爪模樣，利喙狠狠一啄）仰山卻問：「似這般相見，莫非不太恰當？」（黃鼠狼既拜年已，何能空手而歸？）東寺聞言，卻歸方丈室，關起房門（東寺這回逢見作家，郎當不少）。仰山又回到溈山（正是滿載而歸也），說與靈祐禪師聞（老爹面前獻寶來也）。溈山靈祐禪師說：「慧寂啊！你這樣做，是什麼意思呢？」（大小溈山，不知兒意）仰山答曰：「若不這樣做，怎麼分辨得清楚他究竟悟了沒？」（初生雄獅，卻反教示雄獅老爹；尚有何人能正眼瞧他？）

仁波切且道：東寺向仰山索討明珠，仰山叉手近前所說，唯述見溈山時無珠可呈、無理可伸，且未說得什麼道理，云何東寺讚他真能獅子吼？云何平實說他面前捧出、明珠燦爛？若能說得，便是真見道菩薩；此後見我諸多同修時，方有語話分。

復次，仰山參見東寺，扯出一段公案已，緇素已分，賓主已定，復又走向西側客座整衣而後重與東寺敘禮，此亦無傷，云何東寺道已相見？且道：什麼處是他二人方外相見處？仰山重新整衣問禮，東寺云何非如俗人歡喜相見？仰山問云：「恁麼相見，莫不當否？」東寺云何卻回方丈室閉門？究竟仰山如是相見，當與不當？東寺歸方丈閉門，是肯他？不肯他？仁波切頗能道得否？

諸方法王仁波切若能道得，且覓平實，與平實方外相見；若以覺知心或其變相見余，莫怪平實紙扇打汝額腫；只如平實紙扇打汝額腫時，是紙扇？不是紙扇？

第三一〇則　鄂州圓相

鄂州無等禪師　尉氏人，姓李氏。初出家於龔公山，曾參禮馬大師，密受心要。後住隨州土門，嘗謁州牧王常侍；師退，將出門，王於後呼之云：「和尚！」師迴顧，王敲柱三下；師以手作圓相，復三撥之，便行。

堪布卡塔仁波切解釋瑪哈嘎拉儀軌「帖闊那宜棍卻桑北卻」之意云：《這句話很深奧；水花香等供養是為外供養，這裡是指當下法爾自性的供養，也是最高最究竟的供養。在絕對真理的境界是指三輪體空，也就是沒有主體（供者）客體（受供者）及供養之物及事。每事均是清淨無染，每事皆轉化為智慧的體悟；這種最究竟的智慧，從不為執著染汙所觸，就是法爾自性，是每個人、每件物都具有的。唸到法本的這句時，什麼都不要觀想，把心性住於無二元分別之念的三輪體空，即無供者受者及所供之物及事。》（摘自眾生出版社《覺醒的心》頁二八五、二八六）

平實云：仁波切身為堪布，住持佛法，云何說法卻同常見外道所知佛法？

三輪體空者，謂真如阿賴耶雖於布施行中，與覺知心並行運作，然真如於其中不作分別──不分別自身是施者，不分別他人是受施者，亦不分別布施之法若有若無若喜若樂；證悟者於布施行中現見自身覺知心之能分別三輪，亦同時現見自心如來藏於布施行中之離三輪分別—無始以來本自如是，是名親證三輪體空。

未悟之人聞道三輪體空，便欲以覺知心之自我，於布施行中不起三輪之想；然而一切人布施之時，若無覺知心之了知施者自己、受施之人及與施事，云何能成布施之事？若有覺知心能覺知此事，則非體空。是故，當須證悟如來藏，現觀如來藏於施事中不起分別、不觀三輪，方得名為證得三輪體空者。此乃一切大乘真見道者皆知之理，而仁波切不知不解，開示顛倒，名為未見道者，云何當得堪布及仁波切令名？

法爾自性雖每個人具有，然仁波切不應言「每件物都具有的」，豈如外道以物質四大為生命之根源乎？豈如二乘不知不解空性，而以無常空為大乘所說空性乎？豈如印順法師以否定真如後之緣起性空為大乘所說空性乎？凡此皆名凡夫與外道臆想思量，非真佛法也。

當知佛說無餘涅槃乃依第八識如來藏而說，四阿含中具說分明，說如來藏阿賴耶識名為涅槃之本際；離此本際而說緣起性空及無常空，則同斷滅見外道，非佛法也。今觀仁波切懵無所知，而說空性是「每件物都具有的」，豈似三歲童孥牙牙學語乎？無情唯有緣起性空之空相，無有空性如來藏故。於此可證密宗古今祖師佛法知見普皆欠缺，似是而非，仁波切宜速省悟其非，易正知見，庶能入道；便舉鄂州圓相公案，助仁波切頓生慧眼：

鄂州無等禪師悟後住於隨州土門，曾經晉謁隨州太守王常侍，共話無生；話畢退出（與驢腳有什麼異？）將出大門時（步步踏著無生），王常侍於鄂州禪師身後呼喚云：「和尚！」（舀出第二勺惡水也），鄂州禪師聞言迴顧（卻須隨俗受他，莫負人好意），王常侍敲柱三下（再三再四，不嫌多麼？）鄂州禪師見狀，便向方外答他，乃以雙手圍作圓相（與佛手有什麼差異？）又三次撥向一旁（便宜王常侍也，漏逗不少），撥已便行（卻較些子）。

王常侍，名敬初，悟道早，機鋒敏捷聞於世，曾任襄州太守。時於隨州牧民，鄂州無等禪師悟後來謁，共話無生。話語已畢，親自門送鄂州禪師，待鄂州跨腳將出門外時，常侍卻喚鄂州；鄂州聞喚迴頭，本待常侍話語吩咐，此乃人之常情；不料常侍喚得鄂州回頭，卻無言語，只是敲柱三下；這是家裏人方知之事，欲與鄂州方外相見，不許墮於見聞覺知之中。鄂州乃是真悟之人，何有不知此者？乃以手作圓相，復三撥之，隨後便行；王常侍覷得分明，此後再不疑他。

此一公案極為簡單平直，無啥曲折；然而其中多有密意，非仁波切所知也。若人欲會禪意，莫覓他錯悟祖師之長篇大論，讀之無益，轉為所迷；若是個真參禪者，離諸偈頌花俏言語典故，只管咬定「一句」話頭，驀直參去，忽爾撞著磕著，方知太近，豈不省事？何須於密宗儀軌及觀想等法中向外門覓？百劫難悟。仁波切若能於此一則平實公案中咬住疑情不放，三個關期十年苦參，何愁不悟？悟後出世弘法，七通八達，不須如今之心虛膽怯、畏見真善知識也。

只是仁波切閉關苦參時，莫一味執著打坐止觀；腿痛腰痠時，且向虛空中畫個圓球，每日取來踢它三五回何妨？

第三一一則　鄂州呻吟

鄂州無等禪師　師住武昌大寂寺時，一日大眾晚參，師見人人上來師前、道不審，乃謂眾曰：「大眾適來聲，向什麼處去也？」有一僧豎起指頭，師云：「珍重。」其僧來朝上參次，師乃轉身面壁而臥，佯作呻吟聲云：「老僧三兩日來不多安樂，大德身邊有什麼藥物？與老僧些少。」僧以手拍淨瓶云：「遮個淨瓶什麼處得來？」師云：「遮個是老僧底，大德底在什麼處？」僧云：「亦是和尚底，亦是某甲底。」

蔣貢康楚仁波切云：《密宗如果沒有顯教（經教）做基礎，是不可能成就的。你或許會問：「如果只修顯教而不修密宗，是否能開悟？」答案是肯定的，你一樣可以開悟。所有開悟所需具備的東西都在顯教經典裏面。不過因爲它扮演證悟的種子的角色，因此成就所需的時間較長—需要時間耕耘讓種子發芽。密宗與顯教在修行的理念上其實差異不多，主要差別在於使用的方法。密宗更直接趨入，但兩者其實是同一回事，你要知道：這點很重要。》（摘自眾生出版社《覺醒的心》頁二九三）

平實云：密宗諸法王仁波切活佛之大過，乃是將顯教視同經教，將修證視同密教。修證可以是密教，亦可以非是密教；譬如參禪證得如來藏，不共二乘無學及與凡夫外道，此修證即是密教；修禪定證得定力定境神通，此通外道及諸凡夫，亦通二乘有學無學，非是佛說祕密之教；修證之內涵既有通佛密意及不通佛之密意者，仁波切則不應言修證即是密教。

顯教亦非即是經教，一者顯教之中雖然悉依經典修行弘法，而顯教之中溯自佛世、迄至今時，歷代皆有證悟之人依經弘法；既然多有證悟密意之人，則顯教本質即是密教，已函蓋世尊祕密教法故。二者經典所說固有人乘天乘二乘顯法，然於四阿含、尤其是大乘法（二轉法輪般若教、三轉法輪唯識種智教）中所說者，悉是世尊心中第一義諦無上祕密，汝等云何可說經教即是顯教？

汝密宗者：依法義言，非佛所傳；依修證言，非佛所傳；依傳承言，非佛所傳；依無上密之喜金剛言，非佛所傳。

依法義言：密宗諸多密續（不論為岩藏或宗喀巴等所述）皆不符佛意，或有否定第八識而墮於常斷見者，如黃教之崇尚應成派中觀；或有承認第八識而墮於常斷見者，如紅教白教花教之崇尚自續派中觀、大中觀者；諸密續所述皆墮意識空明覺知心性，不符第一義經教。仁波切既言「密宗如果沒有經教做基礎，是不可能成就的」，今觀古今諸多密續無有符合經教第一義諦者，如是，密續違背經教，依汝所言：「沒有經教做基礎，是不可能成就的」，則汝即應速捨密續而歸經教。

依修證言：溯自西天月稱、寂天、帝洛巴……等人，次則蓮花生、阿底峽、馬爾巴等人，後則宗喀巴、土觀、密勒日巴、岡波巴……等人，晚近則有達賴喇嘛、卡盧及諸大寶法王，悉墮意識覺知心境，觀察彼等口訣及諸開示著作，尚不能證二乘初果向者境界，何況大乘見道七住境界？奢言即身成佛，名大妄語。密宗古今大修證者既然悉墮常見外道境界，於二乘初果向人之極淺菩提尚不能知，更不能知大乘七住菩薩所證第一義諦般若，何況能知初地乃至佛地祕密自證境界？如是凡夫外道知見，不知不解三乘密旨，云何自稱為佛教中之密教？如何誇耀已證佛智？當知佛意之修證祕密，唯有大乘中具，密宗四大派諸祖及今全球諸法王仁波切等，迄今仍未有能證者；故祕密教法唯有大乘中具，汝等密宗無佛密意，云何可言密教？

依傳承言：汝等密宗非由釋迦世尊所傳；雖藉岩藏攀緣附會為佛所說，而諸岩藏所得經續宗旨，所述悉皆不到第一義諦，乃至違背釋迦所傳三乘經教法義，同於常見外道，云何自稱為佛教之祕密教？後來雖然託言金剛持佛所傳，然觀金剛持佛所傳當時，及一脈流傳者，皆是常見外道法；設若真有金剛持佛傳法者，彼金剛持佛必是鬼神化現，諸佛世尊廣破常見外道法，不傳常見外道法故。如宗喀巴之見文殊菩薩受法亦復如是，鬼神冒名化現；豈有等覺文殊而傳斷常二見之般若法耶？密宗既無實質傳承，即非佛教，云何可言密教是佛教中之最究竟修證？故說密宗非真佛教。

依無上密之喜金剛言：所謂黑嚕嘎、時輪金剛無上密灌、大樂光明、喜金剛、無上瑜伽等，大同小異，皆是印度教中性力派學說移植於密宗之內，以男女雙身修法，令男女於淫樂中，雙雙達到最高潮，並保持樂觸高潮之持久，雙方同住於一心受樂之境而不起妄想雜念—雌雄等至，名為究竟成佛。男性於中運用諸種方便善巧，令女伴達於高潮不退，亦令自身堅挺不洩，故說男性為勇父，代表方便善巧；女性以其女根為工具，能令雙方達於雌雄等至、一心不亂專心受樂之境，能令雙方皆住一心境界，心中清明，故名大樂光明，以此名為成就佛地大樂，名為即身成佛；女性以此緣故名為佛母、空行母（觀想時）、明妃、度母，代表智慧。凡此皆是凡夫外道錯解佛法，被鬼神誤導。如是，密宗將外道欲界最粗重煩惱（淫樂）之執取攀緣，說為即身成佛之密法，具足凡夫外道邪見，而說無上瑜伽是男上師與女徒弟（或男徒弟與女上師）間之祕密，以此而說密教修行迅速、超勝於大乘，自謂為果地修證之妙法，反誣顯教大乘之老實修行證悟為緩慢因地之修行法，以此貶抑大乘；顛倒其心，無過汝密宗者。今以無上密之喜金剛觀之，密宗尚不能知二乘初果人之修證祕密；何況大乘七住見道祕密？粗淺之密意尚不能知，何況初地乃至佛地密意，汝等密宗法王仁波切云何更知？云何自稱為佛教之祕密教？而此無上密灌喜金剛法，汝等奉為即身成佛之無上密證，實非佛傳，汝等密宗行者云何能自稱為佛教之祕密修證者？

是故密宗之修行理論及修行方法，在在處處異於佛說，異於大乘及與二乘。「密宗更直接趨入」者，乃是直接趨入印度教之雌雄等至境界，非四禪八定之等至境界，更非不通二乘及外道之大乘第一義境界，如是邪見、邪法、邪修、邪證，而言超勝於大乘顯教者，無有是處。故勸仁波切捨離密宗，皈投顯教，依大乘經論如實修行，庶有證得真見道時，否則豈唯窮劫不悟？尚須於捨壽後淪墮三途，百千萬劫受諸苦毒，佛說「以外道法置佛法中者必墮地獄，輪轉三途」故，仁波切不可不詳審思惟也。苦口婆心說已，當示大乘見道入處，便舉鄂州呻吟公案，共爾扯葛藤去也：

鄂州無等禪師住持武昌大寂寺時，一日大衆晚參，人人上來鄂州座前時，皆道不審，無有一人知佛密意，不能道得；鄂州禪師乃對大衆開示：「大衆方才上來，個個道不審，那不審之聲向什麼處去了？」有一僧人聞言，豎起指頭，鄂州禪師卻向他道：「珍重問訊吧！」

仁波切且道：彼僧究竟曾悟否？若未曾悟，卻解豎指；若道已悟，鄂州卻又令他珍重問訊。仁波切若是證悟者，必知此中關節，試道看！

若道不得，即是未悟，合該效法禪宗學人，於自心中且起個疑：彼僧豎指與俱胝禪師一指禪，究竟有什麼關連？是異是同？若道異者，異在何處？若道是同，云何是同？云何鄂州禪師竟不肯他，令他珍重問訊？

彼僧一夜輾轉，反復端詳，心中卻是篤定不疑（獅子兒生也，誰敢輕他？）次日晨朝便上方丈室再參（捋虎鬚去也），鄂州禪師見來（是一個？是兩個？）便轉身面壁而臥（獅子伸爪，教汝求生不得），佯作呻吟聲云：「老僧這兩三天來不太安樂，你身邊可有什麼藥物？給老僧一些吧。」（撒土撒沙已，又入泥入水，圖個什麼？）彼僧一夜思維整理，已經曉得鄂州手段，卻不理會鄂州安不安樂，也不管他有藥無藥，手拍淨瓶云：「這個淨瓶在什麼處得來？」（虎鬚在手，偏又賣乖）鄂州卻重勘云：「這個是老僧底，大德你的又在什麼處？」（也要重勘，不可總恁麼）。彼僧云：「這個也是和尚您底，也是某甲我的。」（是一？是二？）

只如彼僧豎指，鄂州教他珍重，究竟有什麼玄妙？令彼僧得見鄂州本來面目？次日晨朝甫入方丈室，未曾著得一語，鄂州云何便轉身面壁而臥？又佯作呻吟，意在何處？三者彼僧身為人徒，云何默置和尚言語，卻拍淨瓶云：「這個淨瓶在什麼處得來？」

末如彼僧欲參法界實相真如──阿賴耶識，云何卻與鄂州俱在淨瓶上著墨？彼僧云何卻稱既是和尚底，也是自己底？這個公案可殺奇怪，教人難捉摸，直似無頭公案。然而一切真悟之人，悉知鄂州師徒二人手腳，唯除打探而知密意，非自己參究悟得者；今者密宗諸多法王仁波切，既云密宗是能令人迅速成佛之果位修法，且請斷看！

若斷不得者，悉名凡夫外道，云何可言成佛成聖？仁波切亦復如是，若不能斷得此中正理，即無見地，法王傳承何益於汝，不能令汝入七住位故。仁波切若聞余言，心生不忍，發奮欲回藏地雪域參究者，平實傳汝無上大法：車船飛機行路之中，遇人便豎一指；乃至飲食如廁之中，於一切時皆應豎指；此指是汝善知識故。若得見此善知識本來面目，不勞下問平實「鄂州與彼僧是一是二？」

第三一二則　歸宗得聞

廬山歸宗寺智常禪師　僧問：「初心如何得個入處？」師敲鼎蓋三下云：「還聞否？」僧云：「聞！」師云：「我何不聞？」師又敲三下問：「還聞否？」僧云：「不聞。」師云：「我何以聞？」僧無語，師云：「觀音妙智力，能救世間苦。」

上堂云：「從上古德，不是無知解；他高尚之士，不同常流。今時不能自成自立，虛度時光；諸子莫錯用心，無人替汝；亦無汝用心處，莫就他覓。從前只是依他解，發言皆滯；光不透脫，只爲目前有物。」僧問：「如何是玄旨？」師云：「無人能會。」僧云：「向者如何？」師云：「有向卽乖。」僧云：「不向者如何？」師云：「誰求主旨？」又云：「去！無汝用心處！」僧云：「豈無方便門，令學人得入？」師云：「觀音妙智力，能救世間苦。」僧云：「如何是觀音妙智力？」師敲鼎三下云：「子還聞否？」僧云聞，師云：「我何不聞？」僧無語，師以棒趁下。

頂果欽哲仁波切云：《假如我們在修法上有任何不調，例如昏沉散亂或觀想不清，則正可利用此機會培養清淨的覺觀，意卽非凡夫之見所認知的週遭環境與人事，而是壯麗的銅色山（烏金淨土之一部份）與其間住滿的勇父空行。它也意指觀照的能力，了知一切形相均是蓮師身之化現，一切聲音均是蓮師咒音之共鳴，一切思緒念頭均是蓮師智慧的遊戲。假如我們有幸曾體驗清明的覺知或修行上的妙悟，也不應想：「啊哈！我已屬於高境界的修行人，我理該當上師了！」我們不該過度在意它，而應把心住於當下清新鮮明的覺知中，無所盼亦無所執。》（摘自眾生出版社《覺醒的心》頁二九八、二九九）

平實云：觀想所成一切影相，皆是自心藏識之所顯現，非是實有其境。一切形相皆是藏識自心內相分之化現（詳《眞實如來藏》敘述），與蓮花生凡夫無關；一切聲音咒音皆是藏識自心內相分之化現，與蓮花生凡夫無關；一切思緒念頭均是藏識自心所藏煩惱種子之現行，與蓮花生無關；蓮花生若常現於汝等思緒念頭之中，彼事不名智慧之遊戲，乃是煩惱種之現行。頂果欽哲仁波切之名望極高，云何竟作種種外道凡夫邪見開示？不應正理。

「清明的覺知」乃是意識妄心境界，我會同修於修成無相念佛功夫後，悉能隨時隨地住於此中，而仍待證悟不退之後，方離凡夫位，始入七住見道位，仁波切以進入「清明的覺知」境界為悟，乃是誤解佛法；此境無足為奇，不需標榜。至於「修行上的妙悟」，迄未曾見四大派古今法王仁波切等上師有證悟之人，悉同蓮花生阿底峽宗喀巴及歷代達賴法王之墮於常見意識境界，悉以覺知心安住於「清明的覺知」境界之中，作諸觀行以離名相及妄想執著，謂此為悟，以此為中道觀，悉墮意識覺知境界，未出十八界境界而作出三界想，名為外道凡夫涅槃性妄想，《楞伽經》中具說分明，云何密宗古今法王仁波切喇嘛活佛，悉墮其中而不覺知？

仁波切亦復如是墮於其中自以為悟，故以常見外道之知見以示學人，實屬非當；平實欲救密宗學人，不得不提出辨正，仁波切勿惱。敢請仁波切重讀佛說諸經，真實明解已，當以教外別傳之方便法，覓自本心；觸證本心後，方能以意識覺知心超越意識自我境界，了知自我覺知心虛妄不實，親證無我，得證大乘無生忍，方可名為證悟者也；否則盡是凡夫外道，所說所示不離我見邊見；口說無我，實墮覺知心之我，永沉生死，必定誤導眾生。故勸仁波切先應廣讀《阿含經》中佛斥常見外道所墮十八界境界，知常見外道境界已，不墮常見，遠離常見；復應詳讀《阿含經》中佛說涅槃本際—阿賴耶識如來藏，解知如來藏已不墮斷見，遠離斷見，便可遠離宗喀巴所崇奉之應成派中觀行所墮斷常二見，正好參禪尋覓本心阿賴耶識如來藏。

仁波切欲藉禪宗教外別傳之法尋覓本心者，應須先知真妄心和合運作之理，庶有悟處，否則便無悟緣，今舉歸宗得聞公案，令汝得解真妄二心和合運作之理：

有僧來問廬山歸宗寺智常禪師：「初心參禪之人，如何得個入處？」（千年後佛子，盡不解作如是問）。歸宗禪師敲鼎蓋三下云：「有沒有聽見？」（因風起浪，順水推舟）。僧云：「聽見！」（正是學人）。歸宗卻云：「我怎麼沒聽見？」（出三界也。無上大法幾人得聞？）歸宗少頃又敲三下問：「有沒有聽見？」（還入三界內，不在三界中。仁波切會否？）僧云：「沒有聽見。」（瞎子吃湯糰，心裡有數，卻與和尚打妄語）。歸宗責云：「因什麼道理我卻聽得見？」（棒打梨花枝枝顫）。僧無語（落英繽紛，因什麼道不見？）歸宗云：「觀音妙智力，能救世間苦。」（凡夫俗子輩，教他眼觀世間音，如何得會？）此僧不解真心妄心和合運作之理，落他歸宗閑機境上，就此錯過。

歸宗禪師一日上堂時，如是開示：「過去已經證悟的古德，雖然不太說話，但他們的證悟，並非沒有第一義空性的了知與瞭解就能證悟；他們那些高尚之人，不同於一般人。今時學人不能於第一義自己成就、自己建立，多是虛度時光；你們諸人千萬不可錯用心，如果弄錯了，沒有人能替你擔待，都得自己承擔。但是這件事也沒有你用心處，千萬不要向別人求索。如果依從以前的知見，那都只是依於別人的解釋，不是自己親證，所以發言說法時便有滯礙，不能通流；智慧光明不能透脫的緣故，都只是因為目前有物。」

目前有物者，即是教中所言「有愛住地」煩惱障。每見密宗古今法王否定第八識如來藏，以不能證得故；又恐他人譏彼墮於斷見，便將意識覺知心細分為三：粗意識、細意識、極細意識。謂極細意識為明光心，能持業種來往三世，以此自謂不墮斷見；睽其所述極細意識，頗類佛說如來藏阿賴耶識，而有少異，實是末那與意識之綜合也。

然諸密宗古今法王仁波切等，迄未曾見有人證得極細意識者；縱然將來覓得已證者，亦不能超越非想非非想定，極細意識即是非非想定中之意識心故，死已斷滅故；中陰身中復起後，入胎即告永斷故，不能去至來世故，來世乃另一全新之意識故。而密宗四大派古今一切法王仁波切中，迄未曾見有人了知及親證末那識者；將來設若有親證者，亦不能超越三界十八界境界，末那識即是十八界中之意根故。

凡此邪知邪見而自謂即身成佛者，皆因「目前有物」所障故有；目前有物者，即是將意識末那覺知作主之心，執為不生滅法，恒欲安住定境明覺法塵—恒欲覺知自己不滅；墮於我見我執之中，大乘法中說為一念無明之「有愛住地」煩惱，名為煩惱障。此謂四空定境中之明覺心乃是無色界有，此無色界有遍於三界有情心中，入無餘涅槃已方滅。菩薩證知此有虛妄，及證知如來藏真實；欲求佛果故，不效聲聞取滅—不入無餘涅槃，保留此「無色界有」之少分我執（少分思惑）不斷，藉以現起潤生愛，世世受生於三界中自度度他，乃至成佛。而汝密宗一切祖師不知不解欲界中之「無色界有」，不斷我見我執，恒欲保持明覺心境，墮於凡夫隨順覺性之中，即是歸宗智常禪師所云「目前有物」，以有此物「明覺心性」之有不破，即成我見，是故不入聲聞初果。饒汝斷我見已，我執之習不斷，依舊不出三界，不成阿羅漢。然阿羅漢尚不能知七住菩薩所證第一義諦般若，汝等密宗法王仁波切尚在常見外道凡夫境界，云何能知？凡此大過皆因汝等不知明覺心性即是「有」、即是我見，恒欲保持此「有」於目前不滅，是名「目前有物」；以目前有物故，尚不能知二乘預入聖流境界，何況能知禪宗證悟之境？而奢言證悟及與成佛，悉名凡夫外道狂言，殊不足取。

彼僧復問：「那麼如何才是玄秘不傳之真意？」歸宗開示云：「無人能會。」一切外道修行者及佛門中之學人，不能證悟之因，皆在我見不斷─恒欲保持明覺心性不滅─是故墮於凡夫隨順覺性之中；欲令明覺心性常住不滅，不知不見明覺心性之念念變易依他而起，是故執為實有不滅，因此永沉生死海中，無有出期。殊不知如來藏之性不會六塵，是故不受苦樂憂喜；不會六塵，是故不生人我分別、不墮四相；如鏡映像而生六塵法相及與明覺心性，而自性離見聞覺知，不會六塵、無人無我，如何令祂體會主旨？錯悟之人每道歸宗輕視他人，故云無人能會，悉皆不解歸宗之意；如是錯悟之人，與道有什麼交涉？

彼僧又問：「若要趣向玄旨的話，應當如何？」歸宗答云：「你如果有所趣向的話，那又錯了。」唯有明覺心性方能有所趣向：離苦就樂、捨暗向明、去昧住覺。第一義諦空性之心，無量劫來本已遠離見聞覺知，不取不捨一切境界；既然不取不捨，云何有所趣向？既離見聞覺知，云何有所取捨趣向？故歸宗云：「有向即乖。」

彼僧復問：「如果不趣向的話，應該如何用功？」歸宗云：「若不趣向的話，你要教誰來求證玄祕不傳之旨？」自古至今密宗四大派一切法王仁波切，悉皆不知真妄心和合並行運作之理，每欲將六識見聞覺知之心性，修成不生不滅之真心，是故永墮外道境界。彼僧亦復如是，誤會歸宗開示真心體性之語，便以為應將覺知心住於無所求之境。歸宗乃為之開示：「若沒有趣向（追求玄旨）的話，又要教誰來尋覓真如、證知玄旨呢？」是故汝等密宗法王仁波切及一切大小活佛，欲離外道見及凡夫見者，當以覺知心為工具，尋覓同時存在而並行運作之真心如來藏；不應希望覺知心修行清淨以後可以變成真心，否則即被淨解所礙，永不能入見道明心七住菩薩位。

歸宗禪師見彼僧不會，又云：「去！無汝用心處！」僧云：「豈無方便門，令學人得入？」歸宗云：「觀音妙智力，能救世間苦。」僧云：「如何是觀音妙智力？」歸宗敲鼎三下云：「子還聞否？」僧云聞，歸宗云：「我何不聞？」彼僧無語答對，

歸宗禪師便取柱杖打趁彼僧下去。（此段已於第一輯《禪門摩尼寶聚》八七則中拈提，此處從略不拈）

如今平實老婆至此，盡洩歸宗禪師密旨，然後敬勸頂果欽哲仁波切您：莫以「清明的覺知」為佛性，莫以「清明的覺知」為真實不滅之心；亦莫捨棄「清明的覺知」，當以此心尋覓從來不住於「清明的覺知」、亦不住於「睡眠昏迷不知」之真心—如來藏—未來佛地之真如。

仁波切若欲回轉印度尼泊爾之前，來覓平實請問「如何趣向」者，平實說與汝知：回至印度尼泊爾，取鍋蓋置於蓮花生或寂天「菩薩」像前，晝夜六時各敲鍋蓋三下；每敲一次已，便向蓮花生或寂天問云：「聞麼？」仁波切卻須自己於鍋聲中覓取不聞底！

第三一三則　歸宗不銷

廬山歸宗寺智常禪師　師嘗與南泉普願禪師同行；後忽一日相別，煎茶次，南泉問云：「從前與師兄商量語句，彼此已知。此後或有人問畢竟事，作麼生？」師曰：「這一片地大好卓庵。」泉曰：「卓庵且置，畢竟事作麼生？」師乃打翻茶銚，便起。泉曰：「師兄喫茶了，普願未喫茶。」師曰：「作這個語話，滴水也難銷。」

（摘自《五燈會元》卷三）

頂果欽哲仁波切云：《晚上睡覺前，應觀想整個白天駐於頭頂的蓮師現在進入我們的頭部，並且慢慢下降至我們心中，安住在一朵四片花瓣半含放的燦爛紅蓮中，蓮花非常明亮、半透明且鮮明栩栩如生。蓮師全身放光，照亮了我們身體以及整個房間，並且繼續擴散，乃至整個宇宙充滿了耀眼的光芒。當整個宇宙皆化爲淨光後，我們保持覺性，將心不亂地安住。在正要進入熟睡的那刻，我們觀想外在整個情器世界的光芒融入我身，我們再化光融入蓮師，此刻他如拇指般大小，接者（著）化光融入虛空中，然後我們的心住於平等、廣大、究竟明空之境中。由於沉睡與死亡的過程非常相似，因此這個修法對我們面對死亡的準備尤其重要。》（摘自眾生出版社《覺醒的心》頁三〇〇、三〇一）

平實云：蓮花生乃是凡夫之身，常見外道之人（詳見《宗門道眼》三二〇頁拈提），譬如諾那活佛所譯密續《蓮華生大師應化史略》所載：蓮花生從阿達魯馬佛學法，證得菩提心成就後—《旋感騎象金剛薩埵現身》，右手持杵，左手持鈴，傳大師馬哈約噶法，其觀想大意云：「一切地水火風空皆佛宮殿，一切四生男女皆是佛身，一切語言音聲皆是佛語，**一切想念覺觀皆是佛心**；析之約有五十萬法，約之為十八法。」》（新文豐一九八一年再版頁二十二B面）此乃以意識心為佛心地，能想念覺觀故。

又如頁二十四載：《印度有地曰深林，其山峒曰柰炯容，有王太子成佛，名曰寫爾孫哈，處在其中。（蓮花生）大師往參，聞佛音聲相報曰：「欲速疾成佛，當問此峒中師。」大師禮拜求之，寫爾孫哈以食指指天空曰：「我成佛，唯此一心不亂一語，無別餘法。」言畢不現。》…復往《印度扎戈蓬布兒野，佛說般若之處也；大師特往觀察，並巡行往昔行菩薩道所化諸地；因此時**已滿足一切佛法**，對於魔外，毫無顧慮；亦非歧視而有間隔，蓋大師身猶人身，**心即佛心**。……》（頁二五A面）

如是證據顯示蓮花生之究竟成佛所證悟本心乃是意識，以一心不亂為成佛。此境猶劣於無相念佛境界，能一心不亂者非必能無相念佛故，能無相念佛者必定能一心不亂故，但只棄捨憶佛之淨念即成一心不亂境界故。如是，蓮花生之究竟成佛及滿足一切佛法者，尚不能及聲聞初果；聲聞初果已斷意識我見及意根我見，未斷意根我執；

蓮花生及其受學諸佛悉皆未斷意識意根我見，何況能斷意根我執？墮於十八界有為無常法中，具足常見之凡夫，見道且無，云何名為成佛？而汝密宗行人推崇彼為密教教主，與顯教教主釋迦牟尼分庭抗禮，得無逾越乎？

今者頂果仁波切復教徒衆觀想彼蓮花生凡夫影像等等，以如是等外道修法說為佛法，唯愚痴無聞之人信之，有智佛子必不信受。

而汝所觀蓮師以及其後變相境界，悉是汝之見分能取心七轉識，及所取相分和合所成，皆是緣生緣滅之法；何以故？由自心如來藏為因，藉五根為緣而變現所成故。汝能知之心及所取之境既由如來藏所變，云何謂為佛心？應速改依禪宗之法尋覓自心如來藏，如來藏方是佛心故，方是恒不斷壞之根本心故。

復次，汝謂觀想蓮師、乃至自己融入蓮師身中，再化光融入虛空中，令自心「住於平等、廣大、究竟明空之境中」，令人如是安眠；此唯有時能之，不能夜夜如是安住，此非睡眠故；必須日日白晝眠足，而後方能夜夜如是安住故；此名修定故，正眠之時意識必斷滅故，意識不滅則非睡眠故。故此觀想絕非睡眠，故此觀想非是佛法，乃是外道妄想觀行修法，與佛道修證無關。

復次，沉睡與死亡捨報之過程大不相同，具道種智者悉皆知之；汝既未證根本佛心，不能了別蓮師之悟抑未悟，此即《阿含經》中佛說疑見未斷之人，妄想思惟沉睡與死亡過程相同，不名見道之人。而以此法教授徒衆，夤緣於佛法之中，其罪業極重，當速捨之，回歸三乘法教，以免後世長劫尤重純苦果報，務請三思！

至於沈睡與死亡捨報之過程，差別萬端，須以專書方能敘之，於此篇幅不能敘之；復因捨報過程牽涉如來藏與四大六根互動之密意，不得公諸於世，是故略而不說，唯有已證法眼之人方可知之故。

今者仍勸仁波切速求大乘見道，得入大乘見道位已，方知三乘法道異同，亦漸能知密教修法之似是而非，悖違佛教，方可名為「仁波切」也；非汝現今墮於外道境界而可名為仁波切也，非是人中之寶故。便舉歸宗不銷公案共汝商量，以啟捨邪就正之意：

歸宗智常禪師與南泉普願禪師同於馬祖大師座下得悟，後來結伴一同行腳。一日相別，正煮茶時，南泉問云：「今日以前與師兄討論商量的第一義諦言語，你我都已知悉。此後如果有人問起祖師西來意的意旨，應該怎麼答他？」（明珠在手，卻問人要。）歸宗答曰：「這一片地，是建立佛庵最好之處。」（電影豁然明，乳鼠不見光。太高竣生！）南泉云：「建立佛庵一事且放一旁，人問祖師西來意時作麼生答他？」（果然太高生，著他歸宗閑機境。）歸宗禪師見他不會用，乃打翻茶壺，便起身（杲日麗天，十方圓滿。說與誰知？）南泉曰：「師兄吃過茶了，我普願還未吃茶，怎便打翻了？」（果然不解大用。乳臭幼獅忽遇牡牛。）歸宗訶斥曰：「像你這般說話，見地根本就沒有顯現出來；莫道錢財供養，就算只以一滴水來供養，你也無德消受。」

禪宗祖師每言：「若不悟道，滴水難銷。」今者仁波切不事生產，受人供養，豈真欲待來世披毛戴角而還耶？是故出家之人當務之急，乃是悟道。然而悟有真假淺深廣狹之別，教有正邪真謬之異，非汝密宗古今法王仁波切等所能蠡測，以汝等人所謂體悟者皆名謬悟，既悖禪宗教外別傳之理，復違三乘經律法教之義，理教二門俱皆滯礙，而知見及修法俱同外道，云何名為佛教？云何得受佛教弟子諸多供養而可消受耶？故勸仁波切速求大乘見道，見道已，自然斷捨密宗邪知邪解，方可名為佛教也，方能消受諸方布施也。

只如歸宗云：「這一片地大好卓庵」，仁波切且道：「這一片地是哪一片？」覓得這一片地，方有卓庵之處，方可開法度衆；不識這一片心地，何處可以建立佛庵、開法度衆？仁波切當自端詳：歸宗云這一片地時，是有示南泉處？是無示南泉處？若有，有在何處？若無，因何道無？仁波切若能於此著得一隻眼，方知密宗之邪謬，方有卓庵之地。且道：歸宗道這語時，這一片地在什麼處？

南泉初悟，猶如初生乳獅，雙眼朦朧，正是有體無用，不解歸宗作略，著他卓庵閑機境上，猶問畢竟事作麼生。歸宗乃大機大用，便打翻茶銚（ㄉㄧㄠˋ有柄之茶壺），隨即起身；可謂雄才大略，石破天驚之作。南泉猶自墮於吃茶境界上，自道未曾吃茶；卻不知歸宗已然灌他三大碗，可憐生，不受歸宗無生言語。歸宗乃責他不現見道功德，尚不能消滴水之施，何況大供？

仁波切且道：南泉未曾吃茶，歸宗云何自行吃茶已，卻打翻茶銚，又復起身？若能於此覷得分明，方於平實跟前有語話分，正好受學差別智，不墮南泉初悟時覆轍；然後可從平實受學種智、修證法眼。仁波切何妨於此公案且疑嘿著！一朝撞著，發覺太近，方知吾不汝欺也！

第三一四則　歸宗團株

廬山歸宗寺智常禪師　師入園取菜次，畫圓相圍卻一株，語眾云：「輒不得動著這個。」眾不敢動。少頃，師復來，見菜猶在，便以棒趁眾僧，云：「這一隊漢，無一個有智慧底。」

頂果欽哲仁波切云：《清晨醒來，應觀蓮師與其眷屬在我們面前虛空，旁邊圍繞的勇父空行以遍滿虛空的金剛上師咒聲以及天樂，將我們由沈睡中喚醒。下床時，應觀我們踏入桑多帕里宮殿（原注：蓮師天宮），住在那裏的都是勇父空行，而我們自己是金剛亥母－無始劫來一個眞實自然實相的顯現。》（摘自眾生出版社《覺醒的心》頁三〇一）

平實云：蓮花生乃是外道凡夫，生於印度，廣學天竺密宗後期之法，處處受學男女雙身修法，名為羯磨契印，亦名無上約噶、無上瑜伽，以之為無上密部即身究竟成佛之法；出家之後，前後御女達七人之多；乃至二度以幼稚童女修雙身佛母法（詳新文豐一九八一再版諾那活佛譯《蓮花生大師應化史略》），謂依此法而得大修證，成就究竟佛道，並謂彼於死時以色身乘天馬升往日輪；復謂彼有弟子以神通觀見蓮師死後現於印度調伏惡王往生捨報，彼則奪惡王身而成國王，「教化成佛者計二十有五人」。

然觀彼之所悟，唯是一心不亂之意識境界爾，云何可謂已經成佛？乃能度人成佛？彼復自言是西方極樂世界彌陀化身示現，非是肉身，是蓮花生身；既如是，云何墮於常見外道境界？既是蓮花化生，云何復修無上瑜伽男女淫樂雙身修法，乃至幼稚童女與猴育幼女而臨御之？所行淫亂，不離欲界愛住地，云何名為已成佛道？

復次，汝等所謂蓮師天宮，在欲界何天？色界何天？或無色界何天？如是亂解佛法、淫亂人女，云何得能生天？彼之一生修證，未入三乘見道之一，以定為禪故；睽其禪定功夫，亦唯一心不亂粗住境界，此名欲界定，尚不能言未到地定及初禪定境，何能生於色界無色界天？

欲界之第三天（夜摩天）起雖仍有男女相，而皆不以男女二根相交：或以相擁抱持滿足，或以牽手滿足，或以互相笑語滿足，至第六天唯以男女相視而滿足。乃蓮花生成佛之人，於晚期尚須與女人二根相交、修證「佛母智慧」而滿菩提？可知彼若能生天界，所能往生者唯在忉利天與四王天爾，尚不能生夜摩天宮，何名成佛？

三者，佛母一名乃謂般若慧，唯般若慧能令有情成佛，故名般若為諸佛之母。今汝密宗信受彼時吸收印度教法之密宗邪見，謂女性之願與人共修雙身法者為佛母明妃，以彼女根能令汝等修「俱生大樂」而「成佛」故，名為佛母；邪見顛倒，生死流轉永無盡期，云何可名無上瑜伽？應當改名「無下瑜伽」，於瑜伽師十七地中，不論何地皆不入流故。

四者：密宗出家喇嘛縱未與女弟子真刀實槍上陣合修雙身修法，改以觀想之法而引生淫樂，謂為證得佛果智慧；此與在家信徒之二人合修本質無異，何可飾言此為佛法？又汝觀想自身住於「蓮師天宮」中，觀想自身於彼處成金剛亥母，謂此即是「無始劫來一個真實自然實相的顯現」，然此實非實相，乃是自心意識末那之虛妄想，愚夫所行禪之自心影像顯現，生死流轉之法，非干佛法，不涉解脫，違遠般若實相，而汝密宗法王仁波切等信之修之，以為能成究竟佛道；若汝等非是迷人者，何處更有迷人？

所謂實相即是佛母，佛母即是般若慧，般若慧乃由親證真心如來藏、能親領受如來藏體性及其種子差別，因此而生世出世間法智慧——真知四聖六凡法界之根本，方得名為實相。非汝所謂觀想自身住在「蓮師天宮」中成亥母形像者得名實相也。汝等所證智慧如是粗淺邪謬，竟能被奉為「仁波切」大修行者；尚未能入聲聞初果向之正知見中，云何衆生出版社陳履安居士視汝等為大修行者，將汝等邪見開示收入書中、流通於台灣寶島？令人深覺不可思議！仁波切大修行者尚且如是，其餘密宗行者思過半矣！余今仍無二話，唯有懇勸仁波切速求見道而已，且舉歸宗圍株公案，用啟汝等密宗師徒親證般若實相—親擁般若佛母入懷，智慧源源而生：

一日，歸宗寺普請擇菜（闔寺共入無生淨土），智常禪師入園取菜時（施施然來，入泥入水），畫一圓相圍住一株菜（神頭鬼臉，漏逗不少），對大衆云：「隨便不許動著這個。」（掛羊頭，賣狗肉），大衆皆不敢動著這株菜（只見鑿頭方，不見銼頭圓）。過一會兒，歸宗智常禪師復來取菜，見這株菜仍在，便以棒趕打衆僧（是這個？是那個？）訶云：「這一隊漢子，沒一個有智慧底人！」（佛母在什麼處？七花八裂，摸索不著。）

仁波切當知：佛母鎮日與爾相隨，形影不離，是汝般若之根源；莫效蓮花生覓他人女以為佛母，更道淫樂遍身持久以為俱生大樂、究竟成佛，斯名邪見。

只如歸宗禪師入園取菜前，菜園衆僧擇菜之際莫非無有佛母相隨耶？莫寐語好！歸宗禪師入園取菜時，步步蓮花生，佛母共相隨，只是衆僧瞧不分明，枉他入泥入水。歸宗禪師有心為衆，遂當衆畫一圓圈，圍住一株菜；這老漢扮這神頭鬼臉，郎當不少；仁波切且莫觀想蓮師天宮中之自身亥母形像，何妨觀想歸宗禪師彼時畫圈圍株景像，卻自端詳：「歸宗禪師如是賣力演出一場無生戲，他家佛母卻在什麼處？」歸宗畫圈已，卻對衆云：「隨便不許動著這個。」他禪師家擅長掛羊頭賣狗肉，仁波切小心！莫著他閑機境。

大衆聞言，皆不敢動著這株菜；正是只見那個，不見這個，為境所轉也。歸宗禪師置菜已，復來取菜，見這株菜猶在，大失所望，便取棒打趁衆僧；可惜許，兀自無消息。便開口罵云：「這一隊漢子，無一個有智慧底。」仁波切既有法王傳承，復是密宗公認之大修行者，如今此一初參見道公案，歸宗禪師意在何處？仁波切還知麼？莫似當時衆僧七花八裂，摸索不著。

只如歸宗畫圓時心，是這個？不是這個？後來打趁衆生之心，是這個？不是這個？究竟是阿哪個心？仁波切若不會，來覓平實時，且攜一位明妃來，美醜不拘，老少無限；平實甫見汝攜來明妃，便將那明妃一掌撲倒，取鞭跨上當馬騎，仁波切好看：佛母是她？是我？是仁波切？

第三一五則　歸宗斬蛇

廬山歸宗寺智常禪師　師問新到僧：「什麼處來？」僧曰：「鳳翔來。」師曰：「還將得那個來否？」僧曰：「將得來。」師問：「在什麼處？」僧以手從頂捧呈之，師即舉手作接勢，拋向背後；僧無語，師曰：「這野狐兒！」

一日，師剷草次，有講僧來參；忽有一蛇過，師以鋤斷之；僧曰：「久嚮歸宗，元來是個粗行沙門。」師問：「你粗？我粗？」僧問：「如何是粗？」師豎起鋤頭。僧復問：「如何是細？」師作斬蛇勢。僧曰：「與麼，則依而行之。」師曰：「依而行之且置，你甚處見我斬蛇？」僧無對。（摘自《五燈會元》卷三）

達賴喇嘛云：《…佛陀有三次重要的轉法輪——傳統上，佛陀對弟子主要的三次佛法教示，傳統上稱為三轉法輪——嚴格地說，**這三次轉法輪所開示的法教是互相矛盾的**——某些內容不相符合。既然這些法教皆是佛親口所說，卻又互相矛盾，我們如何判斷何者為真、何者不真？如果我們根據經文的註釋來決定，那麼註釋的真實性又需要其他的考證資料。因此，最終的確認只有歸之於權威的推理——邏輯。這其中的一例是佛在某些經中說物有自性，而在另一經中說物無自性。你何所適從呢？唯一的方法是由推理獲致結論，而無法盡信經文的權威。因此大乘佛學學者將佛陀的法教分為兩類：**意義確定的以及需要加以解釋的**——亦即可

從字面上瞭解、與不能就字面瞭解的。》（摘自衆生出版社《揭開心智的奥祕》頁七一、七二）

平實云：達賴喇嘛身為當今密宗第一法王，而無知若此，說此未見道者語；餘諸法王仁波切等，更無足論矣！

世尊三轉法輪，由權入實，環環相扣，極為方便善巧，一切通達位之菩薩無不歎服崇敬，何有互相矛盾之處？唯有二乘人及大乘中未見道者，不知不解不證世尊所說密意，不能融會貫通，方說三轉法輪互相矛盾。此即二乘人與般若空宗法義之爭根源所在，亦是般若空宗與唯識宗法義爭執之根源；若於大乘法中真見道者，修學唯識種智《楞伽經》法義而入初地通達位者，三乘法義悉皆會通，便無達賴喇嘛此一邪見。關於空有之諍，及二乘與般若之諍，皆是未悟凡夫之邪解邪見所生，余於《楞伽經詳解》第二輯中已有略述，此處從略。

復次，佛於二乘經中說一切物皆無自性；又於大乘經說一切物之極微有自體性，恒呈圓相而不壞滅，依衆生業力所感而變幻聚散離合，成種種物。此等說法並無牴觸，如泥團有壞，無真實自性；然壓磨成粉或濕潤成泥團之地大原素極微塵相恒不壞滅；地大如是，水火風大亦復如是，是名物之自性。為令二乘人斷除世間貪，說一切物皆無自性—無常必壞、緣起性空；為大乘菩薩修證無生法忍，說物無自性而其極微原素有其恒不壞滅之自性相，是故無量衆生於無窮盡之宇宙中輪迴生死以來，雖有無量數劫，而世界之成住壞空現象仍將無止盡地延續，不虞物質消耗殆盡，物之極微原素恒不壞滅故，此即《楞伽經》所說七種性自性之「大種性自性」也。如黃金戒指，此物有壞；然其物性不壞——磨成細粉撒於大地，仍不壞失；若經提煉，復成黃金；加以人工，再成戒指。十方無盡虛空之無量世界，成住壞空亦復如是，輪替不斷，以供衆生依業輪轉生死。故說物之世界相無有不壞者——無真實不壞之自性；然物之本質四大有其自性——永不壞滅；是故佛語真實，無有絲毫錯謬，乃達賴喇嘛不解佛法，說佛「法教互相矛盾，內容不相符合」。

三者：達賴喇嘛認同大乘「佛學學者將佛陀的法教分為兩類：意義確定的以及需要加以解釋的」，然而事實不然。二乘法尚且須要善知識解釋，何況二乘無學所不知之大乘第一義諦？觀今台灣佛學泰斗印順法師，以精研原始佛法聞名於世，仍於二乘佛法生大邪見，墮於無因論中；乃至不解二乘法中十八界之意根及無餘涅槃，何況能知大乘第一義諦？（詳拙著《眞實如來藏、楞伽經詳解》辨正。）是故，佛說三乘佛法之意義，一向確定無訛；一切未入大乘見道者，悉皆不能真實明解阿含諸經佛之密意，皆須親依真見道者修學，無有不需加以解釋者。今觀達賴喇嘛不證三乘法義，未入大乘見道七住位之見地，而妄評佛之法教互相矛盾，實屬不當，來日有殃在。衆生出版社印行如此邪見謗佛謗法之書，不免謗佛謗法共業也，宜速補救。

佛子若欲通會三乘法義，當求大乘見道；欲入真見道位，當學禪宗之法，一念相應便得入道；隨後以此見地漸漸貫通三乘，其樂無涯，法樂無過於此。便舉歸宗粗行公案，與諸學人商量：

一日，歸宗智常禪師問新到僧：「什麼處來？」此是一切禪師例問，不可放過；僧人答云：「從鳳翔來。」佛手驢腳，何曾差錯？歸宗問云：「還持得那個來否？」三句不離本行，汝道阿哪個？僧曰：「已經將持來了。」頗似行家手眼，只恐是依樣畫葫蘆，不解葫蘆是什麼物也。歸宗復問：「汝將持來者在什麼處？」僧以手作捧勢，高舉於頂呈與歸宗，似則似，是則不是；歸宗乃馬大師座下八十四員善知識中之佼佼者，又復出道極早，閱人甚多，便舉手作接過之勢，且不與印證，卻向背後拋去。只這一拋，彼僧便不奈何；假饒達賴法王來至寶島，向平實身後亦覓不著；彼僧亦如是，不知歸宗心行，無語以對，歸宗便罵云：「這野狐兒！」法王欲會麼？且向野狐野狼眼前覓，莫向牠背後尋，無汝覓處！

復有一日，歸宗禪師正剷草時，有某講經法師來參訪；彼時忽有一蛇爬過，歸宗隨手以鋤剷斷蛇身；菩薩大悲，寧可自身擔負殺業，欲度彼法師；無奈彼師墮於教相戒相，嫌云：「我很久以來就嚮往的歸宗禪師，原來是個粗行沙門。」歸宗知他機淺，一機之下難悟，便又問云：「是你粗？還是我粗？」彼僧此時卻有警覺，便收起傲氣，問云：「如何是粗？」歸宗便豎起鋤頭；如是慷慨，彼僧兀自不會，復問：「如何是細？」歸宗卻作斬蛇之勢；和衣入泥救他也。彼僧再三錯過，墮於色陰行陰，枉費蛇菩薩白死一場，猶道：「若是這樣，我便依你的方式而行。」歸宗似覺彼法師有緣，有心為他，卻問云：「你說依我的方式去作，這件事暫且不談；你從什麼處看見了我斬蛇之意？」老婆心切至此，何處再能得遇此種善知識？可惜許，彼僧依舊不能會得，不離依文解義窠臼。

只如歸宗接見鳳翔來僧，應對進退皆合符節，云何歸宗卻將那個接過拋向背後？且道那個究竟是哪個？因什麼將來拋向背後？究竟拋了個什麼物事？值得記下、流傳千古？法王若會，且相見，奉請無生茶一杯，便入菩薩七住，常住不退。若不會，須提防歸宗入夢罵汝「野狐兒！」

歸宗斬蛇，霹靂手段，若無真正手眼，無處見他心行；然此機鋒較之南泉斬貓更為老婆，只是那講經法師知見顛倒，如是分明，竟爾錯失不見；心粗如是，猶責歸宗是粗行沙門。猶待歸宗問他「你粗？我粗？」方才醒覺錯失機鋒；隨後二次機鋒不如斬蛇明顯，便令他難以悟入。

只如歸宗斬蛇究竟是什麼心行？如是粗行，干他見道什麼事？法王欲會麼？覓取幾條蚯蚓，取刀斷斷看！

第三一六則　歸宗觀音

廬山歸宗寺智常禪師　雲岩來參，師作挽弓勢；岩良久，作拔劍勢；師云：「來太遲生？」

有僧辭去，師喚：「近前來！吾爲汝說佛法。」僧近前，師云：「汝諸人盡有事在。汝異時卻來，遮裏無人識汝。時寒，途中善爲去。」

師上堂云：「吾今欲說禪，諸子總近前。」大眾進前，師云：「汝聽觀音行，善應諸方所。」僧問：「如何是觀音行？」師乃彈指云：「諸人還聞否？」眾僧曰聞，師云：「一隊漢，向遮裏覓什麼？」以棒趁出，大笑歸方丈。

達賴喇嘛云：《在大乘佛學中，除應成派認爲在習慣上認爲有客觀世界與客觀實體之外，另有瑜伽宗則持不同觀點；他們以獨特的方式窮究深析：「這些看似客觀存在的現象、眞正客觀的存在嗎？」瑜伽宗也說：「經分析之後，並找不到客觀的存在。」但他們除此之外還另有結論，其結論是：「既然這些看似客觀存在的東西實際上經不起分析，因此它們的性質是純屬於心的。」不過這又引起了其他的問題—你一說出現象看似客觀而實際上是心的性質，接下來的問題就是：「難道認識這些現象的心產生了錯誤嗎？有如實的認知與不實的認知？」瑜伽宗必得說：「是的，的確如此。」既然一切事都是由心的性質而生，那麼我們

如何區別何者是實？何者不實？這的確成了問題。》（摘自眾生出版社《揭開心智的奧祕》頁八五、八六）

平實云：應成派古今一切中觀師悉執五蘊外之世界與六塵實有，古時以月稱、寂天為代表，中古時代後期以宗喀巴及歷代達賴法王為代表，今時以印順法師及達賴喇嘛為代表。然印順法師著作有一特色：正反二面俱舉，而以暗示之方式否定瑜伽唯心（如來藏阿賴耶識），同入應成派古今一切中觀師所墮之斷常邊見，非真中觀也。

應成中觀以一切法緣起性空之理為實，主張一切法空方為真實理——猶如兔無角——以免無角法為真理；然兔無角法乃依牛有角法而生，觀待而有，唯是戲論，無有實義。一切法緣起性空之理亦復如是，依蘊處界有及世界五塵而有；觀待於蘊處界有及世界五塵有，而有一切法緣起性空之無，如兔無角。兔無角法不入實相，名為戲論；主張「一切法緣起性空方是真實義」者，亦復如是不及實相正義，名為兔無角戲論。

一切外道及與凡夫，乃至二乘有學無學，悉皆顛倒愚痴，不解法界實相；一切有情不論生於三界九地之任何一處，自無量劫來，其見聞覺知心不曾剎那觸外五塵，所觸皆唯如來藏所現內五塵相；意根以觸內五塵相故而有法塵，乃現意識（詳拙著《眞實如來藏、楞伽經詳解》釋義）；此理甚深極甚深，難信極難信，大乘見道之七住十住十行菩薩尚不能證知，所修證法尚在人無我層次故；唯有初地以上能證能知、能為人說，已通達人無我而入法無我故。佛門中一切未悟錯悟法師及諸外道悉不能知，故名凡夫顛倒；二乘有學無學聖人悉不能知，故名為愚。

達賴喇嘛及印順法師之所以崇尚應成中觀邪見者，咎在未證第八識如來藏所致；若親證第八識阿賴耶已，此諸邪見必定遠離。以不知不證如來藏故，二人同墮應成中觀邪見之中，認取十八界中之意識為不生滅法——以極細意識為常住不壞心，認此意識能通三世，墮於常見外道法中；而此常見法之本質（意識）非真，死已入胎永滅，不能去至來世故，因此復墮斷滅邊見，具足斷常二見，故名邪見。

達賴喇嘛以「認識這些現象的心」為真實理，墮於十八界之意識境界；印順法師亦墮此法，同於常見外道。彼二人若如達賴喇嘛提出此問：「難道認識這些現象的心產生錯誤了嗎？」瑜伽唯識宗必得說：「是的，的確如此。」不但瑜伽宗如是答，平實亦如是答，顯教諸宗派及南傳上座部一切二乘法宗派亦必如是答；佛於一二三轉法輪中，悉說此心是緣起性空、無常斷壞之法故，悉說此心是蘊處界所攝故，悉說蘊處界無常斷壞、緣起性空故；悉說此心識蘊所攝，不能來往三世故。如是外道常見，名為「不實的認知」，名為邪見。若能現觀「認識現象的心」是依緣而起，並能現觀與此心並存之作主者即是末那識（意根），則斷我見，成初果聖人，而猶不解法界空性實相，唯解蘊處界空相爾，於大乘中尚非「如實的認知」，何況汝二人同以「認識現象的心」為空性心，同墮外道常見法中、我見不斷，云何能有「如實的認知？」

一切佛法學人欲入法界實相者，必須先遵佛語，信有第八識真如——如來藏阿賴耶識；而後依教尋覓此心，或依教外別傳——禪宗之法——覓此真心；一旦開悟明心，觸證領受此心，證實佛說此心有諸自性，非虛無飄渺臆想空法，方解法界實相正義，入大乘見道，成七住不退菩薩；不唯同於聲聞初果之斷我見、證人無我，亦親領受法界實相——空性心。不應因自己不能證得，便否定第八識真如空性；若予否定，不信其有，云何能死心參究？云何能悟空性心？不悟此心，則永不能通達大乘法義，所修菩薩六度萬行皆外門轉，永於資糧位中流轉生死。

欲求大乘見道者，當以教外別傳——禪宗之破參公案——為最迅捷之法，便以歸宗觀音公案，共爾二位大師商量：

雲岩曇成禪師來參，歸宗智常禪師便以雙手作拉開弓弦之模樣；雲岩思索良久，作拔劍之狀；歸宗云：「為何這麼遲久才來？」只如雲岩才到，未及敘禮，歸宗云何便作挽弓之勢？雲岩機遲，思索良久，方解歸宗意，乃作拔劍勢，且道：雲岩拔劍，意作麼生？

平實即不然，若見歸宗挽弓之勢，但向他眼前倒地云：「中也！中也！」起身卻向伊道：「點茶來！不渴的人卻要喝茶；口渴的我卻不喝茶。」哪堪歸宗久等而後道遲？

有僧辭去，欲往他方求悟，歸宗一時悲憫，便喚彼僧：「近前來！我為你說佛法。」彼僧近前，已自頭過新羅，不聞無上大法，猶待歸宗絮叨；歸宗不得已，乃為說云：「你們諸人各皆有事，可以下去了。你且換個時節，以後再來吧！這裏沒有人認識你哩。如今天氣變寒了，路途之上善自小心去吧！」

只如歸宗喚彼僧近前，明明欲為說法，云何彼僧近前，歸宗亦只是寒喧？且道歸宗是有說法處？是無說法處？奉勸達賴喇嘛：若要作家識得汝，且於此處端詳看；若能於此見得歸宗手腳，莫待異時，此時便可來我正覺講堂，我諸同修皆識汝也。

歸宗如是老婆，待僧近前，猶為他絮絮叨叨；平實則不然，待彼僧近前，卻不理會他，只管回方丈。彼僧若隨至方丈再問，卻向他道：「途中善為去！」

復有一日，歸宗上法堂開示云：「我今天想要為大家說禪，你們大家都靠近前來。」恰似大富長者無子求嗣，欲覓個一兒半女。大衆聞言，悉皆進前；不知佛腳驢腳非一非異，直似明眼人吃湯糰，一碗吃了不知是幾個？歸宗云：「你們且聽：這觀世間音之大悲行，於諸方一切處都善能感應。」如是機峻迂迴，教他們悟個什麼？僧問：「如何是觀世間音之大悲行？」果然不會，墮他歸宗語脈，何年得出？歸宗見彼僧猶問，乃彈指作聲，問云：「你們大家聽到了沒有？」這老狐狸手中一塊肉，欲放還收，卻似藏了道無。衆僧不解「觀世間音」之意，悉依耳聞道個聞字，不解眼觀道個不聞，悉向歸宗回云已聞。歸宗訶云：「這一隊漢子，向這聲音裏面找什麼？」便以棒將衆僧趕出，大笑歸去方丈室。

喇嘛當知：欲了世間音者，當以眼觀，不可耳聞；若以耳聞，唯知人間語音，不解天界梵音，不解地獄有情乃至無色界心聲，不能遍觀世間一切音。當以眼觀，方能遍觀一切三界九地之音。以眼觀者不聞聲音；知彼不聞聲者，方知彼於三界九地善能感應有情心想之大菩薩，悉皆靈感無比，是名觀世音菩薩。若無此觀世音之大菩薩，汝我悉皆不能離於水深火熱苦境，唯有自認宿命，永受其苦。大師當於自身中覓：常觀我心求樂離苦之音者何在？常令我身心離苦就樂者何在？一旦覓著，方知祂從來不以耳聲而聞吾人心音，唯是直觀。

然而喇嘛莫道祂是具眼人，卻須喇嘛以自肉眼向大衆觀尋，方知祂無眼能觀，無耳能聞，百般現成。且道：善應諸方所，令有情離苦得樂之觀世音何在？

喇嘛二人若覓平實問取，平實卻取帚趁爾二人出，大笑歸去喧囂居。

第三一七則　歸宗流布

廬山歸宗寺智常禪師　江州刺史李渤問師曰：「教中所言須彌納芥子，渤即不疑；芥子納須彌，莫是妄譚否？」師曰：「人傳使君讀萬卷書籍，還是否？」李曰然，師曰：「摩頂至踵，如椰子大，萬卷書向何處著？」李俛首而已。李渤異日又問：「一大藏教，明得個什麼邊事？」師舉拳示之云：「還會麼？」李云：「不會。」師云：「遮個措大，拳頭也不識。」李云：「請師指示。」師云：「遇人即途中授與，不遇則世諦流布。」

達賴喇嘛云：《密續中有四種眞實的權威：經、論、上師、與自己的經驗。最初的經文—密續—本身是眞實的。因爲密續的眞實性，產生根據密續所著的眞實論述；有這些經論爲依據，因此產生眞實的上師；而弟子如果遇到眞實的上師，則可獲得眞實的經驗；密續按照這樣的次序建立起它的眞實可靠性。然而個人的修習是否也經過同樣的確定過程？你的確也是像那樣一步步建立起眞實性的。但在確認這眞實性的順序上，你並非先證實「經文」，然後證實「論」等等，順序恰好反過來。依賴一位眞實的上師，你獲得自知爲眞實的經驗，因此那也可說是一種自我認證的過程；以自身在禪修中眞實無誤的體證爲基礎，你可斷定指導你的上師是眞實可靠的；確定這點之後，你更可客觀地認定上師所依據的論著之眞實性；

再推衍至論著所依據的經文，亦即密續的眞實性。你個人的確信，是由此而來的。那基本上是來自你本身的經驗。》（摘自眾生出版社《揭開心智的奧祕》頁八六、八七）

平實云：密續中之經驗、上師及論，多非真實。此謂西藏密宗四大派古今一切法王活佛等之修行經驗，皆未見道；如紅教之蓮花生、阿底峽，白教之瑪爾巴、密勒日巴，白教之歷代噶瑪巴，黃教之宗喀巴及歷代達賴法王，皆是常見外道法。四大派歷代諸祖所著密續論著，悉墮常見外道法中；黃教密續論述，更兼斷見外道邪見，非真實法。故說密續中之經驗、上師、論述，多非真實。

密續中之經典亦復如是，多非真實；唯《楞嚴經》是真實法。譬如密宗根本依據經典《大日經——大毘盧遮那成佛神變加持經，金剛頂經——金剛頂一切如來真實攝大乘現證大教王經》，悉皆言不及義。《金剛頂經》所說，非真佛法，錯謬極多；乃以佛法名相，真行外道密咒法爾，尚不能略述相似般若，況能述說實義般若？

《大日經》則以二乘法之緣起性空而解空性實相，錯將蘊處界空相及萬法空相解釋為空性；誤認阿賴耶識具有我性、分別性、希求性；以入定一心不亂為證知真如，以淨除妄想及思心所法，名為最正覺；復錯認虛空即是實相本際；復以作手印持咒之法，謂能以之斷除邪見及俱生身見而成就解脫道；並以為作印持咒即得成佛、同於世尊，以凡夫邪見而自謂能住如來地。

復如《蘇悉地羯羅經、諸佛境界攝真實經、一切如來金剛三業最上秘密大教王經、無二平等最上瑜伽大教王經、一切如來真實攝大乘現證三昧大教王經、妙臂菩薩所問經……》等，悉皆言不及義，以護法神之密印密咒說為佛法；由早期之印咒護持佛法，轉變為晚期之印咒代替佛法──以身印手印及密咒之持誦即是佛法。

乃至有以印度教法為佛法者，譬如《一切如來真實攝大乘現證三昧大教王經》中，以觀想佛之影像成就即名成佛、與佛無異；以男女雙身共修淫欲樂觸之覺證，作為佛法之覺智，名為現證佛地三昧；復以身中淫樂之觸受供養於佛──觀想世尊受此樂觸供養，名為最上祕密供養，……。所說所證悉皆悖離三乘法義。此經中雖然冠以諸佛菩薩名義及佛法名相，實皆外道鬼神之法，與三乘法義無有絲毫交集。

綜上所言所舉，可知達賴喇嘛所說「密續中有四種真實的權威：經、論、上師、自己的經驗」，皆非真實，何況能有權威？皆是狂密。唯有《楞嚴經》是真密之法，與三乘法義契符無異故，名為真密。然藏密古今四大派一切法王活佛之修證，迄未見有符合《楞嚴經》法義者，是故悉皆不言楞嚴法義，無有敢於碰觸此經、言說此經者；此乃密宗行者之悲哀宿命，極難迴轉。今勸達賴法王：改依楞嚴修行，莫依其餘密續，皆是外道言語故，悉皆言不及義故，依之所修一切經驗皆是外道法故，不名佛法。

然欲親證楞嚴卷一至卷五之見道功德者，非可容易，喇嘛只能依文解義而不得入，且舉歸宗流布公案以示喇嘛，冀有悟處：

江州刺史李渤問歸宗智常禪師曰：「經典中所說：須彌能容納芥子，我就不懷疑；可是又說芥子能容納須彌山，莫非是虛妄言談否？」歸宗禪師卻問李渤：「人家傳說御史您曾飽讀萬卷書，有沒有這回事？」李渤云：「確有這回事。」歸宗便問：「摩頂至踵，這五尺之身也只是腦筋在作用而已；而這頭腦大小只如椰子一般大，請問你所讀過的萬卷書，向你身中何處安置？」李渤只有點頭的份兒，不能駁斥。

復有一日，李渤又問：「三藏十二部教典，篇幅浩大，究竟能讓人明白個什麼事？」歸宗禪師聞言，便舉起拳頭予李渤看，問云：「你還會麼？」李渤是個讀書人，仕途得意後，不能滿足於儒家思想，便想從佛門覓個指歸；無奈只能依文解義，同於喇嘛不識經中所述第一義，只好收拾官威，低聲下氣來覓歸宗禪師。不料如是一問，不得歸宗開示，卻引來拳頭一豎，更問會不會？如今天下顯密大師法王活佛，還有會者麼？何妨相見？

只如歸宗舉拳，拳是五指合成，緣生緣滅之法，示人作什麼？五指是四大所成，終歸壞滅，無常性空，非有真實，歸宗捏拳作怪，是何道理？豎拳身行乃是動轉，動轉是風，無常敗壞，何干佛法？而歸宗舉拳示與李渤，意在何處？喇嘛若能於此著得一語，令平實不得不鈐口，從此不評喇嘛言語，便是大喇嘛之見地。如或不然，莫向他人開示佛法，所示悉皆不離邊見故。

李渤當時緣猶未具，當時不聞歸宗法雷震天價響，只能答個不會；歸宗便訶云：「你這個佛法中的窮措大，拳頭也不認識。」李渤低聲云：「請師父開示。」歸宗開示云：「遇到了真正可以開悟的人，你就在這一條路上傳授給他；若沒有遇到有緣的人，則可將這件公案隨順世俗言說，流布四方。」

禪之一事，至簡至要。簡者謂極平實，無有絲毫玄妙；要者謂此名為見道，是大乘法入道鎖鑰，若不經此一悟頓入，終將不離依文解義，處處錯會，便道佛之「三轉法輪所開示的法教是互相矛盾的」，便成謗佛謗法大過。

只如歸宗禪師豎拳，干他李渤所問佛法何事？值得平實特地拈來相問？二如歸宗授令李渤：遇人即途中授與；究竟要他李渤授個什麼與人？

請問達賴法王：「您還識得這個拳頭麼？」若能識得，下回來台時，平實奉上無生茶，有請法王共譚無生茶話；此後五洲四海，若遇著個有因緣的人即途中授與。

若識不得歸宗拳頭，即喝不得平實無生茶也，莫怪平實以汝著作開示，繼續世諦流布去也！

第三一八則　歸宗帽帶

廬山歸宗寺智常禪師　有僧問：「此事久遠，如何用心？」師云：「牛皮鞔露柱，露柱啾啾叫；凡耳聽不聞，說聖呵呵笑。」（鞔：遮覆也。）

師因俗官來，乃拈帽子兩帶云：「還會麼？」俗官云：「不會。」師云：「莫怪老僧頭風，不卸帽子。」

傑瑞米・海華博士問：《在您的解說當中，我注意到有兩點與科學方法有關。其一是關於應成派與瑜伽宗的觀點。您說應成派認為如果我們分析，我們找不到自性的存在，故說客觀世界之存在是由於概念的指定。我的問題是：這概念的指定本身是來自於心嗎？不然它來自何處？》

達賴喇嘛答云：《……當我們說現象是由概念所指定時，有什麼標準來判定某事物之存在呢？如果任何你以前想過的事物都是眞的，那麼判定某事物之存在與否，依據什麼標準？……若你檢視一隻筆，你檢視它的形狀、顏色、零件；如果將這些部份拆開，你找不到任何可算是那支筆的東西—它不能滿足那種分析方式。但當你下了「它自己裏面並沒有筆」的結論之後，你卻不能說沒有筆。當你拿起筆來寫下些什麼，那確是可以傷害你或有利於你的。任何可以傷害你或對你有益的現象，都不能一筆抹殺地說它不存在。你現在陷入兩難之境：既不能說它不存在，同時你在它裏面又找不到它。如此，問題就變成：它是如何存在？結論乃：它是以概念指定的作用存在。並非你喜歡這種想法，而是你別無選擇。》（摘自眾生出版社《揭開心智的奧祕》頁八七、八九）

平實云：海華博士之善根，其實勝於達賴法王，能依於心而探討諸法故。中觀般若智慧，乃是法界實相之敘述，所敘述者乃是第八識之中道體性：不來不去、不生不滅、不斷不常、不一不異……等；非如應成派中觀師所說「現象是以概念指定的作用存在」。應成派中觀師如是說法，名為言不及義──所說不到第一義諦，名為戲論，即是《楞伽經》中所說兔角之法──執現象非有不壞之自性，而執彼現象以概念指定的作用存在。然此概念指定之作用乃是虛妄想──依於相及名而有──於依他起性上所生之遍計執性妄想；由人依於相及名所創造之概念，名為顛倒想，故名妄想。若離相及名，則不能生此概念，是故概念依相及名而有，云何反道相名等現象依概念指定作用而存在？

一切事物之緣起性空，無關解脫道，亦不涉菩提道。解脫道者，唯是解脫於蘊處界之執著及輪迴；佛說世界悉檀──身外物之無常空──乃為袪除弟子執著身外一切現象，而向自身蘊處界之緣起性空深入現觀，求斷我見我執而得解脫道之親證，與相名等概念指定無關。而概念指定的本身乃由七轉識妄心之覺想分別而生，依妄心之觀察及外相名相而有，無關實相──法界第一義之空性心。菩提道之所證者，唯是自心第八識及其所生萬法之體證現觀──蘊處界中之第八識非有我性不壞，所生萬法中非有實我不壞──唯是第八識之無我性及清淨涅槃性本來自在，非因修有。

應成中觀則離第八識自心而說法性，離第一義心而說「概念指定的作用是現象存在之因」，則成非因計因者；何以故？謂一切現象及一切概念皆因八識心王而有：一切概念依前七識之相名覺想而有，一切山河大地依共業有情如來藏之業種而有，前七識及相名覺想以及山河大地復依第八識而有，故說第八識為根本，相名分別及山河大地是枝末，何況因此根本及枝末而生之概念妄想，云何可成現象存在之因？此理顛倒，應名邪見，達賴法王當速遠離，莫再墮於宗喀巴所服膺之應成派中觀邪見中，當速回歸大乘真實諦理，探究第一義空性心──第八識阿賴耶真如，萬勿繼續迷信應成派中觀之心外求法邪見。

達賴法王若欲遠離凡夫境界，應速求覓空性第一義心──第八識如來藏；便舉歸宗帽帶公案共爾商量：

一日，有僧問：「開悟明心這件事是長遠的事，不可放棄；但是我應該如何用心參究呢？」歸宗開示云：「厚重的牛皮覆蓋著露柱，露柱在牛皮裏面啾啾叫；這個叫聲，以凡夫的耳朵是聽不見的；把這件事說給聖人聽時，他們都哈哈大笑。」

如今全球無數佛子、禪師、法王、活佛，盡被五蘊牛皮鞔住，內裏真如露柱每日啾啾叫，悉皆不聞；盡取識蘊牛皮當作真如，凡耳無異。汝等諸人若來問我會中已悟同修：「露柱做麼生叫？」我諸已悟同修們，必定對面與汝等呵呵大笑！達賴法王欲會麼？且於諸聖大笑中，會取不笑底！

一日，某俗官風聞歸宗是個開悟的聖者，便來探訪；歸宗見已，便拈起帽子兩邊帶子云：「你會不會啊？」那俗官豈能勝過當今之全球伶俐法王活佛們，當然答個不會，歸宗便放過云：「莫怪老僧患頭風，不卸帽子。」

只如俗官雖是俗人，既來參訪，不可無為他處，歸宗乃拈起帽子兩帶問他會不會？諸方法王、活佛、仁波切、帕母等聖者們！還有能於此會得者麼？若會不得，盡是凡夫外道，成佛成聖在什麼處？云何狂言即身成佛？爾等密宗法王活佛，若有一二人能於此處著得一隻眼，方始初入別教七住位，方能入我門中修學種智，二十年後方許入初地。於此公案若不具眼，皆名凡夫邊見，恁麼得稱法王活佛？

達賴法王欲會麼？下回撿個仲夏時節，取他最熱之三伏天來覓平實，在下奉送竹笠一頂，請您綁好笠帶，全球雲遊去！

接過竹笠，若猶不會，在下更送紙扇一把，請您熱時搖紙扇去！

第三一九則　歸宗一味

廬山歸宗寺智常禪師　有僧辭行，師問：「甚麼處去？」僧曰：「諸方學五味禪去。」師曰：「諸方有五味禪，我這裏只有一味禪。」僧曰：「如何是一味禪？」師便打；僧曰：「會也！會也！」師曰：「道！道！」僧擬開口，師又打。僧後到黃蘗，舉前話。黃蘗聞已，上堂曰：「馬大師出八十四人善知識，問著個個屙漉漉地，只有歸宗較些子。」（摘自《五燈會元》卷三）

海華博士問云：《在科學方法上，我們以觀察始，以觀察終。科學家以他們對直接知覺的理解，稱這種觀察為「直接的知覺」，而最後我們也時常以另一項直接的知覺來證實我們的推斷。……因此我想請教佛教徒的問題是：你們以什麼方法證明「直接知覺」的正確性？以及它是否完全不受概念的影響？》

達賴喇嘛答云：《……根據應成派的學說，直接的知覺共分三種。瑜伽宗則提出四種直接知覺：感官知覺、心理知覺、瑜伽知覺、統覺或自我認知知覺。瑜伽宗確信統覺存在的理由是：他們認為心理現象是一種自性的存在，這是他們的基本信念。而應成派卻不以為然，因為應成派不接受統覺的存在。……瑜伽知覺很難描述，知道它是另外一種就是了。》

海華博士又問：《瑜伽的直接知覺如何印證呢？》

達賴喇嘛答：《那相當複雜！心理知覺指的是如感官之類的經驗—如心裏感到快樂或憂慮。直接的心理知覺有兩種，而瑜伽知覺卻不是本來就有的，那是你因禪修而成就的結果。因爲那是你的一項新證悟，所以需要某種媒介或因素去印證它，而那用以印證的媒介，必須是一種直接知覺。因此佛教徒認爲：直到你可以直接看透現象的究竟本質、到達見道，否則你無法克服由自身的疑惑所產生之影響。當你到達「見道」之境界，你便可直接了悟究竟之眞理—空性。那種直接了悟的本質即是瑜伽知覺或瑜伽了悟。這使你有一個標準、一個觀點或正確的眼光，用以證明其他的經驗。這是很重要的一步。除非大多數人都已成就見道，否則這些疑惑是無法避免的。》（摘自衆生出版社《揭開心智的奧祕》頁九一、九二、九三）

平實云：直接的知覺，名為直覺；直覺之心性，非唯應成派所說之三種，細分之，遍三界九地，容有九種。瑜伽宗不曾指稱達賴所說之四種知覺：所謂感官知覺、心理知覺、瑜伽知覺及統覺。瑜伽宗所說覺者有四：本覺、始覺、隨分覺、究竟覺。達賴文中「統覺」，應是本覺之錯譯。然彼謂統覺為「自我認知的知覺」，則係未悟凡夫錯解瑜伽宗旨；瑜伽宗所謂本覺者，即是《維摩詰經》「知是菩提，了衆生心行故；不會是菩提，諸入不會故。」此謂你我及達賴法王所皆具有之第八識—自性清淨心—雖離見聞覺知而不會六入，然皆能了各自所生七識五蘊心行，非如木石無情之完全無覺，第八識是心故；然此自性清淨心，無始以來不曾剎那現起「自我認知的知覺」；唯有祂所生之意識—達賴及應成派所說之三種直接的知覺—方有自我認知的知覺；此種自我認知，瑜伽宗中說為證自證分，乃是等覺階位以下有情之意識心性。不應以己之錯會而誣蔑瑜伽宗所說本覺具有自我認知之知覺。

修學佛法而觸證領受第八識，親自驗證第八識之本覺體性，名為菩薩見道，不共二乘見道；此菩薩初入覺悟聖智境界，名為始覺菩薩，是名始覺。未觸證第八識之本覺性者，悉名不覺；不覺有三：一者外道，二者二乘，三者如達賴法王等未悟之人。若能依余諸書熏習正見，一朝親證第八識而自驗證其非覺非不覺之清淨性者，即名始覺，斯即禪宗之破初參明心也。

開悟明心後隨分修學般若—第八識之別相智及一切種智—而隨分增益般若慧，令生無生法忍，乃至地地增上而至等覺，悉名隨分覺。至於佛地名為究竟覺—成就一切種智。汝等密宗行人於瑜伽宗義絲毫不知，而妄作評論，恣意否定，不唯誤導他人，抑且障己佛道，實屬不當。

汝言瑜伽知覺者，即是始覺與隨分覺。始覺之般若慧，對真悟者而言，極為親切、平實、單純；對於當今全球法王活佛而言，則是「相當複雜」，窮盡汝等意識知解思惟，悉不能知。

始覺及隨分覺—達賴法王所說之瑜伽知覺—固非本有，但人人各有本覺，而不知不證。欲入始覺位者，必須盡速捨棄應成派之邪見；不可效法應成派一切中觀師之欲以覺知心轉變其覺知性而成瑜伽知覺—直接的覺知；應依禪宗教外別傳之法參禪覓心，若能證得本有之本覺心，即成見道菩薩，具備瑜伽知覺—始覺之般若；其或未然，盡是凡夫邊見，云何名為法王與活佛？

如今密宗之內，上自達賴法王、噶瑪巴法王，下迄一般密法行者，還有證得瑜伽知覺之始覺位者麼？何妨賜教於平實？有麼？有麼？如或無人，當隨平實共探歸宗一味公案，庶有入處：

有僧欲往諸方求悟，來向歸宗禪師辭行；歸宗禪師問云：「你要往什麼處去？」正是圖未窮、匕已現，此僧不覺，老實答云：「我要往諸方道場學習種種不同的禪法去。」恰似劣徒要脅師父：你不肯為我明講，我便四處學去。歸宗乃是老狐成精，什麼物事沒遇過？由得小狐狸撒野？卻也不可無為人處，便順他語脈道：「諸方道場有種種不同的禪，我這裏只有一種單調乏味的一味禪。」放出個假餌釣他，知他餓得慌—饑不擇食。果然此僧開口便咬：「如何是師父的一味禪？」歸宗聞僧恁道，正好順水推舟、望風駛船：舉杖便打；這僧依舊是個悶葫蘆，自以會道，忍痛大呼：「我已經會了！我已經會了！」歸宗何等精明！豈能憑他言語？聞言勘云：「說出來！說出來！」此僧欲待開口明說，歸宗已知虛實，劈面又打。

這僧辭行時，枉受歸宗禪師兩頓棍棒，依舊是株不開花底木瓜，離開歸宗寺，四處參訪；可憐諸方五味禪，盡是銀樣蠟槍頭──擺著好看，及至上陣，無一根有用底；面聞此僧舉示歸宗一味禪，無一個知他歸宗三寸所在。

這僧後到黃蘗山，參訪希運禪師，便又將他辭行時兩度挨打故事舉似黃蘗希運禪師。黃蘗希運禪師聞已，上堂時便道：「馬祖大師座下出了八十四員大善知識，說是開悟之人；及至他人問著祖師西來意時，個個屁滾尿流、嚇溼了褲子；就只有歸宗寺的智常禪師好一些。」

諸方密宗法王、活佛、帕母，個個盡道已經成佛、全然開悟，敢對衆生開示般若，說心說性；如今最最尊貴的達賴喇嘛復於台灣寶地出書，為人《揭開心智的奧祕》，且道：歸宗為這僧說心說性，說在什麼處？還有會得者麼？

今觀密宗第一把交椅之達賴法王，尚不能知此大乘見道明心之七住菩薩法智類智，真心之總相尚且未知，何能稍知真心之別相及種智？其餘法王，所謂敦珠、噶瑪巴…等，思過半矣！無足論也！

只如歸宗禪師道有一味禪，這僧向他要一味禪時，歸宗未曾開示半句言語，云何便打？禪師乃是證悟之人，云何如是無慈無悲？次如這僧挨打，急忙說道「會也！會也！」歸宗聞言令他速道，這僧正擬開口說明，歸宗云何卻不讓他開口說明、舉杖又打？三如這僧舉似諸方禪師，云何個個噤口？悉皆不知他歸宗心行？云何黃蘗禪師聞這僧舉，上堂便讚歸宗？諸方密宗法王活佛空行母等，若有一個半個能於此一公案中著眼、說似平實者，平實道汝有來由。否則盡同凡夫生死輪迴，說什麼乘願轉世再來？皆是誑謊闍闍爾。

諸方顯密法師居士，還有見得歸宗三寸所在者否？若見歸宗三寸，便見平實三寸，來覓平實，免去兩頓拄杖。若未見得，來覓平實；在下持杖向爾道：過來！過來！

第三二〇則　南泉錯棒

池州南泉普願禪師　鄭州新鄭人氏，俗姓王。唐至德二年依大隗山大慧禪師受業，三十詣嵩嶽受戒。初習相部舊章，究毘尼篇聚；次遊諸講肆，歷聽楞伽華嚴，入中觀百門觀，精煉玄義。後扣大寂之室，頓然忘筌，得遊戲三昧。

一日，爲僧行粥次，馬大師問：「桶裡是什麼？」師云：「遮老漢！合取口！作恁麼語話。」自餘同參之流無敢徵詰。

師有時云：「文殊普賢，昨夜三更每人與二十棒，趁出院也。」趙州云：「和尚棒教誰喫？」師云：「且道：王老師過在什麼處？」趙州禮拜而出。後時玄覺禪師聞云：「且道：趙州休去，是肯南泉？不肯南泉？」

海華博士問云：《假使某人已禪修多年，他聲稱自己對究竟真理有直接的知覺。他自己對此很確定；他不是著迷了嗎？我如何知道他是不是著迷？他自己又如何知道不是著了迷？》

達賴喇嘛答云：《你可以用佛教典籍中描述特定的徵象來證實自己已達到了某種程度。有外在與內在兩種徵象，別人可以由外在的徵象證明你了悟的程度，但是內在徵象更爲可靠。我覺得在這方面與科學有較大的差異；重要的是：在佛法中有過這種經驗的人會知道。做爲後學者，你仍有充分權利進行研究，根據自身的經驗加以分析推理。不同之處是：在科學方面你不接受任何權威，你完全根據自己的研究探索事物。此處我們可將現象分爲三類：顯象、隱象與深藏現象。最後一類—深藏現象，無法以邏輯過程或純推理加以證明或確定；要確定或證明這類現象，你只有依賴特定的權威或可靠的來源。》（摘自衆生出版社《揭開心智的奧祕》頁九三、九四）

平實云：海華博士之疑惑，是一切理智佛子之疑惑，他們對權威人士之言語，抱持理智探討之態度，然猶不免迂迴歧途，入道艱難。多數佛子則過度感性，偏向迷信，崇拜權威人士之大名聲、大道場及出家表相，於佛法之修證上豈唯迂迴歧途？直是悖離佛道。

此事極為普遍常見，莫道一般佛子，當代全球顯密法師居士，無有一人超此窠臼。此謂密宗當今最有修證之達賴法王、敦珠法王、十六世十七世噶瑪巴……等，悉墮斷常邊見，既違解脱道，亦乖菩提道。顯宗諸法師居士亦復如是，如同密宗當代一切法王仁波切等同墮斷常邊見。

今者海內外佛教界蓬勃發展，各有顯密二宗之法師居士自言開悟，出世弘法，山頭林立，群雄並起；三年來之台灣寶地，更有陳履安居士大力推廣密宗邪見，令大乘最後一片淨土遭密宗邪見嚴重污染；更向余言：「密宗有大修行者在台弘法，汝應參訪之。」及至託彼約見時，無有一人敢於賜見，而陳居士仍執迷不省，繼續崇拜狂密宗徒。今觀達賴法王、敦珠法王、十六七世噶瑪巴等，悉墮常見凡夫境界；餘如卡盧仁波切、宗薩、耶喜、天噶、卡塔、泰錫杜、毘丘嘉真、蔣貢康楚、創古、創巴、阿貢、頂果、義雲高、多傑洛桑……乃至台灣本土之喜饒根登、仰諤益西諾布等人，悉皆墮於常見外道境界，執覺知心（意識）為恒常不滅之心；我見具在，且未能入菩薩六住，何況能有七住見道功德？竟敢自稱大法王、大活佛。今觀達賴喇嘛所說處處違背聖教世諦，而敢謗佛「三轉法輪前後自相矛盾」，斯非狂密宗徒，何處更有狂密宗徒？而陳履安居士迷目不見，信之不疑，更率徒衆崇而拜之、推而廣之；台灣許多初機佛子迷於表相，隨後追逐，共入歧途；極為可悲，令人不忍。

今者十七世噶瑪巴年在稚小，而其名號—烏金聽列多傑—已因政治因素，經由逃亡印度事件，由全球傳播機構競相報導而傳遍全世界。然彼逃亡海外欲求密宗諸大修行者傳授法義，必不可得；密宗諸大修行者中迄未見有證道之人故，悉墮常見外道法中故，如是冒險逃亡海外，於佛法之修證上無有絲毫意義，不如回藏安心等待海峽兩岸達成和平統一協議時，正法登門奉送。

如今全球顯密法師居士各各自謂已悟，互不相服，競相混淆佛法正見，今且假藉古人南泉禪師錯棒公案，舉似諸方「證悟聖人」，可還有能與平實共話者麼？

南泉普願禪師，俗姓王，出道弘法後，常自稱「王老師」。精研戒律，歷諸講座，聞熏楞伽經及華嚴經宗旨；復入中論及百法明門論中，精練中觀玄義；然後方扣馬祖方丈，因而得魚忘筌，成為馬祖門庭入室弟子，遊戲般若三昧，後來終成一代大師，千古流傳。

南泉悟後亦曾參訪諸方證悟前輩，增益權智，而後方有睿智風發之南泉禪師。一日，南泉攜粥桶為諸同門師兄添粥時，馬大師問他：「桶裏是什麼？」南泉卻向他馬祖大師道：「你這老漢！閉起嘴巴！怎麼這樣說話！」自此以後，所有與他同參之輩，無有一人敢再來請法或詰難。

今且以此公案請問諸方密宗法王活佛仁波切們：馬大師這一句語，落在什麼處？有何過失？竟遭徒弟當眾訶責而無一語反駁？無一絲慍色？還有道得者麼？

平實當時若在，聞道南泉恁麼語話，卻向他粥桶邊上撿取一顆粥粒，持向南泉眼前問道：「是什麼？」管教南泉不得不對平實云：「喫粥去！」平實卻好當場據座療饑裹腹，大快朵頤；如是方名真實供養三寶，哪堪更待大眾高唱行粥十利？諸方法王及大小活佛們！還知南泉語話及平實意否？若人於此一眼覷得，便見碧眼祖師西來之意分明在前，從此漸能通達世尊三轉法輪真義，次第了然，深淺俱達，何有矛盾之處？

南泉別時復對大衆云：「文殊與普賢二大菩薩，於昨夜三更時，我與他們每人二十棒，趕出院去也。」趙州聽了不服，卻問其師南泉：「和尚這二十棒，卻教誰喫？」南泉問云：「你倒說說看：我王老師的過錯在什麼處？」趙州從稔禪師卻不答他，只是禮拜南泉，拜已休去。後來玄覺禪師聞此公案，便拈向天下諸方錯悟大師：「大家說說看：趙州休去，是肯他南泉語話？或是不肯南泉語話？」玄覺此問，已垂千古；悟者皆知，無啥玄妙。如今全球密宗大修行者，頗有能道得者麼？何妨相見？

廝見已，若道得真，正好入我門中受學種智，方知世尊三轉法輪，環環相扣，不唯無有矛盾，直似玄妙無倫，讚歎不得；能令真悟之人，一世即超第一阿僧祇劫故。廝見已，若道得不真，平實便舉杖向汝劈脊三棒；打後卻拈杖問汝：「是什麼？」

趙州於其師南泉之語，半肯半不肯。文殊表智，普賢表願，俱依蘊處界而立智願；若離蘊處界，純依真心本際，尚無智之可言，何況有願？是故南泉有此二十棒語。

然而趙州卻於二十棒語，揪南泉辯子，謂真心非蘊處界，無量劫來何嘗受棒？無量劫後亦不受棒，故不肯他，由是休去；然而南泉所說真心無智亦無願，絲毫不謬，何得否定之？卻須肯他，由是禮拜。

然而趙州禮拜休去，大有密意，諸方法王及大小活佛還有覯著者麼？若覯不著，盡是知解宗徒，外道凡夫；雖聞平實解得玄覺千古之問，有什麼益處？不如懇切發起了生死心，拋棄藏獨政治活動，回藏閉關，向自家腳根下究取好！若能如是依余言修，平實記汝：三十年後會去。

第三二一則　南泉圓相

池州南泉普願禪師　師與歸宗麻谷同去參禮南陽國師，師先於路上畫一圓相云：「道得即去。」歸宗便於圓相中坐，麻谷作女人拜，師云：「恁麼即不去也。」歸宗云：「是什麼心行？」師乃相喚迴，不去禮國師。

玄覺聞云：「只如南泉恁麼道，是肯底語？不肯底語？」雲居錫云：「比來去禮國師，南泉為什麼卻相喚迴？且道：古人意作麼生？」

瓦瑞拉博士問：《您說瑜伽知覺也有外在的徵象，是否對某些外在徵象可以加以探究？》

達賴喇嘛答云：《那會非常困難，但不是不可能。當你看到一個人，在某種令一般人生貪念或瞋怒的情況下，不為所動或不發脾氣，那表示此人可能有某種程度的證悟。不過，要客觀地決定此人是證悟定境或空性，則是非常困難的。》（摘自眾生出版社《揭開心智的奧秘》頁九五、九六）

平實云：據達賴喇嘛書中對於瑜伽知覺之釋義，應係《大乘起信論》中所言始覺與隨分覺；隨分覺乃八住起至十地止之悟後起修菩薩所覺境界，且置不論；地上菩薩所言所示者，一般佛子前所未聞，難信難受故。今者單說七住菩薩始覺境界：

七住菩薩始覺者之「瑜伽知覺」純是內在心境，表現於外者，與外道證得禪定之伏惑者所現外在徵象類似——薄貪瞋痴，是故於外在徵象上不易辨別探究。但內在心境——般若慧——表現於外時，則可分辨；此謂真見道者由於親證空性心故發起慧眼，能於言說之中乃至屈伸俯仰之際，辨別當面之人是否已入始覺位，靈犀相通；錯悟之人同在當場而不能知覺，禪宗古今祖師初悟公案即是其例。

次者復說隨分覺之外在徵象，謂八住以上菩薩隨其慧眼之漸深漸廣，能於他人之著作言語中，或多或少檢驗其已覺未覺，錯悟之人所不能知。初地滿心之法眼，則能於一切錯悟之善知識著作開示中，隨意撿取一段判其邪謬所在，是名初地滿心之瑜伽知覺——隨分覺。而其開示佛法旨趣，迥異錯悟諸師，然悉契符經典佛意；亦能簡擇偽經正經，一切人天於佛法上不能欺瞞之，是名初地滿心菩薩之瑜伽知覺；現於外者即是檢魔辨異、摧邪顯正，而所有人天不能於法義辨正上破壞其法，無能正眼覷之。二地以上之法眼，由無生法忍道種智之益趣深妙，更不能為俗人道矣！

今者達賴喇嘛所言，豈唯不具初地法眼之瑜伽知覺，亦乃未具七住始覺之慧眼，是故平實隨意撿取其書中開示片段，便示其謬。始覺菩薩雖未具法眼，而其粗淺之慧眼已非喇嘛所能知之。然而始覺菩薩慧眼雖淺，已極難覓，平實迄未曾見我會外人有始覺慧眼者；未來若得值遇，非必俟其證得法眼，平實必於觀察確認後書之以帛，載之於册，以告天下。今者喇嘛不具始覺菩薩慧眼，宜應暫停政治活動，閉關參禪，以求證悟；否則歲月推移，俗務益繁，去道更遠，轉眼捨報，將何所歸？云何面見世尊而無愧疚於一世之誤導衆生？喇嘛不可不思之也。

於今且舉南泉圓相公案，與喇嘛共探佛法密意：

南泉普願禪師與師兄弟歸宗智常及麻谷寶徹，相約同去參禮南陽國師；方始上路，南泉便先於路上畫一圓圈云：「道得即去。」這老狐狸又使手段，歸宗智常禪師聞言，以為南泉要勘驗他二人，便於圓圈中坐；麻谷寶徹禪師亦如是想，便作女人斂衽萬福之狀；二人悉皆不知南泉意在何處。南泉卻云：「既然如是，便不去參禮南陽國師了。」歸宗禪師問云：「你心裡倒底是什麼意思？」南泉卻喚他二人一同迴轉，不去參禮國師。

平實且隨諸方瞎眼阿師胡扯云：「於歸宗麻谷二人而言，何嘗未曾道得？於南泉意下，三人皆未道得；何以故？身是四大所成，依於因緣而生，無常終壞之法，歸宗麻谷卻是道個什麼？」且道：平實如是言語，有理無理？

歸宗步入圓圈中坐，麻谷作女人拜，俱是動轉，風大所成，刹那變異，無有不壞自性，何曾道著什麼？若言有所道，已非實義，南泉以此不肯，乃相喚迴，不去禮國師。看官且道：「平實上來語話，有理？無理？」若道有理，是未開眼人；若道無理，亦是未開眼人。

如或三五年後，歸宗知曉南泉心行，當時便不入圓圈中坐，但伸腳抹除圓相，卻向南泉禮拜云：「晚生參禮國師。」禮已起身便回，還待南泉相喚迴？不嫌機遲麼？

後來玄覺禪師聞此公案，便又拈向天下諸方老宿問道：「只如南泉恁麼道，是肯他二人？還是不肯他二人？」這一千古懸案，難倒天下一切老宿，至今無人解得。如今平實重新拈出，還有大師道得麼？何妨相見？

見著平實，若道南泉之語是肯他二人，且道：如何是肯他處？若道不肯他二人，如何是不肯之處？平實要知，不得放過。須知南泉說「恁麼即不去也」，大有密意也；然於前語卻大有敗闕，今日不免平實檢點。此謂南泉前語「道得即去」，致令歸宗麻谷之坐與拜，南泉即不得不相率前赴南陽參禮，卻又道「恁麼即不去也。」

當時歸宗麻谷若解向平實跟前禮拜云：「晚生參禮國師。」平實不待他二人起身，卻向他二人道：「已相見了，不須再往南陽相見。」各自散去，豈不省事？還要待他南泉一句「恁麼即不去也」作甚？更哪堪歸宗楞頭楞腦問一句「是什麼心行」？

後世雲居山錫禪師聞已，亦拈向天下老宿云：「本來他們約好：『道得便去禮國師』，如今歸宗二人並非未曾道得，南泉為什麼卻相喚迴？諸方大小禪師們且說說看：古人的意思究竟怎麼樣呢？」

平實已於上來言語中方便說似，未審達賴法王知也無？若真知者，許汝證得始覺位瑜伽知覺，成七住心。若不知者，來見平實，見著且禮拜，拜已起身，平實向爾道：「已相見了，不必再見。」且道：如何是已相見處？

第三二二則　南泉圍灰

池州南泉普願禪師　師一日掩卻方丈門，將灰圍卻門外云：「若有人道得，即開。」或有祇對，多未愜師意。趙州云：「蒼天。」師便開門。

師因翫月次，有僧便問：「幾時得似遮個去？」師云：「王老師二十年前亦恁麼來。」僧云：「即今作麼生？」師便歸方丈。

達賴喇嘛云：《我相信微妙的無常之示現—萬法時刻在變化中—在科學與佛敎方面，看法大致是相同的。在物理學上，當我們進入原子的層次，微小的粒子時時在變化；那時非常快速地生起、衰變，正像佛敎所說微妙的無常，所以佛敎的解釋與科學的發現基本上完全符合。但是在佛敎的宗派當中，毘婆沙部的立場不同於其他各派。毘婆沙部與其他宗派都說現象依因、緣而生成、留住、衰變、瓦解，但說生成的因與分解的因完全不同，分解需要另外某種外力—第二種因。而經量部與其他宗派卻認爲產生現象的因卽是使其瓦解的因—從生成的一刻起，因其時刻不停地變化，因此現象自始卽隱含終將瓦解的性質。事實上，某物存在之時，毀滅的因卽與其同在。……》

瓦瑞拉博士云：《請恕我斗膽，我想說幾句話。物理學所給的答案是完全（與心智）不相干的。假使物理學家說經量部是對的，那是對一個非常抽象，沒人見過的基本粒子來說的；它們的存在需依賴一長串的推斷，那與您的問題是否適用於我的身體或這張桌子全無關係。在心智與生命的層次上，基本粒子做什麼、不做什麼，根本毫不相干。因此，如果您問的是：當一個身體在出生之時，是否就在自身之中含有敗壞的種子？您必須在身體的組織層次上探討這個問題。您不可能由化約主義者的觀念中找到答案的──在基本粒子的層次，您找不到可以解答顯微鏡可見之生命層次上所發生的事；這就是為什麼我說：物理學家所言，只適用於物質界，不適用於生命或心智。》（摘自衆生出版社《揭開心智的奧秘》頁一三六、一三七、一三八）

平實云：達賴喇嘛見樹而不見林，瓦瑞拉博士反而能緊扣主題──身體與心智之關係──而探究。

達賴喇嘛所云外在現象之生住異滅因──成與壞是否為同一因？其實與佛法之關係極為疏遠。若欲探討佛法，當依自身自心探究，不應離於身心而言物理學上之原子粒子等物理現象之成住壞空，斯名言不及義也。

然而物理上之四大原素──地水火風之極微圓相──卻與有情之真心密不可分，此即《楞伽經》中佛說「大種性自性」義，非汝等所知也；汝等皆未親證真心阿賴耶識故，真心唯有佛教中證悟之人方能知故。（看官欲知「大種性自性」者，請閱拙著《楞伽經詳解第三輯》，此處不敘。）

生物學上所說染色體及基因之無數秘密，皆由真心控制，真心則依往世及此世業種而形成及變易其染色體中之基因結構，此理絕非錯悟未悟之人所能知之。謂此牽涉真妄心之能熏與所熏、因緣等無間緣所緣緣增上緣、五十一心所及色法與四大極微原素等，方能成就業種之轉易染淨差別；而此諸法悉與真心阿賴耶識自性息息相關。汝等所說之生命身心悉由此一唯悟乃知之真心而來，乃由真心假緣而暫現，非是本有不滅之法；如是不明真心而探究覺知心智者，豈唯不能揭開覺知心之心智奧秘，更無智慧揭開真心之心智奧秘，而將凡夫之意識思惟討論內容，書以成文，印製成書，名為《揭開心智的奧秘》，無乃誑謔閭閻之作乎！

至於生物學家欲以腦細胞、神經細胞之染色體基因結構分析而了知真心體性者，殊無可能，真實心智非可由此分析而得故，是故敬勸達賴喇嘛死心參禪，以見道為期；若不見道，云何以凡夫身受人皈依供養？便舉南泉圍灰公案與喇嘛商量：

一日，南泉普願禪師將灰圍卻方丈門外，復掩卻方丈室門，對衆云：「若有人道得，我即開門。」常住僧衆或有答話應對者，多未能令南泉禪師滿意。趙州從稔禪師聞道此事，便到南泉方丈室外云：「蒼天。」南泉聞趙州恁道，隨即開門。

只如南泉將灰圍卻門外，是什麼意？若人欲會，且向灶下取灰圍卻房門外，看是什麼道理？圍已且閉卻門，看是什麼道理？莫於搛處打坐思惟，驢年得悟去！

每見善知識解云：「真心無形無色，猶如虛空遍一切方所，所以趙州說蒼天，南泉便開門。」有什麼會處？如是名為悟者，其實誤導衆生；異日見閻王時，不怕汝多話，一一算汝衣飯錢在！

且說趙州道個蒼天，南泉便開方丈門；平實當時若在，卻向地上撮取灶灰，於南泉面前輕輕飄下，但向伊道：「供養大師。」迴身便行，更無二話。

異日，南泉正賞月時，有僧便問：「幾時得似此月圓滿光明去？」這僧同諸一切阿師，感嘆佛道入門艱難，南泉答云：「我王老師二十年前也是像你這樣走過來的。」且道是如何走過來的？喇嘛欲曉麼？平實說與汝知：且走過來！這僧不會南泉意，復問云：「那師父現在如何呢？」南泉聞言，不答他語，卻歸方丈去。

喇嘛若尋得平實問：「居士即今作麼生？」平實不回喧囂居去，卻向汝耳邊道：且回西藏去！

第三二二三則　南泉雙陸

池洲南泉普願禪師　陸亙大夫問云：「弟子從六合來，彼中還更有身否？」師云：「分明記取，舉似作家。」陸又謂師曰：「和尚大不可思議，到處世界皆成就。」師云：「適來總是大夫分上事。」

陸異日又謂師曰：「弟子亦薄會佛法。」師便問：「大夫十二時中作麼生？」陸云：「寸絲不掛。」師云：「猶是階下漢。」師又云：「不見道：有道君王不納有智之臣？」

陸大夫與師見人雙陸，拈起骰子云：「恁麼不恁麼，只恁麼信彩去時如何？」師拈起骰子云：「臭骨頭十八。」陸又問云：「弟子家中有一片石，或時坐，或時臥，如今擬鐫作佛，還得否？」師云得，大夫云：「莫不得否？」師云：「不得！不得！」雲岩聞云：「坐即佛，不坐即非佛。」洞山聞云：「不坐即佛，坐即非佛。」

達賴喇嘛云：《⋯我們來看佛陀全知的至高無上的心，那是已經直接證悟空性的。然而祂仍是時刻變化的，沒有眞正的終點；祂總是在那裡，但卻時刻不停地變化。科學家也知道物體是時刻變化的，並非在表面粗糙的層次，而是在更深的層次，因此粒子是有關係的。》

（摘自衆生出版社《揭開心智的奧秘》頁一四〇）

平實云：於此簡短一段開示中，即知達賴喇嘛不解不證分段生死之涅槃解脫，亦不解變易生死之大涅槃也。謂喇嘛執著意識為常不壞心，雙具斷常邊見，尚不能知二乘無學所證涅槃解脱超越分段生死境界；今復誑言佛地常住不易真如「時刻不停地變化」，云何能知佛地斷盡變易生死之大涅槃境界？

三轉法輪諸經悉說佛地真如唯帶舊種，不受新熏；既然佛說其自心真如已因斷盡煩惱障種及斷盡所知障隨眠，究竟清淨，真如中之一切種子已永不再變易、不受新熏，云何可能仍如凡夫「時刻不停地變化」？新學佛弟子若有此迷，尚可宥恕，乃達賴喇嘛身為法王，自幼熏習大乘法義，而竟無知若此？衆生出版社陳履安大德亦非三歲童孥、新學愚人，乃竟出版如是邪見書籍，謂此邪見而能為人《揭開心智的奧秘》，寧非怪譚？

凡此邪謬，皆因迷信西藏密宗之密續經論所致，尤以應成中觀之邪見為甚；此諸邪見障礙佛弟子衆修證佛法，於見道前即已導向歧途，悖離正道，云何可能見道？遑論修道種種次第法門？故諸佛子當有正知正見，速捨密宗邪見，回歸大乘經論，親依禪宗正脈修學，免入歧途，否則來世不免三塗果報，心中猶自希求功德，豈非愚痴？

且舉南泉雙陸公案，剖析禪意，開示正見，俾益密宗冀求真正見道之行者：

陸亙大夫問南泉：「弟子之身本從東西南北上下六合而來，不知六合之中還更有弟子之身否？」南泉云：「你可得清楚記住今天這件公案，將來遇見行家時說與他聽。」陸亙又云：「和尚真正不可思議，不論到什麼地方都能成就禪法。」南泉卻云：「方才這一切都是陸大夫你的分上事啊！」

只如陸亙問事，南泉未曾答他語話，因什麼便教他「分明記取，舉似作家」？若人於此辨得端倪，平實歎汝是禪門第一把好手。如或不會，且觀南泉為您註破：「方才這一切都是看官您的分上事啊！」未審今時還有南泉知音無？

陸大夫異日又謂南泉曰：「弟子亦稍微懂得佛法。」南泉便問：「那你每日十二個時辰之中，是怎麼安住呢？」陸亙答云：「寸絲不掛。」南泉云：「你這樣還是階下漢，上不了殿堂的。」

古來多有錯悟之師，教人保持一念不生，心無所著，不攀緣一切事物，美其名曰「寸絲不掛」，悉皆誤會證道禪師之意也，是故南泉訶他陸亙大夫猶是階下漢。恰似南泉問黃蘗希運：「定慧等學，此理如何？」黃蘗此時猶在錯悟邪見中，便似陸亙此時未悟一般，便答云：「十二時中不依倚一物。」南泉重新再予確定：「莫是長老見處麼？」黃蘗云：「不敢！」謙稱此是自己見處，悉同今時密宗一切喇嘛法王活佛仁波切墮處；以覺知心不依倚一物為悟得法界性。南泉便訶云：「漿水價且置，草鞋錢教阿誰還？」你到諸方參訪時，路途中喝掉的茶水價款暫且放下不談，你穿破了那麼多雙草鞋的錢，要叫阿誰替你還？謂他黃蘗悟得不真，難消佛弟子衆們茶水錢及草鞋錢的供養。

陸亙一日與南泉見人玩雙陸（擲骰子），卻去拈起骰子，對南泉云：「像這樣、不像這樣，就這麼樣擲去博彩時，你看怎麼樣？」南泉卻拈起骰子云：「臭骨頭十八。」正是十八界法。陸亙時猶未悟，不解南泉機關，猶在覺知心上轉，又問云：「弟子家中有一片石頭，有時坐，有時臥；如今準備將祂刻作佛，還刻得成否？」南泉云：「刻得成。」陸亙又問：「莫非刻不成！」南泉云：「刻不成！刻不成！」這南泉，三寸甚密，直似個水上葫蘆，東按西浮，南壓北轉，滑不溜丢，教他陸亙無下手處。古來多少瞎眼阿師於此錯會南泉意。

後來雲岩禪師聞舉，便解道：「坐著的就是佛，不坐的就不是佛。」世間豈有佛不坐者？難道還教真如法身高倨寶座耶？洞山禪師聞舉卻云：「不坐的就是佛，坐的就不是佛。」真佛乃是法身，法身無形色，云何有坐？坐的乃是應化身，方便名佛，豈是真佛？平實如今卻云：坐與不坐俱是佛，鑴與不鑴俱非佛。且道是阿哪個佛？

密宗行者欲會麼？送平實雙陸來！

平實擲骰子與爾看：

臭骨頭十八！

第三二四則　南泉物外

池州南泉普願禪師　趙州問：「道非物外，物外非道。如何是物外道？」師便打。州捉住棒曰：「已後莫錯打人去。」師曰：「龍蛇易辨，衲子難謾。」

一日，師喚院主，主應諾；師曰：「佛九十日在忉利天為母說法，時優塡王思佛，請目連尊者運神通三轉，攝匠人往彼彫佛像，只彫得三十一相，為什麼梵音相彫不得？」院主問：「如何是梵音相？」師曰：「賺殺人！」（摘自五燈會元卷三）

聖嚴法師云：《所謂「道非物外，物外非道」：對禪或究竟的佛法來說，道本身跟一般現象或一般世間事物不能分開，原因在於：如果心外求道，那是外道，因為道不在心外，而是在心內。》（摘自法鼓文化公司《聖嚴說禪》頁四四）

平實云：大師此一段語說得極好，藏密中一分虛空外道向虛空能量覓心者，皆應謹記大師開示。

聖嚴法師又云：《可是心又在哪裡呢？如果說心在身體裡，那也是錯的，身體中沒有一個東西叫做道。心既不在身外也不在身內，而是一種精神活動，亦可稱之為神識、智慧；神識是凡夫，智慧是賢聖，不論是神聖或智慧都是跟外在世界相接觸而產生的反應，所以不能說它是在內或在外。》（摘自法鼓文化公司《聖嚴說禪》頁四四、四五）

平實云：大師引述楞嚴七處徵心了不可得之意，以釋趙州「道非物外」之實相心，卻是誤會；謂楞嚴七處徵心了不可得者，乃謂五蘊十八界皆「非因緣、非自然，皆如來藏妙真如性」，是故非內非外非中間之見聞知覺性，皆是虛妄，依如來藏生；大師莫錯將覺知妄心示人為真，此乃誤導衆生也。

聖嚴法師又云：《**「道非物外，物外非道」，其實是同一句話，反覆著說而已；道不在物質現象外，那一定是在物質現象之內囉！可是若說物質之外沒有道，也是錯的。**》（摘自法鼓文化公司《聖嚴說禪》頁四五）

平實云：老趙州明明告爾：道非物外，物外非道。云何大師說言物外有道？若大師有日證得涅槃，捨壽後入無餘涅槃時六識見聞覺知俱滅，作主之我（末那）亦滅，復有何人能知此道？不可捨物（五蘊）而謂有道也。

聖嚴法師又云：《**如果說物質或現象是道，這也是執著，所以道不在物內也不在物外，道是非物外非物內，卽物外卽物內。**》（摘自法鼓文化公司《聖嚴說禪》頁四五）

平實云：大師莫作情解思維，老趙州早向爾說「道非物外」，大師云何復言「非物內」？云何說此未悟人語？此後切莫再云「非物外，非物內」，此非中道義。平實敬呈一句真實語：「道之與物，非一非異」；如是之語，莫道老趙州不能檢點，三世諸佛亦無二語，大師閒時，何妨琢磨看？

聖嚴法師又云：《這又變成思辯而非實證，有點像唸心經，不是禪師需要說的，跟實際體驗沒有相關，所以南泉禪師乾脆不講，拿起棍子就打。趙州則說：「我懂你的意思了，你別再打我了。」善於用邏輯分析事理的人大概會經常逞口舌之辯，而在這個公案中，語言已是多餘的，這才是禪的體驗。》（摘自法鼓文化公司《聖嚴說禪》頁四五）

平實云：南泉趙州之意，大師俱未夢見在，奢言於禪有所體驗，得無大妄語之嫌乎？須知趙州已悟之人，如此一問不唯為彼當代佛子問，亦為今日大師而問；謂大師如是解釋公案，一切已破初參之人讀已，皆必掩口竊笑也。南泉聞問，當場棒打趙州，且非表示「語言已是多餘的」，乃是藉棒示現物外之道，答他趙州也，大師莫寐語好！

一日，趙州從諗禪師對衆問云：「道不在五蘊外，五蘊外沒有道；如何是五蘊外之道？」南泉禪師舉棒便打，趙州卻伸手捉住棒曰：「已後可別打錯人去。」南泉卻向趙州道：「龍與蛇之不同處，是很容易分辨的；如果是真正的出家人，想要欺瞞他，也是不容易的。」

只如趙州既云：「道非物外，物外非道」，云何又問物外之道？豈非明知故問？

難他南泉？

所謂道者，非謂無妄想之覺知心也，大師所著種種書中俱道覺知心遠離妄想煩惱即是真如；以此為悟，名為錯悟。道者謂無始以來不曾起煩惱妄想之離見聞覺知心也，非謂將覺知心修除煩惱妄想轉變而成真如也，此覺知心是佛說識蘊我故；依意根末那為根，由第八識如來藏而生故；身壞即滅故，須依有命根之身（含中陰身）方能現行故；若不依有根身，須證四空定後生四空天方能離根而現行故。

然而真心之為道，雖在物內，恒不住著—恒離見聞覺知、恒無分別、不著六塵、不起憎愛、不生不死、本來涅槃，故名物外之道。覓此道者，悉皆不得離於蘊處界而覓，故云「物外非道，道非物外」。然於證悟之人觀之，此道雖非物外，卻於六塵悉無所住，於無所住中卻又時時而生其心；趙州因此明知故問「物外之道」，非為己問，乃為未悟錯悟之人而問也。

南泉聞趙州恁麼問，知他明知故問，乃取棒打去；趙州明知南泉必有此棒，理必如是故，乃伸手捉住云：「已後莫錯打人去！」亦是示現，且非大師所謂「我懂你的意思了，你別再打我了。」何以故？南泉已云「龍蛇易辨，衲子難謾」故，此語意謂趙州早已具眼，能辨龍蛇，一切錯悟真悟之人皆不能對他謾語也。

聖嚴法師末云：**《善於用邏輯分析事理的人，大概會經常逞口舌之辯；而在這個公案中，語言已是多餘的，這才是禪的體驗。》**（摘自《聖嚴說禪》頁四五）

平實云：且得無交涉！證悟後善用邏輯分析事理的人，絕不會經常逞口舌之辯；乃是愍諸錯悟如大師之輩者，故意演出種種無生公案，欲令錯悟諸人警覺及與悟入；不意千餘年後，大師依舊辜負趙州此問；大師如是拈提公案，料想趙州知已，必定掩口葫蘆。

只如趙州問他南泉物外之道，南泉云何卻向物內答他──舉棒打去？這一棒玄機在什麼處？直令大師捉摸不著，卻向偏中去。

大師欲會南泉趙州意旨麼？且覓個不畏痛棒之出家弟子，教他每日來問：「道非物外，如何是物外之道？」大師聞已，但取拄杖打去，莫管自己會不會，莫管弟子會不會，但教他伸手捉取拄杖，擲地便走；如是每日行之，三十年後大師若會得，卻向彼弟子道：「龍蛇難辨，衲子易謾。」弟子若先悟得，必於悟日伸手捉住大師拄杖，向大師道：「龍蛇易辨，衲子難謾，已後莫錯打人去！」

復次，南泉問院主：匠人彫得世尊三十一大人相，為什麼唯獨梵音相彫不得？大師欲彫出此相麼，但與弟子如是每日問答棒打即得；若得悟入，這兩件公案只成一件，卻成他人之葛藤，此後絆不得大師也。

大師三十年後悟去，方知平實今日拈提曲折，必定羞赧今時《聖嚴說禪》及諸著作之荒腔走板也；屆時但將每日打人之拄杖來到正覺講堂，當面擲向平實眼前，轉身便迴法鼓山，尚有何事？

第三二五則　南泉相撲

池州南泉普願禪師　師洗衣次，有僧問：「和尚猶有遮個在？」師拈起衣云：「爭奈這個何？」玄覺禪師聞云：「且道是一個？是兩個？」

僧辭，問云：「學人到諸方，有人問『和尚近日作麼生？』未審如何衹對？」師云：「但向道：近日解相撲。」僧云：「作麼生？」師云：「一拍雙泯。」

復有僧問：「父母未生時，鼻孔在什麼處？」師云：「父母已生了，鼻孔在什麼處？」

第一世卡盧仁波切云：《大手印有三個面向：根、道、果。根大手印源於我們對心之本性的認識了解。這個了解必須經由道大手印的過程而增長；道大手印係藉禪修而直接經驗、適應心的本性。最後是果大手印或大手印的成果，亦即心的本然自性之實現。這眞實的超然覺悟包括了法身、報身、化身此一本性。……根大手印意謂著對心之本性的深刻認識和了解。……根大手印所意指的是對心的本性的全然認識，那個心就是我們日常所用而且嘗試去發現的。……由於心的本質是空，因此它展露了能知的潛能，亦即光明性。這並不是一種可見的經驗之本身，而是心之**能知**、**能覺以及經驗的能力**。……在根大手印的層次上，於分析之後，接著是雜用更**直觀**的趨入法—將心放鬆在它本然狀態，**既不散亂也不昏沉**。……當心處於此種赤裸的知覺狀態之中時，便沒有指示、監督在心裡面。行者並不是向內尋找任何東西，也不是向外尋找任何東西，只是單純地讓心安住於本然狀態中。…所謂**道大手印**，**即是對自心本性的基本體驗的一心專注及精細心**。當我們眞正住於這自心本性的體驗並精練它之後，接著在某一特定點上，會有一種功德自動生起，而這經驗的發生並不需要行者去主動生起或發現它。此心是在幾乎全無散亂的狀況下才會現起。上述所說發生時，行者便進入了道大手印，即所謂的專一或專注於單一事物上。…只要體驗增長且離戲的純簡生起，「**一味**」是對一切現象經驗根本特質的全面體會。很快地，所看到的形狀、所聽到的聲音、所聞到的味道、所嚐到的口味觸感、所思惟的念頭、有形與無形的覺知境界，一切都具有了相同的味道。行者感知這些經驗的根本精要自性，而不限於特定的內容體驗。這是道大手印的第三階位體會—行者體驗了一切面向的獨一味道，並且再一次地，它也具有形成體驗精細的不同程度，…這個階位的極精細品第，係禪修與生命合一。在那點上，修與不修不再有任何分別，因爲行者始終在禪修之中。其完整的體驗是道大手印四階位的極精密層次，稱爲「超越禪修之外」—無修。這個階段的大手印體驗是行者一切努力的成果，它是最精髓的體驗，是被稱爲得證正覺及證悟的高峰經驗。》（摘自全佛文化出版社《大手印教言—催動空行心弦》頁一八二至一九五）

平實云：密宗四大派古今諸祖所傳大手印口訣，悉將意識錯認為恆不滅壞之心；謂彼諸人所說真心者悉具見聞覺知之性故。今者大修行人第一世卡盧仁波切亦復如是：謂真心具有「能知能覺以及能經驗的能力」，謂人若具此一認識，即已具足「根大手印」。

復以此覺知心不起語言妄想而直接觀照一切境界，不散亂不昏沉地安住於覺知心之不執著五塵之狀態；乃至每日靜坐，體驗此覺知心於「一心專注及精細心」之「本然狀態」，名為道大手印。

如是體驗增長而不散亂，令覺知心不於五塵起諸妄想戲論，名為「離戲」；如是修行，直至證驗五塵境乃至法塵境中之覺知心自性、始終是本然直接的覺知性，不粘黏於六塵，名為證得「一味」。如是漸轉深細，體驗到極精細之境界，名為「超越禪修之外」，名為無修；以此自稱「得證正覺及證悟的高峰經驗」。

然而此種成佛（正覺及證悟高峰經驗即是佛果故）無異一切凡夫及與外道，此是外道修定之法，無關證悟故；此是佛門中諸未悟凡夫修禪之法，無關正覺故；佛於二乘法中說此覺知心名為意識，十八界所攝之無常生滅法故；佛於三轉法輪唯識種智教中，說此覺知心依於意根（末那）及阿賴耶識與有根身方能現起故，名為依他起性心故；佛說阿賴耶識（未來佛地之眞如）離見聞覺知故。

如是，卡盧仁波切親口開示之恆不壞心，墮於常見外道法中，具足我見；尚不能知聲聞初果斷我見而不斷我執境界，云何能知阿羅漢、辟支佛境界？何況能知二乘無學所不知之菩薩明心證悟境界？卡盧仁波切如是，藏密四大派古今一切法王活佛仁波切所傳口訣莫非如是，乃竟狂言證悟成佛，故陷廣大佛子同犯大妄語業，一無是處。是故平實再三再四苦勸密宗行者：速求見道。若不能入大乘見道位中，終不能免藏密古今諸祖之邪見誤導也，終不能知佛法精義也。便舉南泉相撲公案，與諸密宗行者合計，冀有一二具根行者得以藉此悟入菩薩七住初果之始覺位：

南泉普願禪師洗衣之時，有僧問：「和尚已經大徹大悟了，怎麼還起淨染分別之心？來此洗衣？」南泉聞言，拈起濕衣向彼僧云：「可惜你不懂這個，於佛法又能奈何？」玄覺禪師聞道此事，便向大衆云：「你們倒說說看：是一個？是兩個？」

玄覺這個問語，直至如今，天下大師難下口，還有道得者麼？若道不得，平實說與汝知：心有真妄，細分八識；妄心有七——眼耳鼻舌身意識及作主之末那識，真心唯一——離見聞覺知復不作主之阿賴耶識——未來成佛時之真如；然妄心依他而起、處處作主，非能自在，非本來自己就在，故說為妄。見聞覺知之妄心既依真心而起現行，從來不離真心，與真心和合運作，且道：是一個心？是兩個心？

只如南泉拈起衣云：「爭奈這個何？」這個是哪個？莫如卡盧仁波切道是覺知性心，此是我見之心故。第二世卡盧仁波切於二十年後若來覓余求問此事，卻向他道：洗衣去！

有僧欲到諸方行腳參訪，來向南泉辭行，問云：「學人到諸方道場參訪，若有人問『和尚近來怎麼樣呢？』不知應如何答他？」南泉云：「只需向伊說：南泉和尚近來懂得相撲。」僧云：「這是什麼意思？」南泉云：「一拍之下，兩人統統跌倒了。」

若人已具四禪八定，但解一拍雙泯之意，不唯證得真心、成就有餘涅槃，亦能即刻捨報，成就無餘涅槃，不唯妄心永斷不現，真心亦復永遠不再現於三界之中──真妄二心俱泯。

諸方密宗一切法王活佛仁波切等，欲證真心涅槃實相麼？莫待死後方證，此是凡夫人語；譬如有僧問：「父母未生時，鼻孔（本來面目）在什麼處？」南泉回云：「父母已生汝了，汝鼻孔（本來面目）在什麼處？」須知死已見聞覺知心滅，何能證真心涅槃實相？須是有妄心時方能證得真心涅槃實相；證已方知自己真心之涅槃實相本已有之，非因修得，證涅槃者實無所證。是故莫向父母未生我時覓，當於現今當下尋覓。

如今諸方大寶法王活佛仁波切們！還有欲證真正之大手印者麼？來覓平實！平實與汝相撲——一拍雙泯！相隨倒地。

若人會得相撲意，便知玄覺問道「是一個？是兩個？」且不是好意，從地爬起，卻好放他一掌云：「道什麼？」諸方密宗行者欲會大手印之密印麼？但聞有某法王來覓平實時，且須緊隨而來，待平實與法王相撲時，急著眼看！

第三二六則　南泉不是

池州南泉普願禪師　有僧參訪京兆府章敬寺懷惲（暉）禪師，於章敬禪師前右繞三匝，章敬云：「是！是！」（長慶禪師聞云：和尚佛法身心何在？）其僧又到南泉，亦繞三匝，振錫而立；南泉云：「不是！不是！此是風力所轉，始終成壞。」僧云：「章敬道是，和尚為什麼道不是？」南泉云：「章敬即是，是汝不是。」（長慶代云：「和尚是什麼心行？」雲居錫云：「章敬未必道是，南泉未必道不是。」又云：「遮僧當初但持錫出去恰好。」）

惟覺法師開示六祖壇經懺悔品第六「無相頌：忽悟大乘真懺悔，除邪行正即無罪」云：《忽然悟到大乘這念心，通通懺悔了，這才是真正的懺悔。悟到哪一念大乘心呢？就是師父說法、諸位聽法這念心，不想過去、現在、未來，不打瞌睡，這念心清楚明白，站得住，站得長，這就是大乘心。安住在這個地方，所有一切罪通通滅得乾乾淨淨，就是禪宗祖師所說「千年暗室，一燈即破」》

又解釋「吾祖唯傳此頓法，普願見性同一體」云：《吾祖所傳的就是這個頓悟法門：不思善、不思惡，師父說法、諸位聽法這念心；如如不動，了了常知，處處作主，頓悟自心直了成佛就是這個：聽法這個、說法這個。這就是頓法。》（以上摘自中台山靈泉雜誌第三十六期三十七頁一九九九年二月五日出刊）

平實云：余於一九九三年出版之《念佛三昧修學次第》書中，已曾隱名陳述惟覺法師此一「錯悟」，復於一九九五年出版之《禪—悟前與悟後》贈閱版中再度隱名陳述惟覺法師此一「錯悟」，以其歷時二年仍未改正邪謬故。復經四年而至一九九九年都無長進，仍刊出其同一「錯悟」之常見外道邪見，用以誤導佛子。復因此師善於宣傳聚衆，廣聚生徒，故所誤導信徒之數甚衆；余以愍諸佛子受其誤導、同墮未悟言悟大妄語業故，必須再三得罪惟覺法師，予以拈提，不再隱其名諱，藉以警覺中台山之四衆弟子；有智生徒當速共稟惟覺法師揚棄常見外道邪見，回歸正法。

壇經「不思善不思惡」者，非謂修已然後不思善不思惡，乃謂從無始劫來本就不思善惡之真心。聞法說法之心乃是覺知心，非是真心；佛於初轉法輪中已說此心名之為我，乃是意識，並謂錯認此心為真者，名為我見—常見外道之邪見也。

三轉法輪諸經中，佛又處處指陳此能知能聽之心名為意識，依於阿賴耶所藏覺知心種子及意根與五根方能現行，故名依他起性，非本來自己已有之常不壞心，是故佛說此能聽能知能覺之心於五位斷而不現，故非常恆，亦不能去至來世。

五位者：眠熟無夢時，悶絶時、正死時、無想定中（註）、滅盡定中。不能去至來世者謂：此世覺知心以此世之有根身（具足五根並有命根之色身）為俱有依，若五根俱壞，命根不存，此心即永斷滅，永不復現；非如眠熟暫斷已，次日又復現行，故不能去至來世。是故前世之覺知心不能來至此世，此世之覺知心非從前世來，故一切人不憶宿命，須修宿命通而後知之。是故能聽能說能知之心唯一世暫有，世世非同一心，同一世中又復夜夜斷滅，若不依於阿賴耶、有根身、意根，此心永不能現，三轉法輪諸經中說之為依他起性心，說此心念念變易，因於識種之流注不斷方能現行，云何惟覺法師不見不讀三轉法輪諸經？多年來以之誤導廣大佛子同陷未悟言悟之大妄語業中，不肯幡然修正？（註：無想定者謂學人證得四禪，息脈俱斷後，滅卻覺知心，以此爲涅槃，是名無想定。）

復次，惟覺法師於此依他起性之前六識上，復加「處處作主」之性，是則於依他起性上更增遍計執性，違遠三乘涅槃，云何廣大生徒不知其謬？一味盲從？三轉法輪諸經說能處處作主之心，乃因能「恒審思量」故有處處作主之用；並說處處作主之心名為意根末那識──眾生無量劫來一向認定之我──俱生我執即因此心而有。此心恒內執阿賴耶為我所，恒外執見聞覺知心為我用，以此俱生我執故輪轉生死，永無休歇，名為眾生顛倒。今者惟覺法師開示廣大徒眾，皆令認取依他起性之前六識、合處處作主之遍計執性末那識為真如，正墮常見外道邪見中，悖離圓成實性，乖違三乘涅槃，云何廣大徒衆迷於表相、不信佛語真實？云何共捐數十億乃至百億資財，助其弘揚常見外道邪法？如是無智，殊不可解。普勸惟覺法師及其廣大徒衆：速覓《維摩詰經、楞伽經、如來藏經……》等三轉法輪諸經，建立正知正見，速捨常見外道邪見；莫將常見外道邪見置於佛法之中，反於正法否定排斥，以免未來捨報時悔之莫及、無從補救。

復次，證悟之人必能通達宗門祖師證悟公案；若於禪宗祖師證悟公案懵無所知，處處凝滯，死於祖師句下，即非真悟。今觀惟覺法師既不能通祖師證悟公案，於平實拈提諸多公案不知不解；諸多開示復又處處合於常見外道，處處與佛所說三乘法義顛倒，而自命證悟成聖，寧不畏懼大妄語業中之無量尤重純苦來世多劫重報乎！斯非智人之所行也。今且拈提南泉不是公案，共爾法師四衆弟子商量，或有僥倖悟得者，不計人數多寡，皆能證實余言不虛也：

有僧參訪京兆府章敬寺懷暉禪師，於章敬禪師前右繞三匝，章敬云：「是！是！」

許多法師及大學教授喜樂研究禪學，將禪法當作一門學問，著作《中國禪宗史》及諸揣測公案等書，以邀大衆恭敬及與名聞。彼諸人等每見祖師證悟公案皆在作務動轉之中契入，便於生活勞務動作之中揣摩，盡墮風大之中，而以情解思惟廣著禪學書籍，誤導衆生。平實卻不於動轉中契入，但只坐中參詳體究，所悟與諸祖無二無別，諸人還能會得麼？如是著於表相之人，一旦問著，悉以意識覺知體性為真如，無一非野狐眷屬；今時如是，古時亦復如是，多有此輩，是故章敬禪師懶於辨正，便對彼僧云是；卻招來長慶慧稜禪師批評：「章敬和尚！您的佛法身心何在？」

彼僧以為右繞三匝一招，即可走遍天下叢林，遂又來到南泉參訪普願禪師，亦繞三匝，振錫而立，不肯禮拜；南泉宗教俱通，何等精奇，豈受伊瞞？向伊道：「不是！不是！此是風力所轉，始終會成為壞滅之法。」一語點破，彼僧慌了手腳，沒做道理處，只得問云：「章敬禪師說這樣就是，和尚您為什麼說這樣不是？」果然被勘破。見得南泉火眼金睛內外徹明，非如今時法師居士愚盲不見，竟敢寫書說禪、誤導衆生、賺佛法資財。

南泉聞彼僧恁道，便向伊說：「對章敬禪師而言，這樣就是；對你而言，這樣卻不是。」

長慶禪師聞南泉恁道，又代彼僧云：「南泉和尚究竟是什麼心行？令人捉摸不透。」雲居錫禪師卻拈道：「章敬禪師口裏說是，未必向他說是。南泉嘴說不是，未必向他說不是。」

這些禪師真是奇怪，所悟分明同一，云何卻有恁多言語出入？令諸學人摸索不著。

只如章敬道是時，有什麼處不肯他？南泉道不是時，什麼處未必道不是？雲居禪師這一拈，為什麼卻教諸方分疏不下？為什麼卻教章敬南泉解頣不語？惟覺法師若能知得此中蹊蹺，方解章敬南泉雲居長慶諸祖語話，方有住山本錢，而僅得階七住；尚無道種智故，仍非初地；於別教中僅得成賢，猶未證聖，不得自命聖人。

若仍不能明證南泉雲居諸祖弦外之音、語外之意，仍執能聽能說之心為真如者，豈唯不入大乘見道七住賢位，亦乃不知小乘初果我見初斷心境，凡夫外道無異。

只如南泉向彼僧道：「不是！不是！此是風力所轉，始終成壞。」雲居為什麼道「這僧當初但持錫出去恰好？」雲居究竟是什麼心行？作恁麼語話？平實若是彼僧，當時但將錫杖擲向南泉跟前，卻自覓座伸手云：「點茶來！有人要喝，有人不喝。」法師欲曉麼？但將錫杖來至正覺講堂，望平實跟前一擲，轉身卻迴中台山，更有何事！

第三二七則　南泉鞋錢

池州南泉普願禪師　師一日問黃蘗：「黃金爲世界，白銀爲壁落，此是什麼人居處？」黃蘗云：「是聖人居處。」師云：「更有一人居何國土？」黃蘗乃叉手而立。師云：「道不得，何不問王老師？」黃蘗卻問：「更有一人居何國土？」師云：「可惜許。」

師又別時問黃蘗：「定慧等學，此理如何？」黃蘗云：「十二時中不依倚一物。」師云：「莫是長老見處麼？」黃蘗云：「不敢！」師云：「漿水價且置，草鞋錢教阿誰還？」

杭州靈隱寺故慧明法師開示云：《禪密兼修是方便法門，開門見山，不從漸入，不重事相；亦不偏談理論，下手卽**在心念上用功：心念清淨則生菩提**，超凡入聖；若心念不清淨，則起惑造業，斯卽凡夫。……禪宗參話頭，與密法持眞言，雖有自力佛力之不同，然自他不二，同是不可說，**同是以此鎮一切妄念**。眞言功用更不可思議，故本法只持六字眞言，不用話頭；卽以此眞言破除一切妄念種子。……本法亦具三關；云何初關？學人持誦眞言，持到萬念歸一，不起二念，名透初關；但此乃以石壓草，尚非究竟。云何二關？眞言持到持而不持、不持而持，是誰在持？自己亦不知；乃至同時好似有二人同持，是名三昧現前，亦名透三關。云何三關？眞言持到眞妄法三者不知，深入三昧而得離持正定、一無所有，即證實相，一切具足，名透三關。》（摘自南投菩提禪院《慧明法師開示錄》第二版四三、四四頁）

又云：《…可知禪密兩宗皆重事，不執理；**只依人，不依法**。慧明以前說「依法不依人」，乃自愧功德不夠，恐增我慢故。實在學禪學密只重師傳、一切不疑，方有受用。》（同書六〇頁）

平實云：慧明法師淡泊自守，毫無私心，令人無比敬佩。但其主張「依人不依法」者，實有大過，往往誤墮邪見之中而令師徒不能自我檢查審斷故。如今中台山法鼓山四衆弟子，實因依人不依法故，隨師共墮常見外道法中，無有能自醒覺者。

非唯未悟錯悟之人必須依法而不依人，乃至二乘無學及與菩薩真正證悟之人，亦皆必須依法而不依人；二乘無學不曉實相故，真悟菩薩尚須依於三轉法輪所說諸法檢點自身所悟真偽故，必須悟後依諸經法修學種智方能漸入初地及諸地故；慧明法師渾不知此，主張禪宗密宗皆依人不依法，其謬大矣！密宗之所以深入岐路而不能回頭，皆坐此病所致。有智佛子或聞師示、或讀師文、或被印證破參明心，隨後當以三轉法輪諸經印證，驗其虛實；若師所言異於諸經所說法，當舉示於師而辨正之，一則自身免受誤導，二則警覺於師，令其返歸正法，捨離外道邪見；是故一切人皆須「依法而不依人」，唯除所依是究竟佛。

慧明法師所「悟」偏邪，不能與經法印證符契，是故主張依人不依法。觀其開示之證悟實相三關，合諸密宗古今祖師，然背禪宗真悟諸祖，更違大乘諸經佛旨。何故平實如是檢點慧明？謂彼欲將有念靈覺心修成無念靈覺心，復將無念靈覺心分心返照，似成二我，名為「三昧現前」；後將靈覺心放捨一切法，不觀不照一切法，如是安住，謂此名為證得實相。此乃邪見，欲將意識修行轉變而成真如，常見外道無異，云何名為證悟實相？云何名為透過三關？其實於禪宗初關猶未參破，云何令人依止於他而不依法？

云何慧明法師此說名為邪見？此謂覺知心乃是意識，意識不可能經由修行轉變成真如。真如乃從本已來即是不思善惡之體性，從本以來不曾起過一念妄想，從本以來不曾間斷、非如覺知心之夜夜間斷；從本以來不曾於六塵境起見聞覺知，從本以來即是第八識真如，非由第六識覺知心修行轉變而成；是故慧明法師之開示乃是邪見──知見不正；此過甚多，余於《真實如來藏》書中已廣陳述，讀者逕閱可解，此處勿煩贅述。

慧明法師知見邪謬、違遠涅槃實相妙心者，其故無他，乃因所悟非正所致。若欲證悟，當依禪宗公案最迅速：

南泉普願禪師一日問黃蘗希運禪師：「黃金為世界，白銀為壁落，此是什麼人居處？」

此乃十方佛國皆有之實報莊嚴淨土——五不還天之頂——色究竟天境界，唯有已證道種智、已得初地無生法忍以上之菩薩方得生彼，是故黃蘗答云：「是聖人居處。」證得第八識真如之後，熏修種智、證得法眼，方入初地，壽盡捨報而後生彼；二乘無學尚不能至，不證實相及種智故。

然而菩薩生彼淨土，其覺知心踴躍歡喜之際，別有第八識真如仍依本際安住，此非未悟之人所知也；南泉欲勘黃蘗，乃問云：「更有一人居何國土？」黃蘗聞言，叉手而立；似則似，是則不是；只是依樣畫葫蘆而已，何嘗親睹葫蘆？南泉知他學人作略，尚非真悟，不知此中機關，遂云：「你既然說不得，何不問我王老師？」也是一勘，恰好說與黃蘗；黃蘗乃又舉問：「更有一人居何國土？」正是明暗雙雙底時節，於此一問之下，自己不妨有個出身處，無奈黃蘗當時一股腦兒尋他南泉語脈，丟卻自家寶藏不見，猶待南泉指引。

衆家看信大德！或有能於平實此一段語中觸著築著者，重問一遍之際便知出身處，語畢正好鼓平實一掌，伸手對余討杯無生茶喝；可惜當時黃蘗懵無所覺，南泉只得點他一句：「可惜了一些。」只如黃蘗重舉之際，出身處何在？諸方老宿還有能檢點得出者麼？何妨來我正覺講堂討茶水喫？

又一時，南泉復問黃蘗：「定慧等學，這個道理如何說？」即定之時慧在定，即慧之時定在慧，語出六祖壇經，人人誦得，亦能說得，只是普皆錯解；黃蘗亦復如是：「將覺知心於十二時辰中都不依附一物一法，即是定慧等學。」此語卻似慧明法師一般無二，同是錯悟本家，俱皆認妄為真─欲將生滅妄心修成第八識真如也。

南泉唯恐自己聽錯，又重問一遍：「莫非這便是長老你的見處麼？」黃蘗卻自承當云：「不敢！」南泉欲令黃蘗自知所悟非真，乃向伊道：「多年以來諸方行腳時喝掉的茶水錢且暫不說，你穿壞許多雙草鞋的錢，欲教誰替你還？」此乃訶責黃蘗當時所悟不真，無德消受諸方信施；黃蘗語塞，無能答他。此乃黃蘗悟前一段糗事。

如今諸方顯密大師無一悟者，而普示現證悟成聖，虛受諸方信施，少則數億台幣，多則百餘億台幣；或收存為己所有，或建廣大道場以弘常見外道之法，共成地獄重罪；將外道法置於佛法中故，佛說如是等人名為佛法中賊故。

黃蘗彼時未悟，雖然只受信施茶水草鞋錢，南泉已不肯他；何況今人虛受信施動輒以億計？云何不知速求證悟？上座若聞余語，心有悽悽，欲求悟者，且攜草鞋一隻來尋平實；甫見已，平實伸腳便令上座為繫草鞋。上座繫已，起身鼓平實一掌，且自返寺，兩廂無事。如或不解，平實為汝舉聲哭云：「嗚呼！哀哉！」

第三二八則　南泉草賊

池州南泉普願禪師　南泉山下有一庵主，人謂曰：「近日南泉和尚出世，何不去禮見？」庵主曰：「非但南泉出世，直饒千佛出興，我亦不去。」師聞，乃令趙州去勘。州去便拜，庵主不顧。州復從西過東，又從東過西，主亦不顧。州曰：「草賊大敗。」遂拽下簾子，便歸舉似師，師曰：「我從來疑著這漢。」次日，師與沙彌攜茶一瓶、盞三隻，到庵，擲向地上，乃曰：「昨日底！昨日底！」主曰：「昨日底是什麼？」師於沙彌背上拍一下曰：「賺我來！賺我來！」拂袖便回。

法禪法師（原自在居士）云：《……中國佛教如果沒有禪，就會變得很膚淺；講神通的、講因果的、講淨土的，這些都還只是佛教的方便法門，只有禪爲佛的本心，中國佛教的特質便是禪。》（摘自如來出版社《參禪法要—修持篇》頁一五）

平實云：自在居士此一段語值得認同；今日中國佛教之所以衰落，只餘台灣有表相之佛教興盛，咎在未證真如本心—第八阿賴耶識—故於三乘諸經不能通達，本質上漸趨沒落。

法禪法師隨即又云：《這個法門很殊勝，要修並不好修，會去修的人也不多，會教的人更少；因爲不是過來人的話，根本摸不著邊，自己都不懂，又如何幫人呢？所以今天禪在

台灣是很沒落的，往往都是道聽途說或鸚鵡學語，根本沒有接觸到禪的本心。》（見同書頁一五、一六）

平實云：法禪法師所說無訛；今時海峽兩岸法師居士、大江南北八大修行者中，迄未見有證悟本心之人，唯除正覺同修會中已證悟者。法禪法師上來一段責人之語，亦應責己；謂汝所著《參禪法要》諸書內容，悉屬道聽途說及鸚鵡學語之作，「根本沒有接觸到禪的本心」，乃竟嚴以責人、厚以待己，大失法師本分。

法禪法師又云：《…所謂的「遠離」就是指心中不會被外在的境相所執著，當然**心就會如如不動，遠就是本心，所以說禪就是佛的本心**。這是要靠實證自內證的，有別於教下從外來的、靠身口意好好去修行而慢慢一點一滴的累積。「自內證」就是從內心去**返本還源、窮本溯源**，去返觀本性，去找回本體、本心，這就是禪。》（同書頁一六）

平實云：汝謂遠離者，乃以覺知心遠離外相而不執著；然而本心亙古以來一向於諸外相不曾執著，何須汝修遠離行？汝以覺知心修遠離行，希望如如不動；然本心亙古以來常住清淨自性中，不曾起心動念執著六塵，何須汝修如如不動行？汝犯此諸過失者，咎在「根本沒有接觸到禪的本心」，而將「道聽途說，鸚鵡學語」以開示人，得無大過？所以者何？謂汝所說遠離之心乃是意識及與意根，十八界所攝念念變易之法，佛於二乘法中說為凡夫我見，復於三轉法輪唯識種智諸經中說為依他起性與遍計執性，云何汝竟指稱此覺知作主之心為佛之本心？如是即成誣佛同於凡夫外道，非汝法師之身所應為也。

汝所說所著者，率多讀自月溪法師著作而來；然月溪未到見道之地，仍涉途中；汝於月溪中途之道、聽聞其說，學以示人，正是道聽途說、鸚鵡學語，翻以責人，寧不畏人竊笑？南泉云：「老僧往年亦被人教『返本還源去』；幾恁麼去！禍事！」不意千餘年後之今時，汝猶印書教人「返本還源、窮本溯源」，誤導無辜佛子，相將同入常見外道法中，以之為悟，真是禍事。

法禪法師又云：《見性人和一般人最大的差別，在於有無執著性。我們言「轉識成智、明心見性、見到本來面目」，都是代表執著性被徹底地了掉，一切的妄念妄緣都被全體轉換，變成佛性的妙用。》（同書頁三〇）

平實云：卿之所知所言所思，悉為月溪法師邪見所染；流毒所及，亦令衆生隨入邪道。余以汝故，於我會中開示《批月集》，略述月溪法師邪見；後來整理成文，改名《正法眼藏—護法集》，印行天下，並曾署名親寄與卿，而卿都無一語覆余。書中所述僅略舉月溪大謬數端，其餘小謬邪說，不勝枚舉，罄竹難書；來日設或有緣相見，無妨面析三永日，令卿盡解月溪邪謬，轉入正道。

今見法師所著諸書，處處留存月溪餘毒；佛子覽之，有害無益，宜予回收，莫再販售流通，否則不免誤導衆生之重罪。佛亦開示：將外道法置於佛法中者必下地獄，今者法師所著諸書不離常見外道法，以此似是而非之法稱為佛法，佛所不許；法師若能見納余議，方是智者，能免後世重業故。

復次，佛法固然浩瀚深廣，概而言之，其要唯二：一者解脱道，二者大菩提道。解脱道者三乘與共，大菩提道者唯有大乘，不共二乘。如是之理，卿未知之，非見道者，不得自謂已悟。卿言：「見性人和一般人最大的差別，在於有無執著性」，此言似是而非，其謬大矣！一者聲聞羅漢及與緣覺既成無學，已無執著性，然皆尚未明心，亦未見性。二者菩薩眼見佛性入十住位，不妨執著性仍未斷盡而處生死有海自度度他。三者菩薩初地證無生法忍，起道種智而有法眼，一切人天不能壞其法，而不妨末那我執之執著性未盡。四者執著性之斷與未斷，乃解脱道，無關大菩提道；雖仍因二乘菩提慧而出三界，然此慧門乃解脱道慧，方便説為聲聞菩提、緣覺菩提，非大乘法大菩提道也。明心與見性乃大乘法中菩提般若，悟時固亦分證解脱，然其要者在於般若菩提——由親證本心而現觀覺知作主之我非有常不壞性，因於頓證法界實相涅槃本際，從此能轉三轉法輪諸經，而不妨尚有三界法之執著性，故卿不應主張「執著性之有無即是見性者與一般人之最大差別」。

再者：明心見性、轉識成智、見到本來面目等事，非卿所知，並非如卿所言「都是代表執著性被徹底了掉」。三者：妄念妄緣不可能轉換成佛性之妙用；佛性妙用本已具足，無論生佛皆本有之，非從妄念妄緣全部或局部轉變而來，否則即非自在。卿於出家前名為自在居士，出家後翻謂「佛性妙用非自己本來已在，乃由妄念妄緣轉換而來」，如是焉得名為自在居士？所說所著非法非禪，云何得名「法禪法師」？不應正理。卿之衆過，其因唯一：未觸證本心。以未證本心故，於書中否定第八識為妄識，返認無妄念之覺知性為佛性之妙用，墮於妄覺性中，名為凡夫隨順覺性，與常見外道合流，無有絲毫證量，翻誣余所傳法錯誤，派人滲透本會之內，謀欲推翻余所弘傳世尊正法，狂妄乃爾！

古時南泉山下有一庵主，不服南泉而不肯上山參禮南泉，雖未誹謗南泉，尚不免南泉師徒之勘驗摧折，何況卿以常見外道邪法而破我正法，云何不應摧伏？近年復有卿之座下蕭姓弟子謂余會中同修云：「我們法禪師父說：蕭平實一點兒證量都沒有。」顯見拙著《護法集》出版寄贈與卿之後，卿仍未改已往所信月溪法師邪謬，未捨常見外道邪見，未能觸證本心阿賴耶識，亦不肯收回誤導眾生諸種著作；余既發願救護眾生免入邪道，云何不應就卿邪見予以辨正摧伏？

南泉山下有一庵主，所悟不真，墮於法禪法師同一妄覺之中，乃竟誇下如許大口：「非但南泉出世，直饒千佛出興，我亦不去參禮。」南泉聞說此個阿師誇此大口，便令座下趙州禪師往勘，驗他虛實。趙州乃開眼人，廣有諸般手段，進得庵門，甫見庵主，納頭便拜；那庵主不曉趙州手段，認作趙州心服於己，前來參禮，乃高座不顧；趙州恐有勘驗疏失，乃又從西過東而立，庵主仍不顧，趙州便有八分知他墮處；復又從東過西，庵主依舊不顧；趙州見此十分光景，已經確定庵主乃是草賊──非如山寨大王之有依憑──乃是依草附木而誑謔他人之小賊而已，乃向庵主曰：「草賊大敗！」遂拽下庵門竹簾子，回報南泉。南泉云：「我一直懷疑這個漢子究竟悟了沒有，今日果然。」

次日，南泉與沙彌攜茶一瓶、茶杯三隻，同去山下庵前，將茶瓶茶杯擲向庵主面前地上，向庵主云：「昨天底！昨天底！」南泉此來雖是黃鼠狼給雞拜年，這一句語卻著實是為庵主開示入處，可謂郎當不少、極為破費。平實且以此一公案示汝入處，法師莫效草賊行徑，莫謂等閑，宜急著眼：一者南泉偕徒攜茶瓶及盞，來到庵主前，是什麼意？二者將瓶及盞擲向庵主前地，是什麼意？三者南泉一再云昨日底，阿哪個是昨日底？法師若會，三問只是一問，從此方有住山本錢。汝今住山，無有絲毫本錢，永遠不成氣候，故余拈此以示，冀望一朝忽然契會，便可出頭，屆時平實公開為爾印證。

那庵主不曉南泉意旨，覷不著南泉語意，猶問曰：「昨日底是什麼？」南泉乃於沙彌背上拍一下曰：「賺我來！賺我來！」原以為來此一遭，可令庵主悟入；不料庵主自視過高，只是個草包，慢心不除，彫不得也。乃拂袖回山上。

法師曾親口向徒衆道：台灣無有證悟之人，唯有自己是悟者。今且問爾：南泉所云昨日底，究竟是什麼？爾若道得，許爾具眼；若道不得，未入大乘見道。

次問：南泉於沙彌背上拍一下曰：「賺我來！賺我來！」是有為庵主處？是無為庵主處？若有，有在何處？如無，因何是無？若能道得，許爾具眼；若道不得，未入大乘見道。

三問：南泉欲回山上，轉身自去便得，何故拂袖方去？什麼處是他袖裡乾坤？若能道得，許爾具眼；若道不得，未入大乘見道。

爾若來到下處見問：「云何是昨日底？」平實卻高聲向天大喚：是今日底！是今

日底！

且道：昨日底與今日底，是一？是二？

第三二九則　五台瀉水

五台山隱峰禪師　師到南泉，睹衆僧參次，南泉指淨瓶云：「銅瓶是境，瓶中有水；不得動著境，與老僧將水來。」師便拈淨瓶，向南泉面前瀉，南泉便休。

師後到潙山，於上座頭解放衣鉢；潙山聞師叔到，先具威儀下堂內。師見來，便倒作睡勢，潙山便歸方丈，師乃發去。少間，潙山問侍者：「師叔在否？」對云：「已去也。」潙山云：「去時有什麼言語？」對云：「無言語。」潙山云：「莫道無言語；其聲如雷。」

公案：《沙可（*Sekkyo*）（平實註：石鞏慧藏禪師也）告訴他的一個和尚：你能夠抓住虛空嗎？那個和尚說：我試試看。他將他的手在空中做成杯狀。沙可說：那並不很好，你在裡面並沒有抓到任何東西。那個和尚說：那麼，師父！請你指引我一個更好的方法。就在那個時候，沙可抓住那個和尚的鼻子，猛然用力一拉。「啊唷！」那個和尚大叫：「好痛喔！」沙可說：這就是抓住空的方式。（錄自武陵出版公司奧修著《草木自己生長—禪的眞髓》頁七五、七六。編按：請閱二九八則：石鞏捉空。）

奧修解此公案云：《…師父在耍一個詭計，師父問：你能夠抓住虛空嗎？那個問題是狡詐的，如果那個門徒有任何了解的話，他一定不會去嘗試；那個想要去抓住空的努力是愚蠢的，你能夠抓住某種東西，但你不能夠抓住「無物」，你怎麼能夠抓住「無物」？…有一些故事：當禪師問門徒：你能夠抓住空嗎？門徒抓住師父的鼻子，猛然用力一拉，那完全正確，因爲那個問題是荒謬的，不論你作任何嘗試，它一開始就會失敗，沒有什麼東西會有所幫助。這些就是禪的公案，禪師給你一個荒謬的問題，那是不能夠解答的──它沒有答案。…一個謎是藉著某種聰明才智就能夠解答的，一個荒謬的東西在本質上就是不能夠解決的，公案就是一種荒謬的謎。…公案是要讓門徒感覺到他的無能、感覺到你不能做、感覺到無助，因爲自我只能夠在一個無助的狀態下才能夠消失，否則它不能夠消失；自我唯有當它是一個完全的失敗，當連些微成功的可能性都不存在，它才能夠消失；…「那麼！師父！請你指引我一個更好的方法。」就在那個時候，沙可抓住那個和尚的鼻子，猛然用力一拉。禪師爲什麼那麼魯莽？只有禪師那麼魯莽，因爲他們有一個眞正的慈悲，你只能夠以這樣的方式被擲回你自己，沒有其他的方式；你需要一個電擊，你需要一個驚嚇的處置。爲什麼要有這個驚嚇的處置呢？因爲唯有在驚嚇當中，在一個很短的時間內，你的思想才會停止，否則它無法停止；唯有在驚嚇當中，你才能夠變得覺知、變得警覺；你的昏睡才會丟棄，否則你是一個夢遊的人。除非有人重重地敲醒你，否則你的昏睡無法被打破。就在那個時候，沙可抓住那個和尚的鼻子，猛然用力一拉。「啊唷！」那個和尚大叫：「好痛喔！」

整個奧秘就在那個「啊唷！」當中，有人急拉你的鼻子，你裡面會有什麼反應？第一個反應就是：它是你從來沒有料想過的，那個和尚在期待某種智性的回答，而這是一個整體性的回答：它是不期然的，那個不期然就是重點，因爲如果頭腦能夠預期，那麼就不會有震驚；如果頭腦能夠預期，那麼頭腦已經死了。所以如果你去到沙可那裡，要記清楚：他不會再對你做同樣的事情，因爲如此一來，你已經可以預期，而他會做一些完全無法預期的事。……重點在於不能預期，因爲在一個不能預期的片刻，頭腦無法運作，這就是「啊唷！」的意思。當「啊唷！」一聲的時候，頭腦就停止了，……沒有操縱者，沒有人去做它，它只是發生了。當某件事發生而沒有「做者」，空就是這樣被抓住的，你就是這樣抓住空—這就是空。……那個「啊唷！」的聲音比一般的聲音移動得還快，在它裡面有全然的能量，它是很美的，因爲這個人或許已經完全忘掉存在的自發性—他被完全丟回他的自發性，他被從頭腦丟進他自己最內在的神龕，這個「啊唷！」就是來自那裡，不期然的，沒有去做它，它就發生了，它的發生來自空，你就抓住了。……師父創造出一個情況，讓門徒進入一個自發性的行爲，不管那個行爲是多麼小，只是「啊唷！」閃電就發生了，這可以變成一個三托歷二一一〇）

（原註：短暫地瞥見神性）—第一次成道。》（摘自武陵出版公司《草木自己生長—禪的眞髓》頁九

平實云：奧修這種證悟成道，只是直覺而已。若有人師以能逼出門徒之直覺，如此謂禪者，俱是自然外道。如是邪思謬想，普遍存在於海峽兩岸佛教界；台灣之顯者，即是自在居士（法禪法師）。

譬如有徒問：「不一定在妄念少時才見性嗎？」自在居士答：「不一定！這跟八識田的妄念多少沒有關係，因為爆裂是突如其來的轉換，所以這狀態無法預期。」（摘自圓明出版社自在居士著《禪門的理論與修證指要》頁一○一）

復有徒問：「棒喝和拈花微笑，也都是一樣的嗎？」自在居士答：「是一樣的，只不過手法上不一樣而已。對未見性的人來講，被棒喝的當下，腦筋會一片空白，意識中的念流會停頓，此時有可能會見性。在腦筋一片空白時是一個很好的時機，故有些祖師會用喝的、踢的、罵的。」（摘自同書頁一○四）又云：「…機緣成熟自然會爆裂，其爆裂不一定在參的時候，那一剎那不是腦筋的作用，等於突如其來。譬如突然受驚的心態，間不容髮。」（同書頁九八）

如是，以直覺之體認，以為證悟者，不勝枚舉，奧修及自在居士只是其中之較著者，悉墮意識及末那境界，自然外道也。此謂直覺或離見聞覺知，或不離見聞覺知，非奧修與自在居士所知也；前者譬如眠熟無夢中，末那仍依直覺運作不輟，非無直覺，仍是妄心；如是之理，彼二人尚不能知，何況能知第八識真如？而妄言「禪門的理論」，授人以「修證指要」，正是無眼人指路與群盲看。

禪門之所悟者，端在究明萬法根本，觸證一切法界之實相——本心阿賴耶識；今觀奧修、自在居士之流，悉以觸證直覺名為見性，尚不能知法界實相，更不能眼見佛性，如是自稱已曾見性，得無大妄語之嫌乎！如是之人，誑謔閭閻，欺詐佛子，自命登聖；更謂一切見性者皆是已成究竟佛者，不知不見《大般涅槃經》中佛說「十住菩薩眼見佛性」之語，反斥真悟者「悟後起修」之開示，謂證悟者開示錯誤（詳見自在居士《禪門的理論與修證指要》頁三九、四〇）以錯悟邪見解經說法、誤導佛子，竟反誣指他人正見為邪謬；其心顛倒，乃至於斯，此非末法邪師，何者為是？

奧修亦復如是，以為禪宗公案中之祖師所悟空性為「無物空」，以之解釋公案；復又返執直覺性為真實心，誤解石鞏慧藏禪師捉空之意，如是名為成道，則佛道不異世俗常見邊見，有何可貴？是故佛子學佛，當立志求悟，以悟為期；悟名見道—親見修行成佛之道，能少分知。見道後熏習無生法忍，若得通達，方能具知成佛之道，成初地入心，證得法眼；此諸正理，自在居士及與奧修俱皆不能少分知之，乃竟妄言證悟成道，狂言見性即是成佛、不必悟後起修十地諸行，是名邪見誤導衆生。

然而明師自古難遇，兼以此土眾生剛強性劣，見取見極重，每每不服真善知識；中國人復有劣習：寧為雞首，不為牛後；是故諸方各立山頭，擁眾自重，不受善知識言語，悉以方便示悟，以邀名聞恭敬；是故佛子欲覓明師極難，舉目所見名師，俱道已悟故；傾耳所聞諸方，俱言能助人悟；自身又復不具慧眼，龍蛇不辨，是故多被誤導。欲救佛子免入歧途，唯一之道唯有具舉諸方錯悟而故示為悟者，舉其邪見以辨正之，令知似是而非之所在，使其誤導眾生之一切言行失其作用，則佛子幸甚！

邪謬舉示辨正已，當示入處，便舉五台瀉水公案，共大眾說禪：

五台山隱峰禪師悟後行腳到南泉山，見眾僧參禪時，南泉指淨瓶云：「銅瓶是境，瓶中有水；不得動著瓶境，將老僧瓶中水取來。」五台禪師聞南泉恁道，不顧眾僧會抑不會，卻拈南泉淨瓶，持向南泉面前瀉地；南泉見狀，不唯無怒，反而逕自離去。

南泉明明道「銅瓶是境，不得動著境」，五台卻拈銅瓶瀉水，分明動著境，云何南泉不放五台一棒，卻自休去？究竟五台隱峰曾動著境？不曾動著境？平實這一問，難倒諸方老宿，咸皆作聲不得。南泉若向平實如是討水，平實卻空手和身倒向他懷裡，便向伊道：「送水來也！」且道平實動著境？不動著境？送水來？無送水來？

五台禪師後到溈山見師侄靈祐禪師，甫到便於法堂上座解放衣鉢；溈山靈祐禪師聞說師叔來到，急忙搭衣具儀來到法堂參見五台師叔。這五台禪師見溈山靈祐進法堂，便倒身作睡臥之勢；溈山見師叔如是，知他方外相見，便歸方丈室；五台見溈山休去，亦自發足休去。

稍後溈山問侍者：「師叔還在否？」侍者對云：「已經離去也。」溈山便問侍者：「師叔離去時，有什麼言語？」侍者回云：「並無一句言語。」溈山卻云：「你可別說師叔無言語；他所說的法音，聲如雷震。」

只如五台隱峰來到溈山，靈祐禪師具禮拜見，五台因什麼道理甫見便作臥勢？靈祐禪師見五台如是，何故卻回方丈室、不與敘禮？平實因什麼道理說五台此舉是方外相見？何處是他方外相見處？

五台去後，溈山靈祐禪師為何說他言語音聲如雷價響？若道他有言語，五台分明一語未發；若道無言語，溈山禪師又道其聲如雷；究竟五台言語在什麼處？

若道五台舉止是斷人念流，五台卻無驚人之舉，非如自在居士所言令人「腦筋一片空白、意識念流停頓」；亦未驚嚇人，非如奧修所言「耍詭計，令人不可預期」，亦非欲令他人覺知警醒，亦非欲令他人覺得自己無知無能；此一公案亦非不可解答，一切證悟之人悉知故。

奥修若猶在世，無妨偕同自在居士來尋平實問難：「你倒說說看：五台隱峰言語之聲如雷在什麼處？」平實卻向爾等二人大喝一聲，唯此再無下文。若猶不會，平實卻問：「聞否？」爾若道聞，平實卻問爾：「我何不聞？」爾若道不聞，平實卻道：「其聲如雷。」且道：五台無言如雷，與平實大喝無聞，是一？是異？

第三三〇則　烏臼同坑

烏臼和尚　年籍不詳。玄、紹二上座來參，師乃問：「二禪客發足什麼處？」玄曰：「江西。」師便打。玄曰：「久知和尚有此機要。」師曰：「汝既不會，後面個師僧祇對看。」紹擬進前，師便打曰：「信知同坑無異土。參堂去！」

師問僧：「近離什麼處？」僧曰：「定州。」師曰：「定州法道何似這裡？」僧曰：「不別。」師曰：「若不別，更轉彼中去。」便打。僧曰：「棒頭有眼，不得草草打人。」師曰：「今日打著一個也。」又打三下，僧便出去，師曰：「屈棒元來有人喫在。」僧曰：「爭奈杓柄在和尚手裡。」師曰：「汝若要，山僧回與汝。」僧近前奪棒，打師三下，師曰：「屈棒！屈棒！」僧曰：「有人喫在。」師曰：「草草打著個漢。」僧禮拜，師曰：「卻與麼去也。」僧大笑而出，師曰：「消得恁麼！消得恁麼！」（摘自《五燈會元》卷三）

自在居士（法禪法師）云：《我們說佛性向心中去求，這個「心」指的就是當下這個會聽法、想吃飯罵人動念、起煩惱的心。修行就是在心中仔細地去思惟參究，若一味地向外去馳求，則離道愈遠；向外馳求：如研究經典去尋找答案等皆是。》（圓明出版社自在居士著《禪門的理論與修證指要》頁四七）

平實云：法師出家前，誇得大口，謂台灣從南到北無一悟者，唯爾已悟。今觀爾之所悟，無異中台山惟覺法師，同墮常見外道所執「常不壞滅之意識」覺知心中。佛所說心，非汝所謂「當下這個會聽法、想吃飯罵人動念、起煩惱的心」，此是意識心，十八界五蘊所攝無常變異之法，眠熟等五位斷而不起故，拙著《真實如來藏》中詳述分明，茲不重舉。

爾之所以致此嚴重錯誤者，其故無他—未曾證悟本心，故認妄心為常不壞心。未能證悟本心之故者，咎在未先研讀經典，於佛所說真實心之體性絲毫不知，云何能知參究方向？云何能證真實本心？今者爾書復言：「研究經典尋找答案亦屬向外馳求」，則離道愈遠。殊不知一切人若欲求悟，必須先行研習經典，依佛開示明解真實心之體性，而後方可參禪；否則必入歧路，認妄為真。爾於此理懵然無知，乃竟教人莫讀經典；如是邪見，何有悟期？

唯有二種人參禪前可以不聞熏大乘了義經典：一者自身是乘願再來之人，過去世早已悟入，只因胎昧所障，頓然若忘；若再參之，復能悟得真實，自然符契諸了義經。二者已有真善知識攝受教導，依善知識聞熏正確知見，不虞誤入歧途，是故不須先讀了義經典。觀爾如是二緣俱無，焉得不研經典而能真悟？故爾錯悟、認妄為真，起顛倒想，事所必然。爾若欲求證悟，當速購閱拙著諸書，當速揚棄月溪法師謬見，當速研讀拙著諸結緣書。再三研讀已，當尋大乘經論比對之；再三比對已，方知余言句句誠實，句句契合佛意，然後方具參禪正知見也，斯時可以此則烏臼同坑公案參究，必可真悟；爾若不聽余言，三十載後猶自疑在；平實保爾依舊如今常住菩薩五住位中，尚不能證聲聞初果我見已斷境界，何況能入菩薩七住明心般若？

有玄上座及紹上座二人來參烏臼和尚，烏臼問曰：「二位禪客起程於何處？」玄上座答云：「由江西起程。」烏臼聞言便打。只如主賓尚未說禪，只是寒喧，烏臼因什麼道理便以杖打人？居士還會麼？料爾不會，平實索性為爾說了也：爾於宜蘭欲來台北覓余時，早該放爾二十棒；待爾來到台北再放二十棒時，假饒真能悟得，堪作什麼？

玄上座挨打，且不知烏臼心行，只得道：「久知和尚有此機要。」烏臼聞言，知他是個漆桶，便指向另一位：「汝既不會，後面那個師僧對答看看。」那紹上座正擬進前答話，烏臼已然舉杖打來，更云：「我相信，並且知道：同一個土坑中，是不會有兩種不同的泥土的。進參堂去參究吧！」

只如紹上座正擬進前答話，尚未說得一言半語，因什麼卻被烏臼打？豈不成個盲枷瞎棒麼？居士若不恥下問，來見平實欲究此理者，甫見平實，速速進前；若見平實取杖，莫待平實打來，舉腿奔回宜蘭便了，何必更要第二杓臭水？

復有僧來參，烏臼和尚問：「你最近離開什麼地方？」僧云：「離定州來此。」烏臼云：「定州禪師的法道如何這麼像我這裡？」僧答：「沒有差別。」烏臼曰：「如果沒有差別，你還是轉回定州那裡去吧。」言畢便打。這僧卻非吳下阿蒙，乃是有主行腳，抗議云：「棒頭可是有眼睛的，不可以如此草草隨便打人。」烏臼卻云：「今天終於打到一個真悟的人了。」說完又打三下。

這僧再度挨打，其實不冤；不是因他未悟，實乃因他機遲。烏臼問「近離什麼處」時，玄機已現端倪；這僧答是定州時，已然圖窮匕現，卻仍未知；烏臼便提示道：「定州法道何似這裡？」便似將那匕首於這僧眼前舞，若是個伶俐僧，聞言向烏臼道個不別，卻好揮袖旋身，大步而去；無奈他不曉禪師手段疾如迅雷，不與你微風細雨拖泥帶水，所以再挨烏臼三棒。此中道理，我會同修已經破參、歷經禪三鍛鍊者，但聞吾舉，便知其意，所悟乃是第八識真如——真相識故；今者居士以意識覺知性心修入無妄想中，名之為明心見性，墮於生滅變異法之依他起性中，尚未能斷識陰我之常見，云何能知這僧不服烏臼之所在？更不能知烏臼迅雷手段；平實雖已舉析，料君仍不能知也。無已，又復拈示與爾：

這僧再挨三棒，有些警覺咎在機遲，便出方丈外立，烏臼此刻確認這僧有主，乃曰：「屈棒原來有人肯吃哩。」這僧前時吃一回虧，這時倒是學一次乖，懂得討公道：「無奈杓柄在和尚手裡──我欲舀，舀不得。」烏臼云：「你如果要杓柄，我就掉回頭給你。」這僧聞言，便近前奪棒，打烏臼三下，烏臼云：「屈棒啊！屈棒啊！」一者給足這僧面子，同時卻責這僧棒頭無眼，故名屈棒；這僧仍然逃不出烏臼袖裡乾坤。

這僧不知烏臼雲上行，猶向地上笑他烏臼：「雖是屈棒，有人吃哩。」烏臼便點他：「你這樣正是草草地打著個真正漢子。」這僧此時稍解烏臼手段與心行，聞言警覺，趕緊納頭便拜，烏臼依然為他：「卻這麼去了。」這僧受教，聞言大笑而出，烏臼乃云：「消受得了我恁麼教導！消受得了我恁麼教導！」

只如烏臼云：「卻與麼去也。」云何是「與麼去」？居士既誇得大口、目呑諸方，還能解得烏臼意旨否？若能解得，三乘經教皆漸通達。料想居士解不得，只為居士曾對生徒開示云「宗門與教門不相干」故。

宗門與教門非一非異：教門文字言說固非宗門，然實因於世尊證得宗門，假藉文字語言為世人宣說宗門之意，乃成教門，故與宗門非異。居士之宗門證悟，既不能與教門符契，即是錯悟，應當重起爐灶、再提話頭，重新參究汝之本心何在，莫將「這個會聽法、想吃飯罵人動念起煩惱的心」認作本心，此是第六識—能覺能知之心性。汝若不聽余言，繼續向此心中鑽研，即是離於本心向外求法，正是心外求法之徒，云何反責他人心外求法？如是邪見，豈唯不能面見烏臼心行？亦乃絲毫不知這僧淺悟心行，乃至平實如是老婆，詳細拈析，料君仍將不審。事不獲已，為助汝悟，乃復饒舌云：

只如這僧聞言醒覺，趕忙禮拜烏臼和尚，烏臼云：「卻與麼去也。」如何是「與麼去也」？居士得暇，何妨於此起個疑情琢磨去！

三十年後會去，何妨來向平實胸前印上一掌，大笑便回宜蘭；平實卻向汝身後唱云：「消得恁麼！消得恁麼！」平實如是老婆舉似汝，未審居士會也無？

第三三一則　石霜犬吠

潭州石霜大善和尚　僧問：「如何是佛法大意？」師云：「春日雞鳴。」僧云：「學人不會。」師云：「中秋犬吠。」

師上堂云：「大眾！出來！出來！老漢有個法要，百年後不累爾。」眾云：「便請和尚說。」師云：「不消一堆火。」

印順法師云：《如來的世俗解說，釋尊時代已經是神我別名，所以在佛法流行中，如來而被作為神我型去解說，是非常可能的。如來界、如來藏與如來有關，而如來與神我有關，所以討論**有神我色彩的如來藏**說，應注意佛教界對於「我」的意見！釋尊的一代教法，以緣起、無我為宗要，雖然在某些大乘經中，「無我」已被巧妙的譬喻而判為方便說了！如尊重史實，那麼釋尊的無我說，正是針對當時印度教的「我」，否定神我而樹立源本於正覺的正法。》（摘自正聞出版社印順法師著《如來藏之研究》頁四一）

平實云：印順法師被尊稱為台灣佛教界之導師，身為大乘比丘、自命為大乘法之修證者，而崇尚聲聞小法，以緣起性空解釋般若，緣因早年受彼密宗應成派中觀邪見，故入歧途。彼云：「抗戰開始，我遊西川，接觸到西藏傳的空宗。那時我對於佛法的理解，發生重大的變革，不再以玄談為滿足，而從初期聖典中領略到佛法的精神。由於這一番思想的改變，對於空宗也得到一番新的體認，加深了我對於空宗的讚仰。」（詳見印順法師《中觀今論》自序）然而印順法師不解真正之空宗，亦不解真正之有宗，更不解大乘諸經所說空性之異於二乘空；觀其衆多著作，余今故作是言。於其誤導佛子之處，余以拙著《真實如來藏》中所說正理加以辨正反駁，然未指名道姓，是故佛子多有不知者。拙著出版後，於一九九八年三月廿四日以掛號郵件六二五七一號寄交法光月刊共計四本，其中一本指名轉交印順法師，冀彼閱已，修正邪見；於今二年有奇，未見其有修正之語文，反而放任徒衆繼續否定如來藏。

印順法師依密宗所認同之天竺佛教末期智光論師邪見，不依中國玄奘法師正見；認為大乘三轉法輪諸經乃神我思想，故否定如來藏思想。然而密宗錯解佛法極為嚴重；智光論師誤判諸謬，余亦已於《楞伽經詳解》第二輯中重判剖析，讀者逕行購閱，即知古來諸方對於空宗有宗判教之邪謬，茲不重述。

而如來藏非是思想，實有可證故。拙著《真實如來藏》已反覆證明其實有，非但印順法師所不能推翻，一切人天亦不能推翻。印順法師自謂已「從初期聖典中領略到佛法的精神，由於這一番思想的改變，對於空宗也得到一番新的體認，加深了我對於空宗的信仰」；然究其實，印老並未真正領略到初期聖典阿含諸經之真正精義，何以故？一味主張離於本際之涅槃寂滅故，一味主張無有涅槃本際之緣起性空及無常空故，佛說涅槃有不生不滅之本際故，佛說羅漢涅槃非是死已斷滅故；而今印順法師主張不生滅之如來即是外道神我故，然佛所開示之如來或如來藏迥異外道神我故。而今印老主張「如來的世俗解說，釋尊時代已經是神我別名」，卻不知自身對於如來之理解，正同「世俗的解說」，謂印老所知之如來藏有知有覺故，然佛說如來藏第八識離見聞覺知故。

復次，緣起性空之理若離涅槃本際──第八識如來藏──則行支緣無明支為因而起，無明支復應別有所緣之支，所緣支復應更有所緣支；是，則應十二因緣推之無盡，無人能究盡其理，無人能成辟支佛果；非，則應無明支乃由種子識（如來藏）所藏無明隨眠種子現行而有；不應無明由虛空無因自現而生有情，否則即成虛空外道。乃竟台灣佛教導師之印順法師竟受密宗應成中觀邪見蠱惑，隨彼邪見而否定如來藏，誣佛所說如來藏「思想」同於外道神我之說，豈真無明由虛空無因忽生耶？

果如是，則印老不必持戒出家，汝修行成佛已，復將再由虛空無因忽生無明，再度淪為凡夫，持戒出家修之何用？必因人人各有種子識，修行淨除自己種子識中二障隨眠已，種子已經純淨，不復再現無明種子，故成佛已，永不再墮凡夫生死，斯名正說。若依印老否定持種識（第八識如來藏）之邪見，則一切人學佛、供養法師、孝順父母，乃至殺人越貨、燒損擄掠，悉無正報，無因無果，一切無明種子非可經由修行熏習淨化故，一切無明種子悉將再由虛空無因忽然現行故，虛空不受熏習淨化故，虛空無法、非是心故。若無第八識如來藏持種，尚有極多大過，余於《真實如來藏》書中已有略述，而印老不能置辯，故知其謬也大。是故印老不應於否定第八識持種識如來藏之後，單說諸法緣起性空，否則必同應成中觀之具足斷常二邊邪見，焉得名為佛法？

印老所言「在某些大乘經中，『無我』已被巧妙的譬喻而判為方便說了！」如是之言可證印老完全不解大乘法義，未具大乘見道功德；此謂二轉法輪三轉法輪大乘諸經，在在處處說人無我、說法無我，不唯深妙正真，非二乘無學所知，更建立二乘無我法於不敗之地，令一切人天所不能壞，唯能信受而修學之。大乘諸經固說第八識如來藏是法界實相，然如來藏自性清淨，離見聞覺知，永不作主，不作主宰，不自知我，云何印老誣同外道神我？外道神我有覺有知、常作主故。

印老之有此過者，咎在不解佛說如來藏體性之意旨，復未能證實而體驗之，便誣如來藏同於外道神我；殊不知如來藏一法亙古已在，其清淨無我性永不改易，一切外道欲修證之而不可得，俱認意識覺知性為常不壞心，故名常見外道，佛於二乘諸經已廣破之，云何印老說如來藏同於外道神我？而此如來藏法，古今禪宗祖師證悟之人極多，余諸同修共我修學，今亦已有百餘人親證而能隨時體驗之，悉符一二三轉法輪諸經，無有絲毫差異，云何印老否定三乘諸經根本之如來藏法？

復次，大乘諸經從來不曾否定二乘無我法，故非如印老所說「無我已被巧妙的譬喻而判為方便說了」，反以涅槃本際之無我如來藏，建立二乘無我教立於不敗之地，何嘗否定之？然而二乘無我與大乘無我有異有同，印老不知，故作誣蔑大乘之說。所以者何？同者俱謂蘊處界無我、無我所，因緣所生、無常變異，終歸於壞，故名無我；如是無我，三乘所共，宗旨無二。異者謂大乘菩薩所證前述無我，乃由親證法界實相涅槃本際之如來藏心，並體驗其無我性後，名為證得無我，是名菩薩所證人無我；由此法界實相如來藏心之無我性，復觀蘊處界無我、觀蘊處界衍生之百法無我、無我所，觀衍生之千法萬億法無我我所，名為菩薩證得法無我；其中唯有小部份同於二乘無學所證無我，其餘悉皆不共二乘，辟支羅漢知有第八識而不能證故，故說二乘涅槃名為方便。然因衆生未悟之前，猶如印老聞之不解，故須廣設譬喻而演示之，然諸大乘經教僅說二乘無我教是方便教，不證中道實相故，實情如是故，未嘗將無我判為方便說也，「二乘無我」非即「真實無我」故；是故印老此語實有大過，誤導佛子錯將大乘究竟無我法認作外道神我法，而不能知三乘無我法俱依無我如來藏而顯故。

由是故說印老至今仍然墮於玄談中，三乘見道俱無，不入義學；何以故？聲聞初果見道之後，聞佛說有涅槃本際，即知不墮斷滅見故；印老否定無我性之如來藏已，必墮無因有緣之緣起性空斷滅論故，佛說此名兔無角法戲論之外道無因論也（詳見拙著《楞伽經詳解》第二、三輯論述），以此緣故導致印老錯解大乘般若，將二乘法所說陰界入空之緣起性空法來解釋般若，渾然不知般若所述乃是真如佛性之中道性智，猶自著書否定真如——如來藏，其過大矣！

佛子欲離印順老法師之過咎者，當信人人皆具無我性之如來藏第八識，信已方能死心蹋地參禪；若不信自己亦具此心，則必不能持之以恆戮力參究，焉有悟緣？然而真悟菩薩乘願再生此世界者極為稀有，大多畏懼隔陰之迷所障，故多求生諸佛淨土，少有再來者；是故此時邪師說法如恆河沙，難得一位二位真實證悟之人，善知識難遇，其故在此。於此奉勸佛子：當依大乘經律論宗旨檢校一切善知識著作及其言說，莫迷於出家在家表相，莫迷於道場宏偉、生徒衆多等表相；凡有所說，必須完全契合佛說諸經意旨，若墮邊見、悉不應受；今觀印順法師諸多著作，悉是情解思惟研究所得，非有證量，未證實相本際故，否定涅槃本際故，不離外道斷常邊見故，斫喪三乘佛法之根本故，一切佛子不應信受。

然而禪宗諸祖證悟之涅槃實相妙心—無我性如來藏—究應如何契證？不可無所著墨，便舉石霜犬吠公案以示佛子：有僧參禮潭州石霜大善和尚，問云：「如何是佛法大意？」普天下阿師悉有此疑，只是不敢來問平實，攸關顏面故；今幸此僧代問了，且拉長了耳朵，聽那石霜和尚怎地答他：「春日雞鳴。」禪師家、渾如此；學人為法出家，首要之事即是見道明心，今問佛法大意—有情皆有之自性如來，云何禪師答語盡是鄙俗世間事？豈不疑怪？

這僧亦如印老一般不會，卻是老實答個不會，未敢故作聰明道無如來藏，亦未敢誣稱「如來與神我有關」，石霜和尚看他老實，便再指示云：「中秋犬吠。」無奈這僧因緣不具，沒了下文。

只如石霜和尚道春日雞鳴，卻與佛法大意有何相干？僧云不會，石霜卻道中秋犬吠；春日雞鳴與中秋犬吠又有什麼相干？值得相提並舉？道是佛法大意？天下阿師欲求大乘見道、親證大乘人無我，急須於此著眼。若得契會，便見涅槃實相妙心，便能漸漸貫通三乘法道—親證如來藏之無我空性、親證二乘蘊處界之緣起性空；從此三乘無礙，不受諸方大師所瞞。若會不得，盡是依草附木精靈、無主遊魂。

若有阿師不會，下問平實，平實卻效公雞振翅高鳴，問汝會麼？若猶不會，平實復學犬吠：嗥！嗥！嗥！聰明阿師急著眼聽！

平實如是，已然郎當不少，破費不貲，可中若有伶俐阿師一眼覷著，卻須還我一曲「明珠吟」來！

大衆如果盡皆不會，且撿個法會團聚日子來，平實便上座向大家道：「大衆盡皆過來！過來！在下為汝等說佛法大意。」大衆附近已，平實便令一人上座，自己卻下座告衆：「不消一堆火。」

第三三二則　石臼茫然

石臼和尚　師初參馬祖，祖問：「什麼處來？」師云：「烏臼來。」祖云：「烏臼近日有何言句？」師云：「幾人於此茫然在。」祖云：「茫然且置，悄然一句作麼生？」師乃近前三步。祖云：「我有七棒寄打烏臼，爾還甘否？」師云：「和尚先喫，某甲後甘。」卻迴烏臼。

上海元音老人開示云：《……換句話說，就是在這一念不生時，那了了分明的靈知是什麼？不是你本來面目又是什麼？這一點，大家當下皆可試驗：一念不生時，就是前念已斷、後念未起時；是不是像木頭石頭一樣沒知覺？顯然不是。一念不生時，心是了了分明的；比如大家在這房間裡面一念不生、心無所住，樣樣東西都在各人視線之內，清清楚楚如鏡照物，了無分別。假如心有所住呢？這是什麼？是傘啊！更進而想是尼龍傘？還是自動傘？心念一起，有所住著，只見此物，別的東西就不見了。當心無所住，空空蕩蕩，一切都看見，而一切又似乎沒看見的時候，這像鏡子一樣朗照無住的是誰？用功人就在這關鍵時刻回光一鑒、猛著精彩，就豁開正眼了。所以六祖指示惠明：你在一念不生而了了分明時，那朗照無住的是誰？這就等於告訴他：那了無分別的神光就是你本來面目啊！因爲此時之外，無有別物，所以惠明當下悟去。》（摘自台北佛陀教育基金會一九九九年五月印行元音老人著《佛法修證心

要》頁一二一、一二二）

平實云：元音老人之「修證」，即是大陸八大修行者之「修證」，同是常見外道凡夫見解，將一念不生時之覺知心性認作真如。台北之佛陀教育基金會執事者及指導法師盲無慧眼，數年前將知訥法師誤導衆生之《真心直說》訛文，收入《唯心五種》書中，廣為流通誤導佛子，余於拙著《護法集》中已曾指陳；今又將元音老人同一常見外道法之邪見書籍—佛法修證心要—於台灣印行，誤導佛子同入常見外道法中，成就破壞佛法之重大共業，豈真不畏來世地獄尤重純苦長劫果報耶？何以故？謂佛曾云：「將外道法置佛法中，必下地獄。」又云：「舍利弗！怨雖奪命，但失一身；如是痴人不淨說法，千萬億劫為諸衆生作大衰惱；是人痴冥，覆佛菩提本心，……」今者佛陀教育基金會諸人共元音老人置常見外道法於佛法中，云何得非地獄重罪？亦害基金會之贊助人同負共業，因果不可謂小也。

元音老人所謂「一念不生而了了分明時，那朗照無住的」，實乃意識覺知心之體性，十八界所攝虛妄生滅變異之法，常見外道及世俗人所錯認為常恆不壞之覺知心也；佛於初轉法輪阿含四部諸經已經廣破，說為陰界入法緣起性空，云何元音老人九十有餘高齡，而未曾覺察此心夜夜眠熟即滅乎！既知夜夜眠熟滅已，當思已滅之無法，不能自起，須依「他因他緣」而後方能再起；如是淺易之理，乃年高德劭之元音老人而不知乎？凡此皆因未具三乘佛法基本知見所致。若人已知已解基本佛法—阿含諸經所說蘊處界空—則必不墮此一外道常見中，元音老人及佛陀教育基金會諸公不知阿含基本佛法，欲令佛子修學常見外道法耶？

知基本佛法—蘊處界皆緣起性空—不墮外道常見已，復須知解大乘佛法：真如即是如來藏第八識之果地，如來藏第八識即是真如之因地。此識亙古以來離見聞覺知，非如元音老人所說之「朗照萬物」。第八識如鏡現像而不於六塵起一念覺知，能對意根及前六識鑒機照用而不對六塵鑒機照用，恆被意根執為自內我而不自作主；知如是義，而後參禪不入邪道、不墮斷常二見。

今者元音老人以為覺知心在一念不生而了了分明時之朗照萬物境中，即是無分別狀態之真心；殊不知此是意識境界，於汝所謂「了了分明時」，仍是分別之心，非無分別。譬如汝見兒孫來時，不必於心起二名相：「此是兒，此是孫」，即已了了分明；了了分明即是分別故，舉凡有知即是分別故；猶如鳥獸心中無有語言，唯以了了分明之知與見聞等，即知此是父母，彼是他人。

豈不憶兒時受父母師長教導之境？父母師長教已，必問「汝知之否？」而不問

「汝已分別否？」汝歷次皆答「知道了！」云何答已知？謂知即是分別也。乃至紙板下紙幣，只須抓起紙板一剎那，隨即復蓋，汝於一瞥之中已知其面額顏色，知其為紙幣硬幣，是故覺知心若起，則具分別性，以其能知故，知即是分別故，不可謂無語言妄想時之覺知心為無分別心也。此心乃至入於無覺無觀三昧之中時，心中言語道斷，不觸五塵境，而仍了知定境法塵，非是無分別心也；假饒汝能入住非非想定中，仍是分別心，非無分別也，何況汝於欲界六塵了了分明而朗照？此非無住也。唯有離見聞覺知之第八識如來藏，方是無分別心，方是無住心。

至於壇經「不思善惡」之密意，汝同諸方大師一般誤解，不足取法；余於拙著公案拈提第三十九、四十則中已有解析，茲不贅述。然如來藏是心，非如木石；一了了常知」七識心行及山河大地萬法，而此「知」非是三界中之知，非是有情見聞覺知之知，非是入定不觸五塵之知；未悟得如來藏之人，聞余此語，更生迷悶；真悟之人聞之，則擊掌稱善；如是之理，二乘無學尚不能知，何況汝等尚在外道常見法中，更不能知也。行者欲離法痴，當速參禪求證真心如來藏，證已即能領納其體性，方知余言不虛也；便舉石臼茫然公案，與大陸八大修行者商量：

石臼和尚於烏臼和尚座下悟已，行腳來到江西，參禮馬祖大師；馬祖問：「什麼處來？」此雖禪門見面例問，大有深意，行者切勿輕忽。石臼答云：「從烏臼來。」心有成竹故，答來輕快；然而有主無主、龍蛇難辨，馬祖不免再問：「烏臼和尚近日有何開示？」欲見他師徒本來面目也。石臼初悟，有些傲氣，猶如初生之犢不畏虎，侃然曰：「有多少人於此茫然不解。」

石臼此語，可謂一石二鳥，語帶雙關；既道諸方不解，酬他馬祖問語，兼示「此」心。正是偏中有正，若非深辨來機之人，不能辨他，何況賞識？

馬祖何嘗不知石臼語中玄機，然因出道以來常有誤勘情事，知諸行者非必皆如自己所悟真實，恐石臼此語只是巧合誤成偏中正，提防又犯往昔誤勘過失，乃云：「諸方茫然一節且不提他，只如悄然密說的那一句究竟如何？」欲問石臼悟處也。

石臼聞言，知馬祖不放心，乃近前三步。馬祖自從對大梅法常等人誤勘之後，正是十年井繩，慮他石臼有樣學樣道聽途說得來，不肯輕易印證，欲再三驗證，乃云：「我有七棒，寄託你回去打烏臼和尚，你還甘心受託否？」

石臼聞言，知馬祖意，乃云：「這七棒且請和尚您先自己吃了，我石臼然後甘心。」語畢卻迴烏臼和尚處。

只如石臼道「幾人於此茫然在」時，何處是他道「此」處？諸方禪師居士及大陸八大修行者！還有知者麼？試道看！若有道得者，許汝具眼。

石臼近前三步，乃是動轉風大之性，無常變異之法，何關佛法？石臼卻學俗人行步以呈馬祖，是何心行？云何以此為悄然一句？若有道得者，方知石臼道「和尚先喫，某甲後甘」卻迴烏臼之意。

元音老人欲會麼？且覓平實來；甫見已，平實卻禮拜汝，拜已起身問汝：「會麼？」

汝若答會，平實卻向爾道：「吾有三棒，寄打王驤陸，爾還甘否？」汝必受寄，返回大陸卻向王驤陸墓上打三棒。

汝若道不會，平實卻向汝道：「吾有三棒，寄打王驤陸，汝還甘否？」信知汝於此時必將茫然。平實便教汝：「且返大陸，但向王驤陸墓上打三棒便得，還有什麼事？」

第三三三則　石林聾啞

石林和尚　師乃馬祖法嗣。一日，龐蘊居士來，師乃豎起拂子云：「不落丹霞機，試道一句。」居士奪卻拂子了，卻自豎起拳。師云：「正是丹霞機。」居士云：「與我不落看！」師云：「丹霞患啞，龐翁患聾。」居士云：「恰是也！恰是也！」師無語，居士云：「向道：偶爾恁。」師亦無語。

又一日，師問居士云：「某甲有個借問，居士莫惜言句。」居士云：「便請舉來。」師云：「元來惜言句。」居士云：「這個問訊，不覺落他便宜。」師乃掩耳而已，居士云：「作家！作家！」

浙西故王驤陸居士云：《眞心是無心之心，何以叫無心之心呢？即是不起念時，而見聞覺知仍舊了了，卻無分別，寂然不動的，此是眞心；如一起了念分別人事，而可以心不顚倒，亦不逐境流浪，頓然歸到無心本位，此還是眞心。至於念念流浪，不覺漸漸入了迷途，此名妄心，但本體勿失的。》（摘自台北市石牌路國際協會一九九九年七月印行《王驤陸居士全集》上册十四頁）

平實云：已故大修行者王驤陸居士，創立印心宗，為「無相密心中心法」之第二代祖，歿於一九五八年，法受自廬山東林寺高僧大愚法師。後傳今之上海元音老人

（詳見第一八四則及三三二則拈提），為第三代祖；元音復傳王驤陸之孫女趙曉梅居士。

據趙曉梅居士云：《印心宗—無相密心中心法乃本世紀（二十）年代行於世之密法。以法而論屬於密部，惟可使行者直證心田而又通乎禪淨，其宗融禪淨密於一爐，破一切法見至極究竟地；儀軌簡單，不必設備種種供養，不分男女老幼富貴貧賤，祇要能坐二小時者即可修持，確為初學人修行最廣大殊勝圓滿具足的大法。此宗以明心見性為主，成就無相悉地。》（摘自《王驤陸全集》上册七、八頁）

然觀王驤陸及元音老人所傳者，其「無相密—心中心法」乃是意識境界，與常見外道所執「常不生滅心」無異。能覺能知之心現行時，必有覺觀，能覺知六塵，覺知是意識自性故。今者王驤陸以意識見聞覺知了了而不分別時名為真心，其實仍是分別；一旦有知，即已分別故，云何大修行者而不知此？同於常見外道神我。

又其修證明心見性之法，以坐為主—坐入無妄想境界，面對五塵境而故意不作思惟分別；然實非無分別，特以不具慧眼法眼，故於彼境中之了別性不能照覺，墮凡夫境中。假饒王居士能坐入二禪等至位中，不觸五塵而了了分明，依然是意識境界，何況未得二禪等至、仍有「見聞覺知了了分明」不離五塵？墮於欲界意識心中，無異常見外道，而自謂明心見性，成大妄語人。

復次，此心夜夜眠熟即斷，悶絶、正死位、無想定、滅盡定位亦斷；居士云此心「念念流浪、不覺漸漸入了迷途，此名妄心，但本體勿失的」，名為妄說、不如法說，現見眠熟等五位皆斷故，非不失也；若無本體第八識心及意根末那識之運為，此覺知心將永不復現，永斷不起；如是夜夜斷滅之理，凡夫俗子尚能體驗證實之，乃王居士大修行者而不能知之，寧非末法奇譚乎？

是故佛子尋師訪道前，務必先作慎思明辨功夫，不可謂名師即是明師也；此事辨已，了知名師與明師異同，而後可以尋師隨學；若不辨此，龍蛇不辨，不免隨諸名師共入歧途，將外道法以為佛法。為助廣大佛子免入歧路，平實寧為惡人，拈提諸方，令諸老宿不懌，心終無悔。諸方老宿欲曉覺知心背後之恒不斷滅本體麼？且觀石林聾啞公案，方知端倪：

龐蘊居士悟後行腳諸方，一日來訪同門師兄弟石林和尚。石林和尚見龐居士來，乃豎起拂子云：「不許落入丹霞天然禪師機鋒中，試說一句本份事看看。」石林知他龐蘊居士乃是作家，與他方外相見；卻故意相難，不許他用丹霞常用之機鋒。

龐居士悟後，見諸方野狐法師居士不肯參禮馬祖求證真實，卻要野狐手段籠罩諸方，個個自道是悟，悉皆誤導佛子；乃四處行腳參訪，當面分辨緇素，令諸方野狐老宿沒作手腳處，自爾名聞諸方，除諸同參之外，無有敢與徵答者。這回石林和尚豎拂作如是語，龐公何嘗不知？乃向前奪卻石林手中拂子，又自豎起拳頭。

石林和尚是他同參，早知他弦外之音，故意尋瑕覓疵云：「這正是丹霞之機鋒。」龐公便反問：「與我不落丹機，試道看！」石林猶似老鼠被逼入牛角，無迴轉處，只得口說手呈，卻又不肯便服龐公，乃云：「丹霞禪師患在口啞，龐翁您則患在耳聾。」此語本是責人，非是好意，不料龐公卻欣然道：「恰好是如此也！恰好是如此也！」石林和尚未料龐公如是承當，一時無語答他，龐公便云：「向你說吧：偶爾恁麼安住。」石林亦復無語答他。

只如龐公奪卻石林拂子，卻自豎拳，且道是不是丹霞機？若道是，是在何處？若道不是，因什麼道理不是？印心宗故王驤陸居士諸多傳人還有知者麼？與平實試道看！若道不得，盡是野狐見解，無相密之心中心法在什麼處？

石林道「丹霞患啞，龐翁患聾」，本是嫌語，龐公因何道理卻欣然接受？印心宗傳人可還知麼？若不知者，且來寶島責平實云：「汝蕭平實愈老愈糊塗！如今不唯聾啞，更患眼盲。」平實卻向爾道：「恰是也！恰是也！恭喜爾有個入處也。此後何妨偶爾恁？」且道：平實患聾患啞更兼眼盲，如何便是入處？石林聞話，二度無語，雖墮下機，無妨亦有為人處；何以故？若汝覓得無量劫來一向患啞、不解語話之心，便是汝真實見處，是汝真心故。

石林吃一次虧，著一回乖，知他龐公手段非常，等閑近他身旁不得，乃思索機先一著；一日便問龐公云：「某甲我、有個借問，居士莫惜言句。」居士不防他有備而來，一時恍忽，如是答他：「便請舉來聽聽。」石林卻云：「原來居士吝惜言句。」龐公一聞，已知自墮機後，爽快承認云：「這個問訊，不覺落他石林便宜。」石林知他東施效顰，以己之道還治於己，乃掩耳不答。

龐公見石林掩耳，知他已然識破機關，乃稱歎云：「行家！行家！」

只如石林向龐公借問，龐公請舉之後，石林未有舉示，云何便嫌龐公「惜言句」？爾印心宗中衆傳人既已受傳心中心法，還有道得者麼？莫惜言句，與平實試道看！

爾若不會，來問平實：「某甲我有個借問，居士莫惜言句。」平實聞已，不答爾話，卻舉杖向爾劈脊打去。平實如是不惜言句，爾還會否？

龐公以子之矛攻子之盾，學石林云：「這個問訊，不覺落他便宜。」什麼處是東施效顰？致令石林掩耳？

復次石林掩耳竟是何意？便蒙龐公讚為行家？爾若不會，來問平實；平實甫聞汝問已，卻亦掩耳；爾若有智，急著眼看！

第三三四則　西山迴首

洪州西山亮座主　本蜀人也，頗講經論。因參馬祖，祖問曰：「見說座主大講得經論，是否？」亮云：「不敢！」祖云：「將什麼講？」亮云：「將心講。」祖云：「心為工伎兒，意如和伎者；爭解講得經？」亮抗聲云：「心既講不得，虛空莫講得麼？」祖云：「卻是虛空講得。」亮不肯，便出，將下階，祖召云：「座主！」亮迴首，豁然大悟，便禮拜；祖云：「遮鈍根阿師，禮拜作麼？」亮歸寺，告聽眾云：「某甲所講經論，謂無人及得；今被馬大師一問，平生功夫冰釋而已。」乃隱西山，更無消息。

元音老人之徒—王驤陸之孫—趙曉梅居士云：《印心宗之開山初祖為大愚；二十年代初，大愚初祖目睹世界大戰後民苦動亂，社會動盪，恐怖不安，天災人禍，修行條件極差；且修行者不得要領，信心動搖。為濟世救苦，大愚初祖苦修七年，於定中得普賢大士灌頂傳授，開此法門；此乃直證心田之妙法，為密部最高之第四眞如門。此密不取於相，而亦不離於相；三分之二為佛力，三分之一為自力，先從八識修起，首破無明，後降蓋障，於短期內必可使行者**證入無念時之本來面目**，求得根本。先破無明，開悟後再除習氣，悟後修、是此印心宗的特點。一切修法皆大愚初祖廬山親證後所特定，故後人依之而修，必可二三年內

證入。》（摘自《王驤陸居士全集》上冊八頁）

平實云：印心宗初祖大愚傳予王驤陸，遞傳與元音老人而至趙曉梅居士者，確實是密教部最高之第四真如門。然而密宗最高之第四真如門，溯自蓮花生阿底峽，乃至西天月稱寂天帝洛巴等人，皆是錯認一念不生之覺知心為真如，與常見外道無異；遞傳至現代密宗一切大修行者──譬如達賴喇嘛、噶瑪巴、敦珠等法王，以及一切仁波切活佛等，莫不如是。

今者趙居士復謂其初祖大愚所證者為普賢大士所傳，並云於定中為其灌頂，以此佐證大愚所證心中心法之真實。然觀大愚所傳者乃是常見外道法，非是佛法，無念時之覺知心乃是欲界地之意識爾；七住菩薩未階初地，已經遠離外道見，不傳外道法，何況普賢大士等覺菩薩即將成佛，云何可能傳授大愚常見外道法？若非穿鑿附會，即是鬼神冒名說法，故傳外道法，用來混淆佛法，而印心宗一切師徒不辨真偽，全體信受修學，愚痴乃爾！

復次，趙居士云「先從八識修起，首破無明，後除蓋障，於短期內必可使行者證入無念時之本來面目」，只此一段語，已盡洩印心宗之底蘊。何以故？已顯示趙居士猶不知第八識即是因地真如故。爾既不知因地真如，奢言能證果地真如，即成笑譚，云何敢來台灣弘法主持禪七？汝尚不知不證自身之第八識阿賴耶，云何能從第八識修起？若已先證第八識，即是親證本來無念之本來面目，云何復回常見外道邪見中、以覺知心之坐入無念為本來面目？知見顛倒錯謬至此，顯見居士未證第八識也。已證第八識者必定漸漸通達大乘道次第，故名大乘見道，豈如居士之邪見顛倒至此？故汝印心宗所傳法言，悉不可取，墮外道邪見中故。居士若欲求悟，當依禪宗公案體究，最親切故，所悟最真實故，今以西山迴首公案共爾商量，居士何妨效法西山亮座主？

洪州西山亮座主本是四川人，頗能講經說論。因參禮馬祖之故，馬祖問曰：「我親耳聽說座主你大大講得經論，是真的這樣嗎？」西山答云：「不敢！」馬祖見他一口承當，便問云：「你用什麼來講經論？」無風起浪，正要勘他西山；西山答云：「我用心來講。」馬祖聞道用心講，便似正中下懷，卻引《楞伽經》文問云：「心，就是善於造作變現諸物的工匠，沒有我與我所；意根就像那和工匠在一起的指揮者。你說用心講經說論，心既如工匠事事受人指揮，怎麼懂得講經說法？」天下阿師猶如王驤陸、元音老人一般，若遇馬大師引此經句一問，個個口似扁擔，作不得聲。西山聞馬祖恁道，頗不服氣，便高聲反問云：「心既然講不得經論，虛空莫非講得麼？」馬祖好整以暇，卻故意逗他：「卻是虛空講得。」

心離見聞覺知，於六塵境不生分別，如聾似啞，離我我所，一向不曾作主，焉能講得經論？祂卻能依有根身及外五塵而變現七識所見六塵世間，故說心為工伎兒。復次真心有其體性，能造共業所成共有器世間外，復能依意根末那之意而善於造作各人所喜所樂事物，故說心為工伎兒，非如虛空無法。而其性如虛空，無作無為，以離見聞覺知故無分別性、無我性，恒依意轉。意如和伎者，謂意根末那與此工伎和合運轉；若無意與心和合，心即不於三界六塵中運轉，萬法皆寢。證知真心體性者，便知「心非能講經、非不能講經」之理，所以者何？若離真心，意尚不有，何況講經？然而此理云何向未悟之西山說得？所以馬祖故意逗他，引出機境，方好使得機鋒。不但馬祖為西山說不得，平實今日和盤托出，諸方老宿必將依舊似解非解也。

西山聞馬祖道虛空講得經，不肯馬祖，抬腳步出方丈室，將下室外台階時，馬祖忽然召喚云：「座主！」西山聞喚迴首，猛著精彩，豁然大悟，便禮拜；馬祖卻云：「這個鈍根阿師，禮拜我作什麼？」

居士且觀：這西山亮座主與馬祖往復論答，不愜心懷，舉步出方丈，聞喚迴首便自悟去，的是悟個什麼？便爾自肯，禮拜馬祖？居士欲會麼？且速返滬與元音老人共住，每日晨昏參禮老人，倩他於爾話畢步出房門時，逐次背後大聲喚爾：「曉梅！」

爾自回首，莫問平實，此中密意卻須阿爾自看！

一朝會得，方知平實苦心；卻須向爾師元音老人云：「弟子往昔為人說心，自謂無人能及；今被老師一喚，平生功夫冰釋而已，更不能為人說心也。」便好禮拜老人，辭往美國隱居去也，莫再有消息貽我平實，亦令元音老人且疑三十年去！

第三三五則　齊峰草賊*

齊峰和尚　一日，龐居士入院，師云：「俗人頻頻入僧院，討個什麼？」居士迴顧兩邊云：「誰恁道？誰恁道？」師乃咄之，居士云：「在遮裡！」師云：「莫是當陽道麼？」居士云：「背後底呢？」師迴首云：「看！看！」居士云：「草賊敗！草賊敗！」師無語。

居士又問：「此去峰頂有幾里？」師云：「什麼處去來？」居士云：「可謂峻硬，不得問著。」師云：「是多少？」居士云：「一二三。」師云：「四五六。」居士云：「何不道七？」師云：「才道七，便有八。」居士云：「得也！得也！」師云：「一任添取。」居士乃咄之而去，師隨後咄之。

堪布卡塔仁波切云：《談到開悟，若不依次修習聲聞乘、菩薩乘、以至最後的金剛乘，我們是不可能開悟的。若我們只修聲聞乘，要開悟是絕不可能的事，因爲我們還需要一些別的。但若我們修持聲聞乘和菩薩乘的話，會開悟嗎？是的，兩者合修的話是有可能開悟的。但我們應該更實際些，因爲我們若只修菩薩乘和聲聞乘，而沒有配合金剛乘的話，則成佛的時間需要三十七無數劫（原註：又名大劫或阿僧祇劫）。首先，一劫就是一段非常長的時間，而這又是無數劫。第二，我們所談的是三十七無數劫，當然，也有可能是七無數劫，或者我們若夠精進的話，也需要三無數劫才能證悟成佛。爲何金剛乘被認爲是成佛的快速之道呢？最顯著的特質即在於：若我們能淨化或了悟前面所提到的三十七條脈的本質，便能成就三十七品之菩薩道。如此在一生中，我們即能圓滿本來需要三十七無數劫始能成就的菩薩果位，而此即是「甚深內義」所要闡釋的無與倫比的密法。習慣上我們將三乘法門合一而修，而我相信大家都已受過皈依戒，因此這表示諸位已進入聲聞乘的小乘道。另外也有部份的人已受過菩薩戒，還有人在修菩薩道的四加行，這些都是金剛乘的基礎。但若能再加上本尊法的話，則三乘法便都已具足，可以讓我們快速成就。》（摘自寶鬘印經會台北噶舉佛學會《甚深內義（上）》一四三、一四四頁）

平實云：密宗之最大弊病有二：一為依人不依法，摒棄三乘經典，純依密宗諸祖所著密續，以致悖違佛旨而不能自知檢討。二為密宗諸祖性喜誇大，自謂成佛；又復喜愛創造新的佛法名相，冠於三乘原有修證境界之上，高推密宗為金剛乘，自謂超勝於一切宗派，貶抑一切宗派。

然而近年密宗諸師熱衷來台傳法，並且廣印開示口訣大手印及甚深內義等，根道果及無上瑜伽等祕密盡洩無餘，已經無密可言。今者堪布卡塔仁波切又發明一法以貶抑顯教各宗，謂修顯教各宗之法而成佛者需時三十七無量數劫；然佛世尊未嘗有此開示。世尊復於《解深密經》中開示：若已證悟之「於心意識秘密善巧菩薩」，其成佛之三大無量數劫，有以一劫為一劫者，有以一年為一劫者，乃至有以月日時分剎那剎那為一劫者，如是三大無量數劫而成佛道，仁波切所不能知也。

此謂仁波切不唯仍非「於心意識秘密善巧菩薩」，乃至二乘見道亦無，以意識為常不壞滅之法故。亦未得入大乘見道七住菩薩位，未曾證得本心而不解般若故，復又誤認阿賴耶識為識蘊故，在在處處顯示卡塔仁波切之邪見謬理，墮於外道見中。復以三十七脈氣功修法附會為佛法，然實氣功之修學無關佛法，設使密宗諸師修成全部氣功、通暢一切氣脈，仍是未見道之外道凡夫，非是佛法故，依色蘊而有之無常法故。

今者卡塔仁波切於三乘入道之初門尚無所知，猶如童孥，而被「公認為噶舉派中兼具經論與實修之成就大師」，而以外道見闡釋甚深內義，將三世噶瑪巴法王所著《甚深內義》之常見外道邪見，譽為「能了悟究竟本性的法門」，更言「修習金剛乘乃是唯一之途徑，而這也是它被認為非常殊勝的原因」，其實未知大乘見道實義，乃至未知聲聞乘見道之內涵；猶如三歲兒童牙牙學語，而自謂演說深妙、勝於大學教授，令人啼笑皆非。

依彼邪見及氣功法修行者，莫道三大無量數劫，莫道三十七無量數劫，乃至三萬七千無量數劫後仍是外道凡夫，必定不能於三乘法中證得見道功德故。是故卡塔仁波切於噶舉派中雖被公認為兼具經論與實修之大成就者，平實仍可於其開示諸書中，隨意摘取一段而破斥之，非彼所能辯解也；由是之故，普勸密宗行者速離密宗之外道邪見，返歸大乘法中老實修行。然欲速入大乘法中修道者，必須先求見道；大乘見道則以禪宗之法最為迅速，一念便證故；今舉齊峰草賊公案，令知大乘見道別相智之深妙，能檢擇諸方錯悟野狐故。

齊峰和尚因有馬祖大師之印證與傳承，然實所悟非真，將禪門公案應對進退熟記於心，以諸機鋒中之覺知心為真如，如是我見不斷，故生我慢，乃至於龐居士亦起慢心。一日龐居士入院來，齊峰嫌云：「俗人頻頻入僧院，討個什麼？」龐居士是何等人？受他凡夫白眼？尚要勘過他，乃迴顧兩邊云：「誰這麼說？誰這麼說？」

龐居士此語一石二鳥，非可容易，證悟佛子尚難知他機捷，何況齊峰錯悟凡夫焉能知之？更生傲氣，向居士咄；居士聞聲卻道：「在這裡！」這一句語猶如雷震，只是天下阿師悉皆不聞。卡塔若來問：「在哪裡？」平實亦向伊道：「在這裡！」究竟那個在哪裡？

齊峰不解龐翁弦外之音，向龐翁問云：「莫是當明之道否？」這一問，狐尾撩向天際，居士便知他是無主白衣，空著僧服，乃提示云：「背後底呢？」齊峰正似如今密宗一切法王仁波切，盡皆不解背後底，悉向眼前覰。他若解背後底，但只迴首旋足自去便得，卻又迴顧云：「看！看！」正是眼前底！龐翁見他不可救藥，為慢所障，乃訶責云：「你這草賊敗了！你這草賊敗了！」齊峰若是眼尖，一時向他龐翁覰得背後底，但將手掌作刃，向他龐翁脖子上來回割云：「殺賊！殺賊！」便好相將丈室看茶，無奈齊峰錯悟，不解龐翁作略玄機，落得個無語以對，正是草賊！

居士因他是同門師兄弟，有心為他，便又隨機拈出個現成公案云：「由此地去到峰頂有幾里？」齊峰若如實答，龐翁卻有為他處；無奈齊峰為慢所障，自道所悟真實，不服龐翁，反問云：「去了什麼處回來？」龐翁云：「真可說是高峻生硬，不許言語問它。」齊峰偏要問它：「是多少？」此語本意乃謂「是什麼？」龐翁又復一語雙關：「一二三。」既答他多少，亦答他所問真心。

齊峰墮於覺知心上，不解看背後底，隨他龐翁語脈上較量口嘴伶俐，向龐翁道：「四五六。」居士此時有些不懌，為他齊峰錯將菩薩心腸當做驢肝肺故，乃責云：「為什麼不說七？」齊峰猶要嘴皮云：「才道個七，便會有八。」真個顢頇愚痴，居士見他不可救藥，乃云：「算了！算了！」齊峰卻猶道：「隨便你再往上添加數目。」

居士此時覺他齊峰著實可憎，乃咄之而去；不料齊峰錯悟凡夫卻也隨居士之後咄。如是之人，莫道三大無量數劫，三十無量數劫後仍將輪迴外道常見中，入道匪易，慢心深重故。

只如齊峰問云：「是多少？」龐翁答他「一二三」，什麼處是龐翁為他處？仁波切若能於此猛著精彩，一念之間便入七住菩薩位；否則盡是凡夫外道邊見。

若會不得，且問平實來：「背後底是多少？」平實聞已，卻拉仁波切手指數道：「一二三四五，非一亦非五。」仁波切會麼？

第三三六則　大陽雪霜＊

大陽和尚　伊禪師參次，師云：「伊禪！近日一般禪師，向目前指教人了，取目前事作遮個爲人，還會文彩未兆時也無？」伊云：「擬向遮裡致一問、問和尚，不知可否？」師云：「答汝已了，莫道可否。」伊云：「還識得目前也未？」師云：「是目前，作麼生識？」伊云：「要且遭人點檢。」師云：「誰？」伊云：「某甲。」師便咄之，伊退步而立；師云：「汝只解瞻前，不解顧後。」伊云：「雪上更加霜！」師云：「彼此無便宜。」

南懷瑾老師云：《…剛才嘮嘮叨叨的說明釋迦牟尼佛悟道的經過，就是要說明我的老朋友蕭先生問的這個問題—釋迦牟尼佛睹明星而悟道，悟了個什麼？你說這一下抬頭悟道，悟道了以後，前面那些修持都浪費掉了、那十二年的功夫都白作了嗎？…他從小所受的教育，以及出家後各種的修煉、修苦行，是不是白幹了？我當時回答我的老朋友蕭先生說：「他悟的就是那個緣起性空。」蕭先生說：「嗯！對了！」推開門就走了。不曉得你們大家注意到沒有？…他問這個問題非常有深度，依照道理，釋迦牟尼佛悟了性空緣起、緣起性空，這個道理很簡單，而在當時爲什麼那麼難？難的是什麼？佛十九歲出家，修持了那麼多年才懂得這個道理，而現在我們大家都懂，看一遍佛經的人都懂，對不對？這有什麼稀奇？

如果悟到了這一點緣起性空就一而貫之，一切通達了，那麼這是什麼道理？假定他悟的這個道理對，那前面功夫又怎麼說？又如何交代？…那我們應該怎麼辨呢？答案是：我們也應該走修行的路子。要學釋迦牟尼佛一樣—走禪定的路子，向眞正的修持路上去求證，自己去證到那個緣起性空。》（摘自老古出版社南懷瑾講述《如何修證佛法》頁五、六、七）

平實云：釋尊之成佛，非因悟得緣起性空而成，乃因於最後身菩薩位之明心及與見性，因而斷盡最後一分極微細所知障，成正遍知覺，是故成佛，非因悟得緣起性空也。南老師與彼友蕭先生所說實有大過，不解佛法：何以故？緣覺十品，或有滅盡定，或無滅盡定，皆通達緣起性空之法，於十二支因緣法，無有不知者，若依南老師言，則諸辟支佛皆應已成佛，不應是緣覺，以其中多有具足禪定、證得滅盡定者，而亦不能成佛，唯入緣覺法。故知成佛者非因證悟十二有支緣起性空而得，亦非因先具足四禪八定滅盡定後證悟十二因緣之緣起性空而得，乃因斷盡所知障而得—最後身菩薩位明心及與見性時，金剛喻定現前，斷盡最後一分極微細所知障、及最後一分極微細煩惱障習氣，成正遍知覺而成佛。

南老師及其友蕭先生之有此過失者，咎在未知佛道內涵。佛道之內涵有二：大菩提道與解脱道。解脱道智慧即是二乘菩提，得出三界輪迴；菩薩解脱道依明心見性悟後起修而得，解脱境界同於二乘，然慧不共，證知涅槃解脱之本際故，名為破所知障、斷所知障，至佛地斷盡。南老師未知佛道，故有此謬。此乃大乘見道佛子所應親隨大善知識修學者，依此得以修入初地；苟非多世以來世世證悟而乘願再來者，不能獨力依經修入初地，則不能具知佛道內涵。大乘見道佛子初悟之後，若不依大善知識修學種智，獨力欲入通達位得初地法眼者，須時一大無量數劫之三分有二，何況南老師以無妄想之覺知心為真如者，尚墮常見外道境界，未入大乘見道，云何能知？是故平實不斷強調：一切佛子必須勤求大乘見道，以見道及通達為第一要務。緣此每年出版一輯公案拈提，檢點諸方邪見，令諸佛子迴入正見，而後見道不難。今舉大陽雪霜公案，共諸佛子語話，令知明師非必名師、名師非必明師也：

大陽和尚乃馬祖大師座下八十四員大善知識之一，得有馬大師傳承及印證，然實未曾證悟；緣以馬大師初出道時勘人經驗不足，往往僅以機鋒勘驗便與印證，其中多有牢記機鋒之應對進退者，表相相符，其實未悟，大陽和尚乃此類人，與齊峰和尚同是一丘之貉，各自誤導衆生。

一日，伊禪師前來參訪，甫見已，大陽和尚便誇口道：「伊禪！近日來一般禪師多向眼前事上著眼，用來指教人之後；便取眼前事作為這個，如此為人說禪；他們還懂得諸事未生前之時是什麼嗎？」大陽此語意謂覺知心能作諸事業，諸方禪師皆在覺知心作諸事業之事相上為人說禪，訶責諸方禪師不解覺知心不動時之境界也。

文彩已彰者，謂覺知心已經動轉，於六塵而生分別；文彩未兆者，謂覺知心不動轉、不分別，乃至動心之前兆亦無也。大陽和尚雖然如是誇得大口，訶責諸方；然而諸方悟者實非以行住坐臥中之覺知心為真如也，大陽墮於意識境界，猶欲尋人瑕疵，評比高下。

伊禪師卻不受其惑，秉持宗門古訓：「入門須辨主，當面分緇素」，便順水推舟云：「我正準備向這裡致上一問、問和尚您，不知可不可以問？」這大陽和尚學得許多禪門機鋒言句，伶俐辯給，卻向伊禪師道：「我已經答覆過你了，不要再說可不可以問的話。」大陽和尚此語看似無誤，然而尚有淆訛，錯悟之人亦能東施效顰故，須待他表述自己之見地，而後可證大陽之悟抑未悟，是故伊禪師又勘云：「文彩未兆時且不談祂，你還辨識得真如眼前在何處嗎？」

大陽和尚答道：「正是在眼前，要怎麼辨識？」這一句語便露出馬腳也，一切證悟之人，於一切境中皆能辨識本心何在？知其運作；大陽墮於「覺知心不動狀態中所想像之真如」，以為空無一物，猶如虛空無自體性，是故伊禪師教他識取目前歷歷分明之真如時，便生顢頇，作此凡夫之語冒充已悟，卻被伊禪師識破：「你這樣子也稱為證悟？免不了要遭人檢點。」

佛子莫道伊禪師如是苛刻嚴厲、不給情面；佛法不許作人情，自古以來，宗門更是嚴峻，唯恐失之毫釐、差之千里，將來誤導衆生同墮大妄語業故。大陽聞道自己不免遭人檢點，心不安忍，便問是誰會檢點他？伊禪師卻不理會他名氣大，亦不理會他有馬祖傳承及印證，直截了當告訴他：「我會檢點你。」

這大陽和尚孤芳自賞，傲氣熏天，諸方多奉承他，何嘗受人當面指戳？瞋從心起，便咄伊禪師：伊禪師乃真悟如來藏者，親證「菩薩人無我」，豈同他一般見識？仍然有心為他，乃退步而立，不反咄他；這一退步，可謂諸天捧足，金蓮頓現；無奈大陽和尚為慢及邪見所障，不知急著眼看，早自錯過，卻訶責伊禪師云：「你只懂得看前面，不懂照顧後面。」

此語恰似四五年前聖嚴法師以錯悟之身，而謂衆曰：「陽明山下有個居士，他所說的法是不如法的。」（註：平實彼時借陽明山下之陽明精舍講《楞伽經》）大陽和尚亦復如是，以錯悟之人而責伊禪師證悟者悲心為他說法，錯將好心當作驢肝肺。伊禪師見他為慢所障，不可救藥，遂開口輕責：「你這樣就好像在寒雪之上再加冰霜。」恐他邪見堅冰更難溶化。此語雖有婉斥意味，卻是好意。這大陽和尚一心維護臉面名聲，不肯受教，猶要嘴皮云：「你我都佔不了對方的便宜。」

如是邪見傲慢，九牛亦拉他不轉，枉費伊禪師一番苦心與手腳，無有絲毫作用。如是公案令余憶起一九九二年夏天謁淨空法師事；彼時余仍沒沒無聞，尚無著作問世，又現居士身，弘法困難；某同修鑒於吾法勝妙，湮沒可惜，欲令廣大佛子得益，思覓有名法師，令其明心見性，弘傳宗門正法不斷，余即可以如願退隱；遂代邀見，與余同謁淨空法師，以曾聞其風格廉淨故。不意見面之下，如同大陽和尚，語語扞格不入，話不投機；余雖有心送法，而彼姿態極高；余若述及實相念佛，彼便扣余帽子：「那你是大菩薩嘍！」絲毫不信余言，對我取相生慢。余觀機緣不逗，二十分鐘後，略事供養而退。後來亦曾寄贈拙著，都無片箋隻語返謝於我，失於為人之道。

如是邪見及與狂傲，豈唯現今諸師？古已有之；只因後人未曾證悟，復加言辭障礙，不解公案，不知古來如是之人其數不少；是故今之佛子仍如古時佛子唯見表相，不知究裡，但見道場廣大，座下常住僧衆有千兒八百人處，名聲遠傳，便道是大修行者，趨之若鶩；卻受誤導，步步皆入歧路，而反隨於錯悟名師全力抵制了義正法，造下破法地獄重罪，誤以為成就護法功德，猶自法喜充滿，令人悲憐無已。

只如佛子學法修禪者無數，因什麼不得入處？諸方大師個個盡道已悟，因什麼只得依文解義、數佛珍寶？南老師乃衆推居士之首，云何淺如無想定者亦不能知？錯以無妄想為無想定，更何況能曉佛之大菩提？只成個誤導佛子之假名善知識爾！夫復何言？

諸方顯密行者若不欲雪上加霜者，必須多聞廣思，比對經典；莫於表相著眼，遠離名師崇拜；建立正知正見，遠離諸方名師似是而非之顛倒邪見，而後可期悟入；若不能爾，終無入期。

今者大德閱此大陽雪霜公案，詳審思惟已，若會不得，且覓平實問云：「目前事，作麼生？」平實便向爾咄之再咄！大德覷得精彩，且退三步，珍重問訊已，旋身而歸便得，還有什麼事？

第三三七則　龜洋能辨*

泉州龜洋山無了禪師　莆田縣壺公橫塘人，姓沈氏；年七歲時，父攜之入白重院，視之如家，因而捨愛。至十八剃度受具靈岩寺。後參大寂禪師，了達祖乘，即還本院。院北樵采路絶，師一日策杖披榛而行，遇六眸巨龜，斯須而失，乃庵于此峰，因號龜洋和尚。一日有虎逐鹿入庵，師以杖格虎，遂存鹿命。洎將示化，乃述偈曰：

八十年來辨西東　如今不要白頭翁
非長非短非大小　還與諸人性相同
無來無去兼無住　了卻本來自性空

偈畢儼然告寂。葬于正堂垂二十載，爲山泉淹沒，門人發塔，見全身水中而浮；閩王聞之，遣使舁入府庭供養，忽臭氣遠聞，王焚香祝禱曰：「可遷龜洋舊址建塔。」言訖異香普熏，傾城瞻禮，本道奏謚眞寂大師，塔曰靈覺。後弟子慧忠遇澄汰，終於白衣，就塔之東二百步而葬，謂之東塔。今龜洋二眞身，士民依怙，若僧伽之遺化焉。

桃園南崁喜饒根登大活佛之師—四川氣功大師義雲高云：《我佛釋迦世尊於菩提樹下無師自悟，了知一切有情法性平等，一切衆生具有如來德相；只因妄想執著，無法察見光明，不能了知本來面目。古代行者照佛開示修行，證悟般若道者頗多；**余也有些體會**，不打妄語：**如果前念已出，後念未生，離妄了明，無明所（可）得，萬行繁與（興）而應無所住，則無師智、自然智也**。是故非師所授，乃師所導而達般若智慧。衆生執妄而生，自成煩惱；諸佛離妄行化，自證菩提，即般若妙智也。》（摘自中國西密佛教雲慈正覺會印行、義雲高著《般若波羅密多心經講義》頁五、六）

平實云：桃園西密雲慈正覺會之大活佛喜饒根登，推崇義雲高行者為當今佛法修證之至高究竟者，拜以為師；大陸九十三歲「佛教巨德」清定法師，亦推崇雲高行者為「耀古騰今，慧光無瑕，前無古德可及」者，而為雲高行者作「跋序」，讚歎無已。

然余觀之，且未見道，何況通達？乃敢謂為至高究竟，不亦狂乎？而其書中處處似是而非，唯能以二乘無常空及緣起性空以解心經之空性與諸法空相，於空性心與陰界入諸法空相之分際絲毫不知，將二者混為一譚而解心經，不具絲毫大乘見道之般若慧，而自言有所體會，自命證悟成聖，大妄語人也。

雲高行者以何為悟？彼以前念去已，後念未生，安住當下，長時保持一念不生，不起妄想，於無妄想中繁興萬行而不住者，以此境界中之覺知心為心經所說之心也；

並謂能悟此心者，名為證得無師智、自然智。

如是若得名為證悟心經之心，則一切已證欲界定之常見外道俱是悟道聖人，亦應一切佛門內外之證得欲界定者悉是證悟聖人；更應一切二乘無學聖悉成大乘證道聖人、悉證般若空，悉能如是安住故，亦悉知一切諸法緣起性空故。審如是，云何汝道二乘無學不知般若空？

汝所謂一念不生之覺知心乃是意識，與妄想不斷之覺知心同是一心，非因有無妄想而可分為真妄也。猶如一人善惡不定，隨性而為；有時行善，名為善人；有時行惡，名為惡人；不論善惡，俱名為人，不因其善惡行而改易人之實質。意識覺知心亦復如是，打妄想時名為攀緣妄想意識，不打妄想時名為緣定意識；究其本質，無非意識，不因修除妄想而易其意識知覺性也。此理具載於阿含及三轉法輪唯識方廣諸經，並示此心於眠熟等五位間斷，非是常恆無住之心；雲高行者！汝不知耶？

清定老法師可謂老眼昏昧，認瑕為瑜，讚彼慧光無瑕；然彼著述之中處處瑕疵，無有絲毫慧光，唯是凡夫意識思惟所得，自以為悟，乃竟推為「前無古德所及」者，寧不畏懼識者所哂？而彼《心經講義》一書，錯謬處處，余於每年公案拈提書中，將一年一舉，漸示其謬，老法師可逐年拭目以待，余終不食言而肥也。

若依雲高行者所言：覺知心不住於語言妄想之中而照物分明即是證悟般若空者，則我會中諸同修學無相念佛者，二月之內悉成證悟者；於二月內即會無相念佛故，無相念佛功夫難於一念不生之境數倍故，捨去無相念佛淨念而退回一念不生境中即成證悟故。然余終不為彼諸人印證為悟，須待有此無相念佛功夫而後轉入看話頭境界，能作思惟觀功夫，復覓得第八識阿賴耶，實際證驗其體性後，方為印證破參明心──悟入菩薩七住般若境界。豈以雲高行者如是粗淺欲界定得名為悟？

雲高行者如是錯悟，非獨現今諸師，古已有之：

泉州龜洋山無了禪師乃是馬祖大師法嗣。彼參馬祖大師後，自謂了達祖乘，即還故鄉開山度衆；然而馬祖大師早年勘人極為草率，是故座下弟子獲其印證為悟，而實墮於常見外道法中如雲高行者之人極多；是故千年前大慧宗杲鑒其印證浮濫導致許多弟子誤導衆生，又復錄以成文，影響後代佛子誤入歧途者甚衆，一時氣不過，遂斥責為「馬祖邪禪」，如今宗門老參多有知之者。

龜洋禪師捨壽時說偈以示世人：謂「八十年來能辨西東之覺知心是真心，此覺知心如今要捨棄這八十歲的白髮老人往生去了；這覺知心非長非短非大小，體性與諸人是相同的；這心無來無去也無住，若人能了知此心即是本來面目的話，就能證知此心本來自性空。」

然而此心唯能於六塵中現行，一旦有知即成分別，分別即是住。此心若不知不分別，云何能於一念不生之際造作諸事而不錯亂？云何能於一念不生之際於父母師長子女朋友間應對如分而不錯亂？是知此心於無妄想之際仍是分別心也。此心於每晨現起後，即不斷保持其知──分別性，復於六塵恆欲了別；乃至自己故意摒棄分別性，而於五塵仍舊分別不已，否則即不能安住於世間作一切事。乃至摒棄五塵而入二禪等至中，依舊了別定境法塵，知即是分別故，知覺即是意識之心性故。此心恆欲了別六塵，即不得謂為無住心，分別六塵即是有住故。此心唯有在眠熟等五位中斷滅不現，而後無有分別性；斷滅不現即成無法，不得謂為有心不滅，不得謂為心經所說心也，是故，唯有第八識阿賴耶方是心經所說之心也。

此覺知心滅已，仍有意根及阿賴耶二心俱行，故成眠熟無夢或悶絕境界；然此二境界中，何者是意根末那？何者是阿賴耶心？皆非西密（藏密）大修行者義雲高之所能知，何況其下密宗行者，更不能知也。不知不證之人，而自稱大活佛、有大修行之證量，云何可信？而諸徒衆信之不疑，名為痴迷，不亦宜乎！

今勸西密（藏密）及東密（日本密宗）諸法王活佛仁波切等上師們，莫引雲高行者為知音，彼同龜洋禪師墮於常見，一般無二，於佛門般若慧上，非是有證量者；余今改易龜洋禪師捨壽之偈，爾等盍共參之？

八十年來不辨西東，不捨不棄這白頭翁，
非長非短亦非大小，還與諸人心性相同；
不眠不覺故無來去，不別六塵故名無住，
諸人且向自身中覓，了卻此心本來性空。

本則附錄：班禪喇嘛親傳弟子洛桑熱杰．惟印喇嘛口述：

《……三、「堪稱耀古騰今，慧光無瑕到了前無古德可及。」清定上師這一提法真偽不明，是非不清。「瑕」指玉面上的斑點，無瑕即無斑點。世間萬事人所為，只有相對，而無絕對和頂點，尤其是文章，只要細細推敲，就會發現常常是瑕瑜互見。佛言祖語方可稱慧光無瑕，義先生一篇對《心經》的論述，不能與佛言祖語相提並論，更談不上印證歷代大德之開示著述、改其弊端。耀古騰今，片言解紛爭，成了一言堂，就不會再有什麼發展、再有什麼圓滿無礙。在這浩如煙海的佛教文化中，評價耀古騰今，以什麼作為標準？戒定慧？還是經律論？（清定）和尚讓人牽著鼻子走，隨俗浮沉，俗氣！「耀古騰今」是對整個佛教發展作過默默貢獻的歷代前賢近哲的貶意詞，其中當然也包括清定對自己的否定和貶損，因為你（清定）對《心經》也作過精闢的論述，刊載在『清定上師開示錄』一書的卷首，老衲不能不讀。……如果有哪個狂徒，把清定上師的跋序刻在石碑上，橫立於（義雲高）紀念館大門，這才是真正十足的以假亂真，禍害千年。》（摘自圓明出版社《我的師父是大喇嘛仁波切》頁二〇二、二〇三、二〇四・韋其瑗著）

《四川峨眉山方雲雄，在『國際氣功報』上發表的〈白岩寺修習頗瓦法記〉一稿中（提到某人拜師修學頗瓦法後，卻對師父忘恩負義的一段故事），有這樣一段：「…我們談起了氣功，上師（惟印）對氣功界一些情況頗不以為然，他（惟印上師）拿出一本雜誌，翻到一頁，指著一幅照片說：『這個人就是我，這個正被插香的人到我這裡學了頗瓦法，卻不敢承認是我所傳授。聽說還是一位很有名氣的氣功大師呢！他編造了一個傳奇故事來愚弄讀者。』對此，我們無言回答…。」（摘自同書二三三頁）

第三三八則　龐公喝責

馬祖法嗣則川和尚　龐居士來看師，師云：「還記得初見石頭時道理否？」居士云：「猶得阿師重舉在。」師云：「情知久參事慢。」居士云：「阿師老耄，不啻龐翁。」師云：「二彼同時，又爭幾許？」居士云：「龐翁鮮健，且勝阿師。」師云：「不是勝，我只欠爾一個幞頭。」居士拈下幞頭云：「恰與師相似。」師大笑而已。

師入茶園摘茶次，龐居士云：「法界不容身，師還見我否？」師云：「不是老師怕答公話。」居士云：「有問有答，蓋是尋常。」師乃摘茶不聽，居士云：「莫怪適來容易借問。」師亦不顧，居士喝云：「遮無禮儀老漢，待我一一舉向明眼人在！」師乃拋卻茶藍子，便入方丈。

河北柏林禪寺淨慧法師云：《…第二點，將修行落實於當下。我們修行要時刻不離當下一念，當下一念處理不好，一切都無從談起。……我們要讓自己的每一念都清清楚楚、明明白白，毫不含糊，在無明煩惱剛要萌動時，就要用智慧的光芒照破它，不可隨它遷流。古德所說：「念起即覺，覺之即無」，就是覺照當下一念的方法。如果能把修行落實於當下，那麼我們就不必擔心到臘月三十日會手忙脚亂，不必擔心最後一息不來時會前路茫茫。因爲當下是一個永恆的概念，當下不等於是這一念；這一念過了，下一念還是當下；當下能作得主，時時處處就能作得主，這就是所謂「一念萬年，萬年一念」，能做到這一點，何愁生死不了？何愁煩惱不斷？何愁聖果不成呢？》（摘自圓明出版社《淨慧法師開示錄》頁一六一、一六二）

平實云：當下一念乃是意識心之作用，不離意識別境五心所法：欲、勝解、念、定、慧；任汝修到驢年到來，依舊是意識境界，永不能與般若實相相應，此心永遠不會變為真心空性故。古德所謂「念起即覺，覺之即無」，乃是修定之法，永不能悟，以定為禪故，非干般若禪、祖師禪故；法師勿誤導衆生以定境為般若也。

心住當下，永遠不離六塵了別，而真心不了別六塵，亦不住當下；能住當下之心乃是覺知心──意識；不論此覺知心有無妄想，皆是意識。淨慧法師欲以覺知心於死亡時安住當下而不散亂，欲能作主，此名邪見；不解般若實相故，不解涅槃本際故。唯有覺知心──意識──能安住當下，此心若滅（譬如正死位、悶絕、眠熟、無想定、滅盡定中）則於當下無有能安住者；正死位中此心已滅，誰能安住於當下？而言安住當下及與作主，寧非痴人說夢？乃竟有其座下弟子寄來其所發行之《禪月刊》，謂平實云：「河北是禪的故鄉。」

今觀河北淨慧法師知見邪淺，尚不能知二乘涅槃，亦不入聲聞見道，云何能知般若實相？竟言當下能作得主、便能了生死，卻與台灣中台山惟覺法師是同參，而言「何愁聖果不成？」俱成大妄語人。

淨慧法師又云：《…這裡所說的當下一「念」，是「念」心所。心有各種活動，這種現象在佛教界中稱爲「心所」，即心的活動的各種狀態。那麼，我們平常作用最多的，是「念心所」——十個「善心所」裡最爲主要的一個。》（摘自《淨慧法師開示錄》頁一七一）

平實云：法師豈唯不通宗門，亦乃不解教門也；當下一念之念，實非念心所；念心所乃是「於所經境，憶持不忘」之念，非當下一念分明之念也，乃是憶念也；凡曾研讀三轉法輪諸經之法師居士，尚未悟道而皆能知之，乃竟在「禪的故鄉」教禪的您，而竟不知若此，可謂末法也。

復次，「念心所」並非「善心所」之一，乃是別境五心所之一，佛說此乃意識相應心所，不與真心相應；法師云何信口雌黃？說為善心所之一？說與此別境心所相應之覺知心為真如？

三者，善心所有十一，非法師所謂「十個善心所」也，臚列如次，以證念心所非為善心所也：信、進、慚、愧、無貪、無瞋、無痴、輕安、不放逸、行捨、不害。

淨慧法師又云：《以念心所來觀察我們當下的這一念妄心，因爲我們的眞心現在還沒有顯露出來，我們所觀的是一念妄心。妄心轉變了，真心就顯露出來了，即所謂「捨妄歸真」或「轉妄成真」。觀心是一個手段，目的是要去妄顯真。》（摘自同書一七二頁）

平實云：法師欲將妄心轉變為真心者，乃是邪見──凡夫外道邪見也。妄心者名七轉識──眼耳鼻舌身意識能見聞覺知，以及末那識──作主之意根；合此七識名為妄心。云何名妄？謂前六識乃依他起性：依六根六塵及第八識真心而有，緣缺則壞滅，故名為妄心；末那識名為意根，意識覺知心依之而後能起，是意識之根，主宰意識之思惟，恆審思量故處處作主、時時作主，於依他起性上不知其妄，執為實有，是故名為無明覆障，不能證得真如。若人能知自己名我，即知「我」在之時已墮我見，便知應離「作主之我」，當知此人已斷一分末那我執；若人能知「見聞覺知」乃是前六識之「我」，復知此我乃依他起性，非真實不壞之法，如實證驗之後，則意根末那──作主之我──復能於此依他起性上消除一分遍計執性，當知是人已入聲聞見道位，成聲聞初果，而猶不知禪──般若實相也。由前六識之依他起性，非是常恆不壞之心，故名為妄；由第七識意根恆常不斷而遍計度前六識及相應心所法為我，於依他起性上起遍計執性，導致輪迴生死之流不斷，處處作主故、時時作主故、輪迴無盡，故名為妄。

今者法師開示徒衆，令人將此妄心修成真心，更言「轉妄成真、去妄顯真」，卻成自語相違，牴觸佛意：

一者：若依法師之意轉七識妄心成真心第八識者，則汝第八識真心非是本已有之，乃是修而後得；此說有種種大過，亦令佛說因果及熏習等法悉成無義，拙著《真實如來藏》中已具言之，此不贅述。

二者：若妄心七識能轉變成真心第八識，以此為悟者，則應一切開悟聖者悉於證悟之際即入無餘涅槃，不可能有悟者住世弘法，已無末那妄心故不能持身，真如必將立刻捨身不住色身。設或真如不捨身者，亦將形同植物人，已無妄心見聞覺知及作主性，諸根悉停止運為故，妄心已轉變成真心故，佛說真心離見聞覺知亦不作主故。

三者：「轉妄成真、去妄顯真」之說若得建立，則聲聞無學豈非去妄顯真者？則應一切阿羅漢皆已親證法界實相、成大乘菩薩，真心已顯故，阿羅漢不應不知故；云何諸聲聞羅漢尚有大部份人不知真心而取滅度？

四者：佛既成佛，必是究竟轉妄心成真心者，則佛世尊應已全無前七識妄心，則應無覺無知如同木石；而現見佛世尊能觀眾生根器，應機逗教，非無覺觀分別；顯見成佛時仍有前七識與第八識真如並行運為，既如是，則法師所言「去妄顯真、轉妄成真」之說，即成妄語虛語。

五者：法師若言：「我非否定第八識真心，我亦承認其有：我所言者乃是修行——令七識清淨而不流轉生死。」此亦有過，謂汝不知不證第八識真心故；未知未證之人云何可教祖師禪？助人開悟？尤其是在「禪的故鄉」？

六者：法師既知第八識真心與前七識妄心同在，則應開示徒衆，教令諸人以妄心覓真心；云何卻故意教人轉妄成真？故意誤導衆生於邪路者，名為居心叵測，非法師所應為也，無慈無悲故。若言不知第八識真心與前七識妄心同在者，則法師自身佛法基本知見，可謂極度欠缺，云何而可為人開示？主持禪七？乃至出書誤導衆生？貽誤今人、遺害後人？

平實今勸法師起大悲心——寢息一切誤導衆生事業；依余諸種著作修正知見及建立功夫，然後精進參究——尋爾本已自有而與妄心同時並存之真心。證得真心後，復入大乘方廣唯識諸經印證，而後方可復出，開示佛子正確禪法，令河北省再度成為「禪的故鄉」，斯乃法師大功德也。若不依余言，繼續將常見外道法置於佛法中，以之開示佛子、誤導佛子者，臘月三十到來，閻王不怕汝多話，法師切勿輕忽余言，自尋其咎。前來辨邪已過，今當示爾入處：

則川和尚乃馬大師座下真善知識之一。一日龐蘊居士來探訪，則川和尚問云：

「你還記得當年初見石頭希遷禪師時的道理否？」龐居士答云：「還得要你重新再舉一遍哩。」則川和尚云：「我料想得知你這個人是：久參事慢。」

久參事慢者謂：參學很久的老修行者，只看重悟之見地，於各種事相事務都變得漫不經心了。居士答云：「你也是老而昏昧了，與我龐蘊沒什麼差別。」則川和尚卻云：「他們倆是同時的，何必爭誰年輕年老、差幾許年？」則川和尚是向正中來，居士卻向偏中答他：「我龐老兒比你年輕健壯。」則川和尚云：「不是你年輕健壯勝我，我只是少了你一個幞頭罷了！」幞頭者頭巾也，或是便帽也。龐公聞言，便拈下幞頭道：「這樣便恰好與你相似了。」則川和尚聞言大笑而已。

二人之真心俱是無始本有，不曾有先後，依證悟者言，平等平等，不分軒輕；然又不妨世間相上之五蘊身有先生晚生之異、有年輕年老之別。是故則川和尚向真心答他龐翁，龐翁卻又向妄形答他則川和尚；二人心知肚明，俱知家裡事，所以龐翁拈下幞頭云：「恰與師相似。」則川和尚知他落處，所以大笑。只如龐翁拈下幞頭云：「恰與師相似。」什麼處是相似？法師若能於此著得一隻眼，平實道爾有來由，可以為人說禪。若道不得，平實倩爾向戲班子借個幞頭，閑時對著鏡子戴上光頭上瞧瞧！瞧不出道理時，且摘下幞頭瞧瞧！

則川和尚入茶園摘茶時，龐居士忽來問云：「法界裡是真空實相，容不得這個色身的，你還看得我的真心本際否？」這龐翁見過許多被馬祖粗心大意錯印證的同門師兄弟，前時雖與則川和尚有些言語相契，惟恐只是巧合、誤打正著，所以這回捲土重來，要再勘則川和尚，所以無風起浪，致上如此一問。

則川和尚茶務正忙，無暇理會，便向他道：「不是我這老師怕答您的言語。」龐翁卻不肯放過，逼云：「有問有答，本來是尋常事。」希望則川和尚答他問話。則川和尚卻只顧著摘茶葉，不聽龐翁言語。龐翁再度要求他答話：「你不要錯怪我方才是隨便問話。」則川和尚仍舊不理會他，龐居士便大聲喝道：「你這個沒有禮儀的老漢，等我一一舉說給那些明眼人聽去！」則川和尚依舊不答他話，卻丟下裝茶葉的籃子，直接進入方丈室去。

只如居士要他方外相見，問他見不見得到居士真心？則川和尚為什麼不答？這龐居士三度逼問，則川和尚卻仍不答，拋下茶籃子，逕入方丈；究竟則川和尚是有答他處？是無答他處？若已答，和尚分明未曾道得一言半語；若未答，龐居士卻又作罷，不入方丈逼他答；法師還答得麼？若答不得，即不知老趙州意旨，沒有住持「趙州觀音院──今之柏林禪寺」本錢；如何為人說禪？

龐翁在當時中國叢林，辨得許多野狐，個個沒遮掩處，所以聲望極高，諸方老宿聞名驚悚，個個不敢正眼看他，唯除少數證悟之人；此回來到則川和尚處，這第二回勘驗人，再三逼問，卻不曉得早已反被則川和尚勘驗去也。且道：什麼處是則川和尚勘破他處？敢問淨慧法師您還道得否？若道不得，且請趕快闢個茶園子，待茶熟時，來函邀余前往河北同摘茶去，屆時法師小心自看。

第三三九則　千山回照＊

奉天千山祖心函可禪師　廣東博羅縣人，俗姓韓；得法於宗寶道獨禪師。

一日上堂云：「今日因八位居士從長安來，聚財設供，同八里莊僧善，前來懇請。老僧抱病，不能為汝東說西說，但將喫緊處拈出：願大眾各各將平日照人底，回轉來自照！照來照去，不見有所照者，亦不見有能照者，並這一面古鏡撲地打碎！方好來老僧方丈裡吃棒在。」

又一日開示云：「山僧最初得力，只在慚愧二字；至今也用慚愧二字。今日因壽光禪人領眾設供，正搔著癢處，特為拈出這兩字供養大眾。不論是在家、是出家、已受具、未受具，但有這慚愧一念，即此一念是出生了死底根源，即此一念是成佛作祖底種子。若能直下反觀：你這慚愧一念從甚麼處起？即今知慚愧者是什麼人？驀地醒得，亦無生死可了，亦無佛祖可成。到這裡，並慚愧兩字也不消得！」下座。（摘自慈雲月刊二二二期十五及十六頁開澄法師輯《法海點滴》）

四川鹽亭袁煥仙云：《……三藏十二，句句徹，語語明，都教汝不他求、不立異、不炫奇，直上歸家道路。歸家道路者：諸行無常，一切空也。既云無常，既曰一切空，誰教汝把三藏十二蘊在胸中？荷在肩上如龜負殼？寧有超世聖人指令窮子還家、而令其肩荷逆旅心蘊路程乎？……若以簡言，臨濟三頓棒、天龍一指禪、踏翻溺器、踢破脚頭，所謂一物也無，而無亦無，違論乎溪深每長於杓柄耶？》（摘自老古出版社《維摩精舍叢書—榴窗隨判》頁一一、一二）

平實云：袁老師口才辯給，文采亦佳，機智敏捷；惜乎錯悟，以其資才而籠罩人，致令諸方不能辨其龍蛇，悉為所惑，虛雲和尚亦不免其所惑焉（詳見《靈岩語屑》袁老師四見虛雲和尚故事）。

今觀袁老師上述諸語，墮於聲聞法「一切法無常空」中。二乘法以蘊處界之無常空與緣起性空為主旨，以親自觀察、現前證驗故消融我執，名為二乘菩提。二乘無學以消融蘊處界我之執著而出三界輪迴，斷我執後，無我可得，疑成斷滅，何似斷見？以此問佛，佛乃開示涅槃之本際：無作無為無行……清淨性之如來藏阿賴耶識。如是開示，具見於阿含四部諸經，二乘無學以知此理故，知涅槃不墮斷滅；以不證阿賴耶識故，不入大乘別教七住；若能證者，隨入七住菩薩位，不住二乘。

中國禪宗之禪，乃大乘法，非二乘法，袁老師不應以二乘法之「一切法無常空」解之。臨濟棒、德山喝、天龍一指禪、踏翻小便壺、打翻水瓶、喫茶去：等公案，要非袁師所云「放下三藏十二部法、放下一切物、一物亦無而無亦無」，何況掉文曰

「違論乎溪深每長於杓柄耶」？是故學人莫墮袁師窠臼，以為禪師棒喝乃在去人攀緣執著、令人識流停住而住於空明覺知之中；若如是見，不異外道，欲求大乘見道，大遠在！

古今顯密諸師墮於錯悟邪見者，其故有二：咎在不解三乘法道異同，是故每將二乘所修蘊處界空相之法，認作大乘般若修證涅槃本際（如來藏）之法，此其一也。偶有學人聞說或自知：參禪乃是尋覓本有之真心；然因一向被錯悟諸師誤導，認妄為真，故欲轉妄心成真心，欲返本還源，以致誤入歧途。或因一向不知真心本來自性清淨、本來已無妄想、一向離諸覺觀、非因修而後成，是故欲修妄心轉成真心，此其二也。坐此二病，無人提醒，則戮力參究愈勤者，離證悟之緣愈遠；南轅北轍，不相契故。

今者袁老師亦如是，墮於覺知心中，認妄為真，錯以為令覺知心自己放下一切，一物也無之後復捨離無，即是證空；渾然不知大乘空性法之異於二乘空相法，以致錯悟，勢所必然也。讀者或有不信，且舉袁師開示，示其墮處為證：

（南懷瑾）筆問：《直捷下手工夫，義當何先？邁向歸家道路，車從何轡？》袁師筆答曰：《汝但外捨六塵，內捨六根，中捨六識，而不作捨不捨想，自然頭頭上明，物物上顯；途中即家舍，家舍即途中也。捷莫捷於斯，先莫先於斯，三乘共載，一德

同該；今古徹門，莫尚乎是。》（摘自南懷瑾著《靈岩語屑》頁二一）

六祖云：「不見一法存無見，大似浮雲遮日面」，正是袁煥仙老師一類人也。六塵俱捨者，唯有二種人：無想定中人、滅盡定中人，六識已滅故。無餘涅槃位之第八識亦不觸六塵，離見聞覺知故；此位之第八識非人，亦非有情，無意根及五色根故。袁師令徒南懷瑾捨六識，無有是處；南老師尚不知無想定、迄猶誤會無想定故；迄未證得二禪故，云何能知無想定？遑論滅盡定？云何令南老師捨六識六塵？莫道南老師不能，袁師自身亦不能，云何令人捨六識六塵？

復次，捨六根者，唯二乘無學成辦，其餘不得。此謂凡夫及諸聖賢唯能於正死位捨五色根，俱不能捨第六根（初地慧脫及六地俱脫菩薩於捨壽時能捨，而不捨之）；第六乃心根──末那識，是意識之根故名意根；意根之捨，唯在無餘涅槃位，餘位悉不捨之。若以捨六根後「頭頭上明、物物上顯」之覺知心為真心者，實證袁煥仙於佛法之粗淺無知也，何以故？謂六根捨已即是無餘涅槃，涅槃中七識俱無，是誰證悟？是誰轉識成智？而云捨六根已方得證悟？違教背理太甚也。

莫道捨六根之誤，捨六識即已大謬也，何以故？謂六識捨已，即同眠熟無夢、悶絕等位，無有絲毫見聞覺知，則無有人參禪覓心，猶如死人；覺知心尚且不現行，誰人得悟真心？誰人證菩提智？而云「家舍即途中，途中即家舍」？莫道南老師今猶不曉此二句義，使令袁老師再悟一回，亦未夢見在！更云此是「三乘共載，一德同該」，無有是處。如上淺見，袁師尚自未明，而妄指捨棄六根六識後有「頭頭上明」之覺知心，以此心之證知為悟。袁師以此心作捨六根六識想、而不作捨不捨想，如是覺知心即認為真心，無異常見外道，無二無別，悟在什麼處？而一生掉文舞墨，誑謔閭閻，耽誤人家兒女，其過大焉。如是之人，古今顯密所在多有，譬如明末清初千山函可禪師，即是袁師之同參也：

千山函可禪師一生模仿祖師作略，裝模作樣籠罩人，諸方且不易辨得他；及至晚年聲名大噪，多有聞風前來供養種福田者。一日便因八位居士遠從長安慕名而來，聚財設供，千山函可禪師感於盛情，乃一五一十懇切說出，用以回報八居士。待其明說時，原來卻是觀照一切事物之覺觀心；教人回轉來自照，照到不見有能照與所照者，並將這覺知心放下，然後以此為悟。

又一日，令人認取慚愧心，教人反觀慚愧一念從什麼處起？即知是慚愧心之覺知心也；乃教人認取「知慚愧的心」為本來面目。如是禪師卻同袁老師一般無二，正是同參，雖有大名氣，都無關乎菩提與解脫，於此二果俱未夢見在！

南老師若欲真實證悟者，有日返台時，何妨效法當年與袁師筆談故事，攜紙筆來質問平實：「如何是真正之本來面目？」平實卻提筆於紙上寫與爾知：「即此是！」

第三四〇則　馬頭無知

神州馬頭峰神藏禪師　師一日上堂謂眾曰：「知而無知，不是無知而說無知。」南泉普願禪師聞云：「恁麼依師道，始道得一半。」黃蘗希運禪師聞南泉恁麼道，評云：「不是南泉駿。他要圓前話。」

中台山惟覺法師云：《「眞性不易」：菩提心就是眞性，始終不會變易，不隨著時間空間而變化。人一直都在變，由小孩到童年：由晚年到老年，每一階段的面孔皮膚頭髮體形智慧機能都不一樣，爲什麼呢？因爲在變易當中。「眞性不易」，菩提心：師父說法、諸位聽法這念心，始終沒有變易。《楞嚴經》中，佛的弟子波斯匿王經常聽佛說法；佛說：「人有生滅心，生滅心時時刻刻都在變異，生滅心當中有一個不生滅性。」波斯匿王就在想這個問題。生滅心我們知道，不生滅性在哪裡？不生滅性就是眞性不易，悟到不生滅性就悟了道、就悟到佛性。……所以有一天他就去問佛：「世尊經常講生滅心，生滅心我知道；但是生滅心當中還有不生滅性，這不生滅性我就不知道是什麼意思，它在哪裡呢？請世尊慈悲開示。」佛就問：「大王！你今年幾歲？」波斯匿王說：「我今年六十二歲了。」佛說：「你六十二歲了，你有沒有看過恆河？」大王說：「世尊！我看過。」佛說：「六十二歲以前，你什麼時候看過恆河？」大王說：「我三歲時經過恆河，到耆婆天那裡拜拜，所以在那時看過恆河。」佛說：「你現在六十二歲看恆河這個見性（能見之性），和三歲看恆河的見性，這念心是一個？是兩個？是相同？還是不相同？」波斯匿王說：「世尊！當然是一個，哪裡有兩個？」佛就講：「這就是不生滅性。」相信每個人都有這種感覺，從小即知道鹽巴是鹹的、糖是甜的，現在知覺的這念心和過去小孩知覺的這念心，是一個？是兩個？是同？是不相同？如果悟到了，就開悟了。我們能知這個覺性始終存在，所以打禪七告訴大眾要把持正念正定，看到什麼都不理，就是保持這念覺性存在。覺性存在，我們自己就存在；覺性不存在，自己就不存在。禪宗祖師說：「只談心性，不論禪定」，就是這個道理；心性法門是最高的禪定，這就是道，就是菩提心，就是佛性。》（摘自中台山靈泉雜誌第三五期廿一頁）

平實云：惟覺法師讀《楞嚴經》不求正解，斷章取義，一知半解也。《楞嚴經》如是載：

卷二起：《爾時阿難及諸大衆，…：合掌禮佛：…：「願聞如來顯出身心真妄虛實、現前生滅與不生滅二發明性。」…：（此段如惟覺法師所舉王與佛之問答，不重錄之）…：佛言：「大王！汝面雖皺，而此見精，性未曾皺。皺者為變，不皺非變；變者受滅，彼不變者元無生滅，云何於中受汝生死？而猶引彼末伽梨（外道）等，都言此身死後全滅？」王聞是言，信知身後捨生趣生；與諸大衆踴躍歡喜，得未曾有。阿難即從座起禮佛，合掌長跪，白佛世尊：「若此見聞必不生滅，云何世尊名我等輩遺失真性、顛倒行事？願興慈悲，洗我塵垢。」（此下佛爲阿難開示能見之性乃由「明、暗、通、塞、緣、虛、濁、清」等八緣共成，不能獨還一緣以爲不生滅性，能獨還者即是不生滅性—菩提心也。此即有名之八還辨見—辨明能見之性非本自有，若還八緣，即無能見之性。復以多喻說此能見覺性非自然有、與自心如來藏非一非異之理；然阿難彼時不解。文長不錄，逕閱可知。）阿難言：「必此妙見，性非自然；我今發明：是因緣性。心猶未明，諮詢如來：是義云何合因緣性？」（佛隨爲說：見覺之性非是自然，亦非因緣，乃如來藏所生之理。文長不錄）阿難白佛言：「世尊！必妙覺性非因非緣，世尊云何常與比丘宣說見性具四種緣？所謂因空、因明、因心、因眼，是義云何？」佛言：「阿難！我說世間諸因緣相非第一義。」（隨即爲說見覺之性因心所生，見性虛妄，皆是如來藏無漏妙心所現。文長不錄）佛言：「見聞覺知虛妄病緣，和合妄生，和合妄死。若能遠離諸和合緣及不和合，則復滅除諸生死因，圓滿菩提不生滅性，清淨本心本覺常住。」此謂見覺之性乃藉因緣由如來藏生，非是「清淨本心本覺常住」之不生滅性，因緣和合而生故，緣缺則不現故，是故眠熟等五位中悉不現行；見覺之性是因緣性故，「清淨本心本覺常性」非因緣和合性故。（佛隨爲說見覺性與八緣之和合不和合性，文長不錄。）

佛復開示云：「阿難！云何五陰本如來藏妙真如性？…」（乃逐一解釋五陰云何虛妄？非因緣性、非自然性，皆是如來藏眞如所生，故說五陰本是如來藏之一部份體性。文長不錄）佛又說：「復次阿難！云何六入本如來藏妙真如性？…」（隨說六入一一皆非單憑因緣性而有，亦非自然有，乃是如來藏所生，與如來藏非一非異。文長不錄）佛又說：「復次阿難！云何十二處本如來藏妙真如性？…」（隨又逐一敘說六塵與六根之虛妄，非離如來藏而單依因緣可有之，亦非自然有，乃如來藏所生，文長不錄。）又說：「復次阿難！云何十八界本如來藏妙真如性？…」（隨即解釋六根六塵六識虛妄，非因緣生，非自然性，乃如來藏所生，是如來藏妙眞如性。復說地水火風空等五大，乃如來藏妙眞如性，本非因緣，非自然性，文長不錄。）

隨即又開示阿難：見聞覺知等等識性皆是如來藏性，如來藏所生，佛云：「阿難！見覺無知，因色空有。…汝更細審，微細審詳，審諦審觀：明從太陽、暗隨黑月，通屬虛空，壅歸大地，如是見精因何所出？見覺空頑，非和非合，不應見精無從自出（謂由如來藏而生也）。若見聞覺知性圓周遍，本不動搖；當知無邊不動虛空並其動搖地水火風均名六大，性真圓融，皆如來藏，本無生滅。阿難！汝性沉淪，不悟汝之見聞覺知本如來藏；汝當觀此見聞覺知為生為滅？為同為異？為非生滅？為非同異？汝曾不知如來藏中性見覺明、覺精明見，清淨本然周遍法界，隨衆生心應所知量；如一見根見周法界，聽嗅嚐觸、覺觸覺知，妙德瑩然遍周法界，圓滿十虛寧有方所？循業發現。世間無知，惑為因緣及自然性。皆是識心分別計度，但有言說，都無實義。阿難！識性（了別性）無源，因於六種根塵妄出，汝今遍觀此會聖衆，用目循歷。其目周視，但如鏡中無別分析，汝識於中次第標指：此是文殊，此富樓那，此目乾連，此須菩提，此舍利弗；此識了知為生於見？為生於相？為生虛空？為無所因突然而出？阿難！若汝識性生於見中，如無明暗及與色空，四種必無、元無汝見，見性尚無，從何發識？……」

此謂目見之時雖不分別，而已了知各是何人，名為識性；亦謂能見之性必因明暗色空四緣方現，亦非單有四緣即能生見覺之識，故非自然本有，亦非因緣所生；復說見覺之性和合如來藏及因緣而有之理：「如是識緣（見覺性之緣）因何所出？識動（而）見澄，非和非合；聞聽覺知亦復如是，不應識緣無從自出。若此識心本無所從，當知了別見聞覺知，圓滿湛然性非從所，兼彼虛空地水火風均名七大，性真圓融，皆如來藏本無生滅。」

由上述《楞嚴經》卷二至卷三佛語大意，可知見性、聞性、嗅性、嚐性、觸性、知性等等總名識性覺性；而皆非離因緣得生，非唯因緣得生，非自然而有，非由虛空生，乃由七大合生；然七大之性本是如來藏性，故各小段佛語之末皆言「本非因緣，非自然性」——乃是如來藏性也！是知見聞覺知等六種覺性皆是如來藏所生，然而惟覺法師於《楞嚴經》一知半解，斷章取義，不能貫串佛意，遂謂能見能聞之知覺性為菩提心、為不生滅、為不變異；至於本經所述主旨之如來藏何在？法師則茫然無知也；如是稱為證悟之人，唯愚痴無聞新學佛子方肯信之，久學菩薩必不信受。「如佛說言：『因地覺心欲求常住，要與果位名目相應。』」佛又開示：「應當審觀因地發心與果地覺，為同為異？阿難！若於因地以生滅心為本修因，而求佛乘不生不滅，無有是處。」今者惟覺法師以見聞覺知之心為菩提心，誤解《楞嚴經》旨，將妄知妄覺引為菩提真心，以妄覺性心之生滅性（夜夜皆斷滅故，五位皆斷滅故，是如來藏所生法故，非本有法故）欲求果地常住不壞，無有是處。

眾生亦復如是顛倒，皆為不知如來藏心除有上述體性現行外，尚有清淨自性，所以錯悟而不自知，墮於知覺見聞妄識之中。是故卷五佛云：「阿難！由塵發知，因根有相；相見無性，同於交蘆；是故汝今知見立知，即無明本；知見無見，斯即涅槃無漏真淨，云何是中更容他物？」隨說偈云：「……陀那微細識，習氣成暴流；真非真恐迷，我常不開演。……」

此段佛語明示阿難尊者：「由於有六塵故由如來藏發起見覺知性，而各人心中之六塵相，實由六根為緣，方能由如來藏生起。六塵相與見聞覺知性皆無本有不壞之自體性，與交蘆（掃把）由多根蘆葦相交綁成一樣；所以你如今於能知能見之性當中、建立能知之性為常住不壞性時，就是無明之根本。你若了知並親見那個一向看不見色塵的心—如來藏，這就是涅槃無漏真淨，為什麼還要在如來藏的涅槃無漏真淨當中，再去攫取別的東西（見聞覺知性）放進來執著呢？」

如來藏雙具有性與空性，能生五蘊十二處十八界故，本身卻不執著故；所生見聞覺知性雖有生滅，而世世所生年青年老之見聞覺知性永不改易其性；如來藏本性清淨、離見聞覺知、從不作主，而含藏無始劫來熏習所得、與七轉識相應之煩惱染汙種子。如是如來藏（亦名阿陀那識、阿賴耶識）之體性，唯有利根菩薩與佛能知，未悟錯悟之人若未悟證此心而領納其體性者，聞之悉皆迷悶不解，難以信受，所以說「真非真恐迷，我常不開演」。

如是，錯悟之人漫山遍野，古今同調，惟覺法師不須太慚；應須早求證悟，悟後遍閱諸經印證無訛，而後方可復出弘道；今汝知見邪謬，同諸常見外道無二無別，不應聚斂廣大佛教資財建大道場而弘外道法；「將外道法置佛法中者必下地獄」，佛言真實，汝莫以常見外道法構陷廣大佛子同陷於大妄語之地獄共業中，則佛子幸甚！佛教幸甚！

馬頭神藏禪師亦復如是，悟前為諸佛子開示時，悉是依文解義；見諸經中多說菩提真心離見聞覺知，然於《金剛三昧經》中卻又說：「於無分別中能廣分別」，是則又非完全無知；然以不知其中密意，只得揣摩思惟之後為人開示：「知而無知，不是無知而說無知。」

一朝悟後真解其義，方知南轅北轍；然而話已出口，流傳天下，猶如覆水難收，不許改口，只得繼續開示云：「知而無知，不是無知而說無知。」悟後而言，此亦可通；然而南泉聞已，卻不全肯，評道：「像這般依此師所說，也只說出一半而已。」謂馬頭禪師此句開示未盡其理也。黃蘗禪師聞南泉恁道，便評論云：「不是南泉語驗。他馬頭禪師也不是語拙，他是要圓成悟前所說的話。」

馬頭禪師悟前開示此一句語，恰似蜀郡袁喚仙老師之掉文罩人；然馬頭禪師悟後仍如是開示，為圓前話故。如何圓得？且聽平實道來：

如來藏真心是有知的，但祂的知，不是三界六塵中的覺知；如果完全無知，祂便如木石，便不是心。祂的知，是知曉衆生心行的知—是知曉祂所生七識心行之知，不是見性聞性乃至覺性之知，祂不具三界六塵中之知，故說「知而無知」。並不是因祂完全沒有覺知而說祂無知。

平實為馬頭禪師圓前話已，料想惟覺法師您依舊不知馬頭與平實意在什麼處？您若下問平實，平實卻向您道：我亦不知！

法師欲知麼？會取不知底！會取不見底！

（公元二〇〇〇年立春完稿）

佛教正覺同修會〈修學佛道次第表〉

第一階段

* 以憶佛及拜佛方式修習動中定力。
* 學第一義佛法及禪法知見。
* 無相拜佛功夫成就。
* 具備一念相續功夫—動靜中皆能看話頭。
* 努力培植福德資糧，勤修三福淨業。

第二階段

* 參話頭，參公案。
* 開悟明心，一片悟境。
* 鍛鍊功夫求見佛性。
* 眼見佛性〈餘五根亦如是〉親見世界如幻，成就如幻觀。
* 學習禪門差別智。
* 深入第一義經典。
* 修除性障及隨分修學禪定。
* 修證十行位陽焰觀。

第三階段

* 學一切種智真實正理—楞伽經、解深密經、成唯識論…。
* 參究末後句。
* 解悟末後句。
* 透牢關—親自體驗所悟末後句境界，親見實相，無得無失。
* 救護一切衆生迴向正道。護持了義正法，修證十迴向位如夢觀。
* 發十無盡願，修習百法明門，親證猶如鏡像現觀。
* 修除五蓋，發起禪定。持一切善法戒。親證猶如光影現觀。
* 進修四禪八定、四無量心、五神通。進修大乘種智，求證猶如谷響現觀。

佛菩提二主要道次第概要表——二道並修，以外無別佛法

佛菩提道——大菩提道

十信位修集信心——一劫乃至一萬劫

遠波羅蜜多

資糧位

初住位修集布施功德（以財施爲主）。
二住位修集持戒功德。
三住位修集忍辱功德。
四住位修集精進功德。
五住位修集禪定功德。
六住位修集般若功德（熏習般若中觀及斷我見，加行位也）。

外門廣修六度萬行

見道位

七住位明心般若正觀現前，親證本來自性清淨涅槃。
八住位起於一切法現觀般若中道。漸除性障。
十住位眼見佛性，世界如幻觀成就。

一至十行位，於廣行六度萬行中，依般若中道慧，現觀陰處界猶如陽焰，至第十行滿心位，陽焰觀成就。

一至十迴向位熏習一切種智；修除性障，唯留最後一分思惑不斷。第十迴向滿心位成就菩薩道如夢觀。

內門廣修六度萬行

初地：第十迴向位滿心時，成就道種智一分（八識心王一一親證後，領受五法、三自性、七種第一義、七種性自性、二種無我法）復由勇發十無盡願，成通達位菩薩。復又永伏性障而不具斷，能證慧解脫而不取證，由大願故留惑潤生。此地主修法施波羅蜜多及百法明門。證「猶如鏡像」現觀，故滿初地心。

二地：初地功德滿足以後，再成就道種智一分而入二地；主修戒波羅蜜多及一切種智。滿心位成就「猶如光影」現觀，戒行自然清淨。

解脫道：二乘菩提

→ 斷三縛結，成初果解脫

→ 薄貪瞋癡，成二果解脫

→ 斷五下分結，成三果解脫

入地前的四加行令煩惱障現行悉斷，成四果解脫，留惑潤生。分段生死已斷，煩惱障習氣種子開始斷除，兼斷無始無明上煩惱。

近波羅蜜多

修道位

三地：二地滿心再證道種智一分，故入三地。此地主修忍波羅蜜多及四禪八定、四無量心、五神通。能成就俱解脫果而不取證，留惑潤生。滿心位成就「猶如谷響」現觀及無漏妙定意生身。

四地：由三地再證道種智一分故入四地。主修精進波羅蜜多，於此土及他方世界廣度有緣，無有疲倦。進修一切種智，滿心位成就「如水中月」現觀。

五地：由四地再證道種智一分故入五地。主修禪定波羅蜜多及一切種智，斷除下乘涅槃貪。滿心位成就「變化所成」現觀。

六地：由五地再證道種智一分故入六地。此地主修般若波羅蜜多——依道種智現觀十二因緣一一有支及意生身化身，皆自心真如變化所現，「非有似有」，成就細相觀，不由加行而自然證得滅盡定，成俱解脫大乘無學。

七地：由六地「非有似有」現觀，再證道種智一分故入七地。此地主修一切種智及方便波羅蜜多，由重觀十二有支一一支中之流轉門及還滅門一切細相，成就方便善巧，念念隨入滅盡定。滿心位證得「如犍闥婆城」現觀。

七地滿心斷除故意保留之最後一分思惑時，煩惱障所攝色、受、想三陰有漏習氣種子全部斷盡。

大波羅蜜多

八地：由七地極細相觀成就故再證道種智一分而入八地。此地主修一切種智及願波羅蜜多。至滿心位純無相觀任運恆起，故於相土自在，滿心位復證「如實覺知諸法相意生身」故。

九地：由八地再證道種智一分故入九地。主修力波羅蜜多及一切種智，成就四無礙，滿心位證得「種類俱生無行作意生身」。

十地：由九地再證道種智一分故入此地。此地主修一切種智——智波羅蜜多。滿心位起大法智雲，及現起大法智雲所含藏種種功德，成受職菩薩。

等覺：由十地道種智成就故入此地。此地應修一切種智，圓滿等覺地無生法忍；於百劫中修集極廣大福德，以之圓滿三十二大人相及無量隨形好。

煩惱障所攝行、識二陰無漏習氣種子任運漸斷，所知障所攝上煩惱任運漸斷。

圓滿波羅蜜多

究竟位

妙覺：示現受生人間已斷盡煩惱障一切習氣種子，並斷盡所知障一切隨眠，永斷變易生死無明，成就大般涅槃，四智圓明。人間捨壽後，報身常住色究竟天利樂十方地上菩薩；以諸化身利樂有情，永無盡期，成就究竟佛道。

斷盡變易生死成就大般涅槃

圓滿成就究竟佛果

佛子蕭平實 謹製

（二〇〇九、〇二 修訂）

（二〇一二、〇二 增補）

佛教正覺同修會 共修現況 及 招生公告　2016/1/16

一、共修現況：（請在共修時間來電，以免無人接聽。）

台北正覺講堂 103 台北市承德路三段 277 號九樓 捷運淡水線圓山站旁 Tel..**總機** 02-25957295（晚上）（**分機：九樓**辦公室 10、11；知客櫃檯 12、13。 **十樓**知客櫃檯 15、16；書局櫃檯 14。 **五樓**辦公室 18；知客櫃檯 19。**二樓**辦公室 20；知客櫃檯 21。）Fax..25954493

第一講堂　台北市承德路三段 277 號九樓

禪淨班：週一晚上班、週三晚上班、週四晚上班、週五晚上班、週六下午班、週六上午班（皆須報名建立學籍後始可參加共修，欲報名者詳見本公告末頁）

增上班：瑜伽師地論詳解：每月第一、三、五週之週末 17.50～20.50 平實導師講解（僅限已明心之會員參加）

禪門差別智：每月第一週日全天　平實導師主講（事冗暫停）。

佛藏經詳解　平實導師主講。已於 2013/12/17 開講，歡迎已發成佛大願的菩薩種性學人，攜眷共同參與此殊勝法會聽講。詳解 釋迦世尊於《佛藏經》中所開示的眞實義理，更爲今時後世佛子四眾，闡述佛陀演說此經的本懷。眞實尋求佛菩提道的有緣佛子，親承聽聞如是勝妙開示，當能如實理解經中義理，亦能了知於大乘法中：如何是諸法實相？善知識、惡知識要如何簡擇？如何才是清淨持戒？如何才能清淨說法？於此末法之世，眾生五濁益重，不知佛、不解法、不識僧，唯見表相，不信眞實，貪著五欲，諸方大師不淨說法，各各將導大量徒眾趣入三塗，如是師徒俱堪憐憫。是故，平實導師以大慈悲心，用淺白易懂之語句，佐以實例、譬喻而爲演說，普令聞者易解佛意，皆得契入佛法正道，如實了知佛法大藏。

此經中，對於實相念佛多所著墨，亦指出念佛要點：以實相爲依，念佛者應依止淨戒、依止清淨僧寶，捨離違犯重戒之師僧，應受學清淨之法，遠離邪見。本經是現代佛門大法師所厭惡之經典：一者由於大法師們已全都落入意識境界而無法親證實相，故於此經中所說實相全無所知，都不樂有人聞此經名，以免讀後提出問疑時無法回答；二者現代大乘佛法地區，已經普被藏密喇嘛教滲透，許多有名之大法師們大多已曾或繼續在修練雙身法，都已失去聲聞戒體及菩薩戒體，成爲地獄種姓人，已非眞正出家之人，本質只是身著僧衣而住在寺院中的世俗人。這些人對於此經都是讀不懂的，也是極爲厭惡的；他們尙不樂見此經之印行，何況流通與講解？今爲救護廣大學佛人，兼欲護持佛教血脈永續常傳，特選此經宣講之。每逢週二 18.50~20.50 開示，不限制聽講資格。會外人士需憑身分證件換證入內聽講（此是大樓管理處之安全規定，敬請見諒）。桃園、台中、台南、高雄等地講堂，亦於每週二晚上播放平實導師所講本經之 DVD，不必出示身分證件即可入內聽講，歡迎各地善信同霑法益。

第二講堂　台北市承德路三段 267 號十樓。

禪淨班：週一晚上班、週六下午班。

進階班：週三晚上班、週四晚上班、週五晚上班（禪淨班結業後轉入共修）。

佛藏經詳解：平實導師講解。每週二 18.50~20.50（影像音聲即時傳輸）。本會學員憑上課證進入聽講，會外學人請以身分證件換證進入聽講（此爲大樓管理處安全管理規定之要求，敬請諒解）。

第三講堂　台北市承德路三段 277 號五樓。

進階班：週一晚上班、週三晚上班、週四晚上班、週五晚上班。

佛藏經詳解：平實導師講解。每週二 18.50~20.50（影像音聲即時傳輸）。本會學員憑上課證進入聽講，會外學人請以身分證件換證進入聽講（此爲大樓管理處安全管理規定之要求，敬請諒解）。

第四講堂　台北市承德路三段 267 號二樓。

進階班：週一晚上班、週三晚上班、週四晚上班、週五晚上班（禪淨班結業後轉入共修）。

佛藏經詳解：平實導師講解。每週二 18.50~20.50（影像音聲即時傳輸）。本會學員憑上課證進入聽講，會外學人請以身分證件換證進入聽講（此爲大樓管理處安全管理規定之要求，敬請諒解）。

第五、第六講堂　爲**開放式講堂**，不需以身分證件換證即可進入聽講，台北市承德路三段 267 號地下一樓、地下二樓。已規劃整修完成，每逢週二晚上講經時段開放給會外人士自由聽經，請由大樓側面梯階逕行進入聽講。**聽講者請尊重講者的著作權及肖像權，請勿錄音錄影，以免違法；若有錄音錄影被查獲者，將依法處理**。

正覺祖師堂　大溪鎮美華里信義路 650 巷坑底 5 之 6 號（台 3 號省道 34 公里處 妙法寺對面斜坡道進入）電話 03-3886110　傳眞 03-3881692 本堂供奉 克勤圓悟大師，專供會員每年四月、十月各二次精進禪三共修，兼作本會出家菩薩掛單常住之用。除禪三時間以外，每逢單月第一週之週日 9:00~17:00 開放會內、外人士參訪，當天並提供午齋結緣。教內共修團體或道場，得另申請其餘時間作團體參訪，務請事先與常住確定日期，以便安排常住菩薩接引導覽，亦免妨礙常住菩薩之日常作息及修行。

桃園正覺講堂（第一、第二講堂）：桃園市介壽路 286、288 號 10 樓（陽明運動公園對面）電話：03-3749363（請於共修時聯繫，或與台北聯繫）

禪淨班：週一晚上班、週三晚上班、週四晚上班、週五晚上班。

進階班：週六上午班、週五晚上班。

佛藏經詳解：平實導師講解。每週二晚上，以台北正覺講堂所錄 DVD

放映；歡迎會外學人共同聽講，不需出示身分證件。

新竹正覺講堂 新竹市東光路 55 號二樓之一　電話 03-5724297（晚上）

第一講堂：

禪淨班：週一晚上班、週五晚上班、週六上午班。

進階班：週三晚上班、週四晚上班（由禪淨班結業後轉入共修）。

佛藏經詳解：平實導師講解。每週二晚上，以台北正覺講堂所錄 DVD 放映。歡迎會外學人共同聽講，不需出示身分證件。

第二講堂：

禪淨班：週三晚上班、週四晚上班。

佛藏經詳解：每週二晚上與第一講堂同時播放佛藏經詳解 DVD。

台中正覺講堂 04-23816090（晚上）

第一講堂 台中市南屯區五權西路二段 666 號 13 樓之四（國泰世華銀行樓上。鄰近縣市經第一高速公路前來者，由五權西路交流道可以快速到達，大樓旁有停車場，對面有素食館）。

禪淨班：週三晚上班、週四晚上班。

進階班：週一晚上班、週六上午班（由禪淨班結業後轉入共修）。

增上班：單週週末以台北增上班課程錄成 DVD 放映之，限已明心之會員參加。

佛藏經詳解：平實導師講解。每週二晚上，以台北正覺講堂所錄 DVD 放映。歡迎會外學人共同聽講，不需出示身分證件。

第二講堂 台中市南屯區五權西路二段 666 號 4 樓

禪淨班：週一晚上班、週三晚上班、週六上午班。

進階班：週五晚上班（由禪淨班結業後轉入共修）。

佛藏經詳解：每週二晚上與第一講堂同時播放佛藏經詳解 DVD。

第三講堂、第四講堂：台中市南屯區五權西路二段 666 號 4 樓。

嘉義正覺講堂 嘉義市友愛路 288 號八樓之一　電話：05-2318228

第一講堂：

禪淨班：週一晚上班、週四晚上班、週五晚上班。

進階班：週三晚上班（由禪淨班結業後轉入共修）。

佛藏經詳解：平實導師講解。每週二晚上，以台北正覺講堂所錄 DVD 放映。歡迎會外學人共同聽講，不需出示身分證件。

第二講堂 嘉義市友愛路 288 號八樓之二。

台南正覺講堂

第一講堂 台南市西門路四段 15 號 4 樓。06-2820541（晚上）

禪淨班：週一晚上班、週三晚上班、週四晚上班、週五晚上班、週六下午班。

增上班：單週週末下午，以台北增上班課程錄成 DVD 放映之，限已明心之會員參加。

佛藏經詳解：平實導師講解。每週二晚上，以台北正覺講堂所錄 DVD 放映。歡迎會外學人共同聽講，不需出示身分證件。

第二講堂　台南市西門路四段 15 號 3 樓。

佛藏經詳解：每週二晚上與第一講堂同時播放佛藏經詳解 DVD。

第三講堂　台南市西門路四段 15 號 3 樓。

進階班：週三晚上班、週四晚上班、週六上午班（由禪淨班結業後轉入共修）。

佛藏經詳解：每週二晚上與第一講堂同時播放佛藏經詳解 DVD。

高雄正覺講堂　高雄市新興區中正三路 45 號五樓 07-2234248（晚上）

第一講堂（五樓）：

禪淨班：週一晚上班、週三晚上班、週四晚上班、週五晚上班、週六上午班。

增上班：單週週末下午，以台北增上班課程錄成 DVD 放映之，限已明心之會員參加。

佛藏經詳解：平實導師講解。每週二晚上，以台北正覺講堂所錄 DVD 放映。歡迎會外學人共同聽講，不需出示身分證件。

第二講堂（四樓）：

進階班：週三晚上班、週四晚上班、週六上午班（由禪淨班結業後轉入共修）。

佛藏經詳解：每週二晚上與第一講堂同時播放佛藏經詳解 DVD。

第三講堂（三樓）：

進階班：週四晚上班（由禪淨班結業後轉入共修）。

香港正覺講堂　**☆已遷移新址☆**

九龍觀塘，成業街 10 號，電訊一代廣場 27 樓 E 室。

（觀塘地鐵站 B1 出口，步行約 4 分鐘）。電話：(852) 23262231

英文地址：Unit E, 27th Floor, TG Place, 10 Shing Yip Street, Kwun Tong, Kowloon

禪淨班：雙週六下午班 14:30-17:30，已經額滿。
雙週日下午班 14:30-17:30，2016 年 4 月底前尚可報名。

進階班：雙週五晚上班（由禪淨班結業後轉入共修）。

增上班：單週週末上午，以台北增上班課程錄成 DVD 放映之，限已明心之會員參加。

妙法蓮華經詳解：平實導師講解。雙週六 19:00-21:00，以台北正覺講堂所錄 DVD 放映；歡迎會外學人共同聽講，不需出示身分證件。

美國洛杉磯正覺講堂　☆已遷移新址☆

825 S. Lemon Ave Diamond Bar, CA 91798 U.S.A.
Tel. (909) 595-5222（請於週六 9:00~18:00 之間聯繫）
Cell. (626) 454-0607

禪淨班：每逢週末 15：30~17：30 上課。

進階班：每逢週末上午 10：00~12：00 上課。

佛藏經詳解：平實導師講解。每週六下午 13：00~15：00，以台北正覺講堂所錄 DVD 放映。歡迎各界人士共享第一義諦無上法益，不需報名。

二、招生公告　**本會台北講堂及全省各講堂，每逢四月、十月下旬開新班，每週共修一次**（每次二小時。開課日起三個月內仍可插班）；**但美國洛杉磯共修處之禪淨班得隨時插班共修。各班共修期間皆爲二年半，欲參加者請向本會函索報名表**（各共修處皆於共修時間方有人執事，非共修時間請勿電詢或前來洽詢、請書），**或直接從本會官方網站**(http://www.enlighten.org.tw/newsflash/class)**或成佛之道網站下載報名表**。共修期滿時，若經報名禪三審核通過者，可參加四天三夜之禪三精進共修，有機會明心、取證如來藏，發起般若實相智慧，成爲實義菩薩，脫離凡夫菩薩位。

三、新春禮佛祈福 農曆**年假**期間停止共修：自農曆新年前七天起停止共修與弘法，正月 8 日起回復共修、弘法事務。新春期間正月初一～初七 9.00～17.00 開放台北講堂、正月初一~初三開放新竹講堂、台中講堂、台南講堂、高雄講堂，以及大溪禪三道場（正覺祖師堂），方便會員供佛、祈福及會外人士請書。美國洛杉磯共修處之休假時間，請逕詢該共修處。

密宗四大派修雙身法，是外道性力派的邪法；又以生滅的識陰作為常住法，是常見外道，是假的藏傳佛教。

西藏覺囊巴以他空見弘揚第八識如來藏勝法，才是真藏傳佛教

佛教正覺同修會　弘法行事表　2014/08/19

1、**禪淨班**　以無相念佛及拜佛方式修習動中定力，實證一心不亂功夫。傳授解脫道正理及第一義諦佛法，以及參禪知見。共修期間：二年六個月。每逢四月、十月開新班，詳見招生公告表。

2、**《佛藏經》詳解**　平實導師主講。已於 2013/12/17 開講，歡迎已發成佛大願的菩薩種性學人，攜眷共同參與此殊勝法會聽講。詳解釋迦世尊於《佛藏經》中所開示的眞實義理，更爲今時後世佛子四眾，闡述 佛陀演說此經的本懷。眞實尋求佛菩提道的有緣佛子，親承聽聞如是勝妙開示，當能如實理解經中義理，亦能了知於大乘法中：如何是諸法實相？善知識、惡知識要如何簡擇？如何才是清淨持戒？如何才能清淨說法？於此末法之世，眾生五濁益重，不知佛、不解法、不識僧，唯見表相，不信眞實，貪著五欲，諸方大師不淨說法，各各將導大量徒眾趣入三塗，如是師徒俱堪憐憫。是故，平實導師以大慈悲心，用淺白易懂之語句，佐以實例、譬喻而爲演說，普令聞者易解佛意，皆得契入佛法正道，如實了知佛法大藏。每逢週二 18.50~20.50 開示，不限制聽講資格。會外人士需憑身分證件換證入內聽講（此是大樓管理處之安全規定，敬請見諒）。桃園、新竹、台中、台南、高雄等地講堂，亦於每週二晚上播放平實導師講經之 DVD，不必出示身分證件即可入內聽講，歡迎各地善信同霑法益。

有某道場專弘淨土法門數十年，於教導信徒研讀《佛藏經》時，往往告誡信徒曰：「後半部不許閱讀。」由此緣故坐令信徒失去提升念佛層次之機緣，師徒只能低品位往生淨土，令人深覺愚癡無智。由有多人建議故，平實導師開始宣講《佛藏經》，藉以轉易如是邪見，並提升念佛人之知見與往生品位。此經中，對於實相念佛多所著墨，亦指出念佛要點：以實相爲依，念佛者應依止淨戒、依止清淨僧寶，捨離違犯重戒之師僧，應受學清淨之法，遠離邪見。本經是現代佛門大法師所厭惡之經典：一者由於大法師們已全都落入意識境界而無法親證實相，故於此經中所說實相全無所知，都不樂有人聞此經名，以免讀後提出問疑時無法回答；二者現代大乘佛法地區，已經普被藏密喇嘛教滲透，許多有名之大法師們大多已曾或繼續在修練雙身法，都已失去聲聞戒體及菩薩戒體，成爲地獄種姓人，已非眞正出家之人，本質上只是身著僧衣而住在寺院中的世俗人。這些人對於此經都是讀不懂的，也是極爲厭惡的；他們尚不樂見此經之印行，何況流通與講解？今爲救護廣大學佛人，兼欲護持佛教血脈永續常傳，特選此經宣講之，主講者平實導師。

3、**瑜伽師地論**詳解　詳解論中所言凡夫地至佛地等 17 師之修證境界與理論，從凡夫地、聲聞地……宣演到諸地所證一切種智之眞實正理。由平實導師開講，每逢一、三、五週之週末晚上開示，僅限已明心之會員參加。

4、**精進禪三**　主三和尚：平實導師。於四天三夜中，以克勤圓悟大師及大慧宗杲之禪風，施設機鋒與小參、公案密意之開示，幫助會員剋期取證，親證不生不滅之眞實心——人人本有之如來藏。每年四月、十月各舉辦二個梯次；平實導師主持。僅限本會會員參加禪淨班共修期滿，報名審核通過者，方可參加。並選擇會中定力、慧力、福德三條件皆已具足之已明心會員，給以指引，令得眼見自己無形無相之佛性遍佈山河大地，眞實而無障礙，得以肉眼現觀世界身心悉皆如幻，具足成就如幻觀，圓滿十住菩薩之證境。

5、**阿含經**詳解　選擇重要之阿含部經典，依無餘涅槃之實際而加以詳解，令大眾得以現觀諸法緣起性空，亦復不墮斷滅見中，顯示經中所隱說之涅槃實際—如來藏—確實已於四阿含中隱說；令大眾得以聞後觀行，確實斷除我見乃至我執，證得**見到**眞現觀，乃至**身證**……等眞現觀；已得大乘或二乘見道者，亦可由此聞熏及聞後之觀行，除斷我所之貪著，成就慧解脫果。由平實導師詳解。不限制聽講資格。

6、**大法鼓經**詳解　詳解末法時代大乘佛法修行之道。佛教正法消毒妙藥塗於大鼓而以擊之，凡有眾生聞之者，一切邪見鉅毒悉皆消殞；此經即是大法鼓之正義，凡聞之者，所有邪見之毒悉皆滅除，見道不難；亦能發起菩薩無量功德，是故諸大菩薩遠從諸方佛土來此娑婆聞修此經。由平實導師詳解。不限制聽講資格。

7、**解深密經**詳解　重講本經之目的，在於令諸已悟之人明解大乘法道之成佛次第，以及悟後進修一切種智之內涵，確實證知三種自性性，並得據此證解七眞如、十眞如等正理。每逢週二 18.50~20.50 開示，由平實導師詳解。將於《大法鼓經》講畢後開講。不限制聽講資格。

8、**成唯識論**詳解　詳解一切種智眞實正理，詳細剖析一切種智之微細深妙廣大正理；並加以舉例說明，使已悟之會員深入體驗所證如來藏之微密行相；及證驗見分相分與所生一切法，皆由如來藏—阿賴耶識—直接或展轉而生，因此證知一切法無我，證知無餘涅槃之本際。將於增上班《瑜伽師地論》講畢後，由平實導師重講。僅限已明心之會員參加。

9、**精選如來藏系經典**詳解　精選如來藏系經典一部，詳細解說，以此完全印證會員所悟如來藏之眞實，得入不退轉住。另行擇期詳細解說之，由平實導師講解。僅限已明心之會員參加。

10、**禪門差別智**　藉禪宗公案之微細淆訛難知難解之處，加以宣說及剖析，以增進明心、見性之功德，啓發差別智，建立擇法眼。每月第一週日全天，由平實導師開示，僅限破參明心後，復又眼見佛性者參加（事冗暫停）。

11、**枯木禪**　先講智者大師的《小止觀》，後說《釋禪波羅蜜》，詳解四禪八定之修證理論與實修方法，細述一般學人修定之邪見與岔路，及對禪定證境之誤會，消除枉用功夫、浪費生命之現象。已悟般若者，可以藉此而實修初禪，進入大乘通教及聲聞教的三果心解脫境界，配合應有的大福德及後得無分別智、十無盡願，即可進入初地心中。親教師：平實導師。未來緣熟時將於大溪正覺寺開講。不限制聽講資格。

註：本會例行年假，自 2004 年起，改爲每年農曆新年前七天開始停息弘法事務及共修課程，農曆正月 8 日回復所有共修及弘法事務。新春期間（每日 9.00~17.00）開放台北講堂，方便會員禮佛祈福及會外人士請書。大溪鎭的正覺祖師堂，開放參訪時間，詳見〈正覺電子報〉或成佛之道網站。本表得因時節因緣需要而隨時修改之，不另作通知。

佛教正覺同修會　贈閱書籍 目錄　2015/09/29

1.**無相念佛**　平實導師著　回郵 10 元
2.**念佛三昧修學次第**　平實導師述著　回郵 25 元
3.**正法眼藏—護法集**　平實導師述著　回郵 35 元
4.**真假開悟簡易辨正法&佛子之省思**　平實導師著　回郵 3.5 元
5.**生命實相之辨正**　平實導師著　回郵 10 元
6.**如何契入念佛法門**（附：印順法師否定極樂世界）平實導師著　回郵 3.5 元
7.**平實書箋**—答元覽居士書　平實導師著　回郵 35 元
8.**三乘唯識**—如來藏系經律彙編　平實導師編　回郵 80 元
（精裝本　長 27 cm　寬 21 cm　高 7.5 cm　重 2.8 公斤）
9.**三時繫念全集**—修正本　回郵掛號 40 元（長 26.5 cm×寬 19 cm）
10.**明心與初地**　平實導師述　回郵 3.5 元
11.**邪見與佛法**　平實導師述著　回郵 20 元
12.**菩薩正道**—回應義雲高、釋性圓…等外道之邪見　正燦居士著　回郵 20 元
13.**甘露法雨**　平實導師述　回郵 20 元
14.**我與無我**　平實導師述　回郵 20 元
15.**學佛之心態**—修正錯誤之學佛心態始能與正法相應　孫正德老師著　回郵35元
附錄：平實導師著**《略說八、九識並存…等之過失》**
16.**大乘無我觀**—《悟前與悟後》別說　平實導師述著　回郵 20 元
17.**佛教之危機**—中國台灣地區現代佛教之真相（附錄：公案拈提六則）
平實導師著　回郵 25 元
18.**燈　影**—燈下黑（覆「求教後學」來函等）　平實導師著　回郵 35 元
19.**護法與毀法**—覆上平居士與徐恒志居士網站毀法二文
張正圜老師著　回郵 35 元
20.**淨土聖道**—兼評**選擇本願念佛**　正德老師著　**由正覺同修會購贈**　回郵 25 元
21.**辨唯識性相**—對「紫蓮心海《辯唯識性相》書中否定阿賴耶識」之回應
正覺同修會 台南共修處法義組 著　回郵 25 元
22.**假如來藏**—對法蓮法師《如來藏與阿賴耶識》書中否定阿賴耶識之回應
正覺同修會 台南共修處法義組 著　回郵 35 元
23.**入不二門**—公案拈提集錦 第一輯（於平實導師公案拈提諸書中選錄約二十則，
合輯爲一冊流通之）平實導師著　回郵 20 元
24.**真假邪說**—西藏密宗索達吉喇嘛《破除邪說論》真是邪說
釋正安法師著　回郵 35 元
25.**真假開悟**—真如、如來藏、阿賴耶識間之關係　平實導師述著　回郵 35 元
26.**真假禪和**—辨正釋傳聖之謗法謬說　孫正德老師著　回郵 30 元

27.**眼見佛性**—駁慧廣法師眼見佛性的含義文中謬說

游正光老師著　回郵 25 元

28.**普門自在**—公案拈提集錦 第二輯（於平實導師公案拈提諸書中選錄約二十則，合輯爲一冊流通之）平實導師著　回郵 25 元

29.**印順法師的悲哀**—以現代禪的質疑為線索　恒毓博士著　回郵 25 元

30.**識蘊真義**—現觀識蘊內涵、取證初果、親斷三縛結之具體行門。

—依《成唯識論》及《唯識述記》正義，略顯安慧《大乘廣五蘊論》之邪謬

平實導師著　回郵 35 元

31.**正覺電子報** 各期紙版本　免附回郵　每次最多函索三期或三本。

(已無存書之較早各期，不另增印贈閱)

32.**現代人應有的宗教觀**　蔡正禮老師 著　回郵3.5元

33.**遠惑趣道**—正覺電子報般若信箱問答錄　第一輯　回郵20元

34.**遠惑趣道**—正覺電子報般若信箱問答錄　第二輯　回郵20元

35.**確保您的權益**—器官捐贈應注意自我保護　游正光老師 著　回郵10元

36.**正覺教團電視弘法三乘菩提 DVD 光碟**（一）

由正覺教團多位親教師共同講述錄製 DVD 8 片，MP3 一片，共 9 片。有二大講題：一爲「三乘菩提之意涵」，二爲「學佛的正知見」。內容精闢，深入淺出，精彩絕倫，幫助大眾快速建立三乘法道的正知見，免被外道邪見所誤導。有志修學三乘佛法之學人不可不看。(製作工本費 100 元，回郵 25 元)

37.**正覺教團電視弘法 DVD 專輯**（二）

總有二大講題：一爲「三乘菩提之念佛法門」，一爲「學佛正知見(第二篇)」，由正覺教團多位親教師輪番講述，內容詳細闡述如何修學念佛法門、實證念佛三昧，以及學佛應具有的正確知見，可以幫助發願往生西方極樂淨土之學人，得以把握往生，更可令學人快速建立三乘法道的正知見，免於被外道邪見所誤導。有志修學三乘佛法之學人不可不看。(一套 17 片，工本費 160 元。回郵 35 元)

38.**佛藏經** 燙金精裝本 每冊回郵 20 元。正修佛法之道場欲大量索取者，請正式發函並蓋用大印寄來索取（2008.04.30 起開始敬贈）

39.**喇嘛性世界**—揭開假藏傳佛教譚崔瑜伽的面紗　張善思 等人合著

由正覺同修會購贈　回郵 20 元

40.**假藏傳佛教的神話**—性、謊言、喇嘛教　張正玄教授編著　回郵 20 元

由正覺同修會購贈　回郵 20 元

41.**隨 緣**—理隨緣與事隨緣　平實導師述　回郵 20 元。

42.**學佛的覺醒**　正枝居士 著　回郵 25 元

43.**導師之真實義**　蔡正禮老師 著　回郵 10 元

44.**淺談達賴喇嘛之雙身法**—兼論解讀「密續」之達文西密碼

吳明芷居士 著　回郵 10 元

45.**魔界轉世**　張正玄居士 著　回郵 10 元

46.**一貫道與開悟**　蔡正禮老師 著　回郵 10 元

47.**博愛**—愛盡天下女人　正覺教育基金會 編印　回郵 10 元
48.**意識虛妄經教彙編**—實證解脫道的關鍵經文　正覺同修會編印　回郵 25 元
49.**邪箭囈語**—破斥藏密外道多識仁波切《破魔金剛箭雨論》之邪說
陸正元老師著　上、下冊回郵各 30 元
50.**真假沙門**—依 佛聖教闡釋佛教僧寶之定義
蔡正禮老師著　俟正覺電子報連載後結集出版
51.**真假禪宗**—藉評論釋性廣《印順導師對變質禪法之批判
及對禪宗之肯定》以顯示真假禪宗
附論一：凡夫知見 無助於佛法之信解行證
附論二：世間與出世間一切法皆從如來藏實際而生而顯
余正偉老師著　俟正覺電子報連載後結集出版　回郵未定
52.**假鋒虛焰金剛乘**—揭示顯密正理，兼破索達吉師徒《般若鋒兮金剛焰》。
釋正安 法師著　俟正覺電子報連載後結集出版

★ 上列贈書之郵資，係台灣本島地區郵資，大陸、港、澳地區及外國地區，請另計酌增（大陸、港、澳、國外地區之郵票不許通用）。尚未出版之書，請勿先寄來郵資，以免增加作業煩擾。

★ 本目錄若有變動，唯於後印之書籍及「成佛之道」網站上修正公佈之，不另行個別通知。

函索書籍請寄：佛教正覺同修會　103 台北市承德路 3 段 277 號 9 樓
台灣地區函索書籍者請附寄郵票，無時間購買郵票者可以等值現金抵用，但不接受郵政劃撥、支票、匯票。大陸地區得以人民幣計算，國外地區請以美元計算（請勿寄來當地郵票，在台灣地區不能使用）。欲以掛號寄遞者，請另附掛號郵資。

親自索閱：正覺同修會各共修處。　★請於共修時間前往取書，餘時無人在道場，請勿前往索取；共修時間與地點，詳見書末正覺同修會共修現況表（以近期之共修現況表爲準）。

註：正智出版社發售之局版書，請向各大書局購閱。若書局之書架上已經售出而無陳列者，請向書局櫃台指定洽購；若書局不便代購者，請於正覺同修會共修時間前往各共修處請購，正智出版社已派人於共修時間送書前往各共修處流通。 郵政劃撥購書及 大陸地區 購書，請詳別頁正智出版社發售書籍目錄最後頁之說明。

成佛之道 網站：http://www.a202.idv.tw　正覺同修會已出版之結緣書籍，多已登載於 成佛之道 網站，若住外國、或住處遙遠，不便取得正覺同修會贈閱書籍者，可以從本網站閱讀及下載。　書局版之《宗通與說通》亦已上網，台灣讀者可向書局洽購，售價 300 元。《狂密與眞密》第一輯~第四輯，亦於 2003.5.1.全部於本網站登載完畢；台灣地區讀者請向書局洽購，每輯約 400 頁，售價 300 元（網站下載紙張費用較貴，容易散失，難以保存，亦較不精美）。

＊＊假藏傳佛教修雙身法，非佛教＊＊

正智出版社 籌募弘法基金發售書籍目錄 2016/4/18

1.**宗門正眼**—公案拈提 第一輯 重拈 平實導師著 500 元

因重寫內容大幅度增加故，字體必須改小，並增爲 576 頁 主文 546 頁。比初版更精彩、更有內容。初版《禪門摩尼寶聚》之讀者，可寄回本公司免費調換新版書。免附回郵，亦無截止期限。（2007 年起，每冊附贈本公司精製公案拈提〈超意境〉CD 一片。市售價格 280 元，多購多贈。）

2.**禪淨圓融** 平實導師著 200 元（第一版舊書可換新版書。）

3.**真實如來藏** 平實導師著 400 元

4.**禪—悟前與悟後** 平實導師著 上、下冊，每冊 250 元

5.**宗門法眼**—公案拈提 第二輯 平實導師著 500 元

（2007 年起，每冊附贈本公司精製公案拈提〈超意境〉CD 一片）

6.**楞伽經詳解** 平實導師著 全套共 10 輯 每輯 250 元

7.**宗門道眼**—公案拈提 第三輯 平實導師著 500 元

（2007 年起，每冊附贈本公司精製公案拈提〈超意境〉CD 一片）

8.**宗門血脈**—公案拈提 第四輯 平實導師著 500 元

（2007 年起，每冊附贈本公司精製公案拈提〈超意境〉CD 一片）

9.**宗通與說通**—成佛之道 平實導師著 主文 381 頁 全書 400 頁售價 300 元

10.**宗門正道**—公案拈提 第五輯 平實導師著 500 元

（2007 年起，每冊附贈本公司精製公案拈提〈超意境〉CD 一片）

11.**狂密與真密 一～四輯** 平實導師著 西藏密宗是人間最邪淫的宗教，本質不是佛教，只是披著佛教外衣的印度教性力派流毒的喇嘛教。此書中將西藏密宗密傳之男女雙身合修樂空雙運所有祕密與修法，毫無保留完全公開，並將全部喇嘛們所不知道的部分也一併公開。內容比大辣出版社喧騰一時的《西藏慾經》更詳細。並且函蓋藏密的所有祕密及其錯誤的中觀見、如來藏見……等，藏密的所有法義都在書中詳述、分析、辨正。每輯主文三百餘頁 每輯全書約 400 頁 售價每輯 300 元

12.**宗門正義**—公案拈提 第六輯 平實導師著 500 元

（2007 年起，每冊附贈本公司精製公案拈提〈超意境〉CD 一片）

13.**心經密意**—心經與解脫道、佛菩提道、祖師公案之關係與密意 平實導師述 300 元

14.**宗門密意**—公案拈提 第七輯 平實導師著 500 元

（2007 年起，每冊附贈本公司精製公案拈提〈超意境〉CD 一片）

15.**淨土聖道**—兼評「選擇本願念佛」 正德老師著 200 元

16.**起信論講記** 平實導師述著 共六輯 每輯三百餘頁 售價各 250 元

17.**優婆塞戒經講記** 平實導師述著 共八輯 每輯三百餘頁 售價各 250 元

18.**真假活佛**—略論附佛外道盧勝彥之邪說（對前岳靈犀網站主張「盧勝彥是證悟者」之修正） 正犀居士（岳靈犀）著 流通價 140 元

19.**阿含正義**—唯識學探源 平實導師著 共七輯 每輯 300 元

20.**超意境** CD 以平實導師公案拈提書中超越意境之頌詞，加上曲風優美的旋律，錄成令人嚮往的超意境歌曲，其中包括正覺發願文及平實導師親自譜成的黃梅調歌曲一首。詞曲雋永，殊堪翫味，可供學禪者吟詠，有助於見道。內附設計精美的彩色小冊，解說每一首詞的背景本事。每片 280 元。【每購買公案拈提書籍一冊，即贈送一片。】

21.**菩薩底憂鬱** CD 將菩薩情懷及禪宗公案寫成新詞，並製作成超越意境的優美歌曲。 1.主題曲〈菩薩底憂鬱〉，描述地後菩薩能離三界生死而迴向繼續生在人間，但因尚未斷盡習氣種子而有極深沈之憂鬱，非三賢位菩薩及二乘聖者所知，此憂鬱在七地滿心位方才斷盡；本曲之詞中所說義理極深，昔來所未曾見；此曲係以優美的情歌風格寫詞及作曲，聞者得以激發嚮往諸地菩薩境界之大心，詞、曲都非常優美，難得一見；其中勝妙義理之解說，已印在附贈之彩色小冊中。 2.以各輯公案拈提中直示禪門入處之頌文，作成各種不同曲風之超意境歌曲，值得玩味、參究；聆聽公案拈提之優美歌曲時，請同時閱讀內附之印刷精美說明小冊，可以領會超越三界的證悟境界；未悟者可以因此引發求悟之意向及疑情，眞發菩提心而邁向求悟之途，乃至因此眞實悟入般若，成眞菩薩。 3.正覺總持咒新曲，總持佛法大意；總持咒之義理，已加以解說並印在隨附之小冊中。本 CD 共有十首歌曲，長達 63 分鐘。每盒各附贈二張購書優惠券。每片 280 元。

22.**禪意無限** CD 平實導師以公案拈提書中偈頌寫成不同風格曲子，與他人所寫不同風格曲子共同錄製出版，幫助參禪人進入禪門超越意識之境界。盒中附贈彩色印製的精美解說小冊，以供聆聽時閱讀，令參禪人得以發起參禪之疑情，即有機會證悟本來面目而發起實相智慧，實證大乘菩提般若，能如實證知般若經中的眞實意。本 CD 共有十首歌曲，長達 69 分鐘，每盒各附贈二張購書優惠券。每片 280 元。

23.**我的菩提路**第一輯　釋悟圓、釋善藏等人合著　售價 300 元

24.**我的菩提路**第二輯　郭正益、張志成等人合著　售價 300 元

25.**鈍鳥與靈龜**—考證後代凡夫對大慧宗杲禪師的無根誹謗。
平實導師著 共 458 頁 售價 350 元

26.**維摩詰經講記** 平實導師述 共六輯 每輯三百餘頁 售價各 250 元

27.**真假外道**—破劉東亮、杜大威、釋證嚴常見外道見　正光老師著　200 元

28.**勝鬘經講記**—兼論印順《勝鬘經講記》對於《勝鬘經》之誤解。
平實導師述　共六輯　每輯三百餘頁　售價250 元

29.**楞嚴經講記** 平實導師述 共 **15** 輯，每輯三百餘頁 售價 300 元

30.**明心與眼見佛性**—駁慧廣〈蕭氏「眼見佛性」與「明心」之非〉文中謬說
正光老師著　共 448 頁　售價 300 元

31.**見性與看話頭** 黃正倖老師 著，本書是禪宗參禪的方法論。
內文 375 頁，全書 416 頁，售價 300 元。

32.**達賴真面目**—玩盡天下女人 白正偉老師 等著 中英對照彩色精裝大本 800 元

33.**喇嘛性世界**—揭開假藏傳佛教譚崔瑜伽的面紗　張善思 等人著　200 元
34.**假藏傳佛教的神話**—性、謊言、喇嘛教　正玄教授編著　200 元
35.**金剛經宗通**　平實導師述　共九輯　每輯售價 250 元。
36.**空行母**—性別、身分定位，以及藏傳佛教。
珍妮．坎貝爾著 呂艾倫 中譯 售價 250 元
37.**末代達賴**—性交教主的悲歌　張善思、呂艾倫、辛燕編著 售價 250 元
38.**霧峰無霧**—給哥哥的信　辨正釋印順對佛法的無量誤解
游宗明 老師著　售價 250 元
39.**第七意識與第八意識？**—穿越時空「超意識」
平實導師述　每冊 300 元
40.**黯淡的達賴**—失去光彩的諾貝爾和平獎
正覺教育基金會編著　每冊 250 元
41.**童女迦葉考**—論呂凱文〈佛教輪迴思想的論述分析〉之謬。
平實導師 著 定價 180 元
42.**人間佛教**—實證者必定不悖三乘菩提
平實導師 述，定價 400 元
43.**實相經宗通**　平實導師述　共八輯　每輯 250 元
44.**真心告訴您(一)**—達賴喇嘛在幹什麼？
正覺教育基金會編著　售價 250 元
45.**中觀金鑑**—詳述應成派中觀的起源與其破法本質
孫正德老師著　分爲上、中、下三冊，每冊 250 元
46.**佛法入門**—迅速進入三乘佛法大門，消除久學佛法漫無方向之窘境。
○○居士著　將於正覺電子報連載後出版。售價 250 元
47.**藏傳佛教要義**—《狂密與真密》之簡體字版　平實導師 著 上、下冊
僅在大陸流通　每冊 300 元
48.**法華經講義**　平實導師述　共二十五輯　每輯 300 元
已於 2015/05/31 起開始出版，每二個月出版一輯
49.**西藏「活佛轉世」制度**—附佛、造神、世俗法
許正豐、張正玄老師合著　定價 150 元
50.**廣論三部曲**　郭正益老師著　　定價 150 元
51.**真心告訴您(二)**—達賴喇嘛是佛教僧侶嗎？
—補祝達賴喇嘛八十大壽
正覺教育基金會編著　售價 300 元
52.**廣論之平議**—宗喀巴《菩提道次第廣論》之平議　正雄居士著
約二或三輯　俟正覺電子報連載後結集出版　書價未定
53.**末法導護**—對印順法師中心思想之綜合判攝　　正慶老師著　書價未定
54.**菩薩學處**—菩薩四攝六度之要義　　陸正元老師著　　出版日期未定。
55.**八識規矩頌**詳解　　○○居士 註解　出版日期另訂　書價未定。
56.**印度佛教史**—法義與考證。依法義史實評論印順《印度佛教思想史、佛教史地考論》之謬說　正偉老師著　出版日期未定　書價未定

57.**中國佛教史**—依中國佛教正法史實而論。 ○○老師 著　書價未定。

58.**中論正義**—釋龍樹菩薩《中論》頌正理。

孫正德老師著　出版日期未定　書價未定

59.**中觀正義**—註解平實導師《中論正義頌》。

○○法師（居士）著　出版日期未定　書價未定

60.**佛藏經講記**　平實導師述　出版日期未定　書價未定

61.**阿含經講記**—將選錄四阿含中數部重要經典全經講解之，講後整理出版。

平實導師述　約二輯　每輯 300 元　出版日期未定

62.**寶積經講記**　平實導師述　每輯三百餘頁 優惠價 300 元　出版日期未定

63.**解深密經講記**　平實導師述 約四輯　將於重講後整理出版

64.**成唯識論略解**　平實導師著　五～六輯　每輯300 元　出版日期未定

65.**修習止觀坐禪法要講記**　平實導師述　每輯三百餘頁

將於正覺寺建成後重講、以講記逐輯出版　出版日期未定

66.**無門關**—《無門關》公案拈提　平實導師著　出版日期未定

67.**中觀再論**—兼述印順《中觀今論》謬誤之平議。正光老師著 出版日期未定

68.**輪迴與超度**—佛教超度法會之真義。

○○法師（居士）著　出版日期未定　書價未定

69.**《釋摩訶衍論》平議**—對偽稱龍樹所造《釋摩訶衍論》之平議

○○法師（居士）著　出版日期未定　書價未定

70.**正覺發願文**註解—以真實大願為因 得證菩提

正德老師著　出版日期未定　書價未定

71.**正覺總持咒**—佛法之總持　正圜老師著　出版日期未定　書價未定

72.**涅槃**—論四種涅槃　平實導師著　出版日期未定　書價未定

73.**三自性**—依四食、五蘊、十二因緣、十八界法，說三性三無性。

作者未定　出版日期未定

74.**道品**—從三自性說大小乘三十七道品　作者未定　出版日期未定

75.**大乘緣起觀**—依四聖諦七真如現觀十二緣起 作者未定　出版日期未定

76.**三德**—論解脫德、法身德、般若德。　作者未定　出版日期未定

77.**真假如來藏**—對印順《如來藏之研究》謬說之平議　作者未定 出版日期未定

78.**大乘道次第**　作者未定　出版日期未定　書價未定

79.**四緣**—依如來藏故有四緣。　作者未定　出版日期未定

80.**空之探究**—印順《空之探究》謬誤之平議　作者未定 出版日期未定

81.**十法義**—論阿含經中十法之正義　作者未定　出版日期未定

82.**外道見**—論述外道六十二見　作者未定　出版日期未定

正智出版社有限公司　書籍介紹

禪淨圓融：言淨土諸祖所未曾言，示諸宗祖師所未曾示；禪淨圓融，另闢成佛捷徑，兼顧自力他力，闡釋淨土門之速行易行道，亦同時揭櫫聖教門之速行易行道；令廣大淨土行者得免緩行難證之苦，亦令聖道門行者得以藉著淨土速行道而加快成佛之時劫。乃前無古人之超勝見地，非一般弘揚禪淨法門典籍也，先讀為快。平實導師著　200元。

宗門正眼—公案拈提第一輯：繼承克勤圜悟大師碧巖錄宗旨之禪門鉅作。先則舉示當代大法師之邪說，消弭當代禪門大師鄉愿之心態，摧破當今禪門「世俗禪」之妄談；次則旁通教法，表顯宗門正理；繼以道之次第，消弭古今狂禪；後藉言語及文字機鋒，直示宗門入處。悲智雙運，禪味十足，數百年來難得一睹之禪門鉅著也。平實導師著　500元（原初版書《禪門摩尼寶聚》，改版後補充為五百餘頁新書，總計多達二十四萬字，內容更精彩，並改名為《宗門正眼》，讀者原購初版《禪門摩尼寶聚》皆可寄回本公司免費換新，免附回郵，亦無截止期限）（2007年起，凡購買公案拈提第一輯至第七輯，每購一輯皆贈送本公司精製公案拈提〈超意境〉CD一片，市售價格280元，多購多贈）。

禪—悟前與悟後：本書能建立學人悟道之信心與正確知見，圓滿具足而有次第地詳述禪悟之功夫與禪悟之內容，指陳參禪中細微淆訛之處，能使學人明自眞心、見自本性。若未能悟入，亦能以正確知見辨別古今中外一切大師究係眞悟？或屬錯悟？便有能力揀擇，捨名師而選明師，後時必有悟道之緣。一旦悟道，遲者七次人天往返，便出三界，速者一生取辦。學人欲求開悟者，不可不讀。　平實導師著。上、下冊共500元，單冊250元。

真實如來藏：如來藏眞實存在，乃宇宙萬有之本體，並非印順法師、達賴喇嘛等人所說之「唯有名相、無此心體」。如來藏是涅槃之本際，是一切有智之人竭盡心智、不斷探索而不能得之生命實相；是古今中外許多大師自以爲悟而當面錯過之生命實相。如來藏即是阿賴耶識，乃是一切有情本自具足、不生不滅之眞實心。當代中外大師於此書出版之前所未能言者，作者於本書中盡情流露、詳細闡釋。眞悟者讀之，必能增益悟境、智慧增上；錯悟者讀之，必能檢討自己之錯誤，免犯大妄語業；未悟者讀之，能知參禪之理路，亦能以之檢查一切名師是否眞悟。此書是一切哲學家、宗教家、學佛者及欲昇華心智之人必讀之鉅著。　平實導師著　售價400元。

宗門法眼—公案拈提第二輯：列舉實例，闡釋土城廣欽老和尚之悟處；並直示這位不識字的老和尚妙智橫生之根由，繼而剖析禪宗歷代大德之開悟公案，解析當代密宗高僧卡盧仁波切之錯悟證據，並例舉當代顯宗高僧、大居士之錯悟證據（凡健在者，爲免影響其名聞利養，皆隱其名）。藉辨正當代名師之邪見，向廣大佛子指陳禪悟之正道，彰顯宗門法眼。悲勇兼出，強捋虎鬚；慈智雙運，巧探驪龍；摩尼寶珠在手，直示宗門入處，禪味十足；若非大悟徹底，不能爲之。禪門精奇人物，允宜人手一冊，供作參究及悟後印證之圭臬。本書於2008年4月改版，增寫爲大約500頁篇幅，以利學人研讀參究時更易悟入宗門正法，以前所購初版首刷及初版二刷舊書，皆可免費換取新書。平實導師著　500元（2007年起，凡購買公案拈提第一輯至第七輯，每購一輯皆贈送本公司精製公案拈提〈超意境〉CD一片，市售價格280元，多購多贈）。

宗門道眼—公案拈提第三輯：繼宗門法眼之後，再以金剛之作略、慈悲之胸懷、犀利之筆觸，舉示寒山、拾得、布袋三大士之悟處，消弭當代錯悟者對於寒山大士……等之誤會及誹謗。　亦舉出民初以來與虛雲和尚齊名之蜀郡鹽亭袁煥仙夫子——南懷瑾老師之師，其「悟處」何在？並蒐羅許多眞悟祖師之證悟公案，顯示禪宗歷代祖師之睿智，指陳部分祖師、奧修及當代顯密大師之謬悟，作爲殷鑑，幫助禪子建立及修正參禪之方向及知見。假使讀者閱此書已，一時尚未能悟，亦可一面加功用行，一面以此宗門道眼辨別眞假善知識，避開錯誤之印證及歧路，可免大妄語業之長劫慘痛果報。欲修禪宗之禪者，務請細讀。平實導師著　售價500元（2007年起，凡購買公案拈提第一輯至第七輯，每購一輯皆贈送本公司精製公案拈提〈超意境〉CD一片，市售價格280元，多購多贈）。

楞伽經詳解：本經是禪宗見道者印證所悟眞僞之根本經典，亦是禪宗見道者悟後起修之依據經典；故達摩祖師於印證二祖慧可大師之後，將此經典連同佛缽祖衣一併交付二祖，令其依此經典佛示金言、進入修道位，修學一切種智。由此可知此經對於眞悟之人修學佛道，是非常重要之一部經典。此經能破外道邪說，亦破佛門中錯悟名師之謬說，亦破禪宗部分祖師之狂禪：不讀經典、一向主張「一悟即成究竟佛」之謬執。並開示愚夫所行禪、觀察義禪、攀緣如禪、如來禪等差別，令行者對於三乘禪法差異有所分辨；亦糾正禪宗祖師古來對於如來禪之誤解，嗣後可免以訛傳訛之弊。此經亦是法相唯識宗之根本經典，禪者悟後欲修一切種智而入初地者，必須詳讀。　平實導師著，全套共十輯，已全部出版完畢，每輯主文約320頁，每冊約352頁，定價250元。

宗門血脈—公案拈提第四輯：末法怪象—許多修行人自以爲悟，每將無念靈知認作眞實；崇尚二乘法諸師及其徒衆，則將外於如來藏之緣起性空—無因論之無常空、斷滅空、一切法空—錯認爲　佛所說之般若空性。這兩種現象已於當今海峽兩岸及美加地區顯密大師之中普遍存在；人人自以爲悟，心高氣壯，便敢寫書解釋祖師證悟之公案，大多出於意識思惟所得，言不及義，錯誤百出，因此誤導廣大佛子同陷大妄語之地獄業中而不能自知。彼等書中所說之悟處，其實處處違背第一義經典之聖言量。彼等諸人不論是否身披袈裟，都非佛法宗門血脈，或雖有禪宗法脈之傳承，亦只徒具形式；猶如螟蛉，非眞血脈，未悟得根本眞實故。禪子欲知　佛、祖之眞血脈者，請讀此書，便知分曉。平實導師著，主文452頁，全書464頁，定價500元（2007年起，凡購買公案拈提第一輯至第七輯，每購一輯皆贈送本公司精製公案拈提〈超意境〉CD一片，市售價格280元，多購多贈）。

宗通與說通：古今中外，錯誤之人如麻似粟，每以常見外道所說之靈知心，認作眞心；或妄想虛空之勝性能量爲眞如，或錯認物質四大元素藉冥性（靈知心本體）能成就吾人色身及知覺，或認初禪至四禪中之了知心爲不生不滅之涅槃心。此等皆非通宗者之見地。復有錯悟之人一向主張「宗門與教門不相干」，此即尚未通達宗門之人也。其實宗門與教門互通不二，宗門所證者乃是眞如與佛性，教門所說者乃說宗門證悟之眞如佛性，故教門與宗門不二。本書作者以宗教二門互通之見地，細說「宗通與說通」，從初見道至悟後起修之道、細說分明；並將諸宗諸派在整體佛教中之地位與次第，加以明確之教判，學人讀之即可了知佛法之梗概也。欲擇明師學法之前，允宜先讀。平實導師著，主文共381頁，全書392頁，只售成本價300元。

宗門正道—公案拈提第五輯：修學大乘佛法有二果須證—解脫果及大菩提果。二乘人不證大菩提果，唯證解脫果；此果之智慧，名爲聲聞菩提、緣覺菩提。大乘佛子所證二果之菩提果爲佛菩提，故名大菩提果，其慧名爲一切種智—函蓋二乘解脫果。然此大乘二果修證，須經由禪宗之宗門證悟方能相應。而宗門證悟極難，自古已然；其所以難者，咎在古今佛教界普遍存在三種邪見：1.以修定認作佛法，2.以無因論之緣起性空—否定涅槃本際如來藏以後之一切法空作爲佛法，3.以常見外道邪見（離語言妄念之靈知性）作爲佛法。如是邪見，或因自身正見未立所致，或因邪師之邪教導所致，或因無始劫來虛妄熏習所致。若不破除此三種邪見，永劫不悟宗門眞義、不入大乘正道，唯能外門廣修菩薩行。平實導師於此書中，有極爲詳細之說明，有志佛子欲摧邪見、入於內門修菩薩行者，當閱此書。主文共496頁，全書512頁。售價500元（2007年起，凡購買公案拈提第一輯至第七輯，每購一輯皆贈送本公司精製公案拈提〈超意境〉CD一片，市售價格280元，多購多贈）。

狂密與眞密：密教之修學，皆由有相之觀行法門而入，其最終目標仍不離顯教經典所說第一義諦之修證；若離顯教第一義經典、或違背顯教第一義經典，即非佛教。西藏密教之觀行法，如灌頂、觀想、遷識法、寶瓶氣、大聖歡喜雙身修法、喜金剛、無上瑜伽、大樂光明、樂空雙運等，皆是印度教兩性生生不息思想之轉化，自始至終皆以如何能運用交合淫樂之法達到全身受樂爲其中心思想，純屬欲界五欲的貪愛，不能令人超出欲界輪迴，更不能令人斷除我見；何況大乘之明心與見性，更無論矣！故密宗之法絕非佛法也。而其明光大手印、大圓滿法教，又皆同以常見外道所說離語言妄念之無念靈知心錯認爲佛地之眞如，不能直指不生不滅之眞如。西藏密宗所有法王與徒衆，都尙未開頂門眼，不能辨別眞僞，以依人不依法、依密續不依經典故，不肯將其上師喇嘛所說對照第一義經典，純依密續之藏密祖師所說爲準，因此而誇大其證德與證量，動輒謂彼祖師上師爲究竟佛、爲地上菩薩；如今台海兩岸亦有自謂其師證量高於 釋迦文佛者，然觀其師所述，猶未見道，仍在觀行即佛階段，尙未到禪宗相似即佛、分證即佛階位，竟敢標榜爲究竟佛及地上法王，誑惑初機學人。凡此怪象皆是狂密，不同於眞密之修行者。近年狂密盛行，密宗行者被誤導者極衆，動輒自謂已證佛地眞如，自視爲究竟佛，陷於大妄語業中而不知自省，反謗顯宗眞修實證者之證量粗淺；或如義雲高與釋性圓…等人，於報紙上公然誹謗眞實證道者爲「騙子、無道人、人妖、癩蛤蟆…」等，造下誹謗大乘勝義僧之大惡業；或以外道法中有爲有作之甘露、魔術……等法，誑騙初機學人，狂言彼外道法爲眞佛法。如是怪象，在西藏密宗及附藏密之外道中，不一而足，舉之不盡，學人宜應愼思明辨，以免上當後又犯毀破菩薩戒之重罪。密宗學人若欲遠離邪知邪見者，請閱此書，即能了知密宗之邪謬，從此遠離邪見與邪修，轉入眞正之佛道。平實導師著 共四輯 每輯約400頁（主文約340頁）每輯售價300元。

宗門正義—公案拈提第六輯：佛教有六大危機，乃是藏密化、世俗化、膚淺化、學術化、宗門密意失傳、悟後進修諸地之次第混淆；其中尤以宗門密意之失傳，爲當代佛教最大之危機。由宗門密意失傳故，易令 世尊本懷普被錯解，易令 世尊正法被轉易爲外道法，以及加以淺化、世俗化，是故宗門密意之廣泛弘傳與具緣佛弟子，極爲重要。然而欲令宗門密意之廣泛弘傳予具緣之佛弟子者，必須同時配合錯誤知見之解析、普令佛弟子知之，然後輔以公案解析之直示入處，方能令具緣之佛弟子悟入。而此二者，皆須以公案拈提之方式爲之，方易成其功、竟其業，是故平實導師續作宗門正義一書，以利學人。 全書500餘頁，售價500元（2007年起，凡購買公案拈提第一輯至第七輯，每購一輯皆贈送本公司精製公案拈提〈超意境〉CD一片，市售價格280元，多購多贈）。

心經密意—心經與解脫道、佛菩提道、祖師公案之關係與密意。 二乘菩提所證之解脫道，實依第八識心之斷除煩惱障現行而立解脫之名；大乘菩提所證之佛菩提道，實依親證第八識如來藏之涅槃性、清淨自性、及其中道性而立般若之名；禪宗祖師公案所證之眞心，即是此第八識如來藏；是故三乘佛法所修所證之三乘菩提，皆依此如來藏心而立名也。此第八識心，即是《心經》所說之心也。證得此如來藏已，即能漸入大乘佛菩提道，亦可因證知此心而了知二乘無學所不能知之無餘涅槃本際，是故《心經》之密意，與三乘佛菩提之關係極爲密切、不可分割，三乘佛法皆依此心而立名故。今者平實導師以其所證解脫道之無生智及佛菩提之般若種智，將《心經》與解脫道、佛菩提道、祖師公案之關係與密意，以演講之方式，用淺顯之語句和盤托出，發前人所未言，呈三乘菩提之眞義，令人藉此《心經密意》一舉而窺三乘菩提之堂奧，迴異諸方言不及義之說；欲求眞實佛智者、不可不讀！ 主文317頁，連同跋文及序文…等共384頁，售價300元。

宗門密意—公案拈提第七輯：佛教之世俗化，將導致學人以信仰作爲學佛，則將以感應及世間法之庇祐，作爲學佛之主要目標，不能了知學佛之主要目標爲親證三乘菩提。大乘菩提則以般若實相智慧爲主要修習目標，以二乘菩提解脫道爲附帶修習之標的；是故學習大乘法者，應以禪宗之證悟爲要務，能親入大乘菩提之實相般若智慧中故，般若實相智慧非二乘聖人所能知故。此書則以台灣世俗化佛教之三大法師，說法似是而非之實例，配合眞悟祖師之公案解析，提示證悟般若之關節，令學人易得悟入。平實導師著，全書五百餘頁，售價500元（2007年起，凡購買公案拈提第一輯至第七輯，每購一輯皆贈送本公司精製公案拈提〈超意境〉CD一片，市售價格280元，多購多贈）。

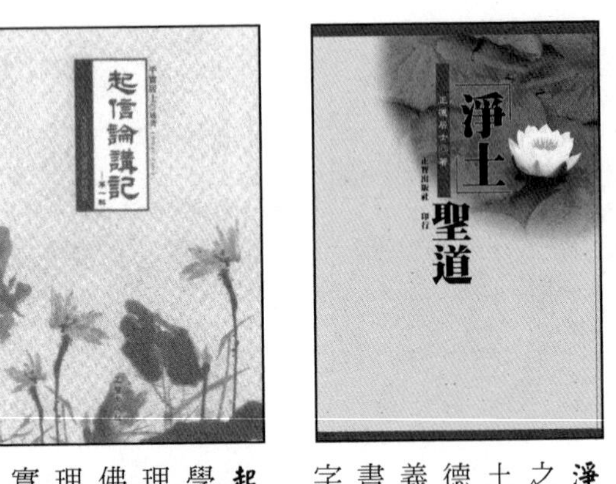

淨土聖道—兼評日本本願念佛：佛法甚深極廣，般若玄微，非諸二乘聖僧所能知之，一切凡夫更無論矣！所謂一切證量皆歸淨土是也！是故大乘法中「聖道之淨土、淨土之聖道」，其義甚深，難可了知；乃至眞悟之人，初心亦難知也。今有正德老師眞實證悟後，復能深探淨土與聖道之緊密關係，憐憫眾生之誤會淨土實義，亦欲利益廣大淨土行人同入聖道，同獲淨土中之聖道門要義，乃振奮心神、書以成文，今得刊行天下。主文279頁，連同序文等共301頁，總有十一萬六千餘字，正德老師著，成本價200元。

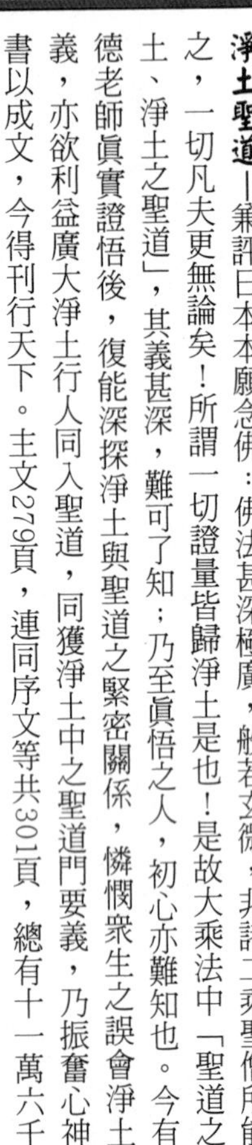

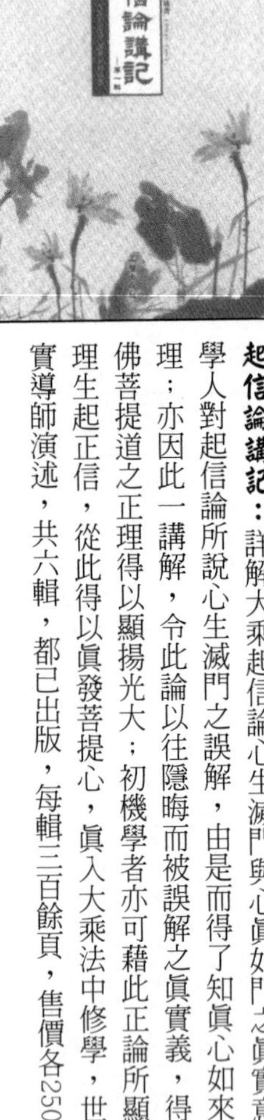

起信論講記：詳解大乘起信論心生滅門與心眞如門之眞實意旨，消除以往大師與學人對起信論所說心生滅門之誤解，由是而得了知眞心如來藏之非常非斷中道正理；亦因此一講解，令此論以往隱晦而被誤解之眞實義，得以如實顯示，令大乘佛菩提道之正理得以顯揚光大；初機學者亦可藉此正論所顯示之法義，對大乘法理生起正信，從此得以眞發菩提心，眞入大乘法中修學，世世常修菩薩正行。平實導師演述，共六輯，都已出版，每輯三百餘頁，售價各250元。

優婆塞戒經講記：本經詳述在家菩薩修學大乘佛法，應如何受持菩薩戒？對人間善行應如何看待？對三寶應如何護持？應如何正確地修集此世後世證法之福德？應如何修集後世「行菩薩道之資糧」？並詳述第一義諦之正義：五蘊非我非異我、自作自受、異作異受、不作不受……等深妙法義，乃是修學大乘佛法、行菩薩行之在家菩薩所應當了知者。出家菩薩今世或未來世登地已，捨報之後多數將如華嚴經中諸大菩薩，以在家菩薩身而修行菩薩行，故亦應以此經所述正理而修之，配合《楞伽經、解深密經、楞嚴經、華嚴經》等道次第正理，方得漸次成就佛道；故此經是一切大乘行者皆應證知之正法。平實導師講述，每輯三百餘頁，售價各250元；共八輯，已全部出版。

真假活佛—略論附佛外道盧勝彥之邪說：人人身中都有眞活佛，永生不滅而有大神用，但衆生都不了知，所以常被身外的西藏密宗假活佛籠罩欺瞞。本來就眞實存在的眞活佛，才是眞正的密宗無上密！諾那活佛因此而說禪宗是大密宗，但藏密的所有活佛都不知道、也不曾實證自身中的眞活佛。本書詳實宣示眞活佛的道理，舉證盧勝彥的「佛法」不是眞佛法，也顯示盧勝彥是假活佛，直接的闡釋第一義佛法見道的眞實正理。眞佛宗的所有上師與學人們，都應該詳細閱讀，包括盧勝彥個人在內。正犀居士著，優惠價140元。

阿含正義—唯識學探源：廣說四大部《阿含經》諸經中隱說之眞正義理，一一舉示佛陀本懷，令阿含時期初轉法輪根本經典之眞義，如實顯現於佛子眼前。並提示末法大師對於阿含眞義誤解之實例，一一比對之，證實唯識增上慧學確於原始佛法之阿含諸經中已隱覆密意而略說之，證實 世尊確於原始佛法中已曾密意而說第八識如來藏之總相；亦證實 世尊在四阿含中已說此藏識是名色十八界之因、之本—證明如來藏是能生萬法之根本心。佛子可據此修正以往受諸大師（譬如西藏密宗應成派中觀師：印順、昭慧、性廣、大願、達賴、宗喀巴、寂天、月稱、……等人）誤導之邪見，建立正見，轉入正道乃至親證初果而無困難；書中並詳說三果所證的心解脫，以及四果慧解脫的親證，都是如實可行的具體知見與行門。全書共七輯，已出版完畢。平實導師著，每輯三百餘頁，售價300元。

超意境CD：以平實導師公案拈提書中超越意境之頌詞，加上曲風優美的旋律，錄成令人嚮往的超意境歌曲，其中包括正覺發願文及平實導師親自譜成的黃梅調歌曲一首。詞曲雋永，殊堪翫味，可供學禪者吟詠，有助於見道。內附設計精美的彩色小冊，解說每一首詞的背景本事。每片280元。【每購買公案拈提書籍一冊，即贈送一片。】

我的菩提路第一輯：凡夫及二乘聖人不能實證的佛菩提證悟，末法時代的今天仍然有人能得實證，由正覺同修會釋悟圓、釋善藏法師等二十餘位實證如來藏者所寫的見道報告，已爲當代學人見證宗門正法之絲縷不絕，證明大乘義學的法脈仍然存在，爲末法時代求悟般若之學人照耀出光明的坦途。由二十餘位大乘見道者所繕，敘述各種不同的學法、見道因緣與過程，參禪求悟者必讀。全書三百餘頁，售價300元。

我的菩提路第二輯：由郭正益老師等人合著，書中詳述彼等諸人歷經各處道場學法，一一修學而加以檢擇之不同過程以後，因閱讀正覺同修會、正智出版社書籍而發起抉擇分，轉入正覺同修會中修學；乃至學法及見道之過程，都一一詳述之。其中張志成等人係由前現代禪轉進正覺同修會，張志成原爲現代禪副宗長，以前未閱本會書籍時，曾被人藉其名義著文評論 平實導師（詳見《宗通與說通》辨正及《眼見佛性》書末附錄…等）；後因偶然接觸正覺同修會書籍，深覺以前聽人評論平實導師之語不實，於是投入極多時間閱讀本會書籍、深入思辨，詳細探索中觀與唯識之關聯與異同，認爲正覺之法義方是正法，深覺相應；亦解開多年來對佛法的迷雲，確定應依八識論正理修學方是正法。乃不顧面子，毅然前往正覺同修會面見平實導師懺悔，並正式學法求悟。今已與其同修王美伶（亦爲前現代禪傳法老師），同樣證悟如來藏而證得法界實相，生起實相般若眞智。此書中尚有七年來本會第一位眼見佛性者之見性報告一篇，一同供養大乘佛弟子。全書四百頁，售價300元。

鈍鳥與靈龜：鈍鳥及靈龜二物，被宗門證悟者說爲二種人：前者是精修禪定而無智慧者，也是以定爲禪的愚癡禪人；後者是或有禪定、或無禪定的宗門證悟者，凡已證悟者皆是靈龜。但後來被人虛造事實，用以嘲笑大慧宗杲禪師，說他雖是靈龜，卻不免被天童禪師預記「患背」痛苦而亡：「鈍鳥離巢易，靈龜脫殼難。」藉以貶低大慧宗杲的證量。同時將天童禪師實證如來藏的證量，曲解爲意識境界的離念靈知。自從大慧禪師入滅以後，錯悟凡夫對他的不實毀謗就一直存在著，不曾止息，並且捏造的假事實也隨著年月的增加而越來越多，終至編成「鈍鳥與靈龜」的假公案、假故事。本書是考證大慧與天童之間的不朽情誼，顯現這件假公案的虛妄不實；更見大慧宗杲面對惡勢力時的正直不阿，亦顯示大慧對天童禪師的至情深義，將使後人對大慧宗杲的誣謗至此而止，不再有人誤犯毀謗賢聖的惡業。書中亦舉證宗門的所悟確以第八識如來藏爲標的，詳讀之後必可改正以前被錯悟大師誤導的參禪知見，日後必定有助於實證禪宗的開悟境界，得階大乘眞見道位中，即是實證般若之賢聖。全書459頁，售價350元。

維摩詰經講記：本經係　世尊在世時，由等覺菩薩維摩詰居士藉疾病而演說之大乘菩提無上妙義，所說函蓋甚廣，然極簡略，是故今時諸方大師與學人讀之悉皆錯解，何況能知其中隱含之深妙正義，是故普遍無法爲人解說；若強爲人說，則成依文解義而有諸多過失。今由平實導師公開宣講之後，詳實解釋其中密意，令維摩詰菩薩所說大乘不可思議解脫之深妙正法得以正確宣流於人間，利益當代學人及與諸方大師。書中詳實演述大乘佛法深妙不共二乘之智慧境界，顯示諸法之中絕待之實相境界，建立大乘菩薩妙道於永遠不敗不壞之地，以此成就護法偉功，欲冀永利娑婆人天。已經宣講圓滿整理成書流通，以利諸方大師及諸學人。全書共六輯，每輯三百餘頁，售價各250元。

真假外道：本書具體舉證佛門中的常見外道知見實例，並加以教證及理證上的辨正，幫助讀者輕鬆而快速的了知常見外道的錯誤知見，進而遠離佛門內外的常見外道知見，因此即能改正修學方向而快速實證佛法。游正光老師著　。成本價200元。

勝鬘經講記：如來藏爲三乘菩提之所依，若離如來藏心體及其含藏之一切種子，即無三界有情及一切世間法，亦無二乘菩提緣起性空之出世間法；本經詳說無始無明、一念無明皆依如來藏而有之正理，藉著詳解煩惱障與所知障間之關係，令學人深入了知二乘菩提與佛菩提相異之妙理；聞後即可了知佛菩提之特勝處及三乘修道之方向與原理，邁向攝受正法而速成佛道的境界中。平實導師講述，共六輯，每輯三百餘頁，售價各250元。

楞嚴經講記：楞嚴經係密教部之重要經典，亦是顯教中普受重視之經典；經中宣說明心與見性之內涵極爲詳細，將一切法都會歸如來藏及佛性—妙眞如性；亦闡釋佛菩提道修學過程中之種種魔境，以及外道誤會涅槃之狀況，旁及三界世間之起源。然因言句深澀難解，法義亦復深妙寬廣，學人讀之普難通達，是故讀者大多誤會，不能如實理解佛所說之明心與見性內涵，亦因是故多有悟錯之人引爲開悟之證言，成就大妄語罪。今由平實導師詳細講解之後，整理成文，以易讀易懂之語體文刊行天下，以利學人。全書十五輯，全部出版完畢。每輯三百餘頁，售價每輯300元。

明心與眼見佛性：本書細述明心與眼見佛性之異同，同時顯示了中國禪宗破初參明心與重關眼見佛性二關之間的關聯；書中又藉法義辨正而旁述其他許多勝妙法義，讀後必能遠離佛門長久以來積非成是的錯誤知見，令讀者在佛法的實證上有極大助益。也藉慧廣法師的謬論來教導佛門學人回歸正知正見，遠離古今禪門錯悟者所墮的意識境界，非唯有助於斷我見，也對未來的開悟明心實證第八識如來藏有所助益，是故學禪者都應細讀之。游正光老師著　共448頁　售價300元。

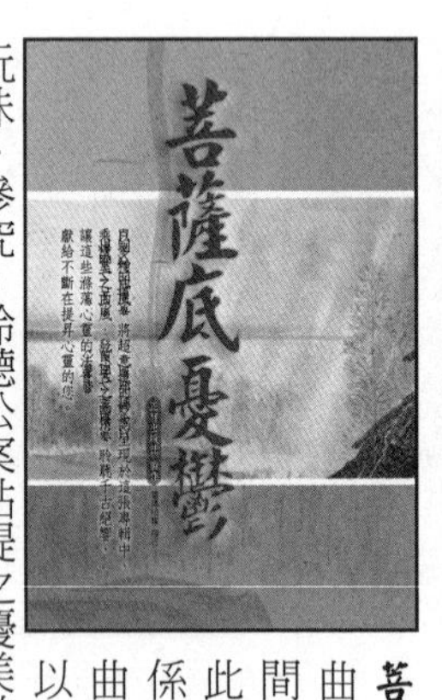

菩薩底憂鬱CD：將菩薩情懷及禪宗公案寫成新詞，並製作成超越意境的優美歌曲。1.主題曲〈菩薩底憂鬱〉，描述地後菩薩能離三界生死而迴向繼續生在人間，但因尚未斷盡習氣種子而有極深沈之憂鬱，非三賢位菩薩及二乘聖者所知，此憂鬱在七地滿心位方才斷盡；本曲之詞中所說義理極深，昔來所未曾見；此曲係以優美的情歌風格寫詞及作曲，聞者得以激發嚮往諸地菩薩境界之大心，詞、曲都非常優美，難得一見；其中勝妙義理之解說，已印在附贈之彩色小冊中。2.以各輯公案拈提中直示禪門入處之頌文，作成各種不同曲風之超意境歌曲，值得玩味、參究；聆聽公案拈提之優美歌曲時，請同時閱讀內附之印刷精美說明小冊，可以領會超越三界的證悟境界；未悟者可以因此引發求悟之意向及疑情，眞發菩提心而邁向求悟之途，乃至因此眞實悟入般若，成眞菩薩。3.正覺總持咒新曲，總持佛法大意；總持咒之義理，已加以解說並印在隨附之小冊中。本CD共有十首歌曲，長達63分鐘，附贈二張購書優惠券。每片280元。

禪意無限CD：平實導師以公案拈提書中偈頌寫成不同風格曲子，與他人所寫不同風格曲子共同錄製出版，幫助參禪人進入禪門超越意識之境界。盒中附贈彩色印製的精美解說小冊，以供聆聽時閱讀，令參禪人得以發起參禪之疑情，即有機會證悟本來面目，實證大乘菩提般若。本CD共有十首歌曲，長達69分鐘，每盒各附贈二張購書優惠券。每片280元。

金剛經宗通：三界唯心，萬法唯識，是成佛之修證內容，是諸地菩薩之所修；般若則是成佛之道（實證三界唯心、萬法唯識）的入門，若未證悟實相般若，即無成佛之可能，必將永在外門廣行菩薩六度，永在凡夫位中。然而實相般若的發起，全賴實證萬法的實相；若欲證知萬法的眞相，則必須探究萬法之所從來，則須實證自心如來—金剛心如來藏，然後現觀這個金剛心的金剛性、眞實性、如如性、清淨性、涅槃性、能生萬法的自性性、本住性，名爲證眞如；進而現觀三界六道唯是此金剛心所成，人間萬法須藉八識心王和合運作方能現起。如是實證《華嚴經》的「三界唯心、萬法唯識」以後，由此等現觀而發起實相般若智慧，繼續進修第十住位的如幻觀、第十行位的陽焰觀、第十迴向位的如夢觀，再生起增上意樂而勇發十無盡願，方能滿足三賢位的實證，轉入初地；自知成佛之道而無偏倚，從此按部就班、次第進修乃至成佛。第八識自心如來是般若智慧之所依，般若智慧的修證則要從實證金剛心自心如來開始；《金剛經》則是解說自心如來之經典，是一切三賢位菩薩所應進修之實相般若經典。這一套書，是將平實導師宣講的《金剛經宗通》內容，整理成文字而流通之；書中所說義理，迥異古今諸家依文解義之說，指出大乘見道方向與理路，有益於禪宗學人求開悟見道，及轉入內門廣修六度萬行。講述完畢後結集出版，總共9輯，每輯約三百餘頁，售價各250元。

空行母—性別、身分定位，以及藏傳佛教：本書作者為蘇格蘭哲學家，因為嚮往佛教深妙的哲學內涵，於是進入當年盛行於歐美的假藏傳佛教密宗，擔任卡盧仁波切的翻譯工作多年以後，被邀請成為卡盧的空行母（又名佛母、明妃），開始了她在密宗裡的實修過程；後來發覺在密宗雙身法中的修行，其實無法使自己成佛，也發覺密宗對女性岐視而處處貶抑，並剝奪女性在雙身法中擔任一半角色時應有的身分定位。當她發覺自己只是雙身法中被喇嘛利用的工具，沒有獲得絲毫應有的尊重與基本定位時，發現了密宗的父權社會控制女性的本質；於是作者傷心地離開了卡盧仁波切與密宗，但是卻被恐嚇不許講出她在密宗裡的經歷，也不許她說出自己對密宗的教義與教制下對女性剝削的本質，否則將被咒殺死亡。後來她去加拿大定居，十餘年後方才擺脫這個恐嚇陰影，下定決心將親身經歷的實情及觀察到的事實寫下來並且出版，公諸於世。出版之後，她被流亡的達賴集團人士大力攻訐，誣指她為精神狀態失常、說謊……等。但有智之士並未被達賴集團的政治操作及各國政府政治運作吹捧達賴的表相所欺，使她的書銷售無阻而又再版。正智出版社鑑於作者此書是親身經歷的事實，所說具有針對「藏傳佛教」而作學術研究的價值，也有使人認清假藏傳佛教剝削佛母、明妃的男性本位實質，因此洽請作者同意中譯而出版於華人地區。珍妮·坎貝爾女士著，呂艾倫 中譯，每冊250元。

霧峰無霧—給哥哥的信　本書作者藉兄弟之間信件往來論義，略述佛法大義；並以多篇短文辨義，舉出釋印順對佛法的無量誤解證據，並一一給予簡單而清晰的辨正，令人一讀即知。久讀、多讀之後即能認清楚釋印順的六識論見解，與真實佛法之牴觸是多麼嚴重；於是在久讀、多讀之後，於不知不覺之間提升了對佛法的極深入理解，正知正見就在不知不覺間建立起來了。當三乘佛法的正知見建立起來之後，對於三乘菩提的見道條件便將隨之具足，於是聲聞解脫道的見道也就水到渠成；接著大乘見道的因緣也將次第成熟，未來自然也會有親見大乘菩提之道的因緣，悟入大乘實相般若也將自然成功，自能通達般若系列諸經而成實義菩薩。作者居住於南投縣霧峰鄉，自喻見道之後不復再見霧峰之霧，故鄉原野美景一一明見，於是立此書名為《霧峰無霧》；讀者若欲撥霧見月，可以此書為緣。游宗明 老師著　售價250元。

假藏傳佛教的神話—性、謊言、喇嘛教：本書編著者是由一首名叫「阿姊鼓」的歌曲爲緣起，展開了序幕，揭開假藏傳佛教—喇嘛教—的神秘面紗。其重點是蒐集、摘錄網路上質疑「喇嘛教」的帖子，以揭穿「假藏傳佛教的神話」爲主題，串聯成書，並附加彩色插圖以及說明，讓讀者們瞭解西藏密宗及相關人事如何被操作爲「神話」的過程，以及神話背後的眞相。作者：張正玄教授。售價200元。

達賴真面目—玩盡天下女人：假使您不想戴綠帽子，請記得詳細閱讀此書；假使您不想讓好朋友戴綠帽子，請您將此書介紹給您的好朋友。假使您想保護家中的女性，也想要保護好朋友的女眷，請記得將此書送給家中的女性和好友的女眷都來閱讀。本書爲印刷精美的大本彩色中英對照精裝本，爲您揭開達賴喇嘛的眞面目，內容精彩不容錯過，爲利益社會大眾，特別以優惠價格嘉惠所有讀者。編著者：白志偉等。大開版雪銅紙彩色精裝本。售價800元。

童女迦葉考—論呂凱文〈佛教輪迴思想的論述分析〉之謬：童女迦葉是佛世率領五百大比丘遊行於人間的歷史事實，是以童貞行而依止菩薩戒弘化於人間的大菩薩，不依別解脫戒（聲聞戒）來弘化於人間。這是大乘佛教與聲聞佛教同時存在於佛世的歷史明證，證明大乘佛教不是從聲聞法中分裂出來的部派佛教的產物，卻是聲聞佛教分裂出來的部派佛教聲聞凡夫僧所不樂見的史實；於是古今聲聞法中的凡夫都欲加以扭曲而作詭說，更是末法時代高聲大呼「大乘非佛說」的六識論聲聞凡夫極力想要扭曲的佛教史實之一，於是想方設法扭曲迦葉菩薩爲聲聞僧，以及扭曲迦葉童女爲比丘僧等荒謬不實之論著便陸續出現，古時聲聞僧寫作的《分別功德論》是最具體之事例，現代之代表作則是呂凱文先生的〈佛教輪迴思想的論述分析〉論文。鑑於如是假藉學術考證以籠罩大眾之不實謬論，未來仍將繼續造作及流竄於佛教界，繼續扼殺大乘佛教學人法身慧命，必須舉證辨正之，遂成此書。平實導師 著，每冊180元。

末代達賴—性交教主的悲歌：簡介從藏傳僞佛教（喇嘛教）的修行核心—性力派男女雙修，探討達賴喇嘛及藏傳僞佛教的修行內涵。書中引用外國知名學者著作、世界各地新聞報導，包含：歷代達賴喇嘛的祕史、達賴六世修雙身法的事蹟，以及《時輪續》中的性交灌頂儀式……等；達賴喇嘛書中開示的雙修法、達賴喇嘛的黑暗政治手段；達賴喇嘛所領導的寺院爆發喇嘛性侵兒童；新聞報導《西藏生死書》作者索甲仁波切性侵女信徒、澳洲喇嘛秋達公開道歉、美國最大假藏傳佛教組織領導人邱陽創巴仁波切的性氾濫，等等事件背後眞相的揭露。作者：張善思、呂艾倫、辛燕。售價250元。

黯淡的達賴—失去光彩的諾貝爾和平獎：本書舉出很多證據與論述，詳述達賴喇嘛不爲世人所知的一面，顯示達賴喇嘛並不是眞正的和平使者，而是假借諾貝爾和平獎的光環來欺騙世人；透過本書的說明與舉證，讀者可以更清楚的瞭解，達賴喇嘛是結合暴力、黑暗、淫欲於喇嘛教裡的集團首領，其政治行爲與宗教主張，早已讓諾貝爾和平獎的光環染污了。 本書由財團法人正覺教育基金會寫作、編輯，由正覺出版社印行，每冊250元。

第七意識與第八意識？—穿越時空「超意識」：「三界唯心，萬法唯識」是佛教中應該實證的聖教，也是《華嚴經》中明載而可以實證的法界實相。唯心者，三界一切境界、一切諸法唯是一心所成就，即是每一個有情的第八識如來藏，不是意識心。唯識者，即是人類各各都具足的八識心王——眼識、耳鼻舌身意識、意根、阿賴耶識，第八阿賴耶識又名如來藏，人類五陰相應的萬法，莫不由八識心王共同運作而成就，故說萬法唯識。依聖教量及現量、比量，都可以證明意識是二法因緣生，是由第八識藉意根與法塵二法爲因緣而出生，又是夜夜斷滅不存之生滅心，即無可能反過來出生第七識意根，第八識如來藏，當知不可能從生滅性的意識心中，細分出恆審思量的第七識意根，更無可能細分出恆而不審的第八識如來藏。本書是將演講內容整理成文字，細說如是內容，並已在〈正覺電子報〉連載完畢，今彙集成書以廣流通，欲幫助佛門有緣人斷除意識我見，跳脫於識陰之外而取證聲聞初果；嗣後修學禪宗時即得不墮外道神我之中，得以求證第八識金剛心而發起般若實智。平實導師 述，每冊300元。

中觀金鑑—詳述應成派中觀的起源與其破法本質：學佛人往往迷於中觀學派之不同學說，被應成派與自續派所迷惑；修學般若中觀二十年後自以爲實證般若中觀了，卻仍不曾入門，甫聞實證般若中觀者之所說，則茫無所知，迷惑不解；隨後信心盡失，不知如何實證佛法；凡此，皆因惑於這二派中觀學說所致。自續派中觀所說同於常見，以意識境界立爲第八識如來藏之境界，應成派所說則同於斷見，但又同立意識爲常住法，故亦具足斷常二見。今者孫正德老師有鑑於此，乃將起源於密宗的應成派中觀學說，追本溯源，詳考其來源之外，亦一一舉證其立論內容，詳加辨正，令密宗雙身法祖師以識陰境界而造之應成派中觀學說本質，詳細呈現於學人眼前，令其維護雙身法之目的無所遁形。若欲遠離密宗此二大派中觀謬說，欲於三乘菩提有所進道者，允宜具足閱讀並細加思惟，反覆讀之以後將可捨棄邪道返歸正道，則於般若之實證即有可能，證後自能現觀如來藏之中道境界而成就中觀。本書分上、中、下三冊，每冊250元，全部出版完畢。

人間佛教—實證者必定不悖三乘菩提：「大乘非佛說」的講法似乎流傳已久，卻只是日本人企圖擺脫中國正統佛教的影響，而在明治維新時期才開始提出來的說法；台灣佛教、大陸佛教的淺學無智之人，由於未曾實證佛法而迷信日本人錯誤的學術考證，錯認爲這些別有用心的日本佛學考證的講法爲天竺佛教的眞實歷史；甚至還有更激進的反對佛教者提出「釋迦牟尼佛並非眞實存在，只是後人捏造的假歷史人物」，竟然也有少數人願意跟著「學術」的假光環而信受不疑，於是開始有一些佛教界人士造作了反對中國佛教而推崇南洋小乘佛教的行爲，使佛教的信仰者難以檢擇，導致一般大陸人士開始轉入基督教的盲目迷信中。在這些佛教及外教人士之中，也就有一分人根據此邪說而大聲主張「大乘非佛說」的謬論，這些人以「人間佛教」的名義來抵制中國正統佛教，公然宣稱中國的大乘佛教是由聲聞部派佛教的凡夫僧所創造出來的。這樣的說法流傳於台灣及大陸佛教界凡夫僧之中已久，卻非眞正的佛教歷史中曾經發生過的事，只是繼承六識論的聲聞法中凡夫僧依自己的意識境界立場，純憑臆想而編造出來的妄想說法，卻已經影響許多無智之凡夫僧俗信受不移。本書則是從佛教的經藏法義實質及實證的現量內涵本質立論，證明大乘佛法本是佛說，是從《阿含正義》尚未說過的不同面向來討論「人間佛教」的議題，證明「大乘眞佛說」。閱讀本書可以斷除六識論邪見，迴入三乘菩提正道發起實證的因緣；也能斷除禪宗學人學禪時普遍存在之錯誤知見，對於建立參禪時的正知見有很深的著墨。平實導師　述，內文488頁，全書528頁，定價400元。

喇嘛性世界—揭開假藏傳佛教譚崔瑜伽的面紗：這個世界中的喇嘛，號稱來自世外桃源的香格里拉，穿著或紅或黃的喇嘛長袍，散布於我們的身邊傳教灌頂，吸引了無數的人嚮往學習；這些喇嘛虔誠地爲大眾祈福，手中拿著寶杵（金剛）與寶鈴（蓮花），口中唸著咒語：「唵．嘛呢．叭咪．吽……」，咒語的意思是說：「我至誠歸命金剛杵上的寶珠伸向蓮花寶穴之中」！「喇嘛性世界」是什麼樣的「世界」呢？本書將爲您呈現喇嘛世界的面貌。當您發現眞相以後，您將會唸：「噢！喇嘛．性．世界，譚崔性交嘛！」作者：張善思、呂艾倫。售價200元。

見性與看話頭：黃正倖老師的《見性與看話頭》於《正覺電子報》連載完畢，今結集出版。書中詳說禪宗看話頭的詳細方法，並細說看話頭與眼見佛性的關係，以及眼見佛性者求見佛性前必須具備的條件。本書是禪宗實修者追求明心開悟時參禪的方法書，也是求見佛性者作功夫時必讀的方法書，內容兼顧眼見佛性的理論與實修之方法，是依實修之體驗配合理論而詳述，條理分明而且極爲詳實、周全、深入。本書內文375頁，全書416頁，售價300元。

實相經宗通：學佛之目的在於實證一切法界背後之實相，禪宗稱之爲本來面目或本地風光，佛菩提道中稱之爲實相法界；此實相法界即是金剛藏，又名佛法之祕密藏，即是能生有情五陰、十八界及宇宙萬有（山河大地、諸天、三惡道世間）的第八識如來藏，又名阿賴耶識心，即是禪宗祖師所說的眞如心，此心即是三界萬有背後的實相。證得此第八識心時，自能瞭解般若諸經中隱說的種種密意，即得發起實相般若——實相智慧。每見學佛人修學佛法二十年後仍對實相般若茫然無知，亦不知如何入門，茫無所趣；更因不知三乘菩提的互異互同，是故越是久學者對佛法越覺茫然，都肇因於尚未瞭解佛法的全貌，亦未瞭解佛法的修證內容即是第八識心所致。本書對於修學佛法者所應實證的實相境界提出明確解析，並提示趣入佛菩提道的入手處，有心親證實相般若的佛法實修者，宜詳讀之，於佛菩提道之實證即有下手處。平實導師述著，共八輯，已全部出版完畢，每輯成本價250元。

真心告訴您（一）——達賴喇嘛在幹什麼？這是一本報導篇章的選集，更是「破邪顯正」的暮鼓晨鐘。「破邪」是戳破假象，說明達賴喇嘛及其所率領的密宗四大派法王、喇嘛們，弘傳的佛法是仿冒的佛法；他們是假藏傳佛教，是坦特羅（譚崔性交）外道法和藏地崇奉鬼神的苯教混合成的「喇嘛教」，推廣的是以所謂「無上瑜伽」的男女雙身法冒充佛法的假佛教，詐財騙色誤導眾生，常常造成信徒家庭破碎、家中兒少失怙的嚴重後果。「顯正」是揭櫫眞相，指出眞正的藏傳佛教只有一個，就是覺囊巴，傳的是　釋迦牟尼佛演繹的第八識如來藏妙法，稱爲他空見大中觀。正覺教育基金會即以此古今輝映的如來藏正法正知見，在眞心新聞網中逐次報導出來，將箇中原委「眞心告訴您」，如今結集成書，與想要知道密宗眞相的您分享。售價250元。

法華經講義：此書爲平實導師始從2009/7/21演述至2014/1/14之講經錄音整理所成。世尊一代時教，總分五時三教，即是華嚴時、聲聞緣覺教、般若教、種智唯識教、法華時；依此五時三教區分爲藏、通、別、圓四教。本經是最後一時的圓教經典，圓滿收攝一切法教於本經中，是故最後的圓教聖訓中，特地指出無有三乘菩提，其實唯有一佛乘；皆因眾生愚迷故，方便區分爲三乘菩提以助眾生證道。世尊於此經中特地說明如來示現於人間的唯一大事因緣，便是爲有緣眾生「開、示、悟、入」諸佛的所知所見——第八識如來藏妙眞如心，並於諸品中隱說「妙法蓮花」如來藏心的密意。然因此經所說甚深難解，眞義隱晦，古來難得有人能窺堂奧；平實導師以知如是密意故，特爲末法佛門四眾演述《妙法蓮華經》中各品蘊含之密意，使古來未曾被古德註解出來的「此經」密意，如實顯示於當代學人眼前。乃至〈藥王菩薩本事品〉、〈妙音菩薩品〉、〈觀世音菩薩普門品〉、〈普賢菩薩勸發品〉中的微細密意，亦皆一併詳述之，開前人所未曾言之密意，示前人所未見之妙法。最後乃至以〈法華大意〉而總其成，全經妙旨貫通始終，而依佛旨圓攝於一心如來藏妙心，厥爲曠古未有之大說也。平實導師述　已於2015/5/31起開始出版，每二個月出版一輯，共25輯。每輯300元。

西藏「活佛轉世」制度—附佛、造神、世俗法：歷來關於喇嘛教活佛轉世的研究，多針對歷史及文化兩部分，於其所以成立的理論基礎，較少系統化的探討。尤其是此制度是否依據「佛法」而施設？是否合乎佛法眞實義？現有的文獻大多含糊其詞，或人云亦云，不曾有明確的闡釋與如實的見解。因此本文先從活佛轉世的由來，探索此制度的起源、背景與功能，並進而從活佛的尋訪與認證之過程，發掘活佛轉世的特徵，以確認「活佛轉世」在佛法中應具足何種果德。定價150元。

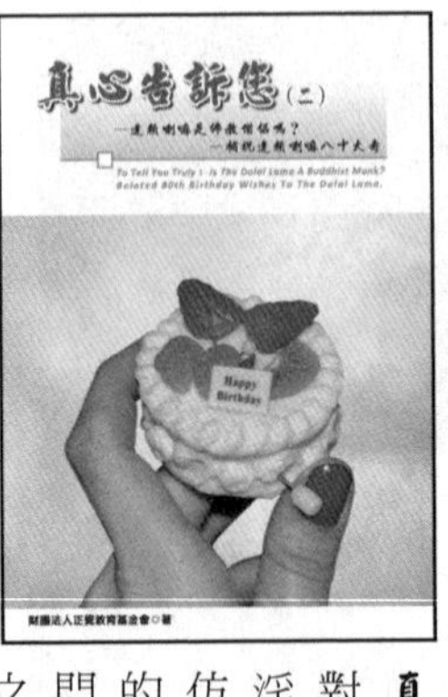

真心告訴您（二）—達賴喇嘛是佛教僧侶嗎？補祝達賴喇嘛八十大壽：這是一本針對當今達賴喇嘛所領導的喇嘛教，冒用佛教名相、於師徒間或師兄姊間，實修男女邪淫，而從佛法三乘菩提的現量與聖教量，揭發其謊言與邪術，證明達賴及其喇嘛教是仿冒佛教的外道，是「假藏傳佛教」。藏密四大派教義雖有「八識論」與「六識論」的表面差異，然其實修之內容，皆共許「無上瑜伽」四部灌頂爲究竟「成佛」之法門，也就是共以男女雙修之邪淫法爲「即身成佛」之密要，雖美其名曰「欲貪爲道」之「金剛乘」，並誇稱其成就超越於（應身佛）釋迦牟尼佛所傳之顯教般若乘之上；然詳考其理論，則或以意識離念時之粗細心爲第八識如來藏，或以中脈裡的明點爲第八識如來藏，或如宗喀巴與達賴堅決主張第六意識爲常恆不變之眞心者，分別墮於外道之常見與斷見中；全然違背　佛說能生五蘊之如來藏的實質。售價300元。

佛法入門：學佛人往往修學二十年後仍不知如何入門，茫無所入漫無方向，不知如何實證佛法；更因不知三乘菩提的互異互同之處，導致越是久學者越覺茫然，都是肇因於尙未瞭解佛法的全貌所致。本書對於佛法的全貌提出明確的輪廓，並說明三乘菩提的異同處，讀後即可輕易瞭解佛法全貌，數日內即可明瞭三乘菩提入門方向與下手處。○○菩薩著　出版日期未定。

修習止觀坐禪法要講記：修學四禪八定之人，往往錯會禪定之修學知見，欲以無止盡之坐禪而證禪定境界，卻不知修除性障之行門才是修證四禪八定不可或缺之要素，故智者大師云「性障初禪」；性障不除，初禪永不現前，云何修證二禪等？又：行者學定，若唯知數息，而不解六妙門之方便善巧者，欲求一心入定，未到地定極難可得，智者大師名之爲「事障未來」：障礙未到地定之修證。又禪定之修證，不可違背二乘菩提及第一義法，否則縱使具足四禪八定，亦不能實證涅槃而出三界。此諸知見，智者大師於《修習止觀坐禪法要》中皆有闡釋。作者平實導師以其第一義之見地及禪定之實證證量，曾加以詳細解析。將俟正覺寺竣工啟用後重講，不限制聽講者資格；講後將以語體文整理出版。欲修習世間定及增上定之學者，宜細讀之。平實導師述著。

解深密經講記：本經係 世尊晚年第三轉法輪，宣說地上菩薩所應熏修之唯識正義經典，經中所說義理乃是大乘一切種智增上慧學，以阿陀那識—如來藏—阿賴耶識爲主體。禪宗之證悟者，若欲修證初地無生法忍乃至八地無生法忍者，必須修學《楞伽經、解深密經》所說之八識心王一切種智；此二經所說正法，方是眞正成佛之道；印順法師否定第八識如來藏之後所說萬法緣起性空之法，是以誤會後之二乘解脫道取代大乘眞正成佛之道，尚且不符二乘解脫道正理，亦已墮於斷滅見中，不可謂爲成佛之道也。平實導師曾於本會郭故理事長往生時，於喪宅中從首七開始宣講，於每一七各宣講三小時，至第十七而快速略講圓滿，作爲郭老之往生佛事功德，迴向郭老早證八地、速返娑婆住持正法。茲爲今時後世學人故，將擇期重講《解深密經》，以淺顯之語句講畢後，將會整理成文，用供證悟者進道；亦令諸方未悟者，據此經中佛語正義，修正邪見，依之速能入道。平實導師述著，全書輯數未定，每輯三百餘頁，將於未來重講完畢後逐輯出版。

阿含經講記—小乘解脫道之修證：數百年來，南傳佛法所說證果之不實，所說解脫道之虛妄，所弘解脫道法義之世俗化，皆已少人知之；從南洋傳入台灣與大陸之後，所說法義虛謬之事，亦復少人知之；今時台灣全島印順系統之法師居士，多不知南傳佛法數百年來所說解脫道之義理已然偏斜、已然世俗化、已非眞正之二乘解脫正道，猶極力推崇與弘揚。彼等南傳佛法近代所謂之證果者多非眞實證果者，譬如阿迦曼、葛印卡、帕奧禪師、一行禪師……等人，悉皆未斷我見故。近年更有台灣南部大願法師，高抬南傳佛法之二乘修證行門爲「捷徑究竟解脫之道」者，然而南傳佛法縱使眞修實證，得成阿羅漢，至高唯是二乘菩提解脫之道，絕非究竟解脫，無餘涅槃中之實際尚未得證故，法界之實相尚未了知故，習氣種子待除故，一切種智未實證故，焉得謂爲「究竟解脫」？即使南傳佛法近代眞有實證之阿羅漢，尚且不及三賢位中之七住明心菩薩本來自性清淨涅槃智慧境界，則不能知此賢位菩薩所證之無餘涅槃實際，仍非大乘佛法中之見道者，何況普未實證聲聞果乃至未斷我見之人？謬充證果已屬逾越，更何況是誤會二乘菩提之後，以未斷我見之凡夫知見所說之二乘菩提解脫偏斜法道，焉可高抬爲「究竟解脫」？而且自稱「捷徑之道」？又妄言解脫之道即是成佛之道，完全否定般若實智、否定三乘菩提所依之如來藏心體，此理大大不通也！平實導師爲令修學二乘菩提欲證解脫果者，普得迴入二乘菩提正見、正道中，是故選錄四阿含諸經中，對於二乘解脫道法義有具足圓滿說明之經典，預定未來十年內將會加以詳細講解，令學佛人得以了知二乘解脫道之修證理路與行門，庶免被人誤導之後，未證言證，干犯道禁，成大妄語，欲升反墮。本書首重斷除我見，以助行者斷除我見而實證初果爲著眼之目標，若能根據此書內容，配合平實導師所著《識蘊眞義》《阿含正義》內涵而作實地觀行，實證初果非爲難事，行者可以藉此三書自行確認聲聞初果爲實際可得現觀成就之事。此書中除依二乘經典所說加以宣示外，亦依斷除我見等之證量，及大乘法中道種智之證量，對於意識心之體性加以細述，令諸二乘學人必定得斷我見、常見，免除三縛結之繫縛。次則宣示斷除我執之理，欲令升進而得薄貪瞋痴，乃至斷五下分結…等。平實導師述，共二冊，每冊三百餘頁。每輯300元。

總經銷： 飛鴻 國際行銷股份有限公司
231 新北市新店市中正路 501 之 9 號 2 樓
Tel.02－82186688（五線代表號） Fax.02-82186458、82186459

零售：1.**全台連鎖經銷書局：**
三民書局、誠品書局、何嘉仁書店
敦煌書店、紀伊國屋、金石堂書局、建宏書局

2.**台北市：**佛化人生 羅斯福路 3 段 325 號 6 樓之 4 台電大樓對面

3.**新北市：**春大地書店 **蘆洲**中正路 117 號 明達書局 **三重**五華街 129 號

4.**桃園市縣：**誠品書局 **桃園市**中正路 20 號遠東百貨地下室一樓
金石堂 **桃園市**大同路 24 號 金石堂 **桃園**八德市介壽路 1 段 987 號
諾貝爾圖書城 **桃園市**中正路 56 號地下室 巧巧屋書局 **蘆竹**南崁路 263 號
墊腳石文化書店 **中壢市**中正路 89 號 來電書局 **大溪**慈湖路 30 號
御書堂 **龍潭**中正路 123 號

5.**新竹市縣：**大學書局 **新竹**建功路 10 號 誠品書局 **新竹**東區信義街 68 號
誠品書局 新竹東區中央路 229 號 5 樓 誠品書局 **新竹**東區力行二路 3 號
墊腳石文化書店 **新竹**中正路 38 號 金典文化 **竹北**中正西路 47 號

6.**苗栗市縣：**萬花筒書局 **苗栗市**府東路 73 號

7.**台中市：** **瑞成**書局、各大連鎖書店。
詠春書局 **台中市**永春東路 884 號 文春書局 **霧峰**中正路 1087 號

8.**彰化市縣：**心泉佛教流通處 **彰化市**南瑤路 286 號
員林鎮：墊腳石圖書文化廣場 中山路 2 段 49 號（04-8338485）

9.**台南市：**博大書局 **新營**三民路 128 號
藝美書局 **善化**中山路 436 號 宏欣書局 **佳里**光復路 214 號

10.**高雄市：**各大連鎖書店、**瑞成**書局
政大書城 **三民區**明仁路 161 號 政大書城 **苓雅區**光華路 148-83 號
明儀書局 **三民區**明福街 2 號 明儀書局 三多四路 63 號
青年書局 青年一路 141 號

11.**宜蘭縣市：**金隆書局 宜蘭市中山路 3 段 43 號
宋太太梅鋪 羅東鎮中正北路 101 號（039-534909）

12.**台東市：**東普佛教文物流通處 台東市博愛路 282 號

13.**其餘鄉鎮市經銷書局：**請電詢總經銷**飛鴻**公司。

14.**大陸地區請洽：**

香港：樂文書店
旺角店 :香港九龍旺角西洋菜街 62 號 3 樓
電話 :(852) 2390 3723 email: luckwinbooks@gmail.com
銅鑼灣店 :香港銅鑼灣駱克道 506 號 2 樓
電話 :(852) 2881 1150 email: luckwinbs@gmail.com

廈門：廈門外圖臺灣書店有限公司

地址：廈門市思明區湖濱南路809 號 廈門外圖書城3 樓 郵編：361004

電話：0592-5061658（臺灣地區請撥打 86-592-5061658）

E-mail：JKB118@188.COM

15.**美國：世界日報圖書部**：紐約圖書部　電話 7187468889#6262

洛杉磯圖書部　電話 3232616972#202

16.**國內外地區網路購書：**

正智出版社 書香園地　http://books.enlighten.org.tw/

（書籍簡介、直接聯結下列網路書局購書）

三民 網路書局　http://www.Sanmin.com.tw

誠品 網路書局　http://www.eslitebooks.com

博客來 網路書局　http://www.books.com.tw

金石堂 網路書局　http://www.kingstone.com.tw

飛鴻 網路書局　http://fh6688.com.tw

附註：1.請儘量向各經銷書局購買：郵政劃撥需要十天才能寄到（本公司在您劃撥後第四天才能接到劃撥單，次日寄出後第四天您才能收到書籍，此八天中一定會遇到週休二日，是故共需十天才能收到書籍）若想要早日收到書籍者，請劃撥完畢後，將劃撥收據貼在紙上，旁邊寫上您的姓名、住址、郵區、電話、買書詳細內容，直接傳眞到本公司 02-28344822，並來電 02-28316727、28327495 確認是否已收到您的傳眞，即可提前收到書籍。 2.因台灣每月皆有五十餘種宗教類書籍上架，書局書架空間有限，故唯有新書方有機會上架，通常每次只能有一本新書上架；本公司出版新書，大多上架不久便已售出，若書局未再叫貨補充者，書架上即無新書陳列，則請直接向書局櫃台訂購。 3.若書局不便代購時，可於晚上共修時間向正覺同修會各共修處請購（共修時間及地點，詳閱**共修現況表**。每年例行年假期間請勿前往請書，年假期間請見共修現況表）。 4.郵購：郵政劃撥帳號 19068241。 5.正覺同修會會員購書都以八折計價（戶籍台北市者爲一般會員，外縣市爲護持會員）都可獲得優待，欲一次購買全部書籍者，可以考慮入會，節省書費。入會費一千元（第一年初加入時才需要繳），年費二千元。**6.尚未出版之書籍，請勿預先郵寄書款與本公司，謝謝您！** 7.若欲一次購齊本公司書籍，或同時取得正覺同修會贈閱之全部書籍者，請於正覺同修會共修時間，親到各共修處請購及索取；**台北市讀者**請洽：103 台北市承德路三段 267 號 10 樓（捷運淡水線 圓山站旁）請書時間：週一至週五爲 18.00~21.00，第一、三、五週週六爲 10.00~21.00，雙週之週六爲 10.00~18.00 請購處專線電話：25957295-分機 14（於請書時間方有人接聽）。

敬告大陸讀者：

大陸讀者購書、索書捷徑（尚未在大陸出版的書籍，以下二個途徑都可以購得，電子書另包括結緣書籍）：

1.廈門外國圖書公司：廈門市思明區湖濱南路 809 號 廈門外圖書城 3F
　　郵編：361004　電話：0592-5061658　網址：JKB118@188.COM

2.電子書：正智出版社有限公司及正覺同修會在台灣印行的各種局版書、結緣書，已有『**正覺電子書**』陸續上線中，提供讀者於手機、平板電腦上購書、下載、閱讀正智出版社、正覺同修會及正覺教育基金會所出版之電子書，詳細訊息敬請參閱『正覺電子書』專頁：http://books.enlighten.org.tw/ebook

關於平實導師的書訊，請上網查閱：
　　成佛之道　http://www.a202.idv.tw
　　正智出版社 書香園地　http://books.enlighten.org.tw/

中國網採訪佛教正覺同修會、正覺教育基金會訊息：

http://big5.china.com.cn/gate/big5/fangtan.china.com.cn/2014-06/19/content_32714638.htm

http://pinpai.china.com.cn/

★ 正智出版社有限公司售書之稅後盈餘，全部捐助財團法人正覺寺籌備處、佛教正覺同修會、正覺教育基金會，供作弘法及購建道場之用；懇請諸方大德支持，功德無量。

★ 聲　明 ★

本社於 2015/01/01 開始調整本目錄中部分書籍之售價，以因應各項成本的持續增加。

＊ 喇嘛教修外道雙身法、墮識陰境界，非佛教 ＊

＊ 弘揚如來藏他空見的覺囊派才是真正藏傳佛教 ＊

售後服務—換書啓事(免附回郵)　　2012/09/24

《楞嚴經講記》第 14 輯初版首刷本免費調換新書啓事：本講記第 14 輯出版前因 平實導師諸事繁忙，未將之重新閱讀而只改正校對時發現的錯別字，故未能發覺十年前所說法義有部分錯誤，於第 15 輯付印前重閱時才發覺第 14 輯中有部分錯誤尚未改正。今已重新審閱修改並已重印完成，煩請所有讀者將以前所購第 14 輯初版首刷本，寄回本社免費換新（初版二刷本無錯誤），本社將於寄回新書時同時附上您寄書回來換新時所付的郵資，並在此向所有讀者致上最誠懇的歉意。

《心經密意》初版書免費調換二版新書啓事：本書係演講錄音整理成書，講時因時間所限，省略部分段落未講。後於再版時補寫增加 13 頁，維持原價流通之。茲爲顧及初版讀者權益，自 2003/9/30 開始免費調換新書，原有初版一刷、二刷書籍，皆可寄來本來公司換書。

《宗門法眼》已經增寫改版爲 464 頁新書，2008 年 6 月中旬出版。讀者原有初版之第一刷、第二刷書本，都可以寄回本社免費調換改版新書。改版後之公案及錯悟事例維持不變，但將內容加以增說，較改版前更具有廣度與深度，將更能助益讀者參究實相。

換書者**免附回郵**，亦無截止期限；舊書請寄：111 台北郵政 73-151 號信箱 或 103 台北市承德路三段 267 號 10 樓 正智出版社有限公司。舊書若有塗鴨、殘缺、破損者，仍可換取新書；但缺頁之舊書至少應仍有五分之三頁數，方可換書。所有讀者不必顧念本公司是否有盈餘之問題，都請踴躍寄來換書；本公司成立之目的不是營利，只要能眞實利益學人，即已達到成立及運作之目的。若以郵寄方式換書者，免附回郵；並於寄回新書時，由本社附上您寄來書籍時耗用的郵資。造成您不便之處，再次致上萬分的歉意。

正智出版社有限公司 啓

國家圖書館出版品預行編目資料

宗門血脈／平實導師著. -- 初版
臺北市：正智，2000〔民 89〕
面；　　公分　（公案拈提；第4輯）
ISBN 957-97840-5-1（平裝）

1. 禪宗
226.65　　　　　　　　88009287

宗門血脈

——公案拈提　第四輯

作　者：平實導師
校　對：章乃鈞 游世光 廖筱梅 陳暖玉
出版者：正智出版社有限公司
電話：○二 28327495　28316727（白天）
傳眞：○二 28344822
111 台北郵政 73-151 號信箱
郵政劃撥：一九○六八二四一
正覺講堂：總機○二 25957295（夜間）
總經銷：飛鴻國際行銷股份有限公司
231 新北市新店區中正路 501-9 號 2 樓
電話：○二 82186688 五線代表號
傳眞：○二 82186458　82186459
初　版：公元二○○○年七月　二千冊
再版三刷：公元二○一六年五月　二千冊
售　價：五○○元（附贈超意境ＣＤ一片）